Christoph Biermann
WIR WERDEN EWIG LEBEN

Christoph Biermann
WIR WERDEN EWIG LEBEN

Meine unglaubliche Saison
mit dem 1. FC Union Berlin

Kiepenheuer & Witsch

Für Birgit

WAS WIR MACHEN

MACHEN WIR ZUSAMMEN

Aushang in der Kabine

Inhalt

Mein Leben als Hochstapler 13

Hinter der Tür 22

Der Kapitän im Baumarkt 30

David als Goliath 36

Kampf um die Geschichte 45

Der Präsident schwitzt 55

Schwyzerdütsch im Maschinenraum 69

Nervöses System 75

Hexenkessel 81

Die Verwandlung 90

Verlieren lernen 94

Bälleparadies 102

»Jungs, wir sind eklig!« 109

Das Wir im Einkaufszentrum 113

Die Geschichte des Spiels 119

Spätes Glück 129

Druck! 133

Berlins Nummer eins 141

Teilnehmende Beobachtung 151

Die vier Gebote 156

Für die Spieler der Verein 162

Die Menschen-Maschine 168

Ein Star reist zu sich selbst 174

Ein schönster Tag 178

Mitgliederversammlung in Ultra-HD 183

Schalke und die Momente 189

Alter Rum und neue Verträge 195

Kontakt zur Basis 199

Weihnachtsfeier am Nichtort 208

Wie hip können Weihnachtslieder sein? 213

Besser werden im Niemandsland 219

Happy Load 223

Wie ich zur Legende wurde 229

Der Himmel als Puzzle 236

Eisgekühlter Schleicher 242

Das gute Gefühl 246

Dicke Titten 252

Saufi, saufi! 256

Das Geschenk 261

Spion und Faust 265

Ist das Profileben eigentlich langweilig? 274

Ein Klub in der Big City 281

Wir werden ewig kleben 285

Schrei nach Liebe 288

Symbolpolitik 292

Aufbauarbeit im Raum Markus 299

Das Virus kommt   303

Abschlusstraining   309

Präsident im Krisenmodus   313

Union verdunstet   322

Fußball ohne Fußball   327

Die Welt von und nach Rafał Gikiewicz   332

Es geht los!   336

In Quarantäne   341

Leitwolf und Hütehund   348

Wie ich einmal Christian Gentner zum Warmmachen schickte   355

Schmerz sei mein Meister   359

Schwarze Wolke   364

Dünne Haut   370

Warten auf ...?   374

Philosophisches Dilemma   377

»Du musst überzogen sein!«   381

Kurzer Versuch über den Wettkämpfer   386

Besser als Sex und Drogen   391

Wir Steckdosen   397

Last Dance   400

Die Spiele der Saison 2019/20   407

Danke!   411

Mein Leben als Hochstapler

Als ich am 1. August 2019, morgens um neun Uhr, in einem kurzärmeligen schwarzen Poloshirt mit dem Vereinswappen des 1. FC Union Berlin, schwarzen Sportshorts und himbeerfarbenen Joggingschuhen vor der Mannschaft stehe, komme ich mir vor wie einer dieser Neuzugänge, von denen vor Saisonbeginn immer geredet wird, aber niemand weiß, ob sie wirklich kommen. Mein Transfer in diesen Raum hat einige Wochen gedauert, hat etlicher Gespräche, interner Diskussionen und schlicht Bedenkzeit bedurft. Doch nun bin ich da und stehe vor den Spielern des 1. FC Union Berlin, dessen erste Saison in der Bundesliga bald beginnen wird. Ich sehe Neven Subotic, der Deutscher Meister mit Borussia Dortmund war und in einem Finale der Champions League gespielt hat. Neben ihm sitzt mit Christian Gentner noch ein Deutscher Meister, er hat die Titel mit dem VfB Stuttgart und dem VfL Wolfsburg geholt, außerdem war er früher mal deutscher Nationalspieler. Beide sind Neuzugänge. Michael Parensen, der seit elf Jahren bei Union spielt und den ich als einzigen Spieler hier im Raum schon kenne, lächelt mir ermutigend zu. Die anderen schauen eher neutral, als mich Trainer Urs Fischer kurz vorstellt. Vor lauter Aufregung höre ich nicht, was er sagt.

Seit drei Jahrzehnten habe ich als Journalist beruflich mit Fußballspielern zu tun, habe vor Kabinentüren und in Mixed Zones gewartet, um mit ihnen zu sprechen. Ich habe Interviews geführt und Hintergrundgespräche, habe endlos viele Texte über Fußball geschrieben und ein paar Bücher. Doch nun bin ich aufgeregt wie ein jugendlicher Autogrammsammler, denn für eine Saison soll ich diese Mannschaft begleiten und den Klub, für den sie spielen. Ich soll dabei sein, wenn sie trainieren und sich Videos des nächsten Gegners anschauen. Ich werde mit ihnen zu Mittag essen, in der Kabine sein und zu Auswärtsspielen reisen. Ich werde zu verstehen versuchen, wie eine Fußballmannschaft wirklich funktioniert und was es für die Menschen beim Klub bedeutet, dass sie die höchste Spielklasse des Landes erreicht haben, in der sie noch nie waren. Ich werde aufzuschreiben versuchen, was passiert, wenn die Träume auf die Wirklichkeit treffen.

Als ich vor über 30 Fußballprofis stehe, warte ich nur darauf, dass jemand sagt: »Du glaubst doch nicht, dass du hierbleiben kannst!« Worauf der ganze Raum in höhnisches Gelächter ausbricht. Aber nichts davon passiert, als mir der Trainer das Wort erteilt. Mein Publikum in den rot-weißen Trainingsshirts bleibt halb freundlich, halb desinteressiert. Ich sage also kurz, dass ich mich freue, hier zu sein. Vor allem aber sollen sie mir sagen, so bitte ich sie ausdrücklich, wenn ich ihnen auf die Nerven gehe. Denn auf keinen Fall möchte ich der Grund dafür sein, dass sie sportlich nicht erfolgreich sind. Aber auch nicht der Vorwand, wenn es nicht laufen sollte. Beides denke ich aber nur. Dann gibt es kurzen Beifall, und ich gehe mit weichen Knien zur Sofaecke links hinten und setze mich. Meine erste Mannschaftsbesprechung geht los, es ist kaum zu glauben.

Fünf Tage nachdem der 1. FC Union Berlin erstmals in seiner Vereinsgeschichte in die Bundesliga aufgestiegen war, hatte ich mich mit Christian Arbeit getroffen, dessen Bedeutung im Klub die Bezeichnung »Geschäftsführer Kommunikation« nicht einmal annähernd wiedergibt. Wir tranken in einer leeren Loge des Stadions Kaffee, und er erzählte mir noch immer glücklich beseelt und leicht entrückt von den Feierlichkeiten nach dem Aufstieg mit einer Bootsfahrt über die Spree, bei der Abertausende Menschen am Ufer und auf den Brücken gestanden hatten. Als das Boot in Köpenick anlegte, wo der Verein zu Hause ist, war das ganze Ufer rot gewesen. Wir sprachen über die unglaubliche Atmosphäre beim entscheidenden Spiel, Union hatte als Dritter der Zweiten Liga gegen den Drittletzten der Bundesliga, den VfB Stuttgart, gespielt. Das Hinspiel in Stuttgart war 2:2 ausgegangen, und beim Rückspiel hatte sich die Energie im Stadion An der Alten Försterei so verdichtet, wie ich das in vielen Jahrzehnten selten erlebt hatte. Die Menschen um mich hatten teilweise nicht mehr gesungen oder angefeuert, sondern einfach nur noch geschrien, weil sie die Spannung nicht mehr aushielten. Und dann löste sich alles in einen Jubel auf.

Im Rahmen der Feiern waren Christian Arbeit vor Tausenden von Zuschauern seine fast schulterlangen Haare geschoren worden, weil er eine Wette verloren hatte. Er hatte dabei auf dem Dach über der Auswechselbank gestanden, auf dem die Spieler herumsprangen, als hätten sie Drogen genommen.

Wir plauderten über diese Feier, und irgendwann rückte ich mit der Sprache heraus. Ich würde, so erklärte ich Arbeit, den Klub gerne durch seine erste Saison in der Bundesliga begleiten, um ein Buch darüber zu schreiben, so als würde ich dazugehören. Ich war davon ausgegangen, dass er mir die Idee freundlich und mit Ausdruck seiner persönlichen Wertschätzung klar und deutlich absagen würde. Andererseits war es gerade in Mode gekommen, dass Fußballteams sich von Kamerateams begleiten ließen, um das Publikum hinter die Kulissen zu führen. Die Zuschauer waren so in den Kabinen, Krafträumen, auf dem Trainingsplatz, im Mannschaftsbus dabei. Der FC Sunderland hatte sich durch eine Saison begleiten lassen, an deren Ende die Rückkehr in die Premiere League stehen sollte. Stattdessen konnte man dabei zusehen, wie alles schieflief und der Klub in die dritte Liga abstieg. Serien über Manchester City, Borussia Dortmund, Leeds United, Juventus Turin und gleich drei dänische Klubs hatten diese Form der Dokumentation fast schon zu einem eigenen Genre gemacht. Auch weil es neue Abnehmer wie Netflix oder Amazon Prime gab, mit einem unersättlichen Hunger nach Inhalten und sehr tiefen Taschen, um die Vereine fürstlich für ihre Offenheit zu entlohnen.

Geld hatte ich keines anzubieten, aber zumindest würde nur *ein* Mensch die Intimität stören, ohne Kameras und Mikrofone. Vielleicht, so dachte ich, würde dem Klub gerade die Idee gefallen, über diese historische Saison ein Buch entstehen zu lassen. Schließlich kannte ich Union gut genug, um zu wissen, dass sie

Spaß daran hatten, die Dinge anders zu machen als andere. Christian Arbeit gefiel die Idee, und er versprach, mit Vereinspräsident Dirk Zingler darüber zu sprechen. Dann vergingen drei Wochen, bis ich an einem heißen Mittwochnachmittag im Juli im Büro von Zingler saß, in der oberen Etage unterm Dach des verwinkelten ehemaligen Forsthauses.

Das Stadion An der Alten Försterei heißt so, weil es dort wirklich dieses ehemalige Forsthaus gibt, in dem der Klub seine Geschäftsstelle hat. Das Fenster von Zinglers Büro stand offen, und als ich mit ihm über das Projekt zu reden begann, flog eine Fliege herein. Erst war es nur eine, bald waren es drei, sechs oder acht, die nicht einfach nur träge durch die Luft taumelten, sondern beharrlich auf uns zu landen versuchten, während wir in der Sitzecke saßen, rauchten und darüber sprachen, warum der 1. FC Union Berlin sich eigentlich von einem Journalisten eine ganze Saison begleiten lassen sollte. Von innen – mit Zugang zu allen Informationen oder zumindest sehr vielen.

Mir war klar, dass ich Zingler, einen Mann von 54 Jahren, würde überzeugen müssen. Er war seit 2004 der Präsident des Vereins, und niemand hier stellte ernsthaft infrage, dass er der Boss war. Die Fans nannten ihn »den Alten« und sahen in ihm einen Familienvater, den sie achteten, vor dem sie aber auch etwas Angst hatten. Obwohl er meist eine gewisse Gutmütigkeit ausstrahlte, konnte er umweglos schneidend scharf werden. Keine wichtige Entscheidung bei Union wurde getroffen, ohne von ihm abgesegnet zu sein. Er stand dem Verein zwar ehrenamtlich vor, verbrachte aber mehr Zeit in seinem Präsidentenzimmer als in seiner Firma, einem Logistikunternehmen mit über 200 Mitarbeitern.

»Sie wollen also beim Training und bei Besprechungen der Trainer dabei sein? Und im Mannschaftsbus wollen Sie auch mitfahren?«, fragte Zingler. »Ja, wenn es möglich ist«, antwortete ich und hoffte zugleich, dass er es nicht gehört hätte. Denn es kam mir, als er das so konkret benannte, wie die dreisteste Anmaßung vor, die ich in meinem Berufsleben jemals geäußert hatte. So, als würde ich an einer fremden Tür klingeln und mit einem freundlichen Lächeln darum bitten, mal in den Wäscheschrank schauen zu dürfen – und dann, wenn's geht, bitte schön noch zum Abendessen bleiben.

»Bei Präsidiumssitzungen sitzen Sie auch hier?«, fragte Zingler, deutete erst auf meinen Platz und zeigte dann auf den großen Tisch am anderen Ende des Raums, an dem diese wohl stattfanden. »Dann machen wir hier also eine Show-Präsidiumssitzung und treffen uns hinterher heimlich in der Kneipe, um das zu bereden, was wirklich wichtig ist?« Zum Glück wartete Zingler meine Antwort nicht ab und schaute auf seine roten Stoffturnschuhe mit weißer Sohle und Kappe, in den Vereinsfarben also.

Ich hatte mir keinen Plan gemacht, wie ich ihn überreden wollte, weil mir klar war, dass man ihn sowieso nicht würde bequatschen können. Es ging eher darum, eine gemeinsame Wellenlänge zu finden und herauszubekommen, ob ihm vielleicht einfach die Idee gefiel, dass bei seinem Klub etwas passierte, was noch kein anderer Fußballklub in Deutschland zugelassen hatte.

Wir redeten darüber, was Union in der Bundesliga erwarten würde, und Zingler wiederholte, was er schon eingangs des Gesprächs quasi zur Begrüßung gesagt hatte: »Wir wollen uns nicht verändern!« Das schien ihm wichtig zu sein. Ich schaute ihn an und sagte tapfer: »Vergessen Sie's!« Zingler sprang auf, ging ein paar Schritte hin und her. Dann winkte er ab, vielleicht verscheuchte er auch nur wieder Fliegen und sagte: »Ich weiß es doch auch!« Er erzählte davon, wie viele Kameras in der nächsten Saison im Stadion stehen würden und dass er den Spielertunnel zum Spielfeld neu habe streichen lassen, weil es von dort demnächst Fernsehbilder geben würde.

»Sie wissen doch, dass wir die Öffentlichkeit nicht so nah an uns heranlassen«, sagte Zingler. Ich wusste, dass sie hier in Köpenick gerne unter sich blieben und ihr Ding machten. Dafür hatte ich sie auch bereits das ein oder andere Mal verspottet. 2013 etwa hatte es in Berlin eine riesige Party zum 50. Geburtstag der Bundesliga gegeben. Reihenweise Legenden waren zur Feier in ein Hotel in Neukölln gekommen, von Uwe Seeler über Wolfgang Overath bis zu

Franz Beckenbauer. Alle Profiklubs hatten ihre Abgesandten geschickt, die Band Kool and the Gang war aus den USA eingeflogen worden, um live zu spielen. Doch irgendwann entdeckte ich die kleine Abordnung Unioner, angeführt von Zingler, an einem Stehtisch neben dem Eingang, wie sie die Köpfe zusammensteckten. Gott und die Welt mochten anwesend sein, aber sie waren sich genug. »Ihr seid doch eine Sekte. Ihr seht euch jeden Tag, und jetzt hängt ihr schon wieder zusammen«, hatte ich Christian Arbeit damals zugerufen. Zwar erwiderten sie, dass sie sich so oft gar nicht sehen würden, und eine Sekte seien sie schon mal gar nicht, aber sie lachten auch, ein wenig gefiel ihnen schon, selbst bei so einer Gelegenheit ihr Ding zu machen.

Wir vertieften das Thema, dass Union gerne für sich blieb, nicht weiter, sondern sprachen über den Verein als politisches Projekt, als Klub mit DDR-Geschichte und was der Aufstieg für Zingler privat bedeutete. Das öffentliche Interesse an ihm würde enorm wachsen, weil er nun Präsident eines Bundesligisten war. Das Gespräch verlief weiter in Schleifen, Kurven und Ellipsen, und zwischendurch fragte ich mich, ob er die Buchidee innerlich längst verworfen hatte. Weiter wedelten wir die Fliegen weg, rauchten und überlegten dann doch wieder, wie die Regeln für so ein Projekt aussehen könnten. »Hm«, brummte Zingler, der, wie ich später verstehen sollte, immer brummte, wenn er Argumente durchspielte. Ich ertappte mich dabei, wie auch ich zu brummen begann. Aus Verzweiflung, ein brummender Hochstapler. Nach mehr als zwei Stunden verkündete Zingler das Ergebnis unserer Besprechung: »Das muss der Sport entscheiden.«

Fünf Tage später flog ich von Berlin nach Salzburg, fuhr noch eineinhalb Stunden mit dem Auto weiter in eine Ortschaft namens Windischgarsten, deren gut zweieinhalbtausend Einwohner zwischen einer Handvoll Geschäften für Trachtenmode auswählen können. Außerdem wurde an der Kirche in der Ortsmitte auf den Christophorussonntag und die Autosegnung am Friedhofsplatz hingewiesen. »Wir ersuchen alle, mit neuem Moped, Auto, Traktor bis 9.30 Uhr Aufstellung zu nehmen.« Um eine Spende wurde ebenfalls gebeten, »zur Anschaffung neuer Fahrzeuge in ärmeren Ländern der Welt«.

Auch ich hatte den Eindruck, dass ich Gottes Segen gut gebrauchen könnte. Denn ich war angereist, um mich nun mit »dem Sport« zu besprechen, der in Windischgarsten im Trainingslager war, um sich auf die Bundesliga vorzubereiten. Mit Cheftrainer Urs Fischer und Oliver Ruhnert, dem Geschäftsführer Profifußball, traf ich mich auf der Terrasse des Mannschaftshotels, von wo aus man einen wunderbaren Blick in die schöne Berglandschaft hatte. Unten am Hang lag zu unseren Füßen der Fußballplatz, auf dem trainiert wurde. Christian Arbeit hatte kleine Küchlein bestellt, die nach einigen Anstandshappen allerdings wenig beachtet in der Sonne verwelkten. Arbeit schien zu meiner Erleichterung gewillt, die Rolle des Moderators einzunehmen, denn zu sagen, dass »der Sport« skeptisch war, wäre eine schamlose Untertreibung gewesen.

Drei Wochen zuvor, nach dem ersten Testspiel der Saison gegen Bröndby Kopenhagen, als dem Publikum die Mannschaft für die Saison 2019/20 vorgestellt wurde, hatte Arbeit mich dem Trainer kurz vorgestellt, und ich hatte hastig versucht, ihm meine Idee zu umreißen. »Aber darüber können wir vielleicht mal in Ruhe sprechen«, hatte ich gesagt. Fischer hatte gesagt: »Das muss der Klub entscheiden.«

Unser Gespräch vor Alpenpanorama begann mit Ruhnerts schrägem Witz, dass Fischer über den Aufstieg in die Bundesliga gar nicht so happy sei. »Wegen der Punkteprämie – die werden wir dieses Jahr vermutlich seltener zahlen, weil wir nicht so oft gewinnen.« Fischer lachte, offensichtlich kannte er solche Frotzeleien schon, kam dann aber zum Thema: »Ich habe den Eindruck, der Verein möchte dieses Buch.« Aha, dachte ich, »der Sport« redete also über »den Verein«, meinte damit aber wohl Zingler. Ich sagte zu Fischer, »der Verein« könne das noch so sehr wollen, wenn er sich durch mich gestört fühlen oder den sportlichen Erfolg gefährdet sehen würde, würde es nicht funktionieren. Dann fragte ich, ob es stören würde, wenn ich rauchte.

Fischer holte daraufhin seine Zigaretten hervor, und wir rauchten gemeinsam. Rauchen ist fürchterlich ungesund, aber manchmal schafft es Verbindungen unter den Menschen. Man ist still vereint in der Unfähigkeit, nicht zu rauchen, teilt also eine Schwäche. Ich will nicht sagen, dass es ein wunderbarer Durchbruch war, gemeinsam mit Urs Fischer zu rauchen, aber das Gespräch entspannte sich etwas. Leider rauchte Oliver Ruhnert nicht.

»Der Sport« hatte viele Bedenken. Fischer dachte laut darüber nach, wie meine Anwesenheit seine Arbeit verändern würde. Würde er anders mit den Spielern reden, wenn ich dabei wäre? Während er die Frage laut stellte, kam er zu dem Schluss, dass das nicht der Fall sei. Ruhnert hatte die Sorge, dass mich unzufriedene Spieler instrumentalisieren könnten, um ihre Version des Saisonverlaufs zu lancieren. Auf den Einwand war ich noch gar nicht gekommen, aber zweifellos wusste er besser als ich, wie Profis ticken.

Schnell wurde klar, dass es ein generelles Regelwerk brauchte, vor allem Ruhnert war das wichtig. Und mir auch. Ich erklärte ihnen also, dass ich bis zur Veröffentlichung des Buchs keine Zeile über meine Erlebnisse veröffentlichen oder mich anderweitig äußern würde. Christian Arbeit – aber nur er – würde das Manuskript lesen dürfen, um Fehler zu korrigieren. Vor allem aber einigten wir uns darauf, dass sie das Projekt jederzeit würden beenden können. Dieser Notausstieg, das wurde mir klar, entspannte ihre Nerven deutlich.

»Aber wir müssen vorher noch mit den Spielern sprechen«, sagte Fischer schließlich. So vergingen noch einmal fast zwei Wochen, in denen es ein Gespräch des Trainers mit dem Mannschaftsrat gab und anschließend eines des Mannschaftsrats mit den anderen Spielern, bis ich wieder einbestellt wurde.

Als Fischer kam und Platz nahm, hielt er ein leuchtend grünes Post-it in der Hand, das er auf seinen Oberschenkel pappte. Darauf hatte er notiert, was er noch mit mir besprechen wollte. Ich sollte zunächst einmal bei ihm im Trainerzimmer sitzen, zusammen mit den beiden Co-Trainern, danach wollten wir mal sehen. Dann gab er mir einen kurzen Abriss der Abläufe und sagte, dass ich bei der Mannschaft immer Vereinskleidung tragen müsse.

»Das ist gut«, sagte Christian Arbeit, der in seiner Rolle als Mediator erneut dabeisaß, »dann wirst du gleich als Mitglied des Rudels erkannt.«

Fischer sagte mir, wann ich am nächsten Tag kommen sollte. Dann erhob er sich.

»Ich freue mich«, sagte ich, und wir schüttelten uns die Hände.

»Ich bin gespannt«, sagte er.

Hinter der Tür

Von Christian Arbeit wurde ich mit einem kleinen Plastikchip ausgestattet, den ich an meinem Schlüsselbund befestigte. Damit hatte ich Zutritt zum Stadion und zum Kabinentrakt. Ich kannte bereits die Rezeption in der Haupttribüne und den Vorraum, wo an Spieltagen die sogenannte Mixed Zone aufgebaut wurde und Journalisten die Spieler befragten. Im Presseraum, in den der Klub nach Spielen und einmal unter der Woche zu Pressekonferenzen einlud, war ich ebenfalls schon häufiger gewesen. Doch die Kabine der Profimannschaft, diesen für alle Außenstehenden mythischen Raum, hatte ich noch nie betreten. Sie war hinter einer weißen Tür, an der nichts darauf hinwies, was sich dahinter befand. Um sie zu öffnen, musste man den Plastikchip an ein weißes Plastikrechteck mit einem leuchtenden roten Punkt halten, dann leuchtete er grün, und man konnte die Tür aufziehen.

Erst einmal kümmerte sich Susi um mich. Vor ihrem Zimmer stand hochkant »Susi« an der Wand, als sei das eine Funktionsbezeichnung. Die anderen waren »Trainer«, »Scouting« oder »Waschküche«, aber Susanne Kopplin war nicht nur Zeugwartin, sondern alles Mögliche. Als Teammanagerin war sie für alle versprengten Seelen in diesen Räumen zuständig, ob sie als Neuzugänge eine Wohnung brauchten, einen Kitaplatz oder eben für einen wie mich, der plötzlich noch mit Rudelkleidung ausgestattet werden musste. Sie hatte in der DDR Elektromontiererin für Fernsehelektronik gelernt, obwohl sie eigentlich lieber Maurerin geworden wäre, schulte nach der Wende auf Tischlerin um und zog einen Sohn groß, der Fußballprofi wurde – unter anderem bei Union Berlin. Auf der weißen Tafel in ihrem fensterlosen Büro neben der Umkleidekabine hatte ein Spieler mit blauem Filzstift »Susi meine Sonne« geschrieben und eine Sonne daneben gemalt. Unter den Spielern war das die Mehrheitsmeinung, wie ich herausfinden sollte.

»Dann komm mal mit«, sagte Susi zu mir, und ich trottete hinter ihr her zum Wäschelager. Dort bekam ich ein rot-weiß-schwarzes Poloshirt, ein grau-schwarzes Trainingshemd, eine kurze Sporthose und eine lange Trainingshose (alles in Schwarz). »Was hast du für eine Schuhgröße?«, fragte sie und gab mir dann ein passendes Paar himbeerroter Joggingschuhe. Damit hatte ich die Grundausstattung an Dienstkleidung, denn in der Kabine lief niemand in Zivil herum. Es gab auch eine Art von Ordnung, wann man was zu tragen hatte. So gehörte es sich etwa nicht, auf dem Trainingsplatz die sogenannte »Ausgehhose« anzuziehen, die sich von der Trainingshose dadurch unterschied, dass sie locker, nicht wurstpellenartig am Körper saß und aus anderem Material war. Es gab für Spieler andere Shirts als fürs Trainerteam, aber eigentlich sollte ich bis zum letzten Tag nie ganz kapieren, wann eigentlich wer was anzuziehen hatte, im Zweifelsfall hatte ich das Falsche an.

Ich nahm meine neuen Sachen mit in die kleine, fensterlose Kabine der Trainer und zog mich um. Leider war kein Spind mehr frei, also legte ich meine Klamotten auf ein weißes Regal, wo die Trainingshemden, Jacken, Shorts und etliches mehr mit den jeweiligen Kürzeln der Trainer lagen. UF für Urs Fischer, MH für seinen Co-Trainer Markus Hoffmann, aber BS für den anderen Assistenten Sebastian Bönig. Vielleicht waren seine Initialen vertauscht, weil er aus Bayern stammte, der Bönig Sebastian.

Als ich das gegenüberliegende Trainerzimmer betrat, wurde ich mit demonstrativer Selbstverständlichkeit begrüßt. Urs Fischer teilte sich mit seinen beiden Co-Trainern einen Raum, nebenan saßen Athletiktrainer Martin Krüger, Spielanalytiker Adrian Wittmann und Torwarttrainer Michael Gspurning, wie Hoffmann ein Österreicher. Zur morgendlichen Besprechung um halb neun kam noch Rehatrainer Christopher Busse dazu. »Wie ihr wisst, wird Herr Biermann uns durch die Saison begleiten, um ein Buch zu schreiben. Er wird erst mal hier bei uns sitzen«, sagte Fischer, und dann ging es auch schon los. Busse hatte einen kleinen Zettel mitgebracht, auf dem die Namen der Spieler standen, die nicht würden trainieren können. »Kroos, Ryerson (Reha) und Hübner fehlen«, las er vor. »Und Schmiedebach hat immer noch leichten Husten.« Fischer saß am Schreibtisch, nickte, strich die Namen derer, die nicht mittrainieren konnten, und zählte die verbliebenen Spieler durch.

Um neun Uhr wurde ich der Mannschaft vorgestellt, und von hinten machte ich mich anschließend mit der Sitzordnung im Besprechungszimmer vertraut, die sich in den kommenden Monaten kaum verändern sollte. Mittendrin in der zweiten Reihe bildeten Subotic, Gentner und Parensen ein Kraftzentrum der Erfahrenen. Weiter außen an der Wand saß Mittelstürmer Sebastian Andersson. Neben ihm war ein Platz frei, und das sollte auch so bleiben. Torwart Rafał Gikiewicz saß ganz vorne, dem Trainer am nächsten. Mannschaftskapitän Christopher Trimmel saß in der dritten Reihe ganz rechts, weil er auf dem Tische neben sich seinen Kaffee abstellen konnte. Robert Andrich, neu vom Zweitligisten Heidenheim gekommen, hatte einen Einzelplatz an dem in die hintere linke Ecke geschobenen Tisch. Die Neuzugänge Anthony Ujah, der Nigerianer war aus Mainz gekommen, und der Holländer Sheraldo Becker, aus Den Haag nach Berlin gewechselt, hockten vor ihm links an der Wand hintereinander, damit Ujah ihm auf Englisch zuflüstern konnte, was Fischer sagte. Mittelfeldspieler Felix Kroos und Torwart Jakob Busk saßen gesondert, direkt neben dem rollenden Pult, das Spielanalytiker Wittmann zur Besprechung in den Raum gefahren hatte. Er hatte sein Laptop mit dem Beamer verbunden, der unter der Decke hing.

Urs Fischer saß vor der Mannschaft mit einem Laserpointer in der Hand, um in den vorgeführten Spielszenen auf das deuten zu können, was ihm wichtig war. Der Rest des Trainerteams saß hinten auf den beiden braunen Ledersofas, wo ich Platz gefunden hatte. Der Raum hatte keine Fenster, an den beige gestrichenen Wänden hingen Fotos von Kaffeemaschinen, von Gewürzen und Landschaften am Meer. Sie sahen aus wie ausgedruckte Bildschirmschoner. Die Grünpflanzen auf den Tischen und neben meinem Sofa waren aus Plastik. Das Ganze wirkte wie der Frühstücksraum eines Zweisternehotels.

Nach der Besprechung stellten die Trainer die Tische und Stühle wieder so auf, dass hier mittags gegessen werden konnte, der Besprechungs- war auch der Essraum. Die Spieler machten sich inzwischen fürs Training fertig. Weil ich nicht richtig wusste, was ich nun tun sollte, schaute ich mich um, und mir fiel ein Plakat auf, das an verschiedenen Stellen im Kabinentrakt aufgehängt worden war. Darauf stand:

Unsere Saisonziele 2019/20

40+
Stimmung in der Kabine
Überzeugung zu gewinnen
Freude und Spaß
Von Spiel zu Spiel denken
Trainingsniveau hochhalten
Saisonstart

»40+« stand dafür, mehr als 40 Punkte zu holen. Mit 40 Punkten war noch nie eine Mannschaft aus der Bundesliga abgestiegen. Union war ein klarer Abstiegskandidat, in fast jedem Expertentipp und in fast jeder Vorschau auf die langsam nahende Saison landeten sie auf einem der letzten beiden Plätze. Nur Mitaufsteiger SC Paderborn konnte noch weniger Geld für seine Mannschaft ausgeben, alle anderen Bundesligisten oft ein Vielfaches. 16 der 17 Konkurrenten in der neuen Spielklasse konnten sich also besser bezahlte Spieler leisten, mehr Betreuer, bessere Trainingsbedingungen, komfortablere Reisen und was sonst noch eine Rolle spielen mochte, um sportlich erfolgreich zu sein. Um trotzdem mindestens drei Teams hinter sich zu lassen, musste in diesen Räumen etwas ganz Besonderes geschehen: ein Fußballwunder.

Inzwischen hatten sich die Spieler im hinteren Teil der Kabine in zwei Bereichen verteilt. Einer war mit grünem Kunstrasen ausgelegt, der andere war der Kraftraum, in dem neben Hanteln und diversen Kraftmaschinen in zwei Reihen Spinningräder standen. Die Spieler hatten überall Gymnastikmatten auf dem Boden verteilt und begannen die »Prevention«, eine Folge von gymnastischen Übungen, Dehnungen, Streckungen, die sie weitgehend wortlos und ohne große Begeisterung absolvierten, von Athletiktrainer Krüger mit fester Stimme angesagt. »Prevention« hieß das Programm deshalb, weil hier präventiv dafür gesorgt werden sollte, dass es möglichst wenig Muskelverletzungen gibt.

Als sie damit fertig waren und die Matten weggeräumt hatten, gingen sie zum Trainingsplatz. Ihr Weg führte hinter der Fantribüne entlang, die an einen Wald grenzte. Die Spieler machten sich warm, und ich setzte mich auf eine Bank in den Schatten. Ich schaute hinüber zum Wald und zum Stadion, wo man Handwerker arbeiten hörte. Auf den Plätzen der Jugendmannschaften, die durch einen Zaun und Sichtschutz getrennt waren, war es still. Ein wunderbarer, nicht zu heißer Sommermorgen, hier würde es mir gefallen können.

Am nächsten Tag fand im Stadion ein geheimes Testspiel gegen den spanischen Erstligisten Celta de Vigo statt. Beide Mannschaften hatten so viele Spieler, die sie alle einsetzen wollten, dass sie sich darauf geeinigt hatten, zusätzlich zum offiziellen Spiel am nächsten Tag ein weiteres anzusetzen. Nach 65 Minuten der ersten Partie setzte aber ein gewaltiger Sommerregen den Platz so unter Wasser, dass nicht weitergespielt werden konnte. Die Spieler beider Mannschaften warteten erst noch auf der Treppe, die von den Kabinen zum Platz führte, darauf, dass es weiterging, aber selbst als die Sonne wieder hervorkam, standen noch zu viele Pfützen auf dem Platz.

Anschließend fuhren alle zu einer Party für Vereinssponsoren in einer ehemaligen Maschinenhalle im Süden von Berlin. Der Vereinspräsident hielt eine Rede, und dabei wurde schnell klar, dass Zingler sich mit Union nicht in der Rolle des niedlichen Außenseiters einrichten wollte. »Wir sind gekommen, um zu bleiben. Unsere nächste Etappe ist es, unseren Platz in der Bundesliga zu halten.« Zu den Spielern sagte er: »Unterhaltet euch mit den Sponsoren, die zahlen zum Teil eure Gehälter.« Alle lachten, und dann verteilten sich die Spieler, Trainer und Mitarbeiter des Betreuerteams an die Tische der Sponsoren.

Ich landete dort, wo Urs Fischer saß. Er unterhielt sich bereitwillig mit den Geschäftsleuten, die aber eher wie Fans wirkten. Sie waren spürbar aufgeregt, dass sie mit dem Trainer reden konnten, der ihre Mannschaft in die Bundesliga geführt hatte. Einer von ihnen sagte zu Fischer, dass es gar nicht so schlimm sei, wenn Union direkt wieder absteigen würde, und das traf die Stimmung. All diese Leute, die teilweise schon über Jahre Werbebanden im Stadion gemietet, Logen oder Businessseats gebucht hatten, schwankten zwischen Überwältigung und Zweckpessimismus. Angesichts der Location staunten sie ein Wahnsinn-wie-groß-das-hier-ist, aber zugleich gab es ein Hoffentlich-verheben-wir-uns-nicht. Es herrschte die Vorfreude von Verrückt-wir-sind-in-der-Bundesliga und zugleich ein Ist-das-überhaupt-eine-gute-Sache-plötzlich-bei-den-Großen-zu-sein. Die neuen Spieler, vor allem aber Gentner und Subotic, wurden leicht irritiert und scheu bestaunt. Zu Union kamen normalerweise keine Spieler, die man aus dem Fernsehen kannte.

Es war wie bei meinem Gespräch mit Zingler in dessen Büro. Alle waren unheimlich stolz darauf, dass ihr Klub nun gegen Bayern und Dortmund, gegen Schalke und Mönchengladbach spielen durfte. Aber es schwang auch eine gewisse Sorge mit, dass in der großen weiten Fußballwelt etwas kaputtgehen könnte.

Am nächsten Tag war ich irritiert, als Urs Fischer nach dem zweiten Spiel gegen Vigo pfeifend ins Trainerzimmer kam, wobei Pfeifen das Geräusch, das er machte, nicht genau beschreibt. Er zischte eine unbestimmte Melodie vor sich hin, wie er es auch schon in der Halbzeitpause gemacht hatte. Da führte Celta de Vigo im letzten Test vor Saisonstart mit 1:0, am Ende gewannen die Spanier mit 3:0. Mir wurde nicht klar, ob Fischer wirklich gute Laune hatte oder nur so tat und dieses Pfeifen das Vorspiel zu einem Wutausbruch war. Die Trainer kamen, dann Oliver Ruhnert, der Geschäftsführer Profifußball. Er sagte aber nichts und war nach wenigen Momenten wieder verschwunden.

»Wer glaubt, dass solche Fehler in der Bundesliga nicht bestraft werden, der glaubt auch an den Weihnachtsmann«, sagte Fischer. Erstaunlicherweise erwuchs daraus ein Gespräch darüber, wessen Kinder noch an den Weihnachtsmann glaubten, wie gut verkleidet Miet-Weihnachtsmänner waren und dass sich hinter der Kostümierung gelegentlich Frauen verbargen. Aber die Gaga-Konversation hatte wohl die Funktion, Zeit zum Nachdenken zu verschaffen, was falschgelaufen war. »Jetzt hast du das Resultat, das dich auf den Boden runterholt«, sagte Fischer. Er schien wirklich zufrieden zu sein.

Von den vorangegangenen sechs Testspielen hatte Union vier gewonnen und zweimal unentschieden gespielt. Auch in der Aufstiegssaison, erinnerte Bönig die anderen, hatte Union den letzten Test mit 0:3 verloren. Hoffmann, der mit Fischer schon beim FC Basel zusammengearbeitet hatte, war fast schon begeistert von der Niederlage: »Wir haben in Basel zweimal in der Vorbereitung alle Spiele verloren und sind einmal mit acht und einmal mit neun Siegen in die Saison gestartet.« Die erste Niederlage der Vorbereitung, darin waren sich alle einig, würde ihre Arbeit in der Woche vor dem Saisonstart einfacher machen.

Fischer ging in die Kabine hinüber und wiederholte vor den Spielern das, was er schon im Trainerzimmer gesagt hatte, nur vom Weihnachtsmann war dort nicht die Rede. Dann wünschte er allen ein schönes Wochenende, sie sollten sich eine gute Zeit machen. Als er aus der Kabine zurückkam, musste er noch kurz zu einem Sponsorentermin, und Hoffmann bot an, in der Zwischenzeit Bratwürstchen am Stand vor dem Stadion zu holen. Als er zurückkam, war Fischer wieder da, und Adrian Wittmann hatte inzwischen seinen Computer an den Fernsehbildschirm angeschlossen und das Spiel gegen Vigo aufgerufen, das er selber aufgezeichnet hatte. Fischer setzte sich an den Besprechungstisch, stellte seine Cola ab, aß seine Bratwurst und sagte: »Herrlich!«

Dann zeigte Wittmann Szenen aus dem Spiel gegen die Spanier, zuerst die Gegentore. Wer hatte beim ersten welche Fehler gemacht? Wer hätte wo stehen müssen? Zum zweiten Gegentor sagte niemand was, zu offensichtlich war der Torwartfehler. Und beim dritten, dem nach der Ecke, ließ Fischer die Szene mehrfach abspielen. Dann war klar: Mittelstürmer Sebastian Polter hatte seinen Gegenspieler verloren. Nach und nach gingen sie die Szenen durch, ab und zu sagte Fischer: »Gut, gut, gut.« Mit anderen war er weniger zufrieden, aber die Leistung war keine Katastrophe gewesen, das Ergebnis gab das Spiel nicht wieder. Der Countdown zum Saisonstart konnte beginnen.

Der Kapitän im Baumarkt

Mein Weg nach Köpenick führt am Roten Rathaus vorbei, dem Sitz des Regierenden Bürgermeisters, in Sichtweite von Alexanderplatz und Fernsehturm. Die architektonisch reizvolle niederländische Botschaft ein kurzes Stück weiter kann man eher erahnen als sehen. Die Stralauer Straße wird dann bald zur Holzmarktstraße, wo auf dem Gelände des ehemaligen Holzmarkts, direkt am Ufer der Spree, ein Bauprojekt der Kreativ- und Hippieszene verwirklicht worden ist, hervorgegangen aus dem legendären »Club Bar 25«. Das Spreeufer hier hat einmal den Open-Air-Klubs der Technoszene gehört, doch nun leben sie, wenn überhaupt noch, in seltsamen Nachbarschaften. Das Yaam, ein Ort für Hip-Hop und Black Music, steht in Nachbarschaft eines alten Lagerhauses gegenüber des Ostbahnhofs, vor dem nun Lastwagen hochwertige Armaturen für die Bäder liefern. An der East Side Gallery stehen schon morgens um acht chinesische Touristen und schauen die letzten Stücke der Berliner Mauer an. Hinter der Oberbaumbrücke folgen das große Verwaltungsgebäude von Universal Music und ein schickes Hotel. Das Viertel vor der Elsenbrücke ist einmal eine vergessene Ecke der Stadt gewesen, nun werden auch dort die Häuser renoviert. Hier haben sich »Die wilde Renate« und »://about blank«, zwei weitere Klubs und Freiräume des Undergrounds, versteckt gehalten, denen das neue Berlin nun immer näher rückt. Der Umbau des Ostkreuzes als Knotenpunkt der Bahn ein Stück nebenan ist bereits fertig. Von oben kann man die Rummelsburger Bucht sehen, wo die Spree aussieht wie ein See. »Wer verrät dich nie – die Anarchie« steht gegenüber auf einem Plakat vor einem Gelände, das besetzt aussah. Es wird das Jahr nicht überleben, in dem ich hier nun oft vorbeifahre.

Kurz danach beginnt sich die Stadt zu verändern, sie nimmt den Charakter einer Ausfallstraße an, rechts erst noch die relativ neue

Wohnsiedlung an der Bucht, dann Kleingewerbe und ein letzter Klub, das »Sisyphos«. Er befindet sich in einer ehemaligen Fabrik für Hundekuchen, wo ich die Leute anstehen sehe, wenn ich an einem Samstag oder Sonntag in der Früh zum Stadion fahre. Schließlich das riesige Heizkraftwerk auf beiden Seiten der Straße und daneben ein Betonwerk, wo häufiger Lastwagen der Firma von Union-Präsident Zingler vorfahren. Bald danach ist rechter Hand das ehemalige Funkhaus zu sehen, in dem sich früher der Rundfunk der DDR befand und heute im spektakulären ehemaligen Sendesaal mit seiner großartigen Akustik Konzerte stattfinden, vor allem mit elektronischer Musik. Ein Stück weiter steht ein riesiges Gebäude leer, an dem in mannshoher Schrift »Hammerhearts« zu lesen ist, der Name einer Ultra-Gruppe des 1. FC Union.

Das Gebäude ist so etwas wie ein Grenzpfosten zum FCU-Land. Hier hört das gentrifizierte Berlin auf, die Mischung aus Abenteuerspielplatz und überzogenen Mieten. Das Berlin, das die Besucher aus aller Welt anzieht, ob sie nun in die aufregende Geschichte der seltsamen Stadt eintauchen wollen oder ins einzigartige Nachtleben. Nun dominieren die Lieferwagen den Verkehr, mittelgroße Transporter, fast alle weiß. Hier werden Dinge hin und her gefahren, die man für irgendetwas braucht, das vielleicht sogar noch mit physischer Arbeit zu tun hat. Hier ist Oberschöneweide, und links zieht sich nun einige Kilometer der Volkspark Wuhlheide und der Forst hin bis zum Stadion, direkt hinter der Stadtgrenze zu Köpenick. Auf der anderen Seite der Straße wohnen die Leute weder besonders prächtig noch runtergekommen in ordentlichen Häusern. Hier ist Berlin keine aufregende Projektionsfläche für was auch immer. Für die Aufregungen sorgte hier der Fußballverein.

Die meisten Spieler wohnten in der Nähe des Stadions, in Köpenick selbst oder in angrenzenden Stadtteilen. Trainer Fischer, Mittelstürmer Polter und der junge österreichische Flügelspieler Florian Flecker hatten ihre Wohnungen sogar im selben Haus, von dem man zehn Minuten zu Fuß zum Stadion brauchte. Aus einem gewissen Trotz kam Fischer dennoch stets mit dem Auto.

Die längste Anreise, von Zehlendorf im Berliner Südwesten, hatte der schwedische Stürmer Sebastian Andersson. Eine Fahrt dauerte 40 Minuten, aber dafür gab es in seiner Nachbarschaft eine internationale Schule, auf die seine beiden Kinder gehen konnten. Christian Gentner war nach Schöneberg gezogen und Neven Subotic nach Friedrichshain, von wo aus er mit der S-Bahn nach Köpenick fuhr.

Richtig exzentrische Autos hatte der Union-Fuhrpark nicht aufzuweisen. Einige der jungen Spieler kamen im VW-Golf, auch Co-Trainer Bönig fuhr einen, der noch auf seine Mutter zugelassen war und deshalb ein Erdinger Kennzeichen hatte. Mittelfeldspieler Grischa Prömel fuhr einen alten Ford Fiesta, ihm waren Autos komplett egal. Die meisten Spieler dagegen fuhren SUVs oder größere Mercedes-Limousinen mit der einen oder anderen Sonderausstattung. Der junge Norweger Julian Ryerson hatte einen Mercedes, der wie ein Raubtier röhrte, wenn er Gas gab. Weil er lieber Englisch sprach, fragte ich ihn: »Do you know, what ›Jugendsünde‹ is in Englisch?« Er grinste verlegen.

Nur zwei Spieler lebten in meiner Nachbarschaft, in Berlin-Mitte: der dänische Torwart Jakob Busk und Mannschaftskapitän Christopher Trimmel, der aus Österreich stammte. Nach einigen Tagen, als meine Anwesenheit langsam selbstverständlicher zu werden begann, nahm mich Trimmel zum ersten Mal vom Training mit zurück nach Hause. Er hatte einen schwarzen Mercedes, der aussah wie ein Jeep und den Eindruck machte, als würde der Fahrer damit im Forst erlegte Wildschweine nach Hause fahren. Als wir losfuhren, machte Trimmel das Radio an und stellte es auf einen Jazzsender.

Er hatte sich dafür entschieden, mit seiner Frau nach Mitte zu ziehen, obwohl das bedeutete, zum Training und zurück mindestens eine Stunde lang unterwegs zu sein. »Mitte erinnert uns an Wien«, erklärte er mir. Wo sie wohnten, konnten sie in schöne Cafés gehen, dessen Publikum Fußballspieler eher nicht erkannte. In Köpenick hätte er ständig Autogramme geben oder Selfies mit Fans machen müssen. Trimmel, so dachte ich, passte nach Mitte, denn dieser Stadtteil ist auch eine Bühne. Er sah gut aus und war auf unspektakuläre Weise stylish angezogen, wofür seine Frau sorgte. Er hatte Spaß an öffentlichen Auftritten, war aber trotzdem kein Poser, der die Bühne suchte.

Während der Fahrt erzählte mir Trimmel im Schnelldurchlauf, dass es für ihn eigentlich nicht vorgesehen gewesen war, Fußballprofi zu werden. Er war in einem 700-Seelen-Dorf im Burgenland aufgewachsen und hatte mit der lokalen Fußballmannschaft den Aufstieg von der Sechsten in die Fünfte Liga geschafft. »Ich habe mit 16 Jahren gegen 30-Jährige gespielt, da musste ich Athletik entwickeln.« Damals hatte er die Schule fertig machen und Zimmermann werden wollen. Die schon bald eintreffenden Anfragen größerer Klubs, ihn in eine Nachwuchsakademie zu holen, schlug er aus. Trimmel wollte lieber mit seinen Kumpeln Skateboard fahren und Punkrock oder andere laute, harte Musik hören. Mit 19 Jahren wechselte er zu einem Viertligisten, schoss dort 18 Tore, und wieder kamen Angebote.

Diesmal passte es, er wechselte in die Zweite Mannschaft von Rapid Wien, um sein Studium in der österreichischen Hauptstadt zu finanzieren, Sport und Geografie. Vorher hatte er überlegt, sich an der Kunsthochschule einzuschreiben, dann aber seine Bewerbungsmappe verlegt, ob bewusst oder zufällig, das wusste er selbst nicht. In Wien nahm sein Leben eine überraschende Wende, innerhalb von anderthalb Jahren wurde er nicht nur in die erste Mannschaft des populärsten Klubs des Landes befördert, sondern auch noch in die österreichische Nationalmannschaft berufen. Ein unglaublicher Aufstieg.

In Wien entdeckte er seine Begeisterung fürs Tätowieren, die viel mit seinem Vergnügen an Zeichnen und Malen zu tun hatte. Er hatte sich als Tätowierer seither so weit entwickelt, dass er ein Kleinunternehmen angemeldet hatte, »Twentyeight Tattoos«, die 28 war seine Rückennummer. »Wenn ich jetzt mit Fußball aufhören würde, könnte ich davon leben«, erzählte er und fragte dann, ob es in Ordnung sei, wenn wir noch kurz an einem Baumarkt hielten. Sein Vater war nämlich zu Besuch, und sie wollten einer

Freundin bei der Einrichtung der Elektrik in einem Restaurant helfen. »Die tut sich ein bisschen schwer damit.«

Als ich auf dem Parkplatz darauf wartete, dass er Sicherungen und anderes Elektromaterial kaufte, dachte ich erst: »Irre, ich sitze mit dem Kapitän einer Bundesligamannschaft im Auto und fahre zum Baumarkt.« Dann jedoch dachte ich, wie absurd dieses Erstaunen war. Das Zusammentreffen von Spielern und Journalisten ist meistens formalisiert, weil man sich in festgeschriebenen Rollen trifft. Der eine fragt, der andere antwortet und hat dabei oft die Sorge, dass die Antwort ihm schaden könnte. Schon in den ersten Tagen hatten sich einige Spieler bei mir darüber beschwert, dass »die Medien« doch schrieben, was sie wollten. Mein Einwand, dass es »die Medien« nicht gäbe, wurde eher knurrend zur Kenntnis genommen.

Mir war schon klar, dass das Verhältnis von »den Spielern« und »den Medien« eine Reihe von Problemen mit sich brachte. Christopher Trimmel etwa fiel im weitesten Sinne in die Rubrik »der andere Profi«, weil er eine andere Vorgeschichte hatte als viele seiner Kollegen und offensichtlich ein anderes Leben führte. Nur führte er dieses Leben nicht, um »anders« zu sein, sondern es war halt seines.

Er unterhielt sich gerne und gab auch gerne Auskunft über sich, mit diesem warmen österreichischen Unterstrom in der Stimme. Er war mit einem besonderen fußballerischen Talent gesegnet, auf das er erst spät gestoßen oder das er erst spät zu nutzen bereit war. Er sagte: »Meine größte Stärke ist Disziplin.« Aber Trimmel sagte auch: »Wenn du etwas zu viel willst, versteifst du.« Er hatte Interesse an Kunst und an schönen Dingen, das war seine Gegenwelt zum Fußball. Wäre er aber nur ein Exot, wäre er nicht Kapitän der Mannschaft, kein Führungsspieler, und wie er das ausfüllte, sollte ich in den kommenden Monaten erfahren.

Dadurch, dass ich nun, wenn auch noch vage, zur Mannschaft dazugehörte, hatte Trimmel mich im Auto mitgenommen, wie man halt einen Arbeitskollegen mitnimmt. Die übliche Rollenverteilung zwischen Journalist und Fußballprofi fiel weg, nun war es gar nicht mehr so irre, dass Trimmel einen Jazzsender hörte. Und was war eigentlich bemerkenswert daran, dass er in einem Baumarkt einkaufen ging? Auch Freunden bei etwas zu helfen, das sie selber nicht, man selber aber gut kann, war so wenig eine Sensation wie seine Begeisterung für Tätowierungen. Für einen Fußballprofi mochte das eine oder andere davon ungewöhnlich sein, aber während der Fahrt mit Trimmel löste sich dieses »für einen Fußballprofi« auf. Nach nur wenigen Tagen mit der Mannschaft verschwand es ganz aus meinem Denken und kam auch nicht wieder zurück.

Trimmel setzte mich an einem Café in Mitte ab, an dem wir uns, vor allem, als es kälter wurde, regelmäßig zur gemeinsamen Fahrt nach Köpenick treffen sollten, meistens zusammen mit Torhüter Busk. Doch jetzt war es noch warm, deshalb fuhr Trimmel häufiger mit seiner Harley-Davidson, die einen gewaltig breiten Hinterreifen hatte. Außerdem konnte er an dem Motorrad den Schalldämpfer im Auspuff so öffnen, dass man es schon aus vielen Hundert Metern Entfernung hörte. Auf Österreichisch klingt »Jugendsünde« gleich viel sympathischer.

David als Goliath

Fußballschuhe sind heute zumeist bunt, nicht selten in schreienden Farben und aus supermodernen Geweben, weshalb sie oft nicht einmal mehr geschnürt werden müssen, man schlüpft in sie wie in Strümpfe. Solche Schuhe trugen die Profis, die Fußballschuhe des Trainerteams von Union hingegen waren schwarz und aus Leder. Außerdem gehörten zu ihrer Ausrüstung für die Saison noch schwarze Sneaker sowie solche Joggingschuhe, wie auch ich sie bekommen hatte, leuchtend himbeerrot.

Urs Fischer wollte aber keine himbeerroten Schuhe tragen, um seine Mannschaft ins erste Saisonspiel zu führen. Er war 53 Jahre alt, verheiratet und hatte zwei Kinder großgezogen. Er war seit zehn Jahren Profitrainer, war zweimal Schweizer Meister geworden und hatte den 1. FC Union Berlin in die Bundesliga geführt. Er war ein erwachsener Mann, der seriös seine Arbeit machte, und himbeerrot mochte der Textmarker auf seinem Schreibtisch sein, aber nicht die Schuhe, die er während eines Spiels trug. Sie sollten aber auch nicht schwarz sein, denn schwarz waren seine Fußballschuhe, und Fußballschuhe trägt man auf dem Spielfeld, nicht auf der Trainerbank. Er wollte also Sportschuhe entweder in Weiß, Grau oder Blau.

Er hatte Susi Kopplin darum gebeten, aber die entsprechenden Sneaker waren nicht rechtzeitig geliefert worden. Der Trainer würde also beim Saisonstart Schuhe tragen, die ihm nicht gefielen. Fischer machte darum kein großes Geschrei, aber froh würde es ihn nicht machen. Und Susi würde nicht froh sein, wenn sie wüsste, dass der Trainer nicht froh ist.

Die Saison begann für den 1. FC Union Berlin mit dem Ausnahmefall. Die erste Runde im Pokal wird traditionell am Wochenende vor dem Start der Bundesliga ausgetragen. 64 Vereine treten dann an, davon 36 Profiklubs aus den ersten beiden Bundesligen, der Rest sind Klubs von der Dritten Liga abwärts, manche halbprofessionell, andere echte Amateure. Die Mannschaften unter der Zweiten Liga haben gegen die höherklassigen Teams stets Heimrecht, selbst wenn es andersherum ausgelost wird. Union musste bei Germania Halberstadt antreten, einem Viertligisten aus der Nähe von Magdeburg.

Vor solchen Spielen gibt es in der Presse stets hübsche Feelgood-Geschichten über tapfere Außenseiter, die sich auf das Spiel des Jahres freuen. Der Trainer von Halberstadt etwa war nicht nur Fan von Union, in der Vorsaison hatte er beim Pokalspiel in Dortmund sogar im Gästeblock gestanden, als die Borussia einen Elfmeter in der letzten Minute der Verlängerung brauchte, um gegen den damaligen Zweitligisten weiterzukommen.

Für die Profis hingegen geht es nur darum, das Spiel schon vergessen zu haben, wenn der Bus auf der Rückreise wieder jenseits der Kleinstadtgrenze ist. Niemand will Geschichte schreiben, denn es wäre die eines Favoritensturzes. Der Wettbewerb lebt von den legendären Momenten, in denen David gegen Goliath triumphiert, Klempner, Postboten und Studenten hoch bezahlte Profis aus dem Wettbewerb werfen. Union Berlin würde in der Bundesliga zwar an fast jedem Wochenende auf größere Klubs mit mehr Geld treffen, aber nach Halberstadt reiste die Mannschaft als haushoher Favorit – zum ersten Mal in dieser Saison und vielleicht auch zum letzten Mal.

Am Freitagmorgen, zwei Tage vor dem Spiel, fragte Urs Fischer bei der Besprechung: »Jungs, was wisst ihr über Halberstadt?« Als keiner der Spieler antwortete, fragte er erneut. »What do you know about Halberstadt, Manni?« Der nigerianische Außenstürmer Suleiman Abdullahi, genannt Manni, schwieg. »Shit! Why always me?«, sagte Fischer, einige Spieler kicherten, auch Abdullahi. Linksverteidiger Christopher Lenz hatte sich als Einziger offensichtlich zumindest ansatzweise mit dem Gegner beschäftigt: »Die sind jung und nicht sonderlich groß.«

Ein paar Tage zuvor hatte ich Halberstadt im Spiel bei einem

Berliner Regionalligisten zusammen mit Sebastian Bönig angeschaut. Er war schon seit 2014 Co-Trainer bei Union und hatte bereits mit diversen Vorgängern von Fischer zusammengearbeitet, dem Klub war er aber noch länger verbunden. Er stammte zwar aus Bayern, war als Spieler aber bei Union heimisch geworden, wo er bereits mit 27 Jahren seine Karriere wegen einer Verletzung beenden musste. »Ich wollte nie mehr woanders anfangen, weil ich mich so verbunden fühlte mit diesem Klub. Ich habe damals gesagt: Nach Union kommt für mich nichts mehr«, erzählte er mir. Inzwischen war er 38 Jahre alt und machte während der Saison seine Ausbildung zum Fußballlehrer, der höchsten Qualifikation, die es für Trainer in Deutschland gab.

Bönig neigte mitunter zu einem gewissen Pessimismus, wie ich im Laufe der Saison erfahren sollte, aber auf der Tribüne im Berliner Poststadion sorgte ihn nicht übermäßig, was er sah. Die Leistungen der Halberstädter waren bescheiden, und als wir uns bei der Besprechung ein paar Szenen aus ihren Spielen genauer anschauten, war der Eindruck kein anderer. Schon das Videomaterial sah so armselig aus, dass ich mich fragte, was es bei den Spielern auslöste. Wie sollte man den Gegner anhand von verwackelten Bildern ernst nehmen, bei denen immer der Stützpfeiler einer Tribüne im Bild war. Fischer erläuterte, davon unbeeindruckt, dass Halberstadt in der Offensive häufig die Positionen wechselte, um Unordnung beim Gegner zu schaffen, und nannte das die »Kieler Schule«. Holstein Kiel war in der Zweiten Liga damit überraschend erfolgreich gewesen. Vielleicht beeindruckte der Vergleich die Spieler, aber zu bemerken war das nicht. Sie hörten sich alles ohne große Regung an. »Das ist ein wichtiges Spiel, um in die Saison zu kommen«, sagte Fischer. »Wir müssen den Gegner respektieren und das Spiel ernst nehmen, und das haben wir bisher immer gut hinbekommen. Es ist keine leichte Aufgabe, aber es kann eine leichte Aufgabe werden.«

Nach Halberstadt fuhr ich mit Frank-Peter Raasch, für den es wie für mich seine Jungfernfahrt mit Union war. Susi Kopplin war eine alte Freundin von ihm und hatte ihn gefragt, ob er in der Bundesligasaison für Union einen zusätzlichen Transporter fahren wolle, der Mannschaftsbus allein würde nämlich nicht mehr reichen. Er hatte 28 Plätze, 20 davon brauchten nun die Spieler, bisher hatten die Teams nur 18 Spieler nominieren dürfen. Das Trainerteam war sechsköpfig, dazu kamen noch der Mannschaftsarzt, zwei Physiotherapeuten und ein Mitarbeiter, der bei der Spielanalyse half, sowie Susi Kopplin. Das waren schon 30 Leute, dazu noch ich, und der Platz im Kofferraum des Mannschaftsbusses reichte auch nicht immer.

Raasch war ein erfolgreicher Kleinunternehmer, er hatte ein florierendes Unternehmen für Autozubehör aufgebaut. Er war Fan von Union, aber dass er den Job übernommen hatte, hatte auch mit einer Tragödie in seiner Familie zu tun. Den weißen Mercedes-Transporter, in den ich am Bahnhof Köpenick zustieg, fuhr sein Sohn Erik, der 13 Jahre zuvor nachts vor einer Diskothek angegriffen worden war. »Hey, hast du meine Freundin angeglotzt?«, hatte ein Gewalttäter damals zu ihm gesagt, und ein Schlag hatte gereicht, um Erik schwere Kopfverletzungen zuzufügen. Man merkte ihm die Beeinträchtigungen nicht an, aber er litt oft unter Kopfschmerzen, konnte sich nicht lange genug konzentrieren, um einer festen Arbeit nachzugehen, und war offiziell schwerbehindert. Nach diesem Drama hatte Frank-Peter Raasch beschlossen, weniger zu arbeiten. Die Familie hatte ein kleines Motorboot gekauft, sie wollten es sich so schön machen wie möglich.

Erik steckte auch in »Ritter Keule«, er stieg also in das Kostüm des Maskottchens von Union Berlin, das einen Ritter mit Schaumstoffhelm, Schutzpanzer und einem Morgenstern an einer Kette darstellte. Erik machte das ehrenamtlich, war allerdings nie an Spieltagen im Einsatz, er fühlte sich in Menschenmengen nicht wohl. Also kam er nur unter der Woche zum Einsatz, auf Veranstaltungen des Klubs, man konnte »Ritter Keule« auch für Feste buchen.

Erik begleitete Union als Fan nach Halberstadt, mit seinem Vater wollte er am Vorabend des Spiels noch Freunde treffen, die dort in der Gegend lebten. Als wir über die Stadtgrenze fuhren, sahen wir an einem ehemaligen Wasserturm ein großes Banner hängen. Germania Halberstadt wünschte dem 1. FC Union Berlin »Viel Erfolg in der 1. Bundesliga«. Darunter aber stand: »Heute werdet ihr leider weinend nach Hause fahren.« Das »weinend« kursiv und unterstrichen. Wir fuhren noch eine Ortschaft weiter zum Hotel, wo der Mannschaftsbus schon vor der Tür stand. Unions Aufenthalt hier wurde von einem Unternehmen organisiert, das sich auf die Reisen von Profiteams spezialisiert hatte. Auch für mich lag ein Umschlag bereit, mit der Zimmerkarte, einer Liste, wer in welchem Zimmer untergebracht war, und dem WLAN-Zugang. Ich musste mich beeilen, denn die Fahrt hatte sich gezogen, und Abendessen gab es schon um halb sieben. Ich ging auf mein Zimmer, zog meine Rudelkleidung an und suchte den Essraum.

Die ersten Spieler hatten schon an den Tischen Platz genommen, auf denen das Schild »Spieler« stand. Ich setzte mich an den Tisch mit dem Schild »Funktionsteam«, an dem die Trainer, Betreuer und Manager Ruhnert saßen. Mannschaftskapitän Christopher Trimmel eröffnete das Büfett. Erst nachdem sich die Spieler ihre Teller beladen hatten, stand der Erste am Tisch des Funktionsteams auf. In Halberstadt war es Urs Fischer, was aber nicht die Regel war, wie ich im Laufe der Zeit sehen würde. Es gab keine Regel, abgesehen von der, dass die Spieler den Vortritt hatten. Viel geredet wurde bei Tisch nicht. Die meisten hier hatten schon oft gemeinsam beim Essen gesessen, und sie würden es in den kommenden Monaten noch sehr häufig tun. Als Urs Fischer nach dem Essen aufstand, sagte Busfahrer Sven Weinel: »Ich habe sechs Jahre lang nicht geraucht, getrunken und hatte nichts mit Frauen. Dann bin ich zum Glück in die Schule gekommen.« Einige am Tisch stöhnten, aber Fischer sagte: »So schlecht war der nicht.«

Die meisten Spieler blieben, sie schauten noch ein bisschen die Konferenz der Spiele im DFB-Pokal. Als der Drittligist Würzburger Kickers auf den Bundesligisten TSG Hoffenheim traf, gab es leisen Jubel. Niemand hatte etwas gegen Hoffenheim oder besondere Sympathien für Würzburg, aber intuitiv waren sie für den Außenseiter.

Nach dem Frühstück am nächsten Morgen begrüßte Urs Fischer die Spieler in einem Besprechungsraum, er saß vorne mit Co-Trainer Bönig und Spielanalytiker Wittmann an einem Tisch, der Rest des Trainerteams und Ruhnert schaute aus der letzten Reihe zu, das würde fortan immer so sein. »So beginnen wir«, sagte Fischer, dann war für etwa zehn Sekunden die Mannschaftsaufstellung zu sehen. Es gab keine Reaktion darauf, obwohl der ein oder andere sicher überrascht und enttäuscht war, dass er nicht spielen würde. Dann kam die nächste Tafel, und Fischer sagte: »Diese Punkte kennen wir.« Sie waren schon in den vorangegangenen Sitzungen besprochen worden. Die Grundaufstellung in der Defensive, in der Offensive, ein paar Handlungsanweisungen. Unkommentiert blieb das eine halbe Minute stehen, um den Spielern die Gelegenheit zu geben, es noch einmal zu lesen. Dann hob Fischer die Stimme: »Jungs, für mich gibt es einen zentralen Punkt. Über fußballerische Qualität, System oder individuelle Klasse brauchen wir nicht zu reden. Es geht um die Bereitschaft, das zu tun, was du immer tust. Und auch gegen einen Viertligisten geht es darum, eklig zu sein.« Dann erinnerte er an das Spiel vom Vorabend, als Hoffenheim in Würzburg schon 2:0 geführt, nachgelassen und noch den Ausgleich hatte hinnehmen müssen. Letztlich hatte sich der Bundesligist beim Drittligisten erst im Elfmeterschießen durchgesetzt.

Wittmann zeigte einige Szenen aus dem Training, und Fischer erklärte den Spielern, was sie dort gut gemacht hatten. Das würde sich als ein Muster im Laufe der Saison erweisen, am Spieltag wurden den Spielern vor allem ermutigende Szenen gezeigt. Danach war Bönig dran, der für die Standardsituationen zuständig war, die eigenen und die des Gegners. Es gab dazu Grafiken, wer bei eigenen und gegnerischen Freistößen und Ecken wo zu sein hatte. Die Zettel würde er später in die Kabine hängen, wo jeder noch einmal nachschauen konnte. »Und noch was für die neuen Spieler: Keiner in der Mauer dreht sich weg, opfert euch für die Mannschaft«, sagte er.

Anschließend machten wir einen Spaziergang, der aber eher wie die Parodie eines Spaziergangs wirkte. Wir gingen über den

Parkplatz des Schlosshotels in den Schlossgarten hinein, der an einem Hang lag. Vorneweg die Spieler, hintendran der Rest, wir wären nach zehn Minuten schon wieder im Hotel gewesen, wenn die Gruppe sich nicht noch zu einem Gruppenfoto für die Lokalzeitung aufgestellt hätte. Dann war Pause, alle verschwanden auf ihre Zimmer, und bereits um Viertel vor zwölf gab es Mittagessen, nachdem die Spieler sich noch einmal hinlegten, um halb zwei würde es zum Stadion gehen.

Am Tag vor dem Pokalspiel hatte Christian Arbeit in Berlin bei einer Partie von Unions Nachwuchsmannschaft vorbeigeschaut, und es war ihm etwas Verblüffendes aufgefallen: Alle Betreuer trugen blaue Sneaker. Solche, wie Urs Fischer sie sich gewünscht hatte. Also fragte Arbeit, ob es ein Paar in seiner Größe gäbe. Gab es leider nicht, aber dann stand ein Kollege aus der Presseabteilung vor ihm. »Was hast du eigentlich für eine Schuhgröße?«, fragte Arbeit ihn, und weil es die von Fischer war, war der Kollege seine Schuhe los. Arbeit nahm sie mit nach Hause und steckte sie abends in die Waschmaschine, Kurzprogramm 30 Minuten. Urs Fischer würde am nächsten Tag nicht in Schuhen am Spielfeldrand sitzen müssen, die ihn unfroh machten.

    Als die Spieler im Stadion angekommen waren und sich umzuziehen begannen, fehlte die Musikbox. Ich lief zum Bus, um sie zu holen, froh darüber, dass ich mich nützlich machen konnte. Als ich zurückkam, sah ich, dass an der Kabinenwand ein Foto des Wasserturms mit dem Banner angeheftet worden war, das wir auf der Herfahrt gesehen hatten. Manager Ruhnert kam ungefähr zehnmal in den Kabinentrakt und verließ ihn wieder. Es wirkte wie die Aufführung einer Burleske auf einer Volksbühne, in der die Menschen mit großem Eifer aus der Kulisse kommen und wieder gehen. Er schaute bei seinen Auf- und Abtritten so drein, als wäre eine Klatsche beim Viertligisten unabwendbar. In der Zwischenzeit waren im Gang vor der Kabine blaue Gymnastikmatten ausgelegt worden, und die Spieler verteilten sich darauf. Martin Krüger sagte die »Prevention« an, die ich schon kannte.

Hinter der Haupttribüne war zur Feier des besonderen Spiels ein VIP-Zelt aufgebaut worden, auf der Laufbahn hinter den Toren standen zusätzliche Stahlrohrtribünen, das »Friedensstadion« war ausverkauft. Die Stimmung hatte was von einem Volksfest, endlich war mal was los in Halberstadt. Aus den Stadionlautsprechern lief Torfrock »Beinhart wie ein Rocker« und der Ost-West-Schlager »Über den Dächern von Berlin«, Ute Freudenberg und Christian Lais sangen: »Du fuhrst im Käfer nach Paris, ich im Trabbi an den Balaton. Wir glaubten, hinterm Horizont geht's immer weiter. Wir rauchten Karo und F6, ihr den Duft der großen weiten Welt. Ihr wart wohl niemals richtig reich, doch auch nie pleite.«

Ich stand vor dem Eingang der Tribüne, und der Stadionsprecher fragte mich: »Spricht man Michael Parensen deutsch oder englisch aus.« Ich erklärte ihm, dass der Spieler aus Westfalen stammte. Susi ging genervt an uns vorbei, weil kein Kaffee da war, obwohl sie ihn beim Gastgeber bestellt hatte. Urs Fischer wollte vorm Spiel immer einen Kaffee haben. Inzwischen waren die Matten wieder zusammengelegt worden, und die Spieler hatten sich in der Kabine versammelt. Fischer sagte: »Seid wach von der ersten Sekunde. Provoziert auch mal, dass sie gut spielen. Dann stechen wir zu. Und ja: gutes Spiel!« Alle klatschten, und dann gingen die Spieler zum Aufwärmen. Fischer blieb in der Kabine, er ging den Gang auf und ab – in blauen Sneakers.

Die meisten Zuschauer jubelten, als die Union-Spieler auf den Platz kamen, die ganze Gegenseite war voller mitgereister Fans. Der Stadionsprecher sagte: »Schön, dass ihr da seid. Gruß an Union, wo Fußball nicht einfach zusammengekauft wird.« Später sagte er noch: »Wer die Geschichte von den engagierten Fans an der Alten Försterei nicht kennt, kennt den Fußball nicht.« Man konnte nicht sagen, dass die Hausherren es ihren Gästen schwer machen wollten. Eine schwarze Thermoskanne mit Kaffee war inzwischen auch gekommen.

Als das Spiel begann, setzte die Mannschaft vorbildlich um, was der Trainer ihr gesagt hatte. Von Beginn an war sie drückend überlegen. Zur Pause stand es nur 0:1, aber nach der Pause, als Halberstadt in der Sommerhitze die Kräfte verließen, kamen noch weitere fünf Tore hinzu. Ich war erleichtert, dass irgendwie auch mein Debüt gelungen war, und klatschte die Spieler ab, als sie vom Platz kamen. Vor der Rückfahrt gingen wir noch kurz zu einem Restaurant in Stadionnähe, wo die Gastgeber ein Büfett aufgebaut hatten. Das Essen wurde eher reingeworfen als gegessen, alle wollten möglichst schnell nach Hause. Als der Bus die Stadtgrenze und den Wasserturm mit dem Banner hinter sich gelassen hatte, war das Spiel fast schon vergessen. Bis zum ersten Bundesligaspiel in der Geschichte des 1. FC Union Berlin waren es noch sieben Tage.

Kampf um die Geschichte

Ich kam 2010 nach Berlin, nachdem ich vorher zwei Jahrzehnte in Köln gelebt hatte. Ursprünglich stamme ich aus dem Ruhrgebiet, was beides nicht nur räumlich weit weg vom Osten Deutschlands ist. Unsere Familie hatte in der DDR keine Verwandtschaft, auch sonst gab es keine Verbindungen. Mir war dieses Land ferner als England, Spanien oder die USA, und es hatte mich ehrlich gesagt auch nicht sonderlich interessiert. Nur in Ostberlin war ich einmal gewesen, am 31. Mai 1986. Ich war zu Besuch bei Freunden in Kreuzberg gewesen, und als ich mitbekam, dass an jenem Tag das Endspiel im FDGB-Pokal, dem Pokalwettbewerb der DDR, ausgetragen wurde, wollte ich das unbedingt sehen. Der 1. FC Union Berlin spielte gegen den 1. FC Lokomotive Leipzig. Also fuhr ich mit der S-Bahn zur Friedrichstraße, wo man als Westbürger für einen Tag nach Ostberlin einreisen konnte, wenn man 15 DM in 15 Ostmark umtauschte. Ich irrte vormittags gemeinsam mit einem Freund durch die Innenstadt, vom Alexanderplatz aus machten wir uns dann mittags auf zum Stadion der Weltjugend. Es ist inzwischen abgerissen, heute steht dort das riesige Gebäude des Bundesnachrichtendienstes, zehn Fußminuten von der Wohnung entfernt, in der ich lebe.

Ich habe keine besonders präzisen Erinnerungen mehr an den Tag, weiß aber noch, dass ich vieles befremdlich fand und mich unwohl fühlte. Berlin war auf der Westseite der Mauer eine graue Stadt, die ich nicht mochte. Mit Kreuzberg, dem Abenteuerspielplatz für alle, die ein anderes, wildes Leben ausprobieren wollten, konnte ich wenig anfangen. Es kam mir dort immer zu hart und humorlos vor. Ostberlin aber erschien mir auf andere Weise noch härter und humorloser. Vor allem aber bewegte ich mich in dem Gefühl durch die Stadt, dass ich an einem Ort war, dessen Spielregeln ich nicht kannte.

Ich wunderte mich, wie einfach es war, Karten direkt am Stadion zu kaufen, obwohl das Finale ausverkauft war. Uns wurden die Tickets quasi aufgedrängt, sobald die Verkäufer mitbekamen, dass wir Westgeld hatten. Letztlich bezahlten wir nur zehn D-Mark pro Karte. Das Stadion lag nicht weit von der Mauer, der Grenzübergang Invalidenstraße an der Sandkrugbrücke, über die man heute zum Hauptbahnhof fährt, war nur ein paar Hundert Meter entfernt. Es war viel Polizei ums Stadion, vielleicht auch, um die Zuschauer daran zu hindern, den Grenzübergang einfach zu überrennen. Unübersehbar war auch die große Zahl ziviler Polizisten, und an den Eingängen sowie im Stadion trugen die Ordner weinrote Trainingsanzüge mit dem geschwungenen »D« für Dynamo. Ich war erstaunt darüber, denn ich hatte gelesen, dass die Unioner den BFC Dynamo hassten, aus lokaler Rivalität. Außerdem wurde Dynamo von Stasichef Erich Mielke prominent protegiert.

Unsere Plätze waren in der Nähe des Fanblocks von Union Berlin, dessen Anhänger ich als das in Erinnerung habe, was man damals im Westen als »freakig« bezeichnete. Langhaarige Typen mit Schnäuzern oder Bärten, in Parkas und mit selbst gestrickten rot-weißen Schals. Einige trugen Kutten, ähnlich wie Fans bei uns, neben den Normalbürgern fielen sie aber stärker auf als die Fußballfans in der Bundesrepublik. Union hatte in dem Spiel nie eine Chance und verlor letztlich mit 1:5. Zum Ende des Spiels legten sich einige Union-Fans mit den Ordnern in den weinroten Trainingsanzügen an, nachdem ein Fan versucht hatte, über den Zaun in den Innenraum zu klettern.

Mit diesem Besuch wurde ich zufällig Zeuge eines der wenigen sportlichen Höhepunkte in der Geschichte des 1. FC Union Berlin. Seinen einzigen Titel, den FDGB-Pokal, gewann er 1968. Letztlich erzählte dieser Klub die Wegmarken seiner Geschichte aber sowieso nicht über große Siege und berühmte Spieler. Die Geschichte ist jedoch auf andere Weise wichtig, was man schon erfährt, wenn bei Heimspielen wenige Minuten vor dem Anpfiff das Vereinslied gespielt wird.

Es beginnt ungewöhnlicherweise mit einem gesprochenen Vorspann, vorgetragen im Märchenonkel-Ton: »Es war in den Goldenen Zwanzigern, so erzählt die Legende, als in Zeiten eines ungleichen Kampfes ein Schlachtruf ertönte, ein Schlachtruf wie Donnerhall, der all jenen, so erzählt die Legende weiter, die ihn in diesem Augenblick zum ersten Mal hörten, das Blut in den Adern zum Sieden brachte. Niemand konnte damals ahnen, dass er Zeuge eines historischen Moments geworden ist. Noch heute, Jahrzehnte danach, in scheinbar aussichtslosen Kämpfen erschallt er laut von den Rängen, so wie damals, als der Durchhaltewillen der Schlosserjungs aus Oberschöneweide ins Unermessliche stieg. Eine Legende nahm ihren Lauf, ein Mythos begann zu leben, und er wird niemals niemals vergessen: Eisern Union!« Dann setzt die Musik ein.

Mit historischer Wirklichkeit hat das allerdings nichts zu tun, der Text ist der Prolog eines Theaterstücks, das »Und niemals vergessen – Eisern Union!« heißt und 2006 uraufgeführt wurde. Die Geschichte von aussichtslosen Kämpfen und eisernen Schlosserjungen beschwört weniger eine reale Vereinshistorie als ein bestimmtes Gefühl.

Als ich 2010 nach Berlin zog, stellte ich schnell fest, dass mich Ostberlin nicht nur mehr interessierte als Westberlin, sondern dass ich es auch mehr mochte. Das lag einerseits daran, dass der Osten anders war als alles, was ich kannte. Ostberlin ist ein Produkt sozialistischer Stadtplanung, dadurch Moskau ähnlicher als irgendeiner Stadt in der alten Bundesrepublik, schon das faszinierte mich. Zudem hatte ich vage immer noch den Eindruck, dass die Spielregeln im Osten andere waren. Nur fand ich das nun nicht mehr unangenehm, sondern es weckte mein Interesse. Die meisten Menschen hier waren in einem anderen Land als der BRD aufgewachsen, in einem anderen Gesellschaftssystem, mit anderen Ideen, mit anderen Werten und Erfahrungen. Obwohl die DDR schon seit zwei Jahrzehnten nicht mehr existierte, als ich in die Stadt kam, war all das hier weiterhin von Bedeutung.

An der Alten Försterei spürte ich das besonders. Dirk Zingler hatte bei unserem Gespräch im Forsthaus gesagt, dass Unioner gerne unter sich blieben. Sie verhielten sich dem Rest der Welt gegenüber nicht ablehnend oder feindlich, bewahrten aber eine gewisse Distanz – mit innerlich verschränkten Armen. So als wollten sie sagen: »So ganz wirst du uns hier nie verstehen.« Ausgesprochen wurde das nicht, es war aber ein kaum merklich mitlaufender Subtext, eine leise Skepsis gegenüber denen, die nicht die gleichen Erfahrungen gemacht hatten wie sie. Es war kein Zufall, dass bei dem Vereinslied eine Zeile immer besonders laut mitgesungen wurde: »Wer lässt sich nicht vom Westen kaufen? – Eisern Union! Eisern Union!«

Zugleich gab es bei Union Berlin etwas, das mir zutiefst vertraut war. In Köpenick und in Oberschöneweide, wo der Klub 1906 gegründet worden war, hatte die Schwerindustrie schon früh eine große Bedeutung. Das kannte ich aus dem Ruhrgebiet. In meiner Heimat waren es Zechen und Stahlwerke, die das Leben der Menschen bestimmten. Die Bergleute und Stahlwerker hatten auch die Fußballvereine im Revier gegründet und liebten sie mit großer Inbrunst und Anhänglichkeit. In Oberschöneweide und Köpenick hatte es keine Zechen und Stahlwerke gegeben, dafür aber Kraftwerke, Kabelwerke oder Fabriken für Elektrogeräte. Und wenn Union auch nicht von Schlosserjungs gegründet worden war, sondern von Schülern, war er stets der Verein für die Industriearbeiter im Südosten Berlins gewesen.

Diese Welt war aber längst so untergegangen wie die Schwerindustrie im Ruhrgebiet. »Tief im Westen, wo die Sonne verstaubt, ist es besser, viel besser, als man glaubt«, singt Herbert Grönemeyer in dem Lied, das vor jedem Heimspiel im Stadion des VfL Bochum zu hören ist, dem Klub, dessen Anhänger ich seit viereinhalb Jahrzehnten bin. Heute ist die Sonne über der Ruhr nicht mehr verstaubt und der Himmel blau. Überhaupt ist vieles besser, als jenseits des Ruhrgebiets angenommen wird. Aber die Erinnerungen an die verstaubte Sonne tröstet auch über den Phantomschmerz angesichts einer untergegangenen Welt hinweg. Auch Union, so kam es mir vor, verband die Menschen mit einer untergegangenen Welt, doch hier war es nicht nur jene des Industriezeitalters, sondern mehr noch die der Deutschen Demokratischen Republik.

Geschichte war hier enorm wichtig, und bei Union wachte darüber Gerald Karpa, obwohl er das von sich weisen würde. An seiner Tür war er als »Klubchronist« ausgewiesen und nicht als Vereinshistoriker, was Karpa wie Hochstapelei vorgekommen wäre. »Das möchte ich schon deutlich machen: Ich bin kein Historiker«, sagte er, als ich ihn in seinem Büro besuchte. Es lag in der ersten Etage eines Containergebäudes direkt neben dem Stadion. Als es die Haupttribüne noch nicht gab, waren hier die Kabinen der Profis untergebracht gewesen. Heute war im Erdgeschoss der Fanshop, darüber in der ersten Etage das Marketing und das Ticketoffice. Karpas Büro lag am Ende des Ganges, dahinter kam nur noch ein Balkon, von wo aus man einen Teil des Spielfelds im Stadion sehen konnte, und die Fensterfront, hinter der sich der Kraftraum für die Spieler befand, den Karpa jedoch noch nie betreten hatte.

In der DDR hatte Karpa eine Ausbildung zum Facharbeiter für Eisenbahntechnik gemacht, dann aber auf Erzieher umgeschult, um beruflich noch einmal umzusatteln. Bevor der Klub ihn Ende 2013 anstellte, arbeitete Karpa beim Radio und machte dort auch Beiträge über Union, aber weniger über die aktuelle sportliche Situation, sondern über das Drumherum und gelegentlich über die Geschichte des Klubs. Selbst wenn Karpa noch so sehr darauf bestand, kein Fachhistoriker zu sein, merkte man ihm schnell an, dass er die Mentalität eines solchen hatte. Umgeben von Dokumenten aller Art, von Stadionzeitungen, Nippes und alten Pokalen, legte Karpa in allem, was er sagte, Wert auf historische Genauigkeit. Er bereitete sich auf den noch unbestimmten Tag vor, an dem der Klub eine Reihe von Um- und Neubauten durchgeführt hatte und das Forsthaus zum Vereinsmuseum werden konnte.

Die Geschichte des 1. FC Union ist im Vergleich zu der anderer Klubs reichlich unübersichtlich, geht über fünf Gesellschaftssysteme und schlägt zwischendurch seltsame Haken. Wo der FC Bayern München im Jahr 1900 gegründet wurde und seitdem so heißt, gibt es bei Union mehrere Neu- und Wiedergründungen und eine

Teilung. Gegründet wurde der Verein 1906 als SC Olympia Oberschöneweide und erreichte als SC Union Oberschöneweide 1923 das Endspiel um die Deutsche Meisterschaft, das gegen den Hamburger SV aber glatt verloren ging.

Nach Ende des Zweiten Weltkriegs wurde es dann kompliziert. Zunächst wurde der Verein in SG Oberschöneweide umbenannt, bevor er 1948 seinen alten Namen zurückbekam. Damals spielte Union häufig nicht An der Alten Försterei, sondern im Poststadion in Moabit, also im Westteil der Stadt. Im britischen Sektor von Berlin konnte er nämlich Eintrittsgelder in D-Mark erheben. Nicht zuletzt aus wirtschaftlichen Gründen setzten sich 1950 auch viele Spieler in den Westteil der Stadt ab und gründeten dort den SC Union 06 Berlin. Nun gab es Union also zweimal, und eine Zeit lang galt der Verein im Westen als das »richtige« Union, weil viele altbekannte Spieler sein Trikot trugen. Anhänger aus dem Osten fuhren in großer Zahl zu den Spielen in den Westen, zu denen an großen Tagen 20 000 oder 30 000 Zuschauer kamen.

Dagegen führte Union in Ostberlin ein weniger beachtetes Leben. 1951 traten die besten Spieler von Union der BSG Motor Oberschöneweide bei, die SG Union Oberschöneweide blieb bis 1972 nur als kleiner Verein bestehen. 1954 wurde der SC Motor Berlin gegründet, wohin die besten Fußballer von Motor Oberschöneweide weiterwechselten. Dieser neue Klub fusionierte mit einigen kleineren Betriebssportgemeinschaften drei Jahre später zum TSC Oberschöneweide, bis er 1963 mit dem SC Rotation und dem SC Einheit zum neu gegründeten TSC Berlin fusionierte. Die Fußballer pendelten in all den Jahren zwischen der zweit- und dritthöchsten DDR-Spielklasse, kein einziges Mal wurden fünfstellige Zuschauerzahlen erreicht. 1966 wurde der DDR-Fußball dann erneut reformiert, und die Fußballer des TSC Berlin wurden zum neu gegründeten 1. FC Union Berlin. In den neuen Klubs, wie sie damals auch in Leipzig, Magdeburg, Jena oder Rostock entstanden, wurden die besten Spieler versammelt, um das Niveau des Fußballs zu heben, der in der DDR im internationalen Vergleich hinterherhinkte.

Diese Klubs waren jedoch keine Vereine, weil es in der DDR keine gab. Der Verein ist eine zutiefst deutsche Einrichtung, die im 19. Jahrhundert entstand. Dort trafen sich Menschen zunächst vor allem aus politischen und weltanschaulichen Überzeugungen und später auch, um etwas in organisierter Form gemeinsam zu unternehmen. Zu singen etwa, zu wandern oder eben Fußball zu spielen. Über die Geschicke eines Vereins entscheiden die Mitglieder, die sich einen Vorstand wählen, der seine Aufgaben in aller Regel ehrenamtlich erledigt.

In der DDR gab es keine Vereinsfreiheit, es konnte also nicht jeder einen Verein gründen, der Lust dazu hatte. Um sich vom bürgerlichen Sport abzugrenzen, hießen die Vereine »Vereinigungen«. Diese Sportvereinigungen hatten Träger, die für die finanzielle und logistische Unterstützung sorgten. Bei den »Dynamo« genannten Klubs, etwa dem BFC Dynamo oder Dynamo Dresden, sorgten dafür das Innenministerium, die Polizei oder die Staatssicherheit, bei »Vorwärts« die Nationale Volksarmee. Der Europapokalsieger 1. FC Magdeburg oder der FC Carl Zeiss Jena hatten als Träger große Unternehmen wie das Stahlkombinat Ernst Thälmann oder das Kombinat Carl Zeiss. Die Vorläufer des 1. FC Union Berlin seit 1948 entsprangen zwar der DDR-Gewerkschaftsbewegung, aber die Neugründung selbst wurde vom Deutschen Turn- und Sportbund und der SED auf den Weg gebracht. Union war im Gegensatz zu Dynamo und Vorwärts also ein zivil organisierter Klub, und das war für das Selbstbild sehr wichtig.

Klubchronist Karpa wurde 1979 Anhänger des 1. FC Union, als er 14 Jahre alt war. Als er zum ersten Mal zum Stadion fuhr, um sich ein Spiel anzuschauen, mit der S-Bahn von Friedrichshain nach Köpenick, wusste er nicht einmal, wohin er musste. Also folgte Karpa vom Bahnhof Köpenick einfach zwei Jungs mit rot-weißen Schals, um dann festzustellen, dass sein erster Besuch missglückt war. Das Freundschaftsspiel gegen die tschechoslowakische Mannschaft aus Teplice fiel aus, weil der Platz vereist war.

Seit über vier Jahrzehnten geht Karpa inzwischen zu Union, und man könnte vermuten, dass er einen romantischen Blick auf die Geschichte des Vereins hat, in der es um ungleiche Kämpfe, tapfere Schlosserjungen und einen Klub geht, der sich nicht korrumpieren ließ. Doch sosehr er Union liebte, so entschlossen verweigerte er sich der Mythisierung. »Es fiel damals auf, dass überdurchschnittlich viele Leute mit langen Haaren und in Shell-Parkas im Stadion waren«, erzählte er mir. Also genau der Stil, den ich beim Pokalendspiel 1986 gesehen hatte. Dass daraus im Nachhinein jedoch eine Oppositionsbewegung gemacht wird, erzürnte Karpa: »In den letzten Jahren wurde geschrieben: ›Das Stadion war der Hort der Andersdenkenden‹. Und einmal hieß es sogar: ›Die Spiele von Union gegen den BFC waren die Montagsdemo der 80er-Jahre.‹ Es ist zwar sehr schön, sich 30 Jahre nach dem Mauerfall auf die Seite der Sieger zu stellen, aber es diskreditiert die Arbeit der echten Opposition. Ich möchte Bärbel Bohley nicht mit Fußballfans vergleichen, die nach Dresden fahren und mit der Stasi zu tun bekommen, weil sie betrunken randalierten.«

Der Vergleich mit einer Bürgerrechtlerin wie Bärbel Bohley mochte unpassend sein, aber gab es in der Rivalität zum BFC Dynamo nicht ein oppositionelles Moment? Der Serienmeister aus Berlin, der den DDR-Titel zwischen 1979 und 1988 zehnmal in Serie gewann, war das fußballerische Aushängeschild des Landes. Doch die gern erzählte Geschichte der systematischen Benachteiligung des 1. FC Union gegenüber dem BFC Dynamo tat Karpa ab. Dynamo hätte eine gute Nachwuchsausbildung und zudem Zugriff auf viel mehr Talente im Land gehabt als andere. »Aber als Verlierer der Geschichte kann sich der BFC heute nicht mehr wehren.«

Um die subtile Systemkritik der Union-Fans zu illustrieren, wurde gerne vom Sprechchor »Die Mauer muss weg« erzählt, wenn die eigene Mannschaft einen Freistoß bekam und die gegnerischen Spieler eine Mauer aufstellten. 2012 bekam Karpa von »Horch und Guck«, einer Zeitschrift zur kritischen Aufarbeitung der SED-Diktatur, den Auftrag, dem Phänomen nachzugehen. Er selber konnte sich nicht erinnern, den Slogan mal gehört zu haben, und fand letztlich niemanden, bei dem das so war. »Was aber nicht heißt, dass ich es ausschließen will.« Interessanterweise erzählte mir dann aber Christian Arbeit, dass er überzeugt war, diesen Sprechchor An der Alten Försterei gehört zu haben. Die Sache würde noch zu klären sein.

Sprechchor hin oder her, für Karpa war die Fankultur der Vorwendezeit weniger Ausdruck politischer Opposition als von Jugendkultur. Die Konflikte unterschieden sich nicht sehr von denen, die Gleichaltrige im Westen hatten. Als Karpa seine Haare lang wachsen ließ, protestierte seine Mutter bizarrerweise dagegen, indem sie seine Socken nicht mehr wusch. »Sie wollte nicht, dass die Nachbarn über uns redeten«. Zum Look der Langhaarigen gehörten Jesuslatschen, Fleischerhemden und sogenannte Tramperschuhe, die eigentlich Kletterschuhe für Arbeiter waren, die auf Strommasten mussten. »Das alles war schick, eine Modefrage, und die Mädchen fanden es auch besser«, sagte Karpa.

Die Nachwendezeit sah er ebenfalls weniger als traumatisches Geschehen, obwohl Union erst einmal in der Drittklassigkeit verschwand. »So tief war das Loch nicht, in das wir gefallen sind. Es gab Sponsoren, wir hatten viel Geld, haben aber über unsere Verhältnisse gewirtschaftet«, sagte Karpa. Vielleicht war er mit dieser Einschätzung zu streng, denn nach dem Fall der Mauer mussten sich alle Ostklubs neu erfinden. Das war schwierig, weil viele Verantwortliche in den Vereinen nicht wussten, wie Profifußball nach kapitalistischen Spielregeln funktioniert. Außerdem hatten viele Fans zunächst andere Sorgen, als sich um ihre Fußballklubs zu kümmern, sie mussten ihr eigenes Leben neu ordnen. Die Jahre nach der Wende sind jedenfalls ein dunkles Kapitel des deutschen Fußballs. In kürzester Zeit wechselten fast alle guten Spieler in den Westen, Hilfe beim Start in die neue Zeit bekamen die Vereine kaum, auch vor dubiosen Geschäftemachern wurden sie nicht geschützt. Teilweise haben sie sich bis heute nicht davon erholt.

Als die Ligen in West und Ost 1991 zusammengelegt wurden, kamen nur zwei Klubs aus dem Osten in die gesamtdeutsche Bundesliga: Dynamo Dresden und Hansa Rostock. Dresden stieg nach vier Jahren ab und kehrte nie wieder zurück, Hansa kam auf insgesamt zwölf Bundesligajahre. Der VfB Leipzig als Nachfolgeklub des 1. FC Lokomotive Leipzig spielte eine traurige Saison erstklassig. Überraschend hielt sich Energie Cottbus, im DDR-Fußball ewiger Nebendarsteller, immerhin sechs Jahre lang in der höchsten Spielklasse. Das war es aber schon mit den ehemaligen DDR-Klubs in der Bundesliga.

Union schaffte 1994 sportlich den Aufstieg in die Zweite Bundesliga, erhielt aber keine Lizenz, weil die Finanzen nicht stimmten. 2001 stieg der Klub endlich in die Zweite Liga auf, erreichte das DFB-Pokalfinale und durfte im folgenden Jahr im UEFA-Pokal antreten, stieg aber 2004 und 2005 gleich zweimal hintereinander ab und war plötzlich nur noch Viertligist. Doch dieser Tief- war auch der Wendepunkt, denn nun begann die moderne Geschichte von Union.

Der Präsident schwitzt

Am Sonntagmorgen hatte es noch heftig geregnet, doch nachmittags um drei Uhr schien wieder die Sonne, als hätte sie beschlossen, den großen Tag nicht ruinieren zu wollen. In der Hitze begann das Regenwasser nun zu verdampfen, und langsam stieg eine Schwüle auf, die zur aufgeregten Atmosphäre um das Stadion passte. Die Alte Försterei war drei Stunden vor Anpfiff noch geschlossen, über den Vorplatz liefen aber schon Servicekräfte für die Küchen und Logen, Ordner, die sich langsam in Stellung brachten, und Mitarbeiter der Fernsehsender, die die Übertragung der letzten Partie am ersten Spieltag der neuen Bundesligasaison vorbereiteten. Um sechs Uhr sollte es losgehen. Die ersten Fans warteten bereits vor den Eingängen, um sich die besten Plätze zu sichern. Oder vielleicht hielten sie es einfach nicht mehr aus. Schließlich warteten so viele Premieren auf sie: auf jeden Fall das erste Bundesligaspiel in der Geschichte des 1. FC Union, vielleicht das erste Tor und der erste Sieg. Vielleicht das erste Gegentor und die erste Niederlage. Oder die Wartenden wollten einfach nur sichergehen, dass das nicht ein großer Quatsch war, auf den sie da reingefallen waren: Union in der Bundesliga, Start gegen RB Leipzig.

Dirk Zingler kam mir entgegen, als ich ihn am Forsthaus abholen wollte, schüttelte mir die Hand, und wir gingen direkt los. Er inspizierte das Stadion vor jedem Spiel, aber diesmal schien es ihm besonders willkommen, weil es ihn bis zum Anstoß und dem, was dann kommen würde, etwas ablenkte. Zingler zeigte mir, halb selbstironisch, halb stolz, wo der Klub das Stadion in der Sommerpause rausgeputzt hatte. Wir fingen die Begehung ganz oben an, auf der Regiebühne unterm Dach, wo die Fernsehkameras standen und die Plätze der TV-Reporter waren. Sie war verlängert worden, weil mehr Platz benötigt wurde. Aus Zinglers Sicht gab es dadurch auch den Vorteil, dass die Kameras ihn auf seinem Platz nicht mehr erfassen konnten, der direkt darunter war.

Wir gingen von ganz oben nach ganz unten, wo der Kabinengang frisch gestrichen und mit neuem rotem Teppichboden versehen worden war. Wir stiegen vom Spielertunnel auf den Platz hinauf, und als ich spöttisch auf eine Zigarettenkippe wies, die vor der Trainerbank der Gastmannschaft auf dem Boden lag, kletterte Zingler wortlos in den Unterstand, hob sie auf und warf sie in einen kleinen Mülleimer neben der Trainerbank, der mit einem frischen Müllbeutel ausgeschlagen war.

Zingler inspizierte kurz den Rasen und wirkte zufrieden, dann begannen wir die Umrundung des Stadions. Noch waren keine Zuschauer hineingelassen worden, aber überall hatten die Ordner ihre Plätze bereits eingenommen und wurden die Verkaufsstände für Essen und Trinken betriebsbereit gemacht. Zingler grüßte nach rechts und links, schüttelte kurz Hände und nahm diesen und jenen in den Arm. Es wirkte, als würde der Chef eines Familienunternehmens seine Werkshalle abschreiten.

Zingler deutete auf den Schriftzug auf der Außenwand des Gästeblocks: »Willkommen im STADION AN DER ALTEN FÖRSTEREI. Dem Fußball gewidmet«. Daneben war das berühmte Zitat aus Nick Hornbys Buch »Fever Pitch« zu lesen: »Ich verliebte mich in den Fußball, wie ich mich später in Frauen verlieben sollte: plötzlich, unerklärlich, unkritisch und ohne einen Gedanken an den Schmerz und die Zerrissenheit zu verschwenden, die damit verbunden sein würden.« Ihm war wichtig, mir zu zeigen, dass diese Wand von Gästefans weder bekritzelt worden war, noch hatten sie dort Aufkleber hinterlassen. Ich verstand, was er meinte, Hornbys Zitat war wie ein Psalm aus dem Alten Testament, eine heilige Schrift, die man bei aller Rivalität nicht verunstaltete.

Ein paar Meter weiter kam das »Denkmal der Stadionbauer«, ein rostbrauner Metallzylinder mit einem riesigen roten Arbeiterhelm und der Aufschrift »Stadionbauer 2008/2009 – Eisern Union«. Damals hatten 2333 Menschen, deren Namen hier vermerkt waren, in insgesamt 140 000 Arbeitsstunden mitgeholfen, das marode Stadion zu modernisieren. Sie hatten Steine geklopft, geschaufelt und gegraben, sie hatten gebohrt und geschweißt, Beton gegossen und Steinstufen verlegt. Sie hatten einen Wert von über vier Millionen Euro geschaffen. Fußballfans haben zu dem Stadion, in dem ihre Mannschaft spielt, überall einen besonderen Bezug. Es ist ein Stück Heimat, ein fester Bezugspunkt in ihrem Leben, es ist ihr Stadion. Aber an diesem Ort war das für Tausende nicht metaphorisch zu verstehen, sondern real. Es war wirklich *ihr* Stadion.

Zingler ging zum Stand des V. I. R. U. S., dem »Verein Infizierter Rotweißer Union-Supporter«, einer Fanorganisation. Dort lagen postergroße Papierrollen aus, die darauf warteten, abgeholt zu werden. 455 Fans hatten Fotos von verstorbenen Familienmitgliedern und Freunden geschickt, die ausgedruckt worden waren, um sie vor Beginn des Spiels hochzuhalten. »Endlich dabei« hieß die Aktion.

Zingler traf auf einen Mitarbeiter, die beiden drückten kurz die Stirn aneinander. Ich konnte nicht verstehen, was sie sich dabei sagten, aber verstand es trotzdem. Ist es nicht irre, dass wir uns hier und heute vor einem Bundesligaspiel treffen! Als wir auf der Waldseite ankamen, der Stehtribüne hinter einem der Tore, von wo aus die Ultras ihre Mannschaft anfeuern, lehnte Zingler sich kurz an einen der Wellenbrecher und sagte: »Ich liebe das Stadion, wenn es leer ist.«

Leere Stadien sind Möglichkeitsorte. Man kann seine Fantasien auf sie projizieren wie auf eine Leinwand. Zugleich speichern sie die Erinnerungen an das, was man dort erlebt hat, und bei Zingler waren das zweifellos einige. Er hatte sein erstes Spiel hier 1974 gesehen, sein Großvater hatte ihn damals mitgenommen. Er hatte seine Mannschaft hier aufsteigen sehen und absteigen, grauenhafte Kicks, die längst vergessen waren, und Spiele, von denen man sich noch heute erzählte. Dass dieses Stadion nun bundesligafertig war, hatte auch mit seiner Arbeit zu tun, denn er war eine der treibenden Kräfte hinter dem Ausbau gewesen.

Es war wirklich ein schönes Stadion, wie es da jetzt eng ans Spielfeld geschmiegt auf sein erstes Bundesligaspiel wartete. Ungewöhnlich, mit Stehplätzen auf drei Seiten, die bald ein Hexenkessel sein würden, wie so oft. Es war ein Stadion, das Spiele gewinnen konnte, weil der Druck von den Rängen an guten Tagen von allen Seiten kam. Und heute würde ein guter Tag sein, so oder so.

Wir gingen zurück zum Forsthaus, wo Oskar Kosche, im Präsidium für Finanzen zuständig, die Zusammenfassung der Zweitligaspiele schaute. Er feierte heute seinen 52. Geburtstag, sagte Zingler, und ich gratulierte ihm. Wir waren vom Rundgang durchgeschwitzt, denn es war inzwischen drückend schwül geworden, und ich hatte ein Jackett an. Ich sollte später zu Zingler in seine Loge kommen, es war um halbwegs formelle Kleidung gebeten worden. In dem Zimmer, wo wir uns ein paar Wochen zuvor besprochen hatten, war es angenehm kühl. Es herrschte eine erstaunliche Ruhe, ja Kontemplation, als würden die beiden noch einmal Kraft schöpfen, bevor es hinausging in die Arena.

Ich fragte sie, wie viele Bundesligaspiele sie in ihrem Leben schon live im Stadion gesehen hätten. »Vielleicht zehn«, sagte Kosche und erklärte mir, dass er sich eigentlich immer nur für die Mannschaften interessieren würde, die in derselben Liga wie Union spielen. »Ich fand das eben fast schon seltsam, als unser Name in der Zweitligatabelle nicht dabei war«, sagte er. Zingler beantwortete die Frage nach der Zahl seiner Bundesligaspiele, indem er die rechte Hand hochhielt: »Fünf vielleicht.« Aber nur eins fiel ihm ein: vor vielen Jahren, Bochum gegen Dortmund, auf der Durchreise. »Ich mag Fußball nicht, wenn ich nicht für jemanden sein kann«, sagte er. Kosche erklärte, dass er sich eigentlich mehr für die Dritte Liga als für die Bundesliga interessierte, weil ihm da viele Vereine biografisch näher wären. Gegen Magdeburg, Halle, Rostock, Zwickau oder Chemnitz hatte er als Torwart in der DDR-Oberliga selbst noch gespielt.

Ich fragte beide, was sie in den Wochen zuvor wahrscheinlich Hunderte Male gefragt worden waren: »Glauben Sie, dass Union den Klassenerhalt schafft?« Beide schauten mich ratlos an. »Wenn ich ehrlich bin, kann ich das nicht einschätzen«, sagte Zingler. »Gefühlt sind wir kein Bundesligist.«

Es waren inzwischen nur noch anderthalb Stunden bis zum Anpfiff, und der Präsident des neuen Bundesligisten, der sich nicht wie einer fühlte, nahm sein Jackett und machte sich auf den Weg. Günter Mielis, der Ehrenpräsident von Union, war an seinem 94. Geburtstag ins Stadion gekommen, weil er sich den großen Tag nicht entgehen lassen wollte. »Er war für mich lange ein wichtiger Berater und Mentor und hat meinen ersten Mitgliedsausweis unterschrieben«, erzählte mir Zingler unterwegs. Mielis war mit seiner ein Jahr jüngeren Frau gekommen und saß schon im VIP-Bereich an einem der Tische, die für verdiente Unioner vorgesehen waren. Zingler begrüßte die beiden herzlich und führte Mielis zu einem Lastenaufzug, sie fuhren hinunter ins Erdgeschoss, wo schon ein Elektrowagen des Platzwarts wartete, um ihn auf den Rasen vor die Tribüne zu fahren, wo die beiden Erinnerungsfotos machten.

Anschließend gingen wir in die dritte Etage des Stadions, wo Zinglers Unternehmen eine Loge hatte. »Das war eigentlich unsere Familienloge, jetzt ist es eine inoffizielle Vereinsloge«, erklärte er mir. Zingler begrüßte Michael Müller, den bemerkenswert unscheinbaren Regierenden Bürgermeister von Berlin. Gar nicht unscheinbar war Christian Seifert, der erstaunlicherweise nur ein Polohemd angezogen hatte, was meinen viel zu warmen Aufzug mit Jackett noch absurder machte. Seifert war als Geschäftsführer der Deutschen Fußball Liga, in der die 36 Profiklubs der ersten beiden Bundesligen organisiert sind, einer der mächtigsten Männer im deutschen Fußball und wusste das auch. Er schien sich zu langweilen und begann mir zu erklären, wo die wahre Macht im deutschen Fußball lag. Ich verstand die Pointe relativ schnell: im weitesten Sinne bei ihm.

Ich schwitzte sehr, dann schwitzte ich wie Sau. Dicke Schweißperlen liefen mir übers Gesicht, es war wahnsinnig schwül. »Mache ich Sie nervös?«, fragte Seifert, was ein guter Witz war, aber vielleicht glaubte er das auch. Ich zog das Jackett aus, krempelte mir die Ärmel meines Hemdes hoch und versuchte mich mit einer Serviette trockenzulegen. Ich versuchte mich zu erinnern, wer mir eigentlich gesagt hatte, dass ich ein Jackett anziehen sollte, und verdächtigte Christian Arbeit. Denn es gab es hier offensichtlich keinen Dresscode, und wenn es eines Beweises bedurfte, lieferte ihn Dolph.

Dolph war ein Freund von Zingler, ein Riese von einem Menschen, der eine Rockerweste trug, wenn auch in einer Luxusvariante. Das Logo auf dem Rücken war nämlich geprägt, eine »52«, die Zahlen der ersten Buchstaben seiner Motorradgruppe EB für »Eiserne Biker«, wie Zingler mir erklärte. Dolph war in der Sicherheitsbranche, unter anderen Umständen hätte ich mir überlegt, ob ich besser Angst vor ihm haben sollte. Auf jeden Fall wirkte er wie gecastet, um den Gegensatz zu RB Leipzig körperlich abzubilden. Deren Vereinsmanager Oliver Mintzlaff war extrem hager und im Stil moderner Manager so austrainiert, als würde er morgens um fünf aufstehen, um vor Arbeitsbeginn noch einen Triathlon zu absolvieren und danach ein Salatblatt zu essen. Natürlich schwitzte er nicht, weil nur fußballromantische Waschlappen wie ich so schwitzten.

Zinglers Frau war ebenfalls in der Loge, seine Tochter und ihr Mann, seine Schwiegertochter und zwei kleine Enkel. Der Popstar Tim Bendzko, der in seiner Jugend mal bei Union gespielt hatte, lehnte an einem Wellenbrecher vor der Loge und schaute auf den Platz. Noch mehr Politiker und Prominente, die ich nicht alle kannte, schwirrten ebenfalls herum, und Zingler schwitzte. Ich wies ihn auf die bemerkenswert saugfähigen Papierservietten hin, die ich schon als Trockentuch benutzt hatte. Aber Zingler schwitzte auch deshalb, weil bald das verdammte Spiel losgehen würde. Und weil er hier nicht einfach mit seinen Freunden und seiner Familie zuschauen durfte, sondern den Regierenden Bürgermeister, weitere Politiker, den DFL-Boss und die RB-Granden bespaßen musste. Außerdem rannten noch ein paar Fotografen herum, die den Bürgermeister begleiteten, obwohl er kaum was machte, was hätte fotografiert werden müssen.

An einem der vorangegangenen Tage hatte ich in mein Notizbuch geschrieben: »Überdeterminiertes Spiel«. Es kam mir vor, als würde von allen Seiten alles an Bedeutung in dieses Spiel hineingestopft, was nur möglich war. Ich hatte das notiert, als der Reporter des englischen »Guardian« durchs leere Stadion gelaufen war und Fotos mit dem Maskottchen Ritter Keule gemacht hatte. Seine Geschichte war zweifellos gelungen, ich hatte sie morgens noch gelesen, aber sie zeigte auch: Dieses Spiel war nicht nur das erste Spiel eines Bundesligaaufsteigers und nicht nur die Geschichte eines Klubs, der zum ersten Mal überhaupt in der Bundesliga spielte. Als Paderborn oder Fürth in den Jahren zuvor erstmals erstklassig wurden, war niemand aus England gekommen, um zu berichten.

Der Verein war überrannt worden, weil alle wissen wollten, was es denn mit diesem Klub auf sich hatte, dessen Fans das Stadion selbst gebaut hatten. Noch einmal wurde die Geschichte von »Bluten für Union« erzählt. Darüber, dass Fans 2004 Blut bzw. das Geld, das sie dafür bekamen, dem Klub spendeten. Man wollte wissen, ob Union ein Ostklub sei, vielleicht gar immer noch ein Dissidentenverein wie zu DDR-Zeiten, und was der Aufstieg bedeutete, für Berlin und für Ostdeutschland. Die Nachfragen waren zumeist sympathisierend, aber es war einfach zu viel gewesen. Zumal zum ersten Spiel der denkbar schlechteste Gegner kam, und das nicht nur sportlich, RB Leipzig war eine Spitzenmannschaft der neuen Spielklasse.

Das Problem hatte die Ultra-Gruppe »Wuhlesyndikat« einige Tage zuvor auf ihrer Website so formuliert: »Der kommende Spieltag ist ein historischer in Unions Geschichte. Und auch ein großer Teil der Fußballwelt wird nach Berlin-Köpenick schauen. Zu dem kleinen Berliner Verein, der eigentlich schon mehrfach tot war. Den engagierte Fans in den 90ern durch einmalige Aktionen vor dem Untergang bewahrten, der durchmarschierte bis ins Pokalfinale, der abstürzte ins Nichts der Oberliga und doch wiederauferstand. Der einen langen, steinigen Weg des wirtschaftlichen Wachsens gemeinsam mit seinen Fans hinter sich gebracht hat und nun hier am Ziel seiner Träume einem Gegner gegenübersteht, der genau das Gegenteil dessen verkörpert, was wir sind. Dieser 17 Mitglieder zählende Verein spielte vor 6 Jahren noch in der 3. Liga, 2016 schon folgte der Aufstieg in die erste Liga, und bereits im Jahr darauf wurde er Vizemeister. Nicht durch ehrlicher Hände Arbeit und Entwicklung, sondern durch die Übernahme eines Amateurvereins, durch massiven Geldeinsatz und zu einem einzigen (Werbe-)Zweck.« RB Leipzig hatte in der Tat nur 17 Mitglieder, die alle Angestellte oder auf andere Weise direkt mit dem österreichischen Red-Bull-Konzern verbunden waren. So wurde die Regel umgangen, dass Unternehmen in Deutschland keine Fußballvereine besitzen können. 2009 hatte Red Bull einen Amateurverein in der Nähe von Leipzig übernommen, ihn später umbenannt und es mit einem Investment von rund einer Milliarde Euro in die Bundesliga geschafft. Fußball wurde hier betrieben, um eine Marke zu pflegen.

So war dieses Spiel also auch noch eins, in dem die große Frage verhandelt wurde, worum es im Fußball eigentlich geht. Wie schon bei früheren Begegnungen in der Zweiten Liga hatten die Fans bei Union beschlossen, aus Protest gegen RB Leipzig in den ersten 15 Minuten des Spiels zu schweigen. Trotz der Größe des Moments für ihren Verein. Allerdings war das bei Unions Anhängern nicht unumstritten, auch die meisten Spieler mochten die Idee nicht, wie sie mir erzählt hatten. Aber der Mannschaftsrat hatte sich mit Abgesandten der aktiven Szene getroffen, Dirk Zingler ebenfalls, und danach hatten sich alle hinter den Beschluss gestellt. Teilweise zähneknirschend, aber damit war das Thema erledigt.

Zumindest bis zu dem Moment, als der Torwart Rafał Gikiewicz drei Tage vor dem Spiel via Instagram mitteilte, dass er nicht einverstanden war. Neben einem Foto von sich, auf dem der polnische Keeper auf dem Podest des Vorsängers auf der Waldseite stand, schrieb er: »Liebe Fans, am Sonntag werden wir alle einen historischen Moment erleben! Wir haben in der letzten Saison sehr hart für diesen Moment gearbeitet! Wir alle, auch ihr!

Für alle Unioner ist das ein besonderer Moment! Euer geplanter Boykott in den ersten 15 Minuten ist nicht gut für uns Spieler. Ihr könnt gerne eine Choreo oder sonst etwas machen. Wir Spieler, zusammen mit euch Fans, müssen unseren Gegnern zeigen, dass das UNSER Platz ist, UNSER Haus! Sie müssen spüren ›Welcome to Hell‹, dass es NIE einfach ist, gegen uns zu spielen. Fans, das ist meine persönliche Meinung! Ich bin Ausländer, und es interessiert mich nicht, wer unser Gegner ist! Ich will einfach nur MIT EURER HILFE gewinnen. Ihr könnt alles machen, aber ein Boykott wird uns nicht helfen. Wir brauchen eure Euphorie, eure Gesänge, eure Anfeuerungen!!! Alles Liebe – Euer Giki«

Daraufhin war die ganze Diskussion wieder von vorne losgegangen, und mir flog donnerstags die Tür vor der Nase zu. Wobei es ganz höflich zuging, als Urs Fischer mir vor der Halb-neun-Besprechung sagte: »Christoph, ich muss dir ein Verbot erteilen!« Er hatte mir inzwischen das Du angeboten. (»Ich höre hier immer Böni, Hoffi, Christoph, also: Ich bin Urs.«) Anschließend bat er Torwarttrainer Michael Gspurning hinter verschlossenen Türen, seinen Keeper strenger zu führen. Gikiewicz hatte nicht nur durch den Post für Unruhe gesorgt. Er hatte bei der Analyse einiger Szenen aus dem Halberstadt-Spiel vor der Mannschaft eine Diskussion mit dem Trainer angefangen, nachdem Fischer ihm erklärt hatte, dass ein Abschlag in einer gewissen Situation anders hätte gespielt werden müssen. Gikiewicz zeigte sich nicht einverstanden, was letztlich in der Pointe mündete: »Wenn ich das besser könnte, würde ich hier nicht spielen.« So jedenfalls fasste es Felix Kroos in der letzten Reihe süffisant zusammen.

Auch sonst war in der Woche vor dem Bundesligastart nicht nur beim »Verein«, sondern auch beim »Sport« einiges aufgelaufen. Bei der Besprechung mittwochmorgens um neun blieb der Platz von Suleiman Abdullahi leer. Erst als die Spieler um zehn zum Trainingsbeginn auf den Platz getrabt kamen, tauchte er auf. Dann stimmten alle ein Ständchen auf Christian Gentner an, der seinen 34. Geburtstag feierte: »Happy Birthday, lieber Gente!« Anschließend beschossen sie ihn wie alle Geburtstagskinder mit Bällen, und Fischer ließ einen Kreis bilden. »Kommt mal näher zusammen!«, sagte er.

Es war ein öffentliches Training, und die wenigen Zuschauer und Journalisten auf der anderen Seite des Platzes, denen eine winzige Besuchszone eingerichtet worden war, sollten nicht mithören können. Fischer stellte den Nigerianer wegen seiner Verspätung zur Rede, und der war geständig: »I forgot to set the alarm-clock.« –»Ich stelle mir jeden Abend den Wecker, wir haben dich sogar anrufen müssen«, antwortete Fischer und wechselte ins Englische. »There is a red line, Manni!« Abdullahi war nicht zum ersten Mal zu spät gekommen, sondern wohl schon in der Vorsaison das ein oder andere Mal. »Was ist die Strafe?«, fragte Fischer. »300 Euro«, sagte eine Stimme. »Dabei bleibt es nicht, ich werde mit Olli darüber sprechen.« Sportdirektor Ruhnert sollte ihn über den Standardsatz für die Mannschaftskasse zusätzlich bestrafen.

Aber Fischer nervte noch mehr als ein zu spät kommender Spieler: »Wir reden über vieles, aber nicht über Fußball. Es geht ums Essen, es geht um Tickets und vieles andere, aber nicht um Fußball. Aber darum muss es uns gehen.« Er spielte auf eine hitzige Diskussion an, die es hinter geschlossenen Kabinentüren gegeben hatte, in der Manager Oliver Ruhnert vehement beklagt hatte, dass die Spieler für die Bundesliga nicht bereit waren. Sie hatten gemault, dass sie zu wenig Karten kaufen konnten, nämlich zwei Sitzplatz- und sechs Stehplatzkarten. Selbst bei Urs Fischer hatten sich so viele Freunde gemeldet, dass er 30 oder 40 Karten benötigt hätte, um die gesamte Nachfrage zu befriedigen. Ruhnert hatte sich auch darüber geärgert, dass morgens und mittags zu viel Essen weggeworfen wurde. Also wurde eine Liste aufgehängt, in der sich jeder eintragen musste, der am nächsten Tag etwas essen wollte.

Vorfreude auf das große Spiel sah anders aus, auch als Dirk Zingler am Samstagmorgen, einen Tag vor dem Spiel, zur Mannschaftsbesprechung gekommen war. »Jetzt geht's los, Männer! Die erste Bundesligasaison für unseren Verein beginnt, und die Freude poppt jetzt richtig auf«, sagte er. Nur wirkte Zingler dabei so gar nicht freudvoll aufpoppend. Längst hatte ich das Gefühl, dass erst einmal dieses verdammte erste Spiel gegen diesen blödesten aller Gegner vorbei sein musste, damit die Saison wirklich losgehen konnte. »Das Handeln aller Menschen in diesem Klub ist darauf ausgerichtet, die Klasse zu halten. Und die Quelle dieser Kraft sitzt in diesem Raum. Aber wenn es hier nicht klappt, können wir die Kraft nicht entwickeln«, sagte Zingler. Der Verein mochte der Diener des Sports sein, aber der Sport musste so arbeiten, dass er den Verein in Bewegung hielt. Zingler schloss mit den Worten: »Habt Spaß bei diesem Spiel.« Die Spieler klatschten. Immerhin!

Als wir vom Abschlusstraining zurück in die Kabine kamen, schaute Urs Fischer den Rehatrainer Christopher Busse streng an: »Du weißt, was ich dich frage: Was ist mit Prömel?« Mittelfeldspieler Grischa Prömel hatte in den vorangegangenen Tagen immer wieder mal über Schmerzen geklagt und war mit einem Eiswickel ums Knie vorzeitig vom Platz gegangen. »Er wird spielen können«, sagte Busse. »Nein, nein, nein! Das geht nicht, wenn er mit angezogener Handbremse trainiert und wenn er im Abschlusstraining vorzeitig vom Platz muss.«

Am nächsten Tag stand Prömels Name trotzdem auf dem Aufstellungszettel, so wie Zingler richtig vorausgesagt hatte. Er hatte den Trainern am Vorabend nämlich noch gesagt, von wem er vermuten würde, es in die Startaufstellung des ersten Bundesligaspiels zu schaffen, und hatte elf Richtige gehabt. Ich selbst hatte acht Richtige, obwohl ich jedes Training gesehen hatte. Das Trainerteam hatte sich zu meiner Überraschung auch für Abdullahi entschieden.

Nun aber traten das ganze Ballyhoo, Gerede und Gequatsche, alle Debatten und Diskussionen in den Hintergrund, langsam rückte der Anpfiff näher. Von hier oben, von den Plätzen vor Zinglers Loge, konnte man gut sehen, dass vor der Tribüne, zwischen Seitenlinie und Anstoßkreis, jene Stoffbahn lag, die beim Relegationsspiel gegen Stuttgart, das Union in die Bundesliga geführt hatte, in der Kurve gehangen hatte. Sie zeigte zwei Hände, die ein Herz hielten. Schon damals hatte mich irritiert, dass es kein stilisiertes Herz gewesen war, sondern ein naturalistisch gezeichnetes. Ich dachte auch jetzt wieder an eine Herztransplantation. »Das soll unser Saisonmotto symbolisieren: Wir müssen das Herz in die Hand nehmen«, erklärte mir Zingler, während wir draußen eine rauchten. Es gab vor der Loge zwei Reihen mit gepolsterten Sitzplätzen, die erste Klasse im Stadion.

Dann trat Christian Arbeit auf den Rasen, den er nun ganz für sich allein hatte. Die Fans riefen einen der besonders populären Sprechchöre: »Die Zeit ist nun gekommen, Ihr werdet's alle seh'n. Der 1. FC Union wird nun endlich oben steh'n.« Und Arbeit sagte über die Stadionlautsprecher: »Die Zeit ist wirklich gekommen. Herzlich willkommen zum ersten Bundesligaspiel des 1. FC Union Berlin.« Der Jubel war riesig, und Zingler drehte sich zu mir und sagte: »Die Leute freuen sich. Ich spüre das.« Ich konnte es auch spüren, jeder im Stadion spürte den Stolz, die Vorfreude, die Aufregung. Arbeit las Teile der Stellungnahme des Wuhlesyndikats vor und sagte noch einmal, dass sich der Verein, so schwer das allen falle, hinter den Protest stelle. Anschließend begann das Vereinslied, und dabei wurde der Toten gedacht. Gemeinsam mit seiner Frau hielt Zingler ein Foto seines Großvaters Willi hoch, der ihn als Kind an die Alte Försterei mitgenommen hatte, und ein Foto seines ehemaligen Mitarbeiters Andy, der zwei Jahre zuvor verstorben war.

Als die Musik vorbei war, kamen die Mannschaften auf den Platz, Zingler setzte sich in die oberste Reihe, auf den Platz direkt an der Treppe, und stand sofort wieder auf, um Seifert zu erklären, dass das Schweigen sich nicht gegen RB Leipzig richten würde, sondern eine Aktion »für unsere Werte« sei. Am Zaun um das Spielfeld hingen schwarze Folien mit weißer Schrift, die die Stichworte dazu lieferten. »Union Liga« stand da, eine Freizeitliga für Fans des Klubs. Auf die »FUMA«, die Fan- und Mitgliederabteilung, in der Fans Mitsprache bei Entscheidungen hatten, wurde ebenfalls hingewiesen und auf den Stadionbau.

»Unsere Saison beginnt in der 16. Minute«, erklärte Zingler Seifert. Bis zu dieser 16. Minute blieb es auf dem Platz ruhig, die beiden Mannschaften ordneten sich noch, richtige Torchancen gab es keine. Dann begannen die Fans die letzten Sekunden herunterzuzählen, von zehn bis zu infernalischem Geschrei. Doch kaum hatten sie mit ihren Gesängen richtig losgelegt, stand es schon 0:1, und ich fragte mich, ob Fischer sich dafür verfluchte, Manni aufgestellt zu haben, weil genau sein Gegenspieler traf, Leipzigs Rechtsverteidiger Marcel Halstenberg. Außerdem begann es zu regnen, wobei das nicht annähernd die richtige Beschreibung für den gewaltigen, nachgerade tropischen Monsunregen war, der vom Himmel fiel. Das 0:2 fiel nach einer Ecke, wurde aber nach Videobeweis zurückgenommen. Zingler drehte sich zu mir um: »Ich war immer für den Videobeweis.« Dann fiel das 0:2, das nun niemand mehr zurücknehmen konnte, weil Torwart Gikiewicz in einer Situation abgeworfen hatte, wo er nicht hätte werfen dürfen, weil die eigene Mannschaft noch ungeordnet war. Das 0:3 fiel nach einem Einwurf, und erneut wurden einfachste Prinzipien des eigenen Spiels vergessen.

Zingler wechselte mehrfach den Ort, stellte sich neben seine Frau, verschwand in der Loge, redete hier und da kurz, rauchte, setzte sich wieder hin. In der Halbzeitpause trank er ein Bier. Der Gegner war gut, ihr neuer Trainer Julian Nagelsmann hatte das ungeheure Tempo seiner jungen Mannschaft mit spielerischen Ideen angereichert. Union war dem haushoch unterlegen, wehrte sich nach der Pause in einem veränderten System nun zwar besser, doch der Klassenunterschied blieb. 20 Minuten vor Schluss fiel auch noch das 0:4, Gikiewicz zeigte noch zwei starke Paraden, und Zingler tigerte nicht mehr herum, sondern hatte sich auf seinen Platz gesetzt. Auf seinen Knien saß sein kleiner Enkel, gerade ein Jahr alt, einen blauen Kopfhörer gegen den Krach auf den Ohren. Der Enkel strahlte, Zingler war ganz ruhig und wippte ihn im Rhythmus der Fangesänge vorsichtig auf und ab. Dann war Schluss – oder auch nicht. So wie es verzögert angefangen hatte, ging es verzögert zu Ende. Die Zuschauer sangen über den Schlusspfiff hinaus, nicht nur eine Minute oder zwei, sondern fünf Minuten, und Zingler, der seinen Enkel immer noch wippte, sagte strahlend zu mir: »Nur Verrückte hier.«

Während die Spieler unter den Gesängen eine Ehrenrunde absolvierten, verließ Zingler die Loge und ging zu den Trainern hinunter. Ich hörte weiter den Gesängen zu. Nur Verrückte hier!

Schwyzerdütsch im Maschinenraum

Auf dem Schreibtisch von Urs Fischer standen unter dem Bildschirm seines Computers drei Weihnachtsmänner und ein Osterhase aus Schokolade, außerdem ein gehäkelter Hahn, der vielleicht auch eine Ente war. Davor lagen zwei Smartphones, die während der Arbeit so lange auf lautlos gestellt waren, bis die Spieler gegangen waren. Es gab auch ein Festnetztelefon, das Fischer sogar gelegentlich benutzte. Rechts neben ihm lagen, sauber geordnet, durchsichtige Folien auf dem Schreibtisch. Ihr Inhalt war auf der Vorderseite mit schwarzem Filzstift vermerkt: »Trainingsplan«, »Trainingslager« oder »Pendenzen«. Pendenzen werden im schweizerischen Deutsch unerledigte Angelegenheiten genannt. Außerdem klebte Fischer Post-its auf den Schreibtisch, auf denen er notierte, was er noch erledigen oder mit den Mitarbeitern des Staff besprechen wollte. An einigen Tagen klebten mehr als ein halbes Dutzend vor ihm. Fischer, das war unübersehbar, arbeitete die Dinge systematisch ab.

Fischer sprach sehr laut, man hörte ihn sogar durch die geschlossene Tür. Er schrie aber nicht, seine Lautstärke war kein Ausdruck von Aufregung, er redete einfach IN GROSSBUCHSTABEN. Unions Trainer hatte noch nie im Ausland gearbeitet, bevor er im Sommer 2018 nach Berlin gekommen war, und er merkte immer wieder an, dass er sich auf Deutsch nicht so gut ausdrücken konnte wie auf Schwyzerdütsch, seiner Muttersprache. Sein Lieblingswort war »schlussendlich«. An manchen Tagen hängte er »schlussendlich« an das Ende von jedem Satz, wie einen Punkt oder ein Ausrufezeichen. Bereits in seiner ersten Saison in Berlin war das Wort zu seinem Markenzeichen geworden. Irgendwann lagen Bierdeckel einer Brauerei auf dem Büroschrank hinter seinem Schreibtisch, auf denen stand: »Und niemals vergessen * Schlussendlich«.

Fischer nahm seinen Arbeitsplatz morgens gegen sieben Uhr ein. Allgemeiner Dienstbeginn war um acht, und die Stunde von sieben bis acht war für ihn die schönste des Tages. »Da ist mein Puls noch auf 50«, sagte er. Niemand störte ihn. Das Trainerzimmer, so wurde mir relativ schnell klar, war der Maschinenraum der Kabinenwelt. Hier wurden alle sportlichen Entscheidungen vorbereitet und getroffen. Hierhin kamen die Spieler und auch mal Mitglieder des Staff, um Einzelgespräche zu führen, wenn es Konflikte zu lösen gab.

Ich hatte in den ersten Tagen an dem Tisch gesessen, um den morgens das Trainerteam zusammenkam, aber relativ schnell war das Fischer auf die Nerven gegangen. Was im Maschinenraum besprochen wurde, war oft nicht für die ganze Mannschaft gedacht und manchmal nicht einmal für das gesamte Trainerteam. Der Cheftrainer brauchte diesen Raum für sich, also zog ich in den Besprechungsraum um.

Fischer hatte graue Haare, die er mit Wachs hochstellte. Im Verlauf der Saison bekam der Berliner Tierpark einen Nordamerikanischen Baumstachler, ein Nagetier, das zur Gruppe der Stachelschweinverwandten gehört. Eine Boulevardzeitung ließ daraufhin seine Leser über den Namen abstimmen, sie entschieden sich für »Urs«. Das lag an der Ähnlichkeit, aber das Publikum mochte den Trainer auch. Fischer hatte für den größten Erfolg der Vereinsgeschichte gesorgt und in einem Interview gesagt: »Union lebt ähnliche Werte, wie ich sie auch lebe.« Er meinte damit vor allem Nahbarkeit und das Bodenständige, und das war nicht einfach so dahingesagt, wie ich in den kommenden Monaten erleben konnte.

Fischer war in Zürich geboren und aufgewachsen, seine Frau und seine beiden Töchter lebten noch dort. Er sah sie nur selten, ein- oder zweimal im Monat flog er nach Hause, wenn der Terminplan es zuließ. Er war ein Mann auf Montage, der fast seine gesamte Zeit in die Arbeit steckte. Abends schaute er zur Entspannung Serien an, und an freien Tagen ging er mit Markus Hoffmann angeln. Meistens fuhren sie an einen der kleinen Flüsse im Berliner Umland zum Fliegenfischen, einer der anspruchsvollsten Formen des Angelns.

Über sein Privatleben sprach er kaum, und auch über seine Herkunft gab er eher knapp Auskunft. Sein Vater hatte in Zürich über 30 Jahre lang im Rechnungswesen einer Bank gearbeitet, die Familie seiner Mutter kam aus Italien. Schon im Alter von sieben Jahren hatte er angefangen, beim FC Zürich Fußball zu spielen, nachdem ihn ein Mitschüler gefragt hatte, ob er mitkommen wollte. Er durchlief alle Jugendmannschaften, es gab damals aber noch keine Akademie, kein Sportgymnasium oder Nachwuchsleistungszentrum.

Obwohl sein Talent unübersehbar war und er auch in die Schweizer Jugendnationalmannschaften eingeladen wurde, war es Anfang der 1980er-Jahre noch selbstverständlich, nicht nur auf Fußball zu setzen. Mit 16 Jahren begann er eine kaufmännische Ausbildung in einer Bank und setzte sie in einer zweiten fort, wo er Arbeit und Training besser miteinander koordinieren konnte. Jedes halbe Jahr durchlief er dort eine neue Abteilung, von der Kasse über die Wertstellungsabteilung zur Abteilung für Fremdwährungen. »Das Schöne war: Du hattest eine Aufgabe und wurdest in die Verantwortung genommen«, erzählte er mir.

Allerdings war die Belastung groß, Fehlzeiten wegen des Fußballs musste er nacharbeiten. Die Abschlussarbeit zur Kaufmannsprüfung war auf drei Stunden angesetzt, Fischer aber musste nach zwei Stunden fertig sein, um wieder rechtzeitig auf dem Trainingsplatz zu stehen. Auch nach abgeschlossener Ausbildung wurde es nicht einfacher. Sein erster Profivertrag beim FC Zürich sah als Bezahlung nur die Leasingrate von 150 Franken für sein Auto vor. Also hatte er noch eine halbe Stelle bei der Bank und kam morgens um halb sieben ins Büro. Um neun Uhr fuhr er ins Stadion zum Training, anschließend kehrte er zur Arbeit zurück, fuhr später zum Nachmittagstraining und wieder zurück ins Büro. »Irgendwann hatte ich das Gefühl, dass sowohl der Beruf als auch der Fußball litten.«

Als ich Fischer fragte, was für ein Spieler er gewesen war, gab er eine Antwort, die mich verblüffte. »Ein intelligenter«, sagte er, wo ich »ein solider« oder »ein verlässlicher« erwartet hätte, weil das zum Image des bodenständigen Arbeiters passte, das alle von ihm hatten und das er bereitwillig pflegte. Dass er mehr zu bieten hatte als Fleiß und Engagement, verbarg er gerne. Doch nun sagte er: »Fußballverständnis und das Antizipieren sind mir in die Wiege gelegt worden.« Das frühzeitige Erkennen von Situationen auf dem Platz war auf der Position des Innenverteidigers wichtig, auf der Fischer stets gespielt hatte. Bei ihm war es sogar noch wichtiger, weil er nicht einmal 1,80 Meter groß war.

In seiner langen Profikarriere, die fast zwei Jahrzehnte dauerte, bis zu seinem 37. Lebensjahr, war er fast immer Leader seiner Mannschaften gewesen. Kein Spieler hatte häufiger in der schweizerischen Nationalliga A gespielt, der höchsten Spielklasse des Landes, und die meiste Zeit war er Kapitän seiner Mannschaften. Seine 431 Spiele absolvierte er bei nur zwei Klubs, erst drei Jahre lang beim FC Zürich, dann sieben Jahre beim FC St. Gallen und noch einmal acht Jahre in Zürich. Den einzigen Titel, den er in dieser Zeit gewann, war der Landespokal, viermal wurde er auch in der Nationalmannschaft eingesetzt.

»Meine Mitspieler und Trainer mussten einiges erdulden, ich konnte schon sehr unangenehm sein«, sagte er und beschrieb sich als ehrgeizigen Spieler von der Sorte, die kein Trainingsspiel verlieren konnte. Dieses beißende Gewinnenwollen gab Erfolgen auch einen anderen Wert: »Ich glaube, der Ehrgeiz führt dazu, Erfolge anders zu genießen.« Fischer zeichnete aber trotz der Selbstbeschreibung als »intelligenter Spieler« und dem Hinweis auf seinen brennenden Ehrgeiz kein besonders verklärtes Bild von sich als Fußballprofi. »Wir sind auch schon um die Häuser gezogen«, sagte er. Manchmal schien durch, dass ihm seine Spieler leidtaten, weil sie ein weitgehend asketisches und vernünftiges Leben führen mussten, um im heutigen Profifußball bestehen zu können. Es gefiel ihm insgeheim, wenn er mitbekam, dass mal einer über die Stränge geschlagen hatte. Als Fischer im Trainerzimmer über sich erzählte, schüttelte er plötzlich den Kopf und sagte unvermittelt:

»Es ist ein Wahnsinn, wie ich als Spieler war.« Wie er das genau meinte, wollte er aber nicht sagen.

Seine Karriere als Trainer baute Fischer so geduldig und mit Weitsicht auf, dass es nicht zum Bild passte, das Fischer von sich als Spieler gezeichnet hatte. Zunächst übernahm er die U14-Mannschaft des FC Zürich, um relativ geschützt lernen und Fehler machen zu können. »Als ich zum ersten Mal vor diesen 13- oder 14-jährigen Jungs stand, habe ich mir fast in die Hose gemacht.« Nach einem Jahr wechselte er zum U16-Team und kam mit den pubertierenden Jungs überhaupt nicht zurecht: »Das war eine Katastrophe, die haben mir den Nerv geraubt.« Danach trainierte er fünf Jahre lang die zweite Mannschaft des FC Zürich, bevor er die Profis übernahm.

Nach Berlin brachte Fischer die Erfahrung von sechs Spielzeiten als Profitrainer in der höchsten Spielklasse und rund 300 Spielen mit. Beim FC Zürich, dann beim schweizerischen Provinzverein FC Thun und schließlich beim größten Klub des Landes, dem FC Basel, hatte er jeweils zwei Jahre gearbeitet, in Thun noch eine Halbserie länger. Nach jeder Station hatte er ein Jahr Pause gemacht. In Zürich arbeitete er mit einer fußballerisch guten, in Thun mit einer kämpferisch starken Mannschaft, »schlussendlich kam es aufs Gleiche raus«. Mit dem FC Basel gewann er zweimal die Schweizer Meisterschaft und einmal den Pokal, er führte die Mannschaft ins Achtelfinale der Europa League und spielte mit ihr in der Champions League.

Fischer trug eine Brille mit schwarzem Gestell, durch die er sein Gegenüber auf ungewöhnliche Weise anschaute, wenn man mit ihm sprach. Er nahm den Kopf ein ganz kleines Stück zurück, als wäre das nötig, um den Blick scharf zu stellen. Aber dadurch verschaffte er sich auch Abstand vom Gegenüber. Er hielt die Welt überhaupt auf Abstand zu sich, was nicht bedeutete, dass er nicht freundlich war. Die Spieler duzten ihn nicht, aber sie siezten ihn auch nicht, sondern sprachen ihn mit »Trainer« an. Fischer kumpelte nicht herum, fraternisierte mit niemandem, sondern legte vor allem Wert darauf, zu allen korrekt zu sein. Er leistete sich keine Launen, und ich sollte einige Zeit brauchen, bis ich unterscheiden konnte, wann er guter Dinge war und wann nicht.

Nervöses System

Als ich Dirk Zingler vor dem Spiel gegen Leipzig auf seiner Runde durchs Stadion begleitete und er Hand um Hand schüttelte, hatte ich ihn gefragt, wie oft er im Herbst und Winter eigentlich krank wurde. Er hatte nur gelacht. Drei Tage später ging es mir selber nicht gut. Ich hatte mich schon am Tag nach dem Spiel nicht so toll gefühlt, konnte aber wegen eines Termins sowieso nicht zum Training kommen. So ganz unlieb war mir das nicht gewesen, denn mir ging immer wieder im Kopf herum, was mir ein Bundesligatrainer gesagt hatte, als ich ihm von dem Projekt erzählte, Union durch die Saison zu begleiten: »Es wird darauf ankommen, dass niemand das Gefühl bekommt, Sie bringen Pech.« Insofern war es gut gewesen, am ersten Spieltag beim Präsidenten und am Tag danach nicht bei der Mannschaft gewesen zu sein, vielleicht hätten Spieler und Trainer mich so mit der Niederlage in Verbindung gebracht. Aber ich durfte natürlich auch nicht für realen Schaden sorgen.

Auf der Tür zur Kabine war ein weißer Zettel aufgeklebt, auf dem stand: »Bitte alle Hände desinfizieren.« Er irritierte mich jeden Morgen, wie viel Hände hatte ich denn? Sollte ich alle zwei, vier oder zehn Hände desinfizieren? Zumindest trug meine sprachliche Pedanterie – ich überlegte sogar, den Zettel zu korrigieren – dazu bei, dass ich jedes Mal meine Hände desinfizierte, wenn ich die Kabine betrat. Ich wollte auf keinen Fall der Pechvogel sein, der aus Unachtsamkeit eine Bundesligamannschaft lahmlegte.

Schon als ich am Mittwochmorgen nach dem Spiel gegen Leipzig aufgestanden war, fühlte ich mich abgeschlagen wie lange nicht. Gegen die Kopfschmerzen nahm ich eine Tablette und fuhr nach Köpenick. In der morgendlichen Besprechung des Trainerteams verkündete Fischer, dass er das Trainingsprogramm umschmeißen wolle. »Es geht um die Basics, wir müssen wieder an den Grundlagen des Spiels arbeiten«, sagte er. Damit meinte er aber nicht nur Training und Spiel. Er war genervt, wie sehr das ganze Ballyhoo der vergangenen Woche alle abgelenkt hatte. Inzwischen hatte er noch mitbekommen, dass ein Spieler eine gute Stunde vor Anpfiff des Leipzig-Spiels in der Kabine an seinem Handy herumgespielt hatte, was verboten war. Ein anderer hatte Teammanagerin Susi Kopplin damit behelligt, noch Eintrittskarten für einen Freund zu hinterlegen. »Wir müssen jetzt konsequent sein. Es geht nicht darum, dass ihr in der Kabine patrouilliert. Ihr müsst keine Polizei sein. Aber wir haben Regeln, und wenn die verletzt werden, muss ich davon wissen.« Dann schaute er Spielanalytiker Adrian Wittmann an: »Und das gilt für dich genauso, auch du gehörst zum Trainerteam.«

Außerdem hatte sein Ärger über Torhüter Gikiewicz, der der verspätete Kartenhinterleger gewesen war, einen ersten Sättigungspunkt erreicht. »Rafa geht es nur um sich selbst, er spricht aber über alles. Ich rede noch heute mit ihm, weil sonst die Gefahr besteht, dass ich explodiere.« Alle im Raum schauten stumm geradeaus und vermieden den Blickkontakt. Fischer war nicht laut geworden, aber für seine Verhältnisse war das ein Gefühlsausbruch.

Danach ging ich mit Markus Hoffman auf den Platz, um ihm beim Aufbau für das Training zu helfen, also Stangen auf den Platz zu tragen und die sogenannten Mannequins, Plastikfiguren mit den Umrissen eines Menschen, die man in den Rasen stecken konnte. Ich fragte ihn, wie er die Situation beurteilen würde. Fischer hatte den Spielern in der morgendlichen Videositzung eklatante, eigentlich leicht zu vermeidende Fehler gezeigt. Krasse Stellungsfehler oder dass sie vergessen hatten, beim Freistoß den Schützen im Auge zu behalten. Hoffmann zog die Schultern hoch: »Überforderung.« Der Gegner war so stark gewesen, dass die Spieler zwischendurch vergaßen, was sie eigentlich konnten. Aber Hoffmann sagte auch: »Wer Regeln jenseits des Platzes nicht befolgt, befolgt sie auch auf dem Platz nicht.«

Dann kamen die Spieler auf den Rasen, und plötzlich konnte ich nicht mehr. Es war, als hätte jemand den Stöpsel gezogen, alle

Energie entwich mir. Ich beugte mich vor, richtete mich wieder auf, blies die Backen auf, pustete. Kalter Schweiß trat mir auf die Stirn. Unauffällig schlich ich vom Platz und ging zurück in die Kabine, wo mich Max Perschk, der die Physiotherapie leitete, besorgt anschaute. Ich musste mich auf eine Behandlungsliege legen, und er maß meinen Blutdruck. Der war so niedrig, dass Perschk vermutete, ich könne einen Herzinfarkt oder gar Schlaganfall haben. Er rief daraufhin den Mannschaftsarzt an, der vorschlug, mich in die Notaufnahme des Krankenhauses in Köpenick bringen zu lassen. Als der Rettungswagen 20 Minuten später am Stadion vorfuhr, ging es mir so viel besser, dass mir die Sanitäter die Fahrt ins Krankenhaus regelrecht ausredeten und mich wieder vor die Tür setzten. Ich aß noch einen Energieriegel, fuhr nach Hause und legte mich ins Bett. Vermutlich hatte ich an meinem Tag mit Zingler eine Hand zu viel geschüttelt.

Ich war froh, dass ich morgens beim Betreten der Kabine meine Hände desinfiziert hatte. Jeden Morgen schüttelten sich hier alle die Hände, klatschten sich ab oder gaben sich Fistbumps. Ich sorgte mich trotzdem, nach der Klatsche zum Saisonauftakt und vor dem ersten Auswärtsspiel der Saison beim FC Augsburg vielleicht eine Schneise der viralen Verwüstung geschlagen zu haben. Dass etliche Schlüsselspieler ausfallen würden und ich als Ursache ausgemacht würde.

Aber es wurde niemand krank, nur verpasste ich die Reise zum ersten Auswärtsspiel nach Augsburg. Also sah ich am Fernseher, dass die Rückkehr zu den Basics funktionierte. Der FC Augsburg ging nach einer Stunde in Führung, aber im ersten Auswärtsspiel seiner Bundesligageschichte glich Union in der 80. Minute aus. Fischer hatte da beide Stürmer ausgewechselt, und das neue Duo sorgte für den Ausgleich. Publikumsliebling Sebastian Polter schob zu Sebastian Andersson, der völlig frei stand. Obwohl drei Minuten später Innenverteidiger Schlotterbeck vom Platz flog, hätte es kurz vor Schluss noch einen Elfmeter für Union geben müssen. Aber der Schiedsrichter pfiff das Foul an Polter nicht. Nach dem chaotischen Auftritt gegen Leipzig hatte die Mannschaft ordentlich gespielt, das erste Tor geschossen und den ersten Punkt geholt.

Als ich dienstags, inzwischen wieder gesund, in die Kabine kam, war die Stimmung dennoch angespannt. Einige Spieler, die in Augsburg nicht gespielt hatten, hatten Fischer um ein Gespräch gebeten. Außerdem konnte der Trainer zwei junge Spieler nicht mit auf den Platz nehmen, sie blieben im Kraftraum. Es gab nämlich nur 30 Pulsuhren für 32 Spieler.

Eine Fußballmannschaft besteht aus elf Spielern, neun Spieler dürfen auf der Bank sitzen und dreimal darf gewechselt werden. Das bedeutete, dass zwölf Spieler nicht mit nach Augsburg gefahren und das Spiel so wie ich auf dem Sofa angeschaut hatten. Insgesamt 18 Spieler waren nicht zum Einsatz gekommen, also mehr als die Hälfte. Dass der Kader so groß war, lag daran, dass Zingler grundsätzlich beschlossen hatte, keinen Spieler zu einem Vereinswechsel zu drängen, der entscheidend zum Aufstieg beigetragen hatte: »Wir wollen nicht die wegschicken, mit denen wir bei der Aufstiegsfeier betrunken im Graben gelegen haben.« Es wurde den Spielern allerdings mitgeteilt, dass sie Konkurrenz bekommen und ihre Einsatzzeiten absehbar sinken würden. Der ein oder andere hatte das schon in der Vorbereitung bemerken müssen, und so hoffte Zingler, dass Spieler vor dem Start der Saison noch um einen Vereinswechsel bitten würden. »Wir füllen oben ein und schütteln unten raus«, sagte Zingler. Nur: Das Rausschütteln funktionierte nicht so richtig.

Elf neue Spieler waren verpflichtet worden, und nun standen acht Innenverteidiger im Kader, von denen nur zwei würden spielen können. Es gab vier Spieler für die rechte Offensive und drei für die linke, von denen jeweils nur einer würde spielen können. In der letzten Woche, in der noch Wechsel möglich waren, wurde Lars Dietz, einer der acht Innenverteidiger, an den Drittligisten Viktoria Köln ausgeliehen. Der Nachwuchsspieler Cihan Kahraman ging zum Viertligisten Berliner AK. Kurz vor Transferschluss war auch Akaki Gogia nach zwei Jahren bei Union nahegelegt worden, sich einen anderen Verein zu suchen. Aber er blieb, und so würde Fischer zumindest bis zur Winterpause mit einem gewaltig überdimensionierten Kader arbeiten müssen und mit vielen unzufriedenen Spielern.

In diese Grundstimmung hinein hatten sich Mittelstürmer Andersson und der dänische Offensivspieler Marcus Ingvartsen bei Athletiktrainer Krüger gemeldet, weil sie sich nicht richtig ausgelastet fühlten. Sie glaubten, nicht genug trainiert zu haben. »Jetzt fangen wir noch an, über die Belastungssteuerung zu reden. Ruhe im Stall!«, sagte Fischer in der Morgensitzung der Trainer. Als er die Spieler auf dem Platz versammelte, sagte er: »Heute habt ihr die Gelegenheit, euch bei mir auszukotzen. Aber diskutiert nicht untereinander, sondern kommt zu mir. Ich will kein …« Mit der rechten Hand machte er die über alle Sprachgrenzen verständliche Geste für Gequatsche.

Ich hatte, während Fischer sprach, ein paar Schritte entfernt gestanden und beobachten können, wie Sebastian Andersson aus dem Kreis trat und betont desinteressiert woanders hinschaute. Ich hatte angenommen, dass der Schwede stolz darüber war, das erste Tor in der Bundesligageschichte des 1. FC Union geschossen zu haben. Aber die Annahme hätte falscher nicht sein können. Er war selbst vier Tage später noch sauer, weil er nicht von Anfang an gespielt hatte. Nein, er war nicht nur sauer, Andersson war wütend. Als Fischer einen Pass von ihm mit den Worten »Not bad« kommentierte, machte Andersson eine Bemerkung, die ich nicht verstand, die aber trotzdem unmissverständlich seine Verachtung ausdrückte. »Der hat einen Dachschaden«, sagte Fischer, als er vom Platz ging, klang aber nicht sonderlich aufgebracht.

Als einige Spieler nach dem Training im Kraftraum Übungen absolvierten, fragte mich Jakob Busk: »Na, ist dein Buch schon fertig?«

»Nach dem zweiten Spieltag?«, fragte ich zurück.

»Besser wird es nicht«, sagte Felix Kroos.

Doch es wurde durchaus noch besser, denn vor dem zweiten Training des Tages konnte eine Schlägerei gerade noch verhindert werden. Torhüter Gikiewicz hatte Stürmer Abdullahi so lange mit dem Finger in die Seite gepikst und an den Ohrläppchen geschnipst, bis der ihm eine knallen wollte. Ich hatte es nicht selbst gesehen, und letztlich hatten andere Spieler das Schlimmste noch verhindern können. Als ich Fischer fragte, wie er mit dem Vorfall umgehen würde, sagte er: »Das regeln die untereinander.« Und für mich überraschend vergnügt stellte er fest: »Jetzt kommt Stimmung in die Bude.«

Meinte er das ernst oder war das purer Sarkasmus? Bestand diese Fußballmannschaft aus beleidigten Leberwürsten, die sich bei nächster Gelegenheit an die Wäsche gingen, und der Trainer fand das auch noch komisch? Eines war mir nach nur drei Wochen klar: Eine Fußballmannschaft war ein nervöses System mit Kräften, die schnell auseinanderstreben konnten, wenn es nicht lief. Und die immer wieder eingefangen werden mussten. Am besten bevor die Nervosität den Verein erfasste oder durch die Berichterstattung verstärkt wurde.

»Um deinen Job beneide ich dich nicht«, sagte ich zu Fischer, als wir den Trainingsplatz verließen.

Fischer blieb stehen, wandte sich zu mir und sagte: »Aber ich würde mich darum beneiden.«

Hexenkessel

Der erste Satz im Grundgesetz des 1. FC Union Berlin, das nirgendwo aufgeschrieben ist, heißt: »Unser Stadionerlebnis ist der Kern unseres Daseins als Unioner.« Ich hatte diesen Satz x-mal gehört. Über die Jahre war er so oft wiederholt, beschworen, diskutiert worden, dass er in alle Unioner-Gehirne eingemeißelt wirkte wie in eine Gesetzestafel aus der Bundeslade. Vor allem Dirk Zingler benutzte diesen Satz wie einen Eichstab, an dem er seine Entscheidungen überprüfen konnte. Der Satz ist nämlich nicht so banal, wie man auf den ersten Blick denken könnte. Also:

UNSER STADIONERLEBNIS IST DER KERN
UNSERES DASEINS ALS UNIONER.

Nun würden viele Fußballfans sagen: »Na und, bei uns ist das auch nicht anders.« Auch anderswo stehen oder sitzen gute Freunde oder lose Bekannte seit Jahren zusammen und zelebrieren vereint ihren Stadionbesuch. Man könnte Geräte zur Messung der Lautstärke oder Feldforscher zur Erfassung der Gesänge auf den Rängen in die Alte Försterei schleppen und feststellen, dass anderswo noch mehr unterschiedliche Lieder noch lauter gesungen werden, aber das ist nicht der Punkt. Der Punkt ist »Kern unseres Daseins«. Das klingt zunächst arg schwer, so als wären Hegel oder Heidegger zum Fanabend eingeladen worden. In leichte Sprache übersetzt würde er in etwa heißen: »Bei uns Unionern steht das Stadionerlebnis im Mittelpunkt, und alles, was wir machen, muss das berücksichtigen.«

So würden es hingegen nur noch sehr wenige Vereine formulieren. Dazu braucht man sich nur die Ökonomie anzuschauen, denn Klubs erwirtschaften beileibe nicht das meiste Geld in ihrem Stadion, selbst wenn es deutlich größer ist als die Alte Försterei. Das

Geld kommt hauptsächlich vom Fernsehen, dann kommt es von Sponsoren und an dritter Stelle von den Fans. Also stehen zumeist nicht jene im Mittelpunkt, die das Stadionerlebnis erschaffen, sondern jene, die das meiste Geld bezahlen.

Bei Union gibt es nichts von dem Gedöns, mit dem man sonst in Stadien traktiert wird. Es fliegen vor dem Spiel keine ferngesteuerten Zeppeline mit Werbeaufdrucken durchs Stadion. Es gibt keine Sponsoren für Ecken, Freistöße oder (wie bei Mainz 05) sogar für den Videobeweis. Es gibt keine Sponsoren für irgendwelche Zuschaueraktionen in der Halbzeitpause. Weil das alles vom Stadionerlebnis, so wie es bei Union definiert wird, ablenken würde. Das hat die Folge, dass ein dadurch unbelästigtes Publikum sich dazu aufgefordert fühlt, zum Stadionerlebnis beizutragen.

Als Fans wollen wir im Stadion bekanntlich am liebsten, dass alle durchdrehen und einem hinterher die Ohren sausen. Wir wollen Ekstase und Drama, traditionell ist in Deutschland dafür Borussia Dortmund zuständig. Ins Westfalenstadion passen 80 000 Zuschauer, 24 000 davon stehen auf Europas größter Stehtribüne und bilden die legendäre »Gelbe Wand«. Sie wird sogar international bestaunt, von England bis China oder Singapur, wo der Klub ein Büro für den südostasiatischen Markt hat. Man konnte also davon ausgehen, dass die Spieler des BVB intensive Stadionerlebnisse gewohnt waren, aber sie kamen unvorbereitet zum ersten Bundesligaspiel an die Alte Försterei. Meine These, warum der kleine Aufsteiger Union Berlin am dritten Spieltag die große Borussia aus Dortmund schlagen konnte, ist diese: Es lag an der Wahl der Mannschaftshotels – oder zumindest lag es auch daran.

Bevor die Mannschaft von Union in ihr Hotel fuhr, begann der Arbeitstag morgens um neun mit der üblichen Besprechung. Videos zeigten den Spielern, was die vorherigen Gegner Köln oder Augsburg gegen den BVB richtig gemacht hatten. Bilder aus dem eigenen Training belegten, wo die Jungs gut gewesen waren. »Wichtig ist, dass wir heute unser Gesicht zeigen«, sagte Urs Fischer. Dann fragte er: »Was ist unser Gesicht?« Felix Kroos durchbrach das Schweigen: »Dass wir eklig sind, organisiert und als

Team auftreten.« – »Richtig«, sagte Fischer. Um zehn waren die Ekligen auf den Trainingsplatz gegangen, 20 Minuten zum sogenannten »Anschwitzen«, um den Körper zu wecken. Um 11.15 Uhr fuhr der Bus zum Tageshotel am Müggelsee.

Ich hatte schon gehört, dass die Spieler das Hotel nicht sonderlich mochten und die Trainer eigentlich auch nicht. Angeblich würde es nicht gut riechen, das WLAN sei schlecht, das Essen und überhaupt alles. Auch ich war erstaunt über die Wahl dieses Hotels, obwohl es nicht schlecht roch, das WLAN in Ordnung war und das Essen einigermaßen. Aber es war ein Ort ohne Charme, mit der leicht kasernenhaften Atmosphäre eines straff geführten Altenheims. Zu DDR-Zeiten hatten sich die Werktätigen hier vom Aufbau des Sozialismus erholen können, die Zufahrt von der Straße bestand noch aus den für den DDR-Straßenbau typischen Betonplatten. Den Müggelsee konnte man nicht so richtig sehen, weil Bäume zwischen ihm und dem Hotel standen.

Mehrfach war es in der Vergangenheit darum gegangen, in ein anderes Hotel umzuziehen, das moderner, schöner und deutlich näher am Stadion lag. Aber der Klub hatte wohl noch einen bestehenden Vertrag und wollte nicht doppelte Hotelkosten bezahlen. Borussia Dortmund hingegen war im Hotel de Rome untergebracht, einem der besten und teuersten Hotels der Stadt, mitten in Berlin, direkt neben der Staatsoper, das so angepriesen wurde: »Die 108 atemberaubenden Zimmer und 37 Suiten des Hotel de Rome sind schlicht und stilvoll und laden dazu ein, an der Geschichte Berlins und seiner pulsierenden Gegenwart teilzuhaben. Mit Akzenten, die die Vergangenheit des Hotels als Bank aufgreifen, verbindet das Design von Olga Polizzi und Tommaso Ziffer auf harmonische Weise Geschichte und Zeitgeist.«

Das Hotel de Rome war zweifelsohne ein Ort für die Reichen und Berühmten. Insofern war Borussia Dortmund dort zu Recht untergebracht, schließlich waren die Spieler beides: reich und berühmt. Jeder kannte sie, weil sie regelmäßige Gäste auf den großen Bühnen des Fußballs waren, in der Champions League und bei den großen Turnieren der Nationalmannschaft. Sie waren Stars und damit soll nicht nahegelegt werden, dass sie abgehoben waren. Bestimmt waren sie ganz okay, aber sie bewegten sich halt in anderen Sphären als die Unioner.

Die Sache mit den Hotels mag wie ein billiger Argumentationstrick klingen: Ihr da oben, wir hier unten. Hungrig gegen satt. Reicher Westen gegen armer Osten. Aber für die Spieler von Borussia Dortmund waren die »atemberaubenden Zimmer« nur eine Station von vielen auf ihrer langen Tour durch die Saison, wo sie gegen Barcelona in der Champions League spielen würden und das ganze Land auf ihre Spiele gegen die Bayern schaute. Für die Unioner in ihrem Dreisternehotel hingegen war es ein Höhepunkt ihres Berufslebens. Es ging gegen den fünffachen deutschen Meister, den nach dem FC Bayern zweitgrößten Klub des Landes, der vor der Saison erklärt hatte, endlich mal wieder den Titel holen zu wollen. Die Mannschaft um den aktuellen Fußballer des Jahres, Marco Reus, den heimgekehrten Weltmeister Mats Hummels und das Supertalent Jadon Sancho.

Beim Mittagessen schaute ich zu Marius Bülter hinüber, dessen Haare wieder mal so verweht aussahen, als sei er durch den Trockner in einer Waschstraße gelaufen. Er hatte rote Backen und die Augen so aufgerissen, als würde vor seinem geistigen Auge gerade Mats Hummels vorbeilaufen. Bülter hatte 15 Monate zuvor noch in den Weiten Ostwestfalens bei einem von einem Möbelhersteller alimentierten Klub namens SV Rödinghausen in der viertklassigen Regionalliga West gespielt und war in der Saison zuvor mit dem 1. FC Magdeburg aus der Zweiten Liga abgestiegen. Kein Zweifel, er wartete gerade auf das bislang größte Spiel seines Lebens.

Ich vermochte die Stimmung beim Mittagessen nicht zu deuten. Waren alle gut drauf? Optimistisch? Am Trainertisch wurde nicht viel geredet, und wenn, so leise, dass man schon zwei Plätze weiter nicht mehr hörte, worum es ging. Nach dem Essen zogen sich alle auf ihre Zimmer zurück, nur Busfahrer Sven Weinel setzte sich in die Bar und schaute die Zweitligakonferenz. Ich arbeitete erst ein wenig und setzte mich dann zu ihm. Fischer kam und schaute schweigend zu, dann Michael Parensen, und wir schwiegen weiter. Urs Fischer begann auf seinem Smartphone den »Blick« zu lesen, die Website der schweizerischen Boulevardzeitung.

Um drei Uhr trafen wir uns im Raum »Berlin«, und es gab schon wieder was zu essen, das sogenannte light meal bzw. prematch meal, Spaghetti bolognese. Ich war erstaunt, dass die Spieler schon wieder was reinbekamen, aber sie aßen die Nudeln einfach, damit sie während des Spiels nicht plötzlich Hunger bekamen. Wir machten den üblichen Spaziergang, obwohl Urs Fischer kurz überlegt hatte, ihn ausfallen zu lassen, weil es zu heiß war. Aber der Gang ums Hotel dauerte nur eine Viertelstunde, dann fuhren wir zurück zum Stadion. Niemand redete, alle hatten Kopfhörer auf. Kurz vor der Ankunft blieb der Mannschaftsbus im Verkehr stecken, also stiegen wir an der Straße aus und liefen über die Straßenbahngleise zum Stadion.

Vor dem Spiel hatte jeder Zuschauer ein rotes T-Shirt geschenkt bekommen, auf dem »Das Herz in die eigenen Hände nehmen« stand. Da war wieder das Motiv, das beim ersten Spiel auf dem Rasen gelegen hatte. Auf den roten T-Shirts und aus nächster Nähe fand ich es noch gruseliger. Das Herz, das die Hände hielten, kam mir nun vor, als ob es jemandem herausgerissen worden war, um es in einem geheimnisvollen Ritus zu opfern. Die 20 000 in den roten T-Shirts sahen aus, als wären sie hier zu einer irren Splatter-Convention zusammengekommen oder zur Versammlung einer Voodoo-Sekte.

Dazu passte es, dass die Hitze des Abends schwer und feucht über der Alten Försterei lag, als wäre sie aus dem Regenwald am Äquator aufgestiegen. Man hätte sich nicht gewundert, wenn sich im Forst hinter der Waldseitentribüne Lianen um die Baumstämme geschlungen und Trommeln tief im Unterholz den Takt für geheimnisvolle Riten vorgegeben hätten. Aber Trommeln gab es auch hier, einen Ritus und innerlich bebende Gläubige. Das »Stadionerlebnis« nahm Form an.

Ich schaute von ganz oben zu, von der Regieebene, wo die Kameras neben den Kommentatorenplätzen der Fernsehanstalten standen. Ich saß neben Spielanalytiker Adrian Wittmann und Steven Pälchen, der ihm half. Selbst hier, am höchsten Punkt im Stadion, war es schon vor Anpfiff infernalisch laut. Die roten Splatter-Typen auf den Rängen sangen sich warm und gaben bereits alles. Fußball ist bekanntlich der Sport, der es mit der Prozentrechnung nicht so genau nimmt. Beharrlich wird behauptet, dass irgendwer mehr als 100 Prozent geben wolle oder gegeben hätte. Das ist zwar Unfug, aber in dieser Logik gaben die Zuschauer schon vor dem Anpfiff gegen Borussia Dortmund 120 Prozent – oder mehr.

Borussia Dortmund spielte anfangs wie ein Team aus dem Luxushotel, selbstsicher und überlegen, unbeeindruckt von dieser Wall of Noise. Sie hatten ein paar ganz gute Chancen, Unions Führungstreffer durch Marius Bülter nach einer Ecke glichen sie nach zwei Minuten wieder aus. Doch langsam begannen die Umstände in sie hineinzukriechen, die Schwüle, die Trommeln, die Gesänge, die roten Herzen. Und dieser Gegner, der immer schon überall war und sie zum Zweikampf stellte. Der in der Halbzeitpause noch einmal korrigierte, wie Dortmunds Verteidiger angelaufen werden sollten: nicht frontal, sondern von der Seite, wodurch der Spielaufbau zunehmend ins Holpern geriet.

Borussia mochte das nicht, und die Mannschaft begann, auf dem Platz zu schrumpfen, sie wirkte nicht mehr übermächtig. Draußen schrien die Roten um ihr Leben. Es gab keine Phasen, in denen sie schweigend zuschauten, wie das sonst beim Fußball üblich ist. Das Stadion war der sprichwörtliche Hexenkessel, und Borussia Dortmund wurde weichgekocht.

Durch den Vorhang aus Krach erklärte Wittmann mir, dass die beiden Innenverteidiger Marvin Friedrich und Neven Subotic die letzte Linie hochhielten. Sie zogen sich also nicht nah ans eigene Tor zurück, wie man das macht, wenn man unsicher wird oder der Respekt vor dem Gegner übermächtig wird. Immer wieder rückten sie zehn oder 15 Meter weiter vor. (Als ich an einem der folgenden Tage mit Subotic darüber sprach, benutzte er für eine zu tief stehende Abwehrkette den schönen Begriff »gefälschte Sicherheit«. Subotics Muttersprache ist weder Deutsch noch Englisch noch Serbokroatisch, was zu so schönen Wortschöpfungen führen kann. Das Zurückweichen einer Abwehrreihe vermittelt nämlich das Gefühl von Sicherheit, weil der Weg zum Torwart nicht so weit ist. Aber man lässt den Gegner näher ans eigene Tor heran. Darin besteht die Fälschung.)

Wittmanns Erklärungen waren einerseits nett mir gegenüber, andererseits halfen sie ihm, etwas von seiner Aufregung loszuwerden. Mehrfach forderte er Elfmeter und Rote Karten, ich sagte dazu nichts oder wackelte bestenfalls skeptisch mit dem Kopf. Dann wieder sprach er in ein kleines Mikrofon, direkt in den Kopfhörer, der im Ohr von Co-Trainer Markus Hoffmann steckte, unten auf der Trainerbank. Ein Spiralkabel hing daran, wie bei Securityleuten. Und manchmal stand Hoffmann anschließend von seinem Plastikstuhl am Seitenrand auf und zeigte einem Spieler, was er zu tun hatte.

Fünf Minuten nach der Pause schoss Marius Bülter das 2:1, in der 75. Minute folgte Unions drittes Tor, und spätestens da jubelte ich mit, weil »wir« ein Tor geschossen hatten. Nicht als Fan, sondern weil ich mich mehr und mehr zugehörig fühlte. Weil ich mich freute, dass die Arbeit, die sich die Trainer machten, und die Anstrengungen der Spieler belohnt wurden. Ich hatte in den Tagen zuvor immer wieder Übungen gesehen, mit denen Fischer das Spiel über die Flügel trainiert hatte. Wie oft hatte ich ihn »spielen – gehen« rufen hören? Und jetzt spielte Sheraldo Becker und ging, weshalb Robert Andrich ihn wieder anspielen konnte. Der Holländer passte den Ball dann in den Strafraum zu Sebastian Andersson, der ihn ins Tor schob. Das Ding war durch, der erste Sieg des 1. FC Union Berlin in der Bundesliga. Und das gegen Borussia Dortmund!

Als das Spiel vorbei war, lief ich von der obersten Etage ganz nach unten. Das Treppenhaus war leer, weil noch niemand nach Hause gegangen war. Die Zuschauer standen vor ihren Logen oder auf ihren Tribünenplätzen und feierten einen Sieg, den niemand ernsthaft erwartet hatte. In der Kabine klatschte ich mit dem gesperrten Keven Schlotterbeck ab, er sagte irgendwas von »unglaublich«. Ein paar der anderen Spieler, die es nicht in den Kader geschafft hatten, waren schon da, halb Zaungäste und halb zugehörig. Ich war erstaunt, dass man nichts von dem Jubel draußen hörte. Zu meiner Überraschung stand Urs Fischer mit freiem Oberkörper vor dem Trainerzimmer, mit einem weißen Frotteehandtuch wedelte er sich abwechselnd Luft zu und rieb sich ab. Es war immer noch drückend, aber vor allem schwitzte aus ihm die Aufregung des Spiels heraus.

Auf dem Bildschirm in seinem Zimmer sah man die Mannschaft auf ihrer Ehrenrunde durchs Stadion. Nach und nach kamen die anderen Trainer rein, mehr Abklatschen, aber es wurde kaum etwas gesagt. Alle waren belohnt worden. Sebastian Bönig durch ein Standardtor, Athletiktrainer Martin Krüger durch eine fantastische Laufleistung, Torwarttrainer Michael Gspurning, weil sein Keeper stabil geblieben war. Markus Hoffmann erzählte: »Sheraldo hat mir zugerufen, dass er nicht mehr kann. Ich habe gesagt: Komm, weiter, weiter!« In der ersten Halbzeit hatte man mehrfach sehen können, wie Becker überlegte, ob er den nächsten Sprint zurück wirklich machen müsse. Es war gegen seinen Instinkt. Er war ein Außenstürmer der holländischen Fußballschule, der über die Flügel fliegt, kein deutscher Gegen-den-Ball-Arbeiter. Aber er war gelaufen und gelaufen, bis er einen Krampf bekam, gerne ausgewechselt worden wäre und doch weitergelaufen war.

Fischer hatte sich inzwischen ein frisches Poloshirt übergezogen, das Fenster geöffnet und rauchte eine Zigarette. Sonst rauchte er im Büro nur E-Zigaretten, aber an Spieltagen erlaubte er sich richtige Zigaretten. »Jungs, bleibt auf dem Boden«, sagte er, obwohl niemand den Eindruck machte abzuheben. Dann verkündete er sehr laut: »Das Wichtigste ist, dass ich jetzt 14 Tage Ruhe habe.« So lange würde es bis zum nächsten Spiel dauern.

Ich ging zurück in die Kabine und hatte wenigstens dort Schreie erwartet, eine Folge von High Fives und Fistbumps, und wenn schon keinen verspritzten Champagner, wenigstens Wasserfontänen, Durcheinander und Hysterie. Doch als ich hineinkam und reihum die Helden abklatschte, sah ich in ihren Augen nur Erschöpfung und Erleichterung. Marvin Friedrich schaute mich zwar an, aber er blickte dabei durch mich hindurch, und ich konnte nur ahnen, was er da sah. Vielleicht die Flanken, die er aus dem Strafraum geköpft hatte. Oder die glückseligen Gesichter der Fans auf der Ehrenrunde. Doch nicht nur er, auch die anderen waren lediglich körperlich in der Kabine angekommen. Ihr Körper war noch voller Adrenalin, aber es trieb sie zu nichts mehr an. Über 124 Kilometer waren sie insgesamt in diesem Spiel gelaufen, das inklusive der Nachspielzeit 101 Minuten und 45 Sekunden gedauert hatte, fast sieben Kilometer mehr als Borussia Dortmund. Sie hatten 496 Tempoläufe bestritten, über 100 mehr als der Gegner. Robert Andrich allein war fast 13 Kilometer gelaufen und Sheraldo Becker, von Hoffmann angetrieben, 40-mal gesprintet. Das alles in dieser sumpfigen Hitze des letzten heißen Sommerabends des Jahres. So sanken sie auf die Plätze vor ihrem Spind, zogen die Smartphones hervor und versanken in einem Meer von Nachrichten via SMS, WhatsApp und Instagram, das blaue Leuchten der Bildschirme erhellte ihre Gesichter.

Als Christopher Trimmel als Letzter in die Kabine kam, rief er »Music!«. Irgendwer startete das Soundsystem, und Hip-Hop-Beats erstickten die wenigen Gespräche. Im Spind von Sebastian Andersson hing das Trikot von Marco Reuss auf dem Bügel – wie ein Beutestück. Hinten im Warmmachraum spielte Pjotr, der kleine Sohn von Rafał Gikiewicz, mit einem Fußball, ein kleines Mädchen schlug Rad. Der Keeper selber saß im Kraftraum auf einem Fahrrad und erzählte mir, wie groß der Druck der Dortmunder gewesen sei und dass sie in der zweiten Halbzeit trotzdem kaum Chancen zugelassen hatten. Hinter ihm kämpfte Christian Gentner mit den Schnallen der Pedalen und strahlte.

Fischer kam aus der Pressekonferenz und klagte, dass er die ganzen Glückwünsche würde beantworten müssen, aber wie eine richtige Beschwerde klang das nicht.

Die Verwandlung

An einem Morgen im September fuhr ich mit Jakob Busk allein nach Köpenick, Christopher Trimmel hatte kurzfristig eine Einladung in eine Morgensendung im Fernsehen bekommen. Erstaunlicherweise entwickelte sich schon um acht in der Früh ein für die Uhrzeit überraschend ernsthaftes Gespräch, in dem der Torwart den Satz sagte: »Ich bin zwei Menschen, der Fußballspieler und ...« Er überlegte, bevor er den Satz zu Ende brachte: »... und Jakob.«

Normalerweise hätte ich über diesen Satz hinweggehört, weil es zu jedem Leben dazugehört, den Beruf und das Private zu trennen. Andererseits war mir schon während meiner Fahrt mit Christopher Trimmel zum Baumarkt klar geworden, dass das Verhältnis zwischen Privatem und Beruflichem für einen Fußballprofi komplizierter war als für andere Leute.

Ich hatte die Mannschaft nun durch ihre Trainingswoche und am Spieltag begleitet. Ich hatte erlebt, wenn die Spieler morgens zum Frühstück kamen, wenn sie in der Besprechung saßen und ihren Spaziergang machten. Ich war mit ihnen im Bus zum Stadion gefahren, hatte beim Warmmachen in der Kabine zugeschaut. Ich hatte zugehört, wenn Fischer ihnen letzte Anweisungen mitgab, und an der Tür gestanden, wenn sie zum Spiel hinausgingen. Ich stand da nicht allein, Mitglieder des Staff oder jemand von der Presseabteilung waren meistens ebenfalls dort, sodass wir ab und zu ein kleines Spalier bildeten, um die Spieler abzuklatschen.

Aber dieses Abklatschen wenige Momente vor Beginn des Spiels war anders als das, mit dem sich morgens alle begrüßten: Es war lauter und heftiger. Die Handflächen der Spieler knallten grob in meine. Beim ersten Mal war ich über die Heftigkeit fast erschrocken gewesen, ich erkannte die Spieler nicht mehr wieder. Ihre Blicke waren nun hart und auf etwas gerichtet, das ich nicht sehen konnte. Wäre ich ihnen anderswo begegnet, hätte ich gedacht, dass sie unter Drogen stünden.

Natürlich taten sie das nicht. Aber mir fiel »Break On Through (To The Other Side)« ein, einer der berühmtesten Songs der Doors. Diese jungen Männer, die ich von den täglichen Begegnungen in der Kabine und am Trainingsplatz anders erlebte, waren jetzt durch ein für mich unsichtbares Tor in eine andere Welt getreten. Sie hatten sich verwandelt, und ich muss gestehen, dass mich das zutiefst beeindruckte. Sonst waren sie Familienväter oder Jungs, die vielleicht nicht einmal eine Freundin hatten. Sie waren Männer, die schon das Ende ihrer Karriere sahen, oder Jungprofis, die sich noch nicht sicher sein konnten, ob es bei ihnen zu einer reichen würde. Sie waren Introvertierte und Extrovertierte, es gab die Höflichen und die Ruppigen, Aufgeweckte und Desinteressierte. Sie gingen einer seltsamen Arbeit nach, doch mir kamen sie im Alltag normal vor, mir kam dazu immer wieder der Begriff »harmlos« in den Sinn, was nicht negativ gemeint war. Aber nun im Kabinengang, unterlegt vom Soundtrack klappernder Stollen, waren sie nicht mehr harmlos. Manchmal wich ich regelrecht zurück, weil sie so viel Energie ausstrahlten. Sie trauten sich dorthin hinauszugehen, von wo man im Gang bereits das Brodeln hören konnte, die Gesänge der Fans, die letzten Ansagen des Stadionsprechers. Wo Zehntausende auf sie warteten und die Kameras aufgebaut waren, damit ihnen Hunderttausende würden zusehen können.

Das war es wohl, was Jakob Busk gemeint hatte. Sie waren jetzt nicht mehr Jakob, Christopher oder Anthony. Sie waren jetzt Fußballspieler, und mehr noch als das: Sie waren Krieger. Ich sträube mich dagegen, das so zu schreiben, weil der Vergleich so fürchterlich abgedroschen klingt und eine unpassend martialische Brutalität heraufbeschwört. Aber es hatte viel davon, eine Rüstung anzulegen, wenn sie ihre Trikots überstreiften. Unsere Farben. Und sie würden gegen die in den anderen Farben antreten. Es würde keine Toten geben in diesem Wettkampf und nur im schlimmsten Fall Verletzte, aber es würde Sieger und Besiegte geben. Entweder wir oder sie würden zufrieden vom Platz kommen, sie oder wir würden unsere Köpfe hängen lassen.

Aber es war gar nicht so einfach, die Welten zwischen dem Fußballspieler und dem Menschen zu trennen. Das verstand ich auch auf der morgendlichen Autofahrt mit Jakob. Er war in Kopenhagen geboren und schon als Kind zum FC Kopenhagen gekommen, einem der beiden größten Klubs in Dänemark. Er hatte dort eine mustergültige Karriere hinter sich gebracht und in den Nachwuchsnationalmannschaften des Landes gespielt, in der U18, U19, U20 und U21. Schon früh kam er ins Profiteam, mit 19 Jahren wurde er dritter Torwart, zuweilen auch Ersatzmann auf der Bank, und am Ende seiner ersten Spielzeit debütierte er in der höchsten dänischen Liga. In der zweiten Saison durfte er häufiger bei den Profis auf der Bank sitzen, wie am 2. März 2014. Der FC Kopenhagen empfing als Tabellendritter den Tabellenführer FC Midtjylland zum Spitzenspiel. Jakob Busk freute sich, dass er bei dieser Gelegenheit wieder als Ersatzmann dabei war. Ein gutes Zeichen, dass man ihm vertraute und es mit seiner Karriere weiterging. Doch kurz vor dem Anpfiff wurde es plötzlich turbulent, der Stammkeeper hatte sich beim Warmmachen einen Hexenschuss zugezogen und konnte nicht spielen.

Jakob Busk würde unversehens spielen müssen, und es wurde ein Desaster. Das stolze Team der Hauptstadt verlor gegen die Emporkömmlinge aus der Provinz im eigenen Stadion mit 1:5. »Das war keine gute Leistung von mir, und ich war der Sündenbock.« Er war 20 Jahre alt und hatte in seinem ersten großen Spiel zwei schwere Fehler gemacht. Ein sportliches Desaster für ihn, aber für Jakob Busk war es mehr als das. Etwas zerbrach in ihm. Er trainierte zwar weiter, wollte aber mit niemandem mehr sprechen. Vom Trainingsplatz fuhr er nach Hause, abends um 21 Uhr schlief er ein. Er verschloss sich vor seinen Eltern und seiner damaligen Freundin: »Es war nicht leicht für sie.« Wochenlang ging das so, bis eines Abends der Co-Trainer an seiner Tür klingelte und sagte: »Ich komme nicht als dein Trainer, sondern als dein Freund, denn du brauchst Hilfe.«

Nun verstand ich, warum Jakob gesagt hatte, dass es darum geht, für sich den Unterschied zwischen dem Sportler und dem Menschen zu klären. Denn er war damals nur noch der geschlagene, gedemütigte Torwart, der bei seinem ersten Auftritt in einem ganz großen Spiel nicht in der Lage gewesen war, so gut zu spielen, wie er das eigentlich konnte. Dieser Torwart hatte sich ganz über Jakob gelegt und den Menschen völlig zum Verschwinden gebracht. »Wenn er damals nicht gekommen wäre, würden wir hier nicht im Auto sitzen«, sagte Busk. Der Co-Trainer half ihm, einen Mentalcoach zu finden, mit dessen Hilfe Jakob Busk das Verhältnis von Sportler und Mensch wieder zurechtrückte.

Seine Geschichte hatte also ein Happy End, er hatte gelernt, Fußballprofi zu sein und Privatmensch. Er hatte das, was an jenem Tag zerbrochen war, wieder zusammenfügen können. Sein Ehrgeiz war nicht erloschen, das konnte ich im Training sehen. Aber er kannte nun die Grenzverläufe zwischen dem Torwart und dem Menschen Jakob, und das war ein großer Sieg für ihn. Die Verwandlung vom Menschen in den Wettkämpfer war nicht ohne Tücken, die Spieler mussten den Weg zurückfinden.

Verlieren lernen

Es war inzwischen acht Uhr abends, das verlorene Spiel gegen Werder Bremen war schon seit fast drei Stunden vorbei, und im Trainerzimmer roch es wie in einer Shishabar. Urs Fischer und Markus Hoffmann dampften in schwungvollem Tempo Zigaretten aus dem Tabakerhitzer. Wittmann hatte sein Laptop an den Fernseher angeschlossen, und es liefen Bilder des Spiels im Scoutingfeed, das den Bundesligaklubs von der Deutschen Fußball Liga zur Verfügung gestellt wurde, um die Spiele besser analysieren zu können. Man sah dort in einer totalen Einstellung immer alle Feldspieler. Fischer hatte seinen Stuhl wieder ganz nah an den Tisch vor dem Fernseher herangeschoben, sodass es so aussah, als würde er gleich unter die Tischplatte rutschen.

Die erste Halbzeit des Spiels hatten wir inzwischen noch mal komplett durchgeschaut, und draußen war es leise geworden. Nicht nur die Zuschauer waren längst weg, auch die meisten Menschen, die an einem Spieltag im Stadion arbeiten. Zwischendurch waren immer wieder Leute ins Trainerzimmer gekommen, um sich zu verabschieden. Fischer war zu jedem freundlich gewesen, nichts von seinem Ärger und seiner Enttäuschung über die 1:2-Niederlage lud er bei anderen ab. Er blickte auf, schüttelte Hände oder winkte kurz, dann schaute er weiter. Die Kabinenwelt hatte sich bis auf das Trainerzimmer geleert, wo weiter die entscheidenden Szenen für die Mannschaftsbesprechung am Sonntagmorgen ausgesucht wurden. Sie wollten genauer verstehen, was falschgelaufen war, und es ihren Spielern erklären. Sie wollten die Niederlage hinter sich bringen.

Es war erschütternd zu sehen, was der Fußball aus den Menschen machte und wie stark die Stimmung durch die Spiele beeinflusst wurde. In den Tagen nach dem Sieg gegen Dortmund hatte sich gute Laune wie eine Wolke euphorisierender Dämpfe in der Kabine verbreitet. Im Trainerzimmer wurde morgens um halb neun schon dummes Zeug erzählt. Jeder schien darauf zu warten, noch schnell einen guten Spruch loszuwerden. Etwa über die Schokoladenkugeln, die Markus Hoffmann aus Österreich mitgebracht hatte und die ich versehentlich als Ostereier bezeichnete, woraufhin Hoffmann erklärte, dass Deutsche nichts von Genuss verstünden.

Fischer war nicht einmal genervt gewesen, als er sein Trainerteam und den Staff zusammenrufen musste, um auf den mysteriösen Schwund von Wasserflaschen, Trikots, Handtüchern und besonders Waschpulver hinzuweisen. »Und WC-Reiniger«, ergänzte Susi. Fischer wollte niemanden beschuldigen oder verdächtigen, wie er mehrfach sagte, es würden immer wieder Leute in der Kabine herumlaufen, die niemand kannte. Ich hatte allerdings niemanden gesehen. Später sprach Oliver Ruhnert das Problem noch einmal vor der Mannschaft an, was der Stimmung aber ebenfalls keinen Abbruch tat.

Fischer lud mich auf dem Trainingsplatz sogar dazu ein, mit den Co-Trainern an einem Zielschießen teilzunehmen, während die Spieler sich warm machten. Einer gab das Ziel vor, etwa die Strafraumlinie oder den Anstoßpunkt. Wessen Ball am weitesten davon entfernt liegen blieb, hatte verloren. Gezählt wurden nur die letzten Plätze. »Er macht das nicht schlecht«, sagte Fischer zu Dirk Zingler, als der Präsident kopfschüttelnd auf den Platz kam, nachdem er mich sah. Mein Tag war gemacht. Die Spieler spielten danach unter Anleitung von Martin Krüger noch eine Outdoor-Variante von Tic Tac Toe, bei der die Felder alte Fahrradreifen waren und die Kreuze weiße und gelbe Leibchen. Es wurde laut und lustig, weil sich einige Spieler ziemlich dumm dabei anstellten.

Die Woche nach dem Spiel gegen Dortmund war die bislang schönste gewesen. Das nervöse System hatte sich beruhigt. Auch bei der Besprechung am Morgen des Spiels gegen Bremen konnte man die Zuversicht merken, aber Fischer traute der Stimmung nicht ganz über den Weg. Als auf der Leinwand eine Aufstellung von Werder Bremen erschien, fragte er: »Was ist das für eine

Aufstellung?« Felix Kroos, der mal in Bremen gespielt hatte, antwortete sofort: »Das sind die im Moment verletzten Spieler.« Ein komplettes Team, darunter etliche Stammspieler, fehlte Werder. »Jungs, aufgepasst! Macht euch einen Kopf über die, die spielen werden, und keinen über die, die fehlen«, sagte Fischer.

Ansonsten war er wie immer am Spieltag im Ermutigungsmodus: »Traut euch zu, Fußball zu spielen. Wir haben genug auf den Platz zu bringen, um einen Schritt nach vorne zu machen. Jungs, seid zuversichtlich.« Sebastian Bönig nährte die Zuversicht mit den Standardsituationen, denn Bremen hatte massive Probleme damit und selbst so früh in der Saison bereits etliche Gegentore kassiert. Er zeigte ihnen aber auch, dass es in dieser eher kopfballschwachen Mannschaft einen Spieler gab, den Stürmer Niclas Füllkrug, den Werder bei eigenen Freistößen und Ecken immer suchte und damit oft erfolgreich war.

Zuversichtlich war die Stimmung auch noch auf der kurzen Busfahrt zum Müggelsee, doch als wir wieder im Tagungsraum »Berlin« saßen, ließ Fischer den Kopf auf den Tisch sinken. Es war nämlich kein Mittagsbüfett aufgebaut worden, sondern nur das Light Meal mit Nudeln, Kartoffeln, Bolognese- und fleischloser Tomatensoße. »Und wir reden immer über Weiterentwicklung«, sagte er. Fischer und Hoffmann hatten zwei Jahre beim FC Basel gearbeitet, dem größten Klub der Schweiz, und waren von dort reibungslose Organisation und professionelle Abläufe gewohnt, die sie immer wieder einklagten. Immerhin bekamen wir auf der Rückfahrt zum Stadion diesmal eine Polizeieskorte, sodass der Bus im Stau nicht stecken blieb und die Spieler nicht wieder über die Straßenbahngleise und den Parkplatz zur Kabine laufen mußten.

Diverse Filmdokumentationen hatten auch mir den Eindruck vermittelt, dass die Minuten vor dem Anpfiff die entscheidenden sind, in denen Trainer mit aufwühlenden Ansprachen und Spieler durch dramatisches Gebell dafür sorgen, dass das Spiel gewonnen wird. Was das betraf, war es eher enttäuschend, was ich erlebte. Fischer sprach, bevor die Spieler zum Warmmachen auf den Platz gingen, kurz zu ihnen. Er zeigte ihnen dabei die gegnerische Aufstellung, erinnerte sie noch einmal an ein, zwei wichtige Punkte und wünschte ihnen alles Gute. Nach dem Warmmachen, kurz bevor es zum Spiel erneut auf den Platz rausging, ergriff einer der Spieler das Wort. Diesmal war es Neven Subotic: »Die haben Angst, dass sie die gleiche Packung kriegen wie Dortmund.« Dann wechselte er ins Englische: »We show them from the first minute it will be difficult today.«

Nun ja, in der zweiten Minute flog eine weite Flanke von der linken Seite in den Strafraum von Union, und Christopher Lenz versuchte, sie mit der Brust zu Torwart Gikiewicz zurückzulegen. Wenn es geklappt hätte, wäre das ein Ausdruck der Zuversicht und genau des Selbstvertrauens gewesen, das sich in den vorangegangenen Tagen breitgemacht hatte. Aber der Ball sprang nicht weit genug von seiner Brust, Gikiewicz stürzte hinterher und riss dabei einen Bremer Spieler um. So sah es jedenfalls auf den ersten Blick aus, auch für den Schiedsrichter Tobias Stieler. Er pfiff, der gefoulte Bremer legte sich den Ball auf den Punkt, doch die Ausführung zog sich, bis Stieler schließlich seine Arme hob, einen imaginären Bildschirm in die Luft zeichnete und zur Seitenlinie lief. Der Videoschiedsrichter hatte ihn darauf hingewiesen, sich die Szene noch einmal anzuschauen, weil der Bremer von Gikiewicz kaum berührt, auf jeden Fall aber nicht gefoult worden war.

Stieler hatte jedoch einen schlechten Tag, der viel zu früh angefangen hatte. Als er am Stadion angekommen war, hatte er sich massiv über sein Hotelzimmer beschwert. Das hatte zur Straße raus gelegen und war so laut gewesen, dass er angeblich kaum ein Auge zugemacht hatte. Nun bringen aber in der Bundesliga nicht die gastgebenden Klubs die Schiedsrichter in Hotels unter, um mögliche Beeinflussungen zu unterbinden, sondern der Deutsche Fußball-Bund. Offensichtlich hatte man dort aber nicht ausdrücklich ein ruhiges Zimmer für ihn gebucht. So war Stieler weder ausgeruht noch besonders guter Dinge. Er schaute sich die Szene noch einmal an und blieb zur allgemeinen Verblüffung bei seiner Entscheidung. Am nächsten Tag wurde das vom DFB als

Fehlentscheidung beurteilt, aber das half nun auch nicht. Werder verwandelte, Subotics donnernde Ansage war verweht und mit ihr die ganze schöne Zuversicht.

Zehn Minuten später glich Union durch den nächsten Elfmeter zwar aus, ebenfalls nach Videobeweis, aber ich war erstaunt, wie wenig Sicherheit der Sieg gegen Dortmund den Spielern gegeben hatte und wie sehr sie sich von den Umständen ablenken ließen. Bald gab es noch eine Szene, in der Lenz im Strafraum den Ball mit der Hand berührt hatte, wieder schaute sich Stieler das Video an, diesmal aber entschied er gegen Strafstoß. Danach bedrängten beide Mannschaften den Schiedsrichter in fast jeder Situation. »Wir haben uns alle wie Sau benommen«, sagte Christopher Trimmel mir nach dem Spiel, und das ärgerte ihn, denn dadurch hatten sie die Konzentration aufs Spiel völlig verloren.

Als wir nach dem Spiel bei der Analyse saßen, wurde das Problem bald klar: »Das Verhältnis von langen Bällen und Fußball stimmt nicht«, sagte Fischer. Er meinte damit, dass seine Spieler den Ball zu oft weit nach vorne geschlagen und zu selten aus der Abwehr herausgespielt hatten. »Wollen wir mal mit einem kurzen Ball aufbauen?«, stöhnte Fischer angesichts einer Szene, in der Torhüter Gikiewicz lang spielte, statt ihn zu einem Verteidiger zu werfen, der in Ruhe hätte von hinten aufbauen können. »Das ist ein Wahnsinn, schlussendlich«, sagte Fischer, als sein Keeper den nächsten Ball nach vorne drosch.

»Wie oft haben wir gesagt, dass wir den Ball nicht mit der Sohle stoppen«, fragte Markus Hoffmann, als Werder Bremen das zweite Tor schoss, erneut nach einem Elfmeter.

»Ungefähr 14 000-mal«, sagte Wittmann, »das war das Erste, was ihr gesagt habt, als ihr gekommen seid.«

Aber Rafał Gikiewicz hatte versucht, einen Rückpass mit der Sohle zu stoppen, und er rutschte ihm durch. Als die anschließende Ecke in den Strafraum flog, zog Trimmel ganz kurz am Trikot seines Gegenspielers, und es gab erneut einen Strafstoß. Gikiewicz hielt ihn, aber bei der folgenden Ecke passierte das, wovor am

Morgen gewarnt worden war: Bremens Stürmer Füllkrug flog heran und köpfte den Ball zum Bremer Siegtreffer ins Tor.

In der Schlussviertelstunde gab es sogar noch Chancen für Union, doch Hoffmann grummelte: »Wir sagen ihnen, dass sie auch aufbauen sollen, aber dann bauen sie *nur* auf. Wir sagen ihnen, dass sie auch mal lange Bälle spielen sollen, und sie spielen *nur* noch lange Bälle.« Dann flog auch noch Neven Subotic vom Platz, nach einem Frustfoul an der Seitenauslinie sah er die Gelb-Rote Karte.

Bei kleinen Klubs gibt es immer das Gefühl, von den Schiedsrichtern benachteiligt zu werden. Beim 1:1 in Augsburg hätte Union in der Schlussminute durchaus einen Elfmeter bekommen können, und der Strafstoß für Werder Bremen war schlichtweg eine Fehlentscheidung. So war Sportdirektor Oliver Ruhnert, in seiner Freizeit Schiedsrichter im Amateurfußball, nach dem Spiel ins Trainerzimmer gekommen und hatte zu Fischer gesagt: »Sag in der Pressekonferenz mal was, sonst kommt Gentner wieder an und sagt, wir wehren uns nicht.« Offensichtlich hatte sich der Routinier darüber beschwert, dass sich Union zu viel gefallen ließe. Aber Fischers Kritik am Schiedsrichter vor den Journalisten war so seltsam verklausuliert, dass sie ihre Wirkung verfehlte. Als er wieder zurück war, sagte er: »Ich habe nur was gesagt, weil Oli das wollte.« Er selber wollte seine Spieler mit dem konfrontieren, was *sie* falsch gemacht hatten, und nicht den Schiedsrichter als Entschuldigung heranziehen. Zu verbessern gab es nämlich einiges.

Als ich eine Woche später beim Fahrer Frank-Peter Raasch im Transporter auf dem Weg zum Spiel in Leverkusen saß, hätte ich am liebsten gerufen: »Nein, nicht da entlang!« Schließlich hatte ich über 20 Jahre in Köln gelebt, war in dieser Zeit oft in der Bay-Arena gewesen und kannte jeden Weg dorthin. Und dieser Weg hier war falsch, jedenfalls, wenn man eine Fußballmannschaft zum Stadion bringen wollte. Nachdem wir auf der kurzen Strecke vom Mannschaftshotel in Köln ohne Stau durchgekommen waren, hatte kurz hinter der Autobahnabfahrt ein Motorradpolizist den

Mannschaftsbus angehalten. Er hatte mit Busfahrer Sven Weinel gesprochen und sich vor den Bus gesetzt. In jeder Bundesligastadt wurde das unterschiedlich gehandhabt, mal holte ein Motorradpolizist uns am Hotel ab, in Wolfsburg würden es sogar zwei sein, von denen immer einer kurz die Zufahrten zu unserer Fahrstrecke blockierte. Meistens mussten wir uns aber selbst durchschlagen. In Leverkusen ergab sich die Eskorte spontan, nur führte sie uns in die Irre.

Irgendwas schien der Motorradpolizist missverstanden zu haben, jedenfalls wurden wir zu dem Parkplatz gelotst, auf dem die Fanbusse der Unioner parkten. Also mussten wir wieder umdrehen, was in den engen Gassen nahe der BayArena gar nicht so einfach war, und weiträumig ums Stadion fahren, wobei wir erneut einen Umweg nahmen. Mir tat Weinel leid, weil die Fahrten zum Stadion ein Dauerthema waren. »Svenni hat schon wieder einen Stau gefunden«, hieß es gerne, als bedürfe es dazu an einem Bundesligaspieltag in der Nähe des Stadions besonderen Ungeschicks. Es wollte niemand zu früh losfahren und zu lange im Stadion herumhängen, aber auf keinen Fall durften wir zu spät ankommen. Das brachte den Ablauf durcheinander. Um Viertel nach zwei textete Rafał Gikiewicz seinem Torwartkollegen Jakob Busk, der in Berlin geblieben war, aufgeregt aus dem Bus, dass sie immer noch nicht da seien. Kurz darauf kamen wir an, statt der üblichen 90 Minuten bis zum Anpfiff hatten alle nur noch 70 Minuten.

»So lange wie möglich muss die Null stehen«, hatte Fischer bei der Besprechung morgens im Hotel gesagt. Doch schon nach 18 Minuten schoss Bayer Leverkusen das erste Tor, das aber noch aberkannt wurde. Zwei Minuten später folgte eines, das zählte, und fünf Minuten später das zweite. Union spielte fürchterlich, auch sonst stimmte nichts. Fischer bekam in der Halbzeitpause nicht mit, dass Christopher Lenz angeschlagen war, er musste direkt nach Wiederanpfiff ausgewechselt werden. Als Fischer nach einer guten Stunde Sebastian Polter brachte, wurde der Stürmer keine drei Minuten später wegen eines Fouls im Mittelfeld berechtigt vom Platz gestellt, am fünften Spieltag war das bereits der dritte Platzverweis. Als sich Robert Andrich die Szene nach dem Spiel im Fernsehen anschaute, sagte er verächtlich: »Klar Rot! Wie kann man so blöd sein?«

Die Stimmung nach dem Spiel war schauderhaft, es gab eine schon fast wütende Enttäuschung darüber, dass so viel schiefgelaufen war. Am Düsseldorfer Flughafen verteilten sich die Spieler weit voneinander und starrten auf die Displays ihrer Smartphones. Fischer und die beiden Co-Trainer tranken ein Bier, ein Fan gesellte sich zu ihnen und fragte: »Was war eigentlich der Plan heute?« In heldenhafter Ruhe erklärte der Trainer ihm, dass die Idee gewesen sei, aktiver zu spielen, aber manchmal ginge das halt nicht. Schon die Zahlen dazu waren deprimierend: Seine Mannschaft war fünf Kilometer weniger gelaufen als der Gegner und hatte nur vier Torschüsse abgegeben.

Als wir ins Flugzeug stiegen, fragte ein Journalist, der zufällig ebenfalls in der Maschine saß, Polter: »Sitzt du am Gang?«

»Heute wäre auch der Frachtraum okay«, sagte Polter und ging weiter nach hinten.

Für Spieler und Staff waren jeweils Plätze am Gang und am Fenster reserviert worden. Das entpuppte sich als großes Glück für die Mitglieder der »Brigade Köpenick«, von denen einige den Namen ihrer Gruppe in Frakturschrift auf dem Sweatshirt trugen. Die nicht mehr ganz jungen, eher muskulösen Herren dürften wahrscheinlich nicht zu sehr protestieren, wenn man sie im weitesten Sinne als Hooligans bezeichnete. Und nun hatten einige von ihnen plötzlich einen Spieler ihres Lieblingsklubs rechts und links neben sich. Die meisten von ihnen reagierten auf den Umstand eher ehrfürchtig und versuchten nicht, die frustrierten Kicker auch noch in Gespräche zu verwickeln. Dabei half es auch, dass viele Fußballprofis in der Lage sind, von einem Moment auf den anderen sofort einzuschlafen, gerade auf der Rückreise nach einem Spiel.

Ich war froh, dass ich nach der Landung am Flughafen Tegel direkt nach Hause fahren konnte.

Bälleparadies

Jeden Morgen brachte Michael Gspurning zur Trainerbesprechung einen quadratischen Zettel mit, der in seine Hand passte. Gspurning hat große Hände, Torhüterhände. Auf diesem Zettel hatte er Striche, Kreise, Kreuze und Pfeile gezeichnet, deren Sinn niemand außer ihm entschlüsseln konnte. Sie skizzierten die Übungen, die er an diesem Tag im Training mit seinen Torhütern machen wollte. Keiner seiner Trainerkollegen fragte ihn jemals danach, niemand diskutierte die Übungen mit ihm, jedenfalls hörte ich nie eine Frage dazu.

Man hätte das als Desinteresse missverstehen können, aber es war eher Ausdruck des Vertrauens, das Fischer seinen Mitarbeitern generell entgegenbrachte. Allerdings bildeten die Torhüter auch ein Team im Team. Das liegt auf der Hand, weil sie etwas machen dürfen, was sonst allen verboten ist: Sie dürfen den Ball in die Hand nehmen, ja müssen es sogar. Sie tragen andere Kleidung, um sich vom Rest der Spieler zu unterscheiden. Im Fußball haben sie immer schon als Sonderlinge gegolten, auch weil niemand genau weiß, was ihr Spiel ausmacht. Gspurning erzählte mir, dass es ihn mitunter nervte, wenn über das Spiel der Torhüter in Plattitüden geredet wurde, also Sätze fielen wie: »Den muss er halten!« Oder: »Da muss er raus.« Außerdem ärgerte es ihn, dass Torhüter vor allem an ihren Fehlern gemessen wurden: »Heute geht es darum, als Torwart Risiken einzugehen.«

Um sie auf diese Risiken angemessen vorzubereiten, kamen seine drei Torhüter sowie gelegentlich noch ein Nachwuchskeeper früher auf den Trainingsplatz. Gspurning hatte dann meist schon das aufgebaut, was er für die Übungen brauchte, die er sich auf dem Zettel notiert hatte. Gerne spottete ich, dass da wieder seine Kita stehen würde, ein Bälleparadies mit bunten Stangen, Hütchen, kleinen Hürden oder einem Minitrampolin, das die Basis zu einer seltsamen Form von Prellball war, das die Torhüter spielten. Sie prellten dabei einander einen Plastikball zu, der zwischendurch auf dem Trampolin aufspringen musste. Manchmal spielten sie auch Fußballtennis, in immer derselben Besetzung. Rafał Gikiewicz behauptete, seit 17 Monaten nicht mehr verloren zu haben. Es gab Tage, an denen Gspurning Tennisbälle mit einem Tennisschläger schlug, die sie aus der Luft pflücken mussten. Ab und zu trugen seine Keeper beim Training auch Stroboskopbrillen, dadurch sahen sie die Flugbahn der Bälle unterbrochen. Ihr Gehirn musste die fehlenden Stücke ersetzen.

Gspurning liebte es, sich neue Übungen auszudenken. Er hatte auch schon ein Computerprogramm ausprobiert, mit dem er Trainingsformen am Bildschirm entwickeln konnte, hatte aber bald damit aufgehört, weil es zu umständlich war. Das hatte aber seine Freude am Digitalen nicht gemindert. Es war viel die Rede von Laptop-Trainern. »Ich überspringe das und werde Tablet-Trainer«, sagte er lachend, als er auf seinem iPad eine Trainingseinheit entwarf. Er verschlang Bücher über Sportwissenschaft, Motivation oder Mannschaftsführung – was immer ihm helfen konnte. Auf seinem Nachttisch musste sich ein riesiger Berg Bücher aufhäufen, Gspurning war auf sympathische Weise wissenshungrig.

Seine Karriere als Keeper hatte etwas von einer Abenteuerreise gehabt. In seiner Heimat war sein Talent früh aufgefallen, er hatte in der österreichischen U18-Nationalmannschaft gespielt. Mit 20 Jahren wurde er Stammtorwart beim Zweitligisten Leoben, doch nachdem er nach Pasching in die Bundesliga gewechselt war, saß er dort zweieinhalb Jahre lang fast nur auf der Bank. Als in dieser Phase das Angebot des griechischen Provinzvereins Skoda Xanthi kam, nahm er es an und bereute die Entscheidung keinen Moment lang. Er mochte das Leben in Südeuropa (»Die Sonne dort ist Lebensqualität«), und mit dem kleinen Klub unweit der bulgarischen Grenze war er auch sportlich erfolgreich. Seine guten Leistungen fielen bald daheim auf, er wurde sogar Nationaltorhüter. Dass es nicht mehr als drei Spiele für Österreich wurden, schrieb er seinem damals übergroßen Ernst zu, er war zu verkrampft gewesen.

Von Griechenland aus wechselte Gspurning zu den Seattle Sounders und entdeckte dort sein Showtalent. Er verstand schnell, dass die Zuschauer in den USA bei Österreich an Schwarzenegger und Lederhosen dachten. Also trat er bei öffentlichen Events in Lederhosen auf, und die Fans feierten ihn als »The Gspurninator«. Seine Tochter wurde in Seattle geboren, und er ließ sich ihr Gesicht auf die Brust tätowieren, wie später auch das seines Sohnes. Als er wegen der komplizierten Gehaltsregelungen in der Major League Soccer nicht mehr im amerikanischen Nordwesten bleiben konnte, kehrte er nach Griechenland zurück, erst zum Spitzenklub PAOK Saloniki und ein halbes Jahr später zu einem kleinen Erstligisten namens Platanias, der auf Kreta spielte. »Sportlich war das komplett sinnfrei, weil ich auf der Bank saß und wir auch nur vor ein paar Hundert Zuschauern spielten, aber da hätte ich für zehn Jahre unterschrieben.«

Das Leben war wunderschön, doch dann kam ein Angebot von Schalke 04, das einen dritten Torwart für die Bundesliga suchte, der gleichzeitig helfen sollte, den Abstieg von Schalkes zweiter Mannschaft aus der Regionalliga zu verhindern. Trotz der Idylle auf Kreta sagte er zu. In Deutschland musste er allerdings feststellen, dass der Klub vergessen hatte, ihn für die Bundesliga zu melden. Also spielte Gspurning zunächst nur in der zweiten Mannschaft und stellte mit inzwischen 33 Jahren fest, dass es ihm Spaß machte, der Mentor junger Torhüter zu sein. In der anschließenden Saison saß er in der Bundesliga noch auf der Bank und lernte bei einem Managementkurs Union Berlins damaligen Trainer Jens Keller kennen. Der holte ihn nach Berlin, ebenfalls als dritten Keeper, aber nebenbei betreute er bereits die Nachwuchstorhüter als Trainer.

Gspurning gefiel Deutschland: »Ihr Deutschen seid lustiger als gedacht.« Besonders Berlin mochte er: »Die Stadt ist wunderschön und geil abgefuckt zugleich, sie gibt nichts vor, was sie nicht ist.« Er erkundete die Stadt, schaute sich die historischen Orte an und sog die Atmosphäre auf. »Durch Berlin habe ich meine Neigung zum Perfektionismus abgelegt, denn Perfektionismus macht unglücklich.« Im Trainerteam war er der Enthusiast. Wo die anderen skeptisch wirkten, war Gspurning jederzeit bereit, sich begeistern zu lassen.

Torhüter haben eine eigene Fachsprache. Sie zergliedern ihr Spiel in drei Teile: in die »Zielverteidigung«, die »Raumverteidigung« und das »Offensivspiel«. Es macht sie glücklich, wenn man sie für ihre Zielverteidigung lobt und man weiß, dass damit alles gemeint ist, was ein Keeper auf die Hütte bekommt. Oder wenn man mit ihnen über die Raumverteidigung spricht und nicht über Strafraumbeherrschung, über Offensivspiel und nicht darüber, wie gut sie am Ball sind.

Ich hatte mich anfangs gefragt, ob Unions Torhütern und ihrem Trainer die Arbeit mitunter langweilig würde, denn ihre Aufgaben kamen mir begrenzter vor als die der Feldspieler. Aber ein längeres Gespräch mit Gspurning, inklusive eines Blicks in seine Trainingspläne und seine Dokumentation der Trainingsfortschritte mit einem eigenen System von Kürzeln für die unterschiedlichen Arten von Übungen – ZNA (Zielverteidigung analytisch), RM (Raumverteidigung-Mix) oder KPX (Komplexübungen) –, korrigierte meine Vorstellung. Gspurning sprach von seinen Aufzeichnungen als von seinem Schatz und sagte: »Es ist schon Liebe dabei.«

Seine Kollektion von Videos von Torhüteraktionen überzeugte mich endgültig von der Weitläufigkeit dieser Spezialwelt. Allein die Frage des Abdrucks eines Torhüters – also wie er den Fuß setzt, wenn er zur Seite springt, um einen Ball abzuwehren – kann unter Spezialisten für abendfüllende Diskussionen sorgen. Ich hatte mir vorher noch nie nur einen halben Gedanken dazu gemacht. Aber es war tatsächlich ein grundsätzlicher Unterschied, ob ein Torhüter erst noch einen kleinen Schritt zur Seite machte oder nicht. Tat er das, konnte er weiter springen, aber es dauerte den Bruchteil eines Moments länger. Das war eine wichtige Entscheidung, die ein Torhüter unbewusst treffen musste.

Bei ihnen war es wie bei den Feldspielern, sie konnten einige Dinge sehr gut und andere nur durchschnittlich. Ihre Fähigkeiten mussten mit der Spielweise ihrer Mannschaft kompatibel sein. »Rafa passt, weil er gut in langen Bällen ist«, sagte Gspurning. Unions Spiel kannte zwei Grundprinzipien, wie vom Tor herausgespielt wurde. Entweder kurz durch die Mitte auf einen der Innenverteidiger bzw. einen der Sechser oder der lange Ball auf den Zielspieler, der meist Sebastian Andersson hieß. Gikiewicz brachte diese Bälle mit hoher Frequenz und großer Genauigkeit zum Schweden. Das änderte sich allerdings schnell, wenn er unter Druck geriet. Spielte also einer seiner Mitspieler den Ball zurück und ein Gegner stürzte dabei auf ihn zu, wurde er unruhig, weil sein »Ballspiel«, wie Gspurning das nannte, nicht so stabil war. Wie stabil, hatte auch mit seinen Stimmungen zu tun oder wie das Spiel gerade lief, mal war er sicherer dabei, mal flatterte er.

Gikiewicz wäre also kein guter Torhüter in einer Mannschaft gewesen, in der viel von hinten heraus gespielt wird und der Keeper ständig in dieses Aufbauspiel einbezogen wäre. Aber jeder Mannschaft hätte seine Stärke im Eins gegen Eins gutgetan, also wenn ein gegnerischer Angreifer vor ihm stand. Gikiewicz stürzte ihm entgegen, was für seine Entschlossenheit und seinen Mut sprach. In solchen Situationen flog dem Keeper nicht selten mit höchster Geschwindigkeit der Ball an den Kopf oder trafen ihn ein Bein oder Knie im Gesicht. »Ich habe acht Mal die Nase gebrochen«, erzählte Gikiewicz gerne und schob seine Nase dabei demonstrativ so hin und her, als sei sein Nasenbein längst durch eine gallertartige Substanz ersetzt worden. Sein Stellvertreter Moritz Nicolas hingegen löste solche Situationen, indem er länger stehen blieb und die Spannweite seiner Arme ausspielte.

Doch so lustvoll Gspurning über die Fähigkeit seiner drei Keeper nachdachte und wie er sie verbessern konnte, die Videositzungen mit seinen Torhütern vorbereitete oder den Zettel mit den Hinweisen, wohin die Elfmeterschützen des gegnerischen Teams schießen könnten, auf die Trinkflasche klebte – eine ganz andere Aufgabe beschäftigte ihn noch mehr. »Der wirkliche Punkt ist das Menschliche«, sagte er.

Das wunderte mich nicht, weil ich Gikiewicz anfangs wahnsinnig anstrengend fand. Er war immer zu laut, zu aufgeregt und redete zu viel. Er schien andauernd um sich zu kreisen und redete unaufhörlich über seinen Vertrag, der zum Ende der Saison auslaufen würde und den er unbedingt verlängern wollte. Anfangs ging mir sein tourettartiges Gerede auf die Nerven, aber im Laufe der Zeit verlor sich das. Mir wurde klar, dass es auch damit zu tun hatte, dass Gikiewicz sich im Grenzbereich seiner Möglichkeiten bewegte. Er war ein guter Torwart mit besonderen Fähigkeiten, hatte aber auch klare Schwächen, und es kam auf den Spielverlauf oder seine Befindlichkeit an, was gerade den Ausschlag gab. Er brauchte deshalb immer ein »Feindbild«, wie Physiotherapeut Max Perschk das nannte: »Es muss etwas geben, was schuld ist«, sagte Gspurning. Das konnte der schlechte Platz sein oder ein Schlag im Training, der dafür verantwortlich war, dass er eine Flanke nicht erreicht hatte oder ein langer Ball verrutschte. Oft kam er nach Spielen zum Mannschaftsarzt, wollte untersucht werden oder am besten gleich eine Computertomografie machen lassen.

Bewusst oder unbewusst testete er zudem dauernd seine Umwelt aus, wie in der Situation, als es fast die Schlägerei mit Suleiman Abdullahi gegeben hatte. Als ich eines Morgens auf dem Trainingsplatz stand, deutete er auf seine Regenjacke, die auf dem Rasen lag, und sagte: »Kannst du die mal auf die Bank legen?«

»Habe ich da ein ›Bitte‹ gehört?«, fragte ich zurück, wohl die richtige Gegenfrage. Er nahm die Jacke und legte sie selber weg.

»Er ist anstrengend, aber er ist kein schlechter Mensch«, sagte Jakob Busk eines Morgens auf einer Fahrt nach Köpenick. Das war insofern bemerkenswert, als Gikiewicz ihm den Platz im Tor weggenommen hatte, als er zu Union gekommen war. Aber Busk hatte recht, hinter dieser Nebelwand aus lautem Palaver und Egozentrik konnte man einen sympathischen und warmherzigen Menschen erkennen.

Urs Fischer jedoch wollte das nicht immer, vielleicht ging ihm manchmal auch die Energie aus, weil sein Torwart so viel Aufmerksamkeit verlangte, weil er unkonzentriert spielte, sich nicht an die Vorgaben hielt oder in einem Interview mit einer polnischen Zeitung mal wieder erzählte, was eigentlich intern bleiben sollte. Als ich Fischer fragte, ob ihn sein Keeper nerven würde, schüttelte er den Kopf. »Aber er ist anstrengend.« Vielleicht waren diese beiden Menschen auch einfach zu unterschiedlich, der extrovertiert emotionale Keeper und der zutiefst sachliche Trainer, der seinen Gefühlen selten freien Lauf ließ.

An manchen Tagen strengte der Konflikt Gspurning an, das war zu spüren. Auf der anderen Seite war er darauf vorbereitet gewesen. »Weißt du eigentlich, was für einen Typ du da holst?«, hatte ihn ein befreundeter Torwarttrainer gefragt, als die Verpflichtung von Gikiewicz bekannt wurde. »Ja, weiß ich. Aber so einen brauchen wir«, hatte er geantwortet. Auch in der Kabine war er wichtig, obwohl er demonstrativer Solist war. Sein Dauergerede konnte die Atmosphäre auch mal auflockern, und alle Mitspieler hatten Respekt vor der Professionalität des Polen, der sogar sein eigenes Essen mitbrachte, abgestimmt mit einem Ernährungsberater.

Gspurning sah aber auch die Formschwankungen seiner Nummer eins, und in der Woche nach dem Spiel gegen Bremen fragte ich ihn, ob er glauben würde, dass Gikiewicz bis zum Ende der Saison im Tor stehen würde. »60 zu 40«, antwortete er. Das könnte noch spannend werden.

»Jungs, wir sind eklig!«

Zwei Tage nach der Niederlage in Leverkusen waren Fischer und sein Co-Trainer Hoffmann Montagabend nach Wolfsburg gefahren, um sich dort das Spiel gegen Hoffenheim anzuschauen. Sie machten so was selten, weil sich kaum die Gelegenheit dazu bot, einen der nächsten Gegner live im Stadion zu sehen, ohne den Trainingsplan durcheinanderzubringen. Diesmal hatte es gepasst, und der VfL Wolfsburg würde der übernächste Gegner sein.

Hoffmann kam beeindruckt zurück: »Wenn ich die Qualität dieser beiden Mannschaften sehe, bereitet mir das schon Kopfschmerzen.«

Für Dienstagmorgen hatte der Mannschaftsrat eine Besprechung der Spieler untereinander angesetzt. Es solle keine Entschuldigungen mehr geben, hatte mir Trimmel auf unserer morgendlichen Fahrt zum Training erklärt. Das war offensichtlich eine fest etablierte Logik: Wenn nicht das richtige Essen auf dem Tisch stand, wie vor dem Spiel gegen Bremen, wenn der Bus zu spät am Stadion vorfuhr, wie in Leverkusen, waren das mögliche Entschuldigungen für schlechte Leistungen.

Ich hatte Trimmel gefragt, ob ich bei der Besprechung dabei sein dürfte. Er hatte nichts dagegen, sagte aber nach Rücksprache: »Wir machen es intern.« Um Viertel nach neun trafen sie sich im Essraum und redeten 20 Minuten miteinander. »Es war gut«, sagte Trimmel hinterher knapp, nicht nur er oder die Mitglieder des Mannschaftsrats hätten gesprochen.

Sie hatten auch beschlossen, dass in dieser Woche nur Trimmel zur Presse gehen würde. Sonst gab es abgesehen von der wöchentlichen Pressekonferenz mit dem Cheftrainer kleinere Gesprächsrunden mit den Spielern, für die sich die Journalisten gerade am meisten interessierten. Als er mittags vom Gespräch mit den Reportern zurückkehrte, erzählte er, dass die Journalisten vermuteten, es gäbe interne Probleme, weil nur er erschienen war. Sie hatten mit ihm auch über die Platzverweise reden wollen. Die angeblich überharte Spielweise von Union war in den Zeitungen gerade das große Thema. Intern wurde das Thema kaum diskutiert, es ging fast in jeder Trainingseinheit um etwas anderes: besser Fußball zu spielen, mehr zu kombinieren, genauer zu passen und mehr Torchancen herauszuarbeiten.

Am Freitagmorgen, abends war das Heimspiel gegen Eintracht Frankfurt, passierte etwas, wie ich fand, Sensationelles. Das Trainerteam war bislang davon ausgegangen, dass die Mannschaft besser spielen müsste, um in der Bundesliga eine Chance zu haben. Daran hatten sie seit Beginn der Vorbereitung gearbeitet, und manchmal hatte die Mannschaft bereits die richtige Mischung aus langen Bällen und einem ruhigeren Spielaufbau gefunden. Doch manche Spieler verloren die Nerven, wenn sie bei längeren Passfolgen unter Druck gerieten, und schlugen die Bälle doch wieder hastig nach vorne oder schlimmer noch, verloren sie schon früh.

Aus seinen Beobachtungen der bisherigen Bundesligaspiele und während des Trainings hatte Fischer offensichtlich einen grundsätzlichen Schluss gezogen. »Vielleicht wollte ich in den ersten fünf Spielen zu viel, aber unsere DNA bestimmt sich nicht über Ballbesitz. In der Zweiten Liga sind wir unermüdlich gelaufen, in 90 Prozent der Spiele mehr als der Gegner. Wir haben uns nicht über Ballbesitzfußball definiert. Jungs, wir sind eklig!« Bei ihm klang das besonders kantig, »eklik«. Es sollte eines der Schlüsselwörter der Saison werden.

Fischer verkündete jetzt einen Richtungswechsel, im Grunde gar eine Kehrtwende. Und obwohl am Abend das Spiel gegen Frankfurt mit 1:2 etwas unglücklich verloren ging, merkte man den Spielern an, dass ihnen Fischer eine Last genommen hatte. Als Frankfurts Trainer Adi Hütter, mit dem Markus Hoffmann befreundet war, nach dem Spiel im Trainerzimmer saß und mit seinen Kollegen Currywurst aß, tröstete er sie, dass das Spiel auch andersherum hätte ausgehen können.

War es aber nicht, und so stand Union weiterhin bei vier Punkten und nur noch einen Tabellenplatz vor der Abstiegszone.

Nach dem Spiel gegen Dortmund hatte ich mit Fischer länger über diverse Aspekte seiner Arbeit gesprochen, auch über Spielsysteme, die der Grundriss einer Mannschaft auf dem Platz sind. Fischer unterschied dabei immer zwei, eines für den Fall, dass seine Mannschaft am Ball war, und das andere, wenn der Gegner angriff. Er erklärte mir, dass er am liebsten im 4-2-3-1 in der Offensive bzw. 4-4-2 in der Defensive spielen ließ. Das bedeutete, dass in der Abwehr zwei Innenverteidiger standen, dazu rechts und links je ein Außenverteidiger. Zwei Spieler bildeten das defensive Mittelfeld, und vorne gab es einen Mittelstürmer. Die drei Spieler dazwischen waren je ein Flügelspieler rechts und links sowie eine hängende Spitze. Hatte der Gegner den Ball, rückten die beiden Flügelspieler ins Mittelfeld, der Mittelstürmer und die hängende Spitze bildeten die vorderste Verteidigungslinie. »So hast du die beste Organisation auf dem Platz. Es sind auf den Außenbahnen je zwei Spieler und nicht nur einer. Außerdem bist du im Zentrum stark«, erklärte Fischer. Man könnte das System zudem mit kleinen Veränderungen leicht in ein 4-3-3 oder 4-1-4-1 verwandeln. Ich fragte ihn, ob es ihm wichtiger sei, dass seine Mannschaft ein System gut beherrsche, oder ob es in der Lage sein musste, zwischen verschiedenen Grundaufstellungen zu wechseln. »Du musst dich auf ein System festlegen, in dem sich die Jungs wohlfühlen, das hat höchste Priorität. Orientiere dich an den größten Trainern und den Spitzenmannschaften, die beherrschen eines richtig und nicht fünf Systeme halb. Über Flexibilität und wechselnde Systeme zu sprechen, ist eine Modeerscheinung. Wenn du es nicht machst, wirst du schubladisiert, als oldschool.« Old School und New School waren Begriffe, die Fischer häufig benutzte. Er selbst sah sich einerseits durchaus als oldschool, was für ihn bodenständig und nicht überspannt bedeutet. Aber er wollte auch nicht nur für einen knorrigen Traditionalisten alter Schule gehalten werden.

Als er am Sonntagmorgen zu Beginn der Besprechung im

Mannschaftshotel in Wolfsburg seinen klassischen Satz sagte, »So spielen wir«, standen erstmals drei Innenverteidiger in der Aufstellung. Fischer hatte sich damit von seinem favorisierten System verabschiedet. Statt vier gab es nun fünf Verteidiger, wobei die beiden Außenverteidiger, Trimmel und Lenz, noch mehr zur Offensive beitragen mussten. In der Vorbereitung hatte Fischer zwei Testspiele dafür geopfert, ein 5-3-2 einzuüben, aber das hatte erst einmal nicht gut funktioniert. Nun bot sich die Gelegenheit, es noch einmal zu versuchen, weil Wolfsburg im gleichen System spielte. Union konnte den Gegner »spiegeln«, wie die Trainer das nannten, das vereinfachte die Abläufe auf dem Platz. Auch der nächste Gegner Freiburg spielte so. Aber vermutlich ahnte in diesem Moment nicht einmal Fischer, dass der Systemwechsel viele Monate Bestand haben sollte, obwohl seine Mannschaft auch in Wolfsburg mit 0:1 verlor.

Das Wir im Einkaufszentrum

Die Bühne mit dem karmesinroten Teppichboden war zwischen den Schaufenstern vom Drogeriemarkt »Rossmann« und dem »aktiv schuh markt« aufgebaut worden. Drei kleine Ledersessel warteten auf Gäste, an der Wand dahinter kündigte ein Plakat den »Talk unterm Turm« an. Der Turm war der Fernsehturm neben dem Alexanderplatz. Um zur Veranstaltung in den »Rathauspassagen« zu kommen, musste man nur die gläsernen Eingangstüren aufstoßen und am Modegeschäft »Liberty Women« (auf dem i-Punkt ein ♡) vorbeigehen, dann war man schon da. Die orangefarbenen Klappstühle waren eine halbe Stunde vor Beginn der Veranstaltung bereits voll besetzt, bald wurden auch die Stehplätze knapp, und Kunden, die unversehens auf Fußballfans im Einkaufszentrum trafen, mussten teilweise darum bitten, durchgelassen zu werden.

Vor dem Schaufester von »Rossmann« stand eine Jazzcombo jenseits des Rentenalters und verkürzte die Wartezeit. Ihre weißen Polohemden wiesen sie als Mitglieder von »Dixieland Alte Wache Potsdam« aus, »Alte Wache« war in Frakturschrift eingestickt. Pünktlich um halb sieben hörten die Alt-Jazzer auf, und aus den Lautsprechern erklang Unions Vereinshymne. Die Fans, die ihre Schals mitgebracht hatten, reckten sie nun in die Höhe. Eine Zuschauerin, die keinen Schal dabeihatte, hielt einfach ein Buch hoch, das anlässlich des Aufstiegs erschienen war. Wie im Stadion wurde auch hier besonders laut und trotzig die Zeile gesungen: »Wer lässt sich nicht vom Westen kaufen? – Eisern Union, Eisern Union!« Und besonders donnernd die letzte Zeile des Liedes: »Wir werden ewig leben!«

Dann trat der Moderator auf die Bühne.

Er war Mitte 70, trug ein blaues Jackett und ein rotes Hemd, das vage mit dem Rot des Teppichbodens auf seiner Bühne korrespondierte. Die Älteren im Publikum kannten ihn noch aus dem DDR-Fernsehen. Nach der Wende hatte er lange bei Eurosport gearbeitet, wo er alles wegkommentierte, was ihm vorgesetzt wurde, gerne Skispringen oder Biathlon. Der Moderator war klein und gehörte zu den hartgesottenen Mitgliedern des Showgeschäfts, die sich selbst von den widrigsten Umständen nicht erschüttern lassen, solange man sie nur auf die Bühne lässt. Er hatte die Veranstaltung im Eingangsbereich des Einkaufszentrums zu einer Institution gemacht, schon manch prominenter Sportler hatte von der Bühne aus den Blick auf das »Dänische Bettenhaus« und den »Euroshop – Alles 1 €« genießen dürfen. Die »Rathauspassagen« sind kein Einkaufsparadies für die Reichen und Schönen der Stadt.

Der Moderator begrüßte zunächst Urs Fischer, der eine Union-Sweatjacke und Jeans trug, und dann Christian Arbeit in einem roten T-Shirt mit der Aufschrift »Köpenick 12555« – die Postleitzahl des Bezirks, in dem Union zu Hause war. Für beide gab es donnernden Applaus, für Fischer stehende Ovationen. Als alle auf der Bühne Platz genommen hatten, wurde schnell klar, dass der Moderator die Sache eher komisch angehen wollte. Felix Kroos hatte also recht gehabt. Als er morgens beim Training hörte, dass sein Trainer dort auftreten würde, hatte er gesagt: »Da war ich auch schon mal, der Moderator versucht, lustig zu sein.«

Zunächst machte er eine vage witzige Bemerkung darüber, dass Fischer in Wirklichkeit Schwyzerdütsch sprechen würde, und fragte dann: »Weshalb spielen sie Catenaccio mit Union?« Das spielte darauf an, dass Union bislang nicht viele Tore geschossen hatte, nur sechs in sieben Spielen. Seine nächste Frage war schon keine mehr: »Union hat 32 Spieler, da muss man höllisch aufpassen, es können ja nur elf spielen. Na ja, aber ab und zu fliegt mal einer vom Platz.« Urs Fischer lachte freundlich mit und antwortete unironisch. Er bemühte sich erst gar nicht, mit dem Moderator in einen Schlagfertigkeits- oder Witzelwettbewerb einzusteigen. Nachdem er weitere kleine Spitzen des Moderators knochentrocken ins Leere hatte laufen lassen, sagte Fischer noch: »Ich spreche immer von ›wir‹, nicht von ›meine Mannschaft‹ oder ›die Spieler‹.«

Damit wandte sich der Moderator Christian Arbeit zu und schaffte es immerhin sofort, dass die Zuschauer sangen: »Du hast die Haare schön«, einen erfolgreichen Schlager von Tim Toupet und der singende Friseursalon, der den bekannten Stadionsprechchor »Ihr könnt nach Hause fahr'n« aufgriff. Oder vielleicht auch umgekehrt. Nachdem Arbeit sich während der Aufstiegsfeier seine schulterlangen Haare hatte abschneiden lassen, über Jahre sein Markenzeichen, sah er immer noch frisch geschoren aus. Er wollte sich vom Moderator aber partout nicht in eine Anschlusswette darüber verwickeln lassen, was er sich im Fall der Rettung vor dem Abstieg würde abschneiden lassen.

Die Veranstaltung war nun gerade mal zehn Minuten alt und stand kurz davor, in weitgehender Würdelosigkeit zu versanden. Ein gealterter Showmaster mit harzigem Charme versuchte im Eingangsbereich eines Einkaufszentrums verzweifelt, Stimmung zu machen, doch unversehens passierte etwas Bemerkenswertes. Der Moderator fragte Arbeit nämlich, warum beim ersten Spiel gegen Leipzig gegen RB protestiert worden sei, es ginge im Fußball doch bei allen Vereinen ums Geld. Arbeit antwortete darauf ausführlich und grundsätzlich, dass RB eben gegründet worden sei, um mit diesem Verein ein Produkt zu bewerben, während sonst eben bestehende Vereine mit ihrer Tradition und Geschichte sich Partner suchten, die mit ihnen warben. »Außerdem gab es kein einziges Hass-Transparent gegen RB im Stadion, es ging uns darum zu zeigen, wofür wir stehen. Und durch das gemeinsame Schweigen haben sich auch die Zuschauer der Sache angeschlossen, denen das Thema vielleicht gar nicht so wichtig ist. Sie haben eine solidarische Haltung gezeigt, und das ist heute was wert.« Der Beifall war donnernd.

Unversehens ging es um Haltungen und Werte, da wollte der Moderator nicht so schnell klein beigeben. Also fragte er, wie der Trikotsponsor mit dem Immobilienunternehmen »Aroundtown« in einer Zeit zu dem Klub passen würde, in dem in Berlin allerorten über drastisch steigende Mieten und die Möglichkeit ihrer Begrenzung diskutiert wurde. »Wir sind mit uns selbst erfahren genug«, sagte Arbeit. Und weil sie sich selbst gut genug kennen würden, wäre es kein Problem, wenn es um den Verein zu diesem Sponsor unterschiedliche Ansichten gäbe. Aber das Unternehmen sei schon lange ein treuer Sponsor gewesen: »Und er will uns nicht verändern.«

Für viele Unioner war Arbeit das Gesicht des Vereins, weil sie ihn als Stadionsprecher An der Alten Försterei erlebten, weil er die Pressekonferenzen leitete und oft für den Verein sprach. »Ich spreche statt derer, die eigentlich nicht sprechen wollen«, sagte er, als ich mich mit ihm über seine Rolle unterhielt. Gelegentlich war es nötig, dass Dirk Zingler das Wort ergriff, was er aber so selten tat wie möglich. Finanzmann Oskar Kosche äußerte sich öffentlich so gut wie nie, und das galt auch für die anderen Mitglieder in Präsidium und Aufsichtsrat.

Arbeit hatte das Talent eines guten Pressesprechers, die Dinge im Sinne seines Vereins auf den Punkt zu bringen. Zugleich wirkte das aber nie ausgedacht oder klang nach PR-Sprech. Erstaunlich fand ich auch, mit welcher Ausdauer er über Union sprechen konnte. Auch dem 352. Radiosender, Fernsehteam oder Reporter erklärte er, was es mit Union auf sich hatte, als hätte er diese interessante Frage gerade zum ersten Mal gehört.

Ich konnte mir das nur so erklären, dass Arbeit schon fast 20 Jahre lang als Fan zu den Spielen von Union gegangen war, bevor er im Dezember 2005 Stadionsprecher und vier Jahre später Pressesprecher geworden war. Bei seiner Profession half ihm also ein ganz und gar unprofessionelles Gefühl: Er liebte diesen Klub. Ursprünglich hatte er mal Sozialpädagogik studiert, anschließend ein Lehramtsstudium begonnen, um über Nebenjobs in eine ungeplante Karriere auf der Führungsebene eines Kinounternehmens zu geraten. Darüber hatte er Kosche kennengelernt, dem aufgefallen war, wie souverän Arbeit eine Veranstaltung im Kino moderiert hatte. Zunächst machte er den Job als Stadionsprecher ehrenamtlich, bis er im Januar 2009 als Pressesprecher des Klubs angestellt wurde.

Sein Stil am Mikrofon unterschied sich stark von dem bei anderen Vereinen: Er war kein Animateur, sondern sprach die Sprache der Unioner. Dazu gehörte es zum Beispiel auch, dass er in der Halbzeitpause kurze Nachrufe auf verstorbene Anhänger des Vereins verlas. Mich bewegte es eigentlich immer, diese biografischen Miniaturen von Menschen zu hören, die mit ihren Freunden zusammen ins Stadion gegangen waren und nun nicht mehr kommen konnten. Arbeit gab dem Würde und verzichtete auf unnötiges Pathos, es war schon pathetisch genug.

In einem unbedachten Moment hatte er mal zu mir gesagt, dass er sich im Verein als eine Art Parteisekretär vorkommen würde. Darüber hatte er sich im selben Moment geärgert, er wusste ja, dass er damit meinen Spott über Union als Sekte und fußballerische Einheitspartei fütterte. Außerdem waren Parteisekretäre in der DDR nicht gerade durchgehend beliebt gewesen. In den volkseigenen Betrieben sorgten sie als Abgesandte der SED dafür, dass alle Entscheidungen im Sinne der Partei getroffen wurden. Doch man konnte es auch kapitalistisch wenden, Arbeit war mit dafür zuständig, über die Marke Union zu wachen.

Er war ein ungewöhnlicher Wächter, als ehemaliger Sozialarbeiter und Lehrer, als Gitarrist in der Rockband »The Breakers« und als passionierter Leser, vor allem von ostdeutschen Autoren. Solche Leute gibt es im Fußball nicht so viele. Er sagte auch Sätze wie: »Für uns bei Union ist eine grundsozialistische Haltung prägend. In der Kritik an den herrschenden Verhältnissen sind wir uns einig.« Wenn ich zurückfragte, wohin die Kritik führte, sagte er: »Das ist die schmerzende Frage. Aber zumindest habe ich bei Union einen Job gefunden, über den ich sagen kann, dass er keine entfremdete Arbeit ist.«

So war es auch keine entfremdete Arbeit, hier auf der Bühne im Einkaufszentrum zu sitzen und Fragen aus dem Publikum zu beantworten. Eine Zuschauerin wollte von ihm wissen, ob Arbeit, der nicht nur Gitarrist, sondern auch Trompeter war, nicht mit den Jazzern spielen wolle. Und ein paar Momente später stimmten die Alt-Jazzer »Sunny Side Of The Street« an, mit Arbeit an der Trompete. Inzwischen war es richtig nett geworden in dieser lebensfeindlichen Umgebung. Das war ein kleines Wunder, und es war vor allem Arbeit, der dafür gesorgt hatte.

Die anschließende ausführliche Autogrammstunde blieb entspannt und freundlich. In einer langen Schlange standen die Besucher an und ließen sich von ihm und dem Trainer Autogrammkarten, Schals, Trikots, T-Shirts, Regenjacken, Schokoladenriegel und zuletzt auch das Aufstiegsbuch, das anfangs hochgehalten worden war, signieren. Einige Autogrammjäger kamen wohl häufiger. »Ich kenne euch schon«, sagte Urs Fischer, als eine Familie mit ihrer Teenagertochter vor ihnen stand. »Loreen mit zwei ›e‹, nicht?«

Die Geschichte des Spiels

Union hatte nun vier Bundesligaspiele hintereinander verloren, auf die blöde Niederlage gegen Bremen war die demoralisierende in Leverkusen gefolgt. Fischer hatte die Wende zu den Basics verkündet und sein Spielsystem geändert, gegen Frankfurt und in Wolfsburg hatte es trotzdem nicht gereicht. Es war ein Fünftel der Saison gespielt, aber die Mannschaft hatte erst ein Zehntel der Punkte geholt, die sie holen wollte. Nach sieben Spieltagen waren es gerade mal vier, Union stand nun auf dem 16. Platz der Tabelle. Am Ende der Saison würde das bedeuten, dass es gegen den Dritten der Zweiten Liga um den Klassenerhalt ging. Dennoch benutzte niemand das K-Wort, weder in der Kabine noch im Klub hörte ich es. Auch in den Zeitungen war es nicht zu lesen. Die Gegner hatten eher zu den Stärkeren der Liga gehört, die Niederlagen waren knapp gewesen und teilweise unglücklich. Offiziell steckte Union also nicht in einer Krise.

Allerdings sorgte ich mich, dass meine Zeit mit der Mannschaft bald zu Ende gehen könnte. Wir hatten schließlich die Vereinbarung, dass meine Begleitung jederzeit abgebrochen werden könnte, und so langsam spitzte sich die Situation zu. Zunächst stand eine Länderspielpause an, anschließend würde der SC Freiburg an die Alte Försterei kommen. Eine Mannschaft, die nur ein Spiel verloren hatte, auf dem vierten Tabellenplatz stand und so etwas wie das Überraschungsteam der Saison zu werden schien. Eine Woche nach dem Freiburg-Spiel würde es zum FC Bayern gehen, Dienstag drauf nach Freiburg, im DFB-Pokal. Dann würde Hertha BSC kommen, zum großen Berliner Lokalderby. Punkte beim Rekordmeister aus München mitzunehmen, war weitgehend illusorisch, auch beim Pokalspiel in Freiburg war Union Außenseiter. Sollte also das nächste Bundesligaspiel zu Hause gegen Freiburg verloren gehen, würde das Lokalderby sehr wohl ein Spiel sein, vor dem man um das K-Wort nicht herumkäme.

Urs Fischer war am Sonntagabend vom Spiel in Wolfsburg aus direkt nach Mönchengladbach gefahren, um dort am nächsten Tag an einem Treffen der Bundesligatrainer teilzunehmen. Zurück in Berlin erzählte er in der Morgenrunde geradezu begeistert davon, wie angenehm, freundlich und offen er den Umgang der Trainer untereinander empfunden hatte. »Das kenne ich aus der Schweiz so nicht. Am Ende hat man sich gegenseitig alles Gute gewünscht, und ich habe einen Sensor dafür, dass es auch so gemeint war.« Es entspann sich ein Gespräch darüber, dass das Trainerteam vielleicht noch wachsen müsse. Fischer fand, dass ein Mentaltrainer hilfreich sein könnte. Als Teil des Trainerteams oder auch nicht. »Weil er uns nicht sagen darf, was ihm die Spieler erzählen«, sagte er. »Wir müssen uns weiterentwickeln, sonst bist du oldschool.« Da war es wieder, das Thema, das ihn offensichtlich sehr beschäftigte. Weil gerade die Stimmung so war, Grundsätzliches zu besprechen, brachte Martin Krüger die seiner Ansicht nach ungerechte Bezahlung der Athletiktrainer auf, die sich auch daraus erklärte, dass der Begriff nicht geschützt ist. »Christoph könnte sich auch Athletiktrainer nennen.« – »Und du Journalist«, antwortete ich. Alle lachten.

Für den Vormittag war eine »polysportive« Trainingseinheit angesagt, der Polysport entpuppte sich als Ausflug in eine Sporthalle hinter der Stadtgrenze. Abgesehen von den verletzten Spielern fehlten nur Sebastian Andersson, der zur schwedischen Nationalmannschaft eingeladen war, und Christopher Trimmel, der zum ersten Mal seit neun Jahren wieder zum österreichischen Team reisen durfte. So fuhr neben dem voll besetzten Mannschaftsbus noch ein Kleinbus mit den Trainern. Adrian Wittmann saß am Steuer und versuchte eine Strecke zu finden, auf der wir schneller wären als der Mannschaftsbus. Als wir tatsächlich knapp vorher ankamen, lobte Fischer Wittmann für seine Fahrweise, und Hoffman sagte feierlich: »Urs, aber du fährst inzwischen eigentlich auch sehr gut.« Als wir alle fast gleichzeitig »eigentlich« riefen, sagte er: »Na ja, er fährt halt inzwischen wie ein Europäer und nicht wie ein Schweizer.«

In der in die Jahre gekommenen Halle konnte man Tennis spielen, Badminton, Squash oder Tischtennis. Die meisten Spieler entschieden sich fürs Bowling, die Trainer auch. Ich spielte bei ihnen mit und rettete mich in beiden Spielrunden auf den vorletzten Platz unserer Sechsergruppe, einmal auf Kosten von Fischer.

Es hatte was angenehm Unseriöses, morgens um elf Uhr auf einer Bowlingbahn herumzuhängen, und das war wohl die Idee. Einige konnten aber nicht anders, als sich auch hier auszupowern. Gikiewicz kam nass geschwitzt vom Squash, und Rehatrainer Christopher Busse war beim Badminton umgeknickt, als er gegen Felix Kroos chancenlos unterlegen war. »Ich bin aber auch in einer Badmintonhalle aufgewachsen«, erzählte Kroos und kommentierte sarkastisch unsere Aktionen an der Bowlingbahn. Nach zwei Stunden fuhren wir wieder zurück, in der Kabine gab es noch Schnitzel mit Pommes. Ich fand das eine interessante Form des Krisenmanagements oder des Managements einer Situation, die niemand Krise nannte.

Am Tag nach dem Ausflug wurde der Ton ernsthafter. Fischer wollte noch einmal Szenen aus dem Spiel in Wolfsburg zeigen, doch vorher sagte er: »Jungs, ein Wahnsinn, das muss ich euch sagen!« Dann machte er eine Kunstpause. »Wir machen ein sehr gutes Spiel und sitzen hier mit nichts. Es sind so viele Situationen, die wir kreieren, aber daraus müssen wir Tore machen. Es kotzt mich an, wenn ich jedes Mal nach Niederlagen Komplimente von gegnerischen Trainern bekomme!«

Die Spieler reagierten nicht, wie immer. Es paradierten die Szenen aus dem Spiel in Wolfsburg an uns vorbei, in denen es an guter Spielfortsetzung mangelte. Sie hatten den Ball erobert, vielleicht noch ins Mittelfeld gespielt, doch bei der nächsten Aktion verebbte der Angriff, weil einer einen Fehlpass spielte, obwohl er gar nicht unter Druck stand. Oder jemand schoss aufs Tor, obwohl er keine gute Position hatte. Oder er schoss nicht aufs Tor, obwohl er eine gute Position hatte. Zwischendurch blendete Adrian Wittmann eine Tafel mit Schlüsselbegriffen ein: Erzwingen, Glaube, Ausreizen, Erkämpfen und Überzeugung. Die ausgewählten Szenen standen eher für Verhaspeln, Verdaddeln und Verpatzen.

Andererseits war nicht alles schlecht, so wie beim Spiel in Leverkusen. »Der Aufwand, den wir betrieben haben, war fantastisch«, sagte Fischer. Seine Spieler verhinderten die Kombinationen der Wolfsburger gut, in der Defensive stimmte vieles, das sahen wir auch, aber in der Offensive verliefen sich gute Ansätze auf fast schon unerklärliche Weise. Ein besonderes Schauerstück waren Eckbälle und Freistöße.

Christopher Trimmel, der alle Ecken und Freistöße schoss, hatte sie gewohnt präzise geschlagen, aber dort, wo der Ball ankam, stand der dafür vorgesehene Spieler nicht. Einmal war Neven Subotic durch einen gegnerischen Block gehindert worden, mal ein anderer nicht durchgelaufen. »Wieso sind wir nicht da, wo wir sein müssen? Höchststrafe!« Fischer nannte die Namen derer nicht, die nicht da gewesen waren. Wie immer ging es ihm nicht darum, Spieler vor den anderen bloßzustellen. Aber: »So schießen wir nie ein Tor.«

Zum Schluss ließ er noch die letzten fünf Minuten des Spiels laufen und fragte vorher: »Haben wir Geduld bis zum Schluss? Sind wir hektisch? Bringt es dir was, wenn du dich beeilst?« Und man sah, dass sie sich beeilt hatten, ungeduldig und hektisch geworden waren, gebracht hatte es nichts. Nur einmal hatten sie in der Schlussphase einen Angriff von hinten heraus aufgebaut und waren noch zu einer großen Torchance gekommen. Robert Andrich schoss aus 18 Metern knapp am Pfosten vorbei, danach wurde abgepfiffen.

Fünf Stunden lang hatte sich das Trainerteam am Vortag, nach Bowling und Schnitzeln, durch das Video des Spiels in Wolfsburg gearbeitet und zeigte nun, was möglich gewesen wäre. Und zwar nicht abstrakt oder für eine bessere Mannschaft, sondern für dieses Team. Unbedrängt die richtige Entscheidung zu treffen oder bei einer Standardsituation in die richtige Position zu laufen, dazu waren alle im Raum in der Lage. Entschlossen den Abschluss zu suchen, statt noch mal einen riskanten Pass zu spielen, auch das konnten alle. In 30 Minuten war das Bild eines Spiels erstanden, in dem für Union gegen eine der besseren Mannschaften der Liga deutlich mehr drin gewesen wäre. Dazu war kein Fantasiespiel erschaffen, sondern Belege gezeigt worden.

Ich war begeistert und sagte Fischer das auch. »Ja, du verstehst das, aber ein Viertel der Spieler versteht es nicht, und ein weiteres Viertel interessiert es nicht. Die meisten Spieler fühlen sich nicht angesprochen, wenn wir eine Szene zeigen, in der sie selber nicht beteiligt sind. Sie sind froh, wenn es andere abbekommen haben und nicht sie.« Ich war fast erschrocken, aber Fischer klang nicht resigniert oder gar zynisch. Es war eine seiner Grundannahmen, dass er nicht zu rotbäckigen Enthusiasten sprach, die auf Fortbildung hungerten. Wittmann hatte mir zudem bereits erklärt, dass die Videos nicht alle Spieler erreichten: »Einige sprechen eher auf andere Formen der Informationsvermittlung an.« Sie brauchten die Übungen auf dem Trainingsplatz, um die Spielideen am eigenen Leib zu erfahren, oder das persönliche Gespräch. Letztlich ging es darum, die Spieler auf unterschiedliche Weise zu erreichen.

Donnerstag war noch ein Freundschaftsspiel gegen Dynamo Dresden angesetzt, um den Spielern im zweiten Glied Spielpraxis zu geben. Dabei kam es zu einem Minieklat. Weil Torwarttrainer Gspurning zu einem Treffen der Bundesliga-Torwarttrainer gereist war, sprang sein Kollege aus dem Nachwuchsleistungszentrum ein. Der aber wusste nicht, dass die Torhüter sich im Stadion nicht im Tor warm machten, sondern, um den Rasen davor zu schonen, 30 Meter weiter links, wohin deshalb immer mobile Tore gefahren wurden. Der erboste Platzwart hatte sich daraufhin geweigert, den Rasen zu wässern, was sonst vor jedem Spiel passierte, damit der Ball besser rollt. Oder vielleicht hatte er sich auch nicht geweigert, er bestritt das hinterher. Auf jeden Fall blieb der Rasen trocken, dadurch stumpf und unangenehm zu spielen. Einige Spieler beschwerten sich beim Trainer, dass sie als Reservisten nicht unter den besten Bedingungen spielen konnten. Fischer war entsprechend genervt: »Das kostet so viel Energie, so ein Scheiß.«

Wie immer in der Länderspielpause gab es drei freie Tage, Freitag, Samstag und Sonntag. Die Spieler bekamen den Trainingsplan mit einem Monat Vorlauf, so konnten sie langfristig planen. Sie liebten das, und viele hatten so Reisen vorbereitet. Einige fuhren zu ihren Familien, Christian Gentner nach Stuttgart oder Rafał Gikiewicz nach Polen. Auch Fischer und Hoffmann fuhren zu ihren Familien nach Zürich und Salzburg. Felix Kroos schaute sich drei Tage lang Paris an. Nur der gutmütige Christopher Lenz blieb in Berlin und gab auf Bitten des Klubs eine Autogrammstunde in einem Autohaus.

Am Montag wirkten alle erfrischt. Als ich am nächsten Morgen mit Trimmel zum Training fuhr, erzählte er übersprudelnd von der österreichischen Nationalmannschaft. Mittwoch kam Sebastian Andersson von den Schweden zurück und strahlte, obwohl er nur kurz eingewechselt worden war. Zu ihren Nationalteams zu gehören, machte beide unheimlich stolz. Es fühlte sich so an, als ob die Pause voneinander genau richtig gekommen war, statt verbissen aufs nächste Spiel hinzuarbeiten.

Dann war es aber an der Zeit, den nächsten Gegner vorzustellen. »Der SC Freiburg ist eine sehr solide Mannschaft, die sehr gut gestartet ist und mit sehr viel Selbstvertrauen spielt. Von der Qualität ist sie ähnlich wie Wolfsburg«, eröffnete Fischer die Sitzung. Als er weitersprach und Wittmann die entsprechenden Szenen zeigte, wurde mir endlich klar, was hier eigentlich passierte. Jede Woche erschufen Fischer und sein Team eine neue Erzählung in den Köpfen und Körpern der Spieler. In ihr ging es darum, einen Faden zu entwickeln, der letztlich zum Happy End führte – zum Sieg. In dieser Geschichte galt es, Hindernisse zu überwinden, die der Gegner in den Weg stellte, oder die eigenen Schwächen zu beheben.

Nicht nur die Videositzungen dienten diesem Zweck, sondern im Prinzip alles, was im Laufe der Woche passierte. Jede Übung auf dem Trainingsplatz und jedes Gespräch der Trainer mit ihren Spielern, jeder Hinweis während der Übungen oder einfach mal zwischendurch.

Die Story musste realistisch sein, in ihr durfte der Gegner nicht einfach kleingeredet und die eigenen Fähigkeiten übertrieben werden. Fischer durfte von seinen Spielern nur das verlangen, was im Rahmen ihrer Möglichkeiten lag. Vor dem Spiel gegen Frankfurt hatte er die Rückkehr zu einem einfacheren Fußball auch deshalb verkündet, weil er den Eindruck hatte, dass sich einige Spieler überfordert fühlten. Erstaunlicherweise hatten sie aber gleich angefangen, besser zu spielen, als der Trainer es von ihnen nicht mehr verlangte. Dass er nun drei statt zwei Innenverteidiger aufbot, gab ihnen zusätzlich Sicherheit.

Die Geschichte, die das Trainerteam entwarf, musste aber vor allem auf dem Platz bestehen. Die Spieler mussten dort das antreffen, was ihnen vorausgesagt worden war. Damit war nicht unbedingt die richtige Mannschaftsaufstellung gemeint oder auch nur die taktische Formation, aber auf welche Weise der Gegner spielte, davon sollten sie nicht überrascht sein. Suchte er den Weg über Außen oder Innen, baute er mit vielen Pässen oder mit langen Bällen auf. Dazu analysierten sie in vielen Videostunden das gegnerische Spiel und überlegten, was sie dem besonders effektiv entgegenstellen konnten.

Die Geschichte für das Spiel gegen den SC Freiburg hatte wegen der Länderspielpause einen besonders weiten Spannungsbogen. Bowling und Schnitzel sowie die drei freien Tage hatten signalisiert, dass trotz der vier Niederlagen alles normal war. Die Nachbesprechung der Niederlage in Wolfsburg hatte gezeigt, dass schon vieles klappte, und dass bei dem, was nicht klappte, gar nicht so viel fehlte. Und es gab einen Weg, den nächsten Gegner zu besiegen. »Freiburg ist keine Übermannschaft, man hat es ihr bislang einfach gemacht. Wir aber machen es ihnen bestimmt nicht einfach«, sagte Fischer.

Für den Donnerstag war kurzfristig noch ein Ausflug nach Bad Saarow angekündigt worden, wo abends gegrillt wurde. Dort sprach ein Mentalcoach anderthalb Stunden darüber, sich über kleine tägliche Ziele dem großen Ziel zu nähern, anstatt vor der Größe der ferneren Ziele zu erstarren. Die Botschaft war leicht zu übertragen: Nicht um den fernen Klassenerhalt ging es, sondern darum, jedes Spiel so konzentriert anzugehen wie möglich. »Wir haben lange darüber diskutiert, ob wir das machen sollen«, erklärte mir Sebastian Bönig. »Wir wollten so was aber nicht erst unternehmen, wenn es schon nach Aktionismus aussähe, etwa vor dem Derby gegen Hertha. Dagegen hat gesprochen, dass wir vielleicht besser gar nichts verändern.« Den meisten Spielern gefiel der Vortrag, einige waren sogar beeindruckt. »Bei mir raschelt ihr nach einer halben Stunde mit den Füßen, ihm habt ihr 90 Minuten lang aufmerksam zugehört«, sagte Fischer zu ihnen. Dennoch kamen sie freitagmorgens mit langen Gesichtern am Stadion an, weil Busfahrer Svenni auf dem Rückweg wieder »einen Stau gefunden« und die Fahrt viel zu lange gedauert hatte.

Jedem war nun klar, dass nicht das Spiel beim Rekordmeister in München wichtig war oder das Derby gegen Hertha, jedenfalls jetzt nicht. Jetzt ging es einzig und allein um Freiburg. In der Besprechung am Morgen des Spieltags ging die Geschichte des Spiels auf die Ziellinie. »Schießt aufs Tor, seid ein bisschen ego. Nicht immer den letzten Pass spielen«, sagte Fischer und wiederholte die Botschaft in Varianten mehrfach. Eigentlich war es sinnvoll, aus möglichst geringer Distanz aufs Tor zu schießen, weil die Chance auf einen Treffer größer war. Aber wenn sie gar nicht schossen, weil der letzte Pass nicht ankam, war es halt besser, es aus einer schlechteren Position zu versuchen.

Bislang hatte sich der Erzählfaden noch nie so gut mit der Wirklichkeit verbunden wie dann gegen den SC Freiburg, nicht einmal gegen Dortmund, wo sich der Sieg in der Rückschau immer noch wunderhaft anfühlte. In der ersten Minute eroberte Christopher Lenz im Anstoßkreis den Ball und spielte ihn auf Marius Bülter weiter. Der Ball sprang hoch auf, weshalb Bülter ihn über einen gegnerischen Verteidiger lupfen konnte und dadurch zehn Meter vor dem Strafraum plötzlich unbedrängt war. Er lief auf den Sechzehner los, legte den Ball auf seinen rechten Fuß. Zwei Verteidiger stürzten auf ihn zu, während es zugleich keine Anspielstation für ihn gab. Als ich ihn hinterher danach fragte, bestritt Bülter, dass er in diesem Moment seinen Trainer im Ohr gehabt hätte. Aber Bülter war wirklich ego, suchte nicht noch einen letzten Pass, sondern schoss einfach. Wunderbar satt mit dem Spann traf er den Ball, und aus 25 Metern flog er in den Winkel. 1:0, zum ersten Mal seit fünf Wochen lag die Mannschaft wieder in Führung.

Nach zehn Minuten schoss Marcus Ingvartsen an den Pfosten, ebenfalls von außerhalb des Strafraums, und Freiburg war beeindruckt. Freiburg war auch zunehmend genervt, weil Union die Zweikämpfe suchte, fand und mit aller Konsequenz führte. Union foulte, von einem Tritt Gentners abgesehen, zwar nicht übel und gemein, aber jeder Ansatz des gegnerischen Spiels wurde abgewürgt. Insgesamt 21 Mal pfiff der Schiedsrichter ein Foul gegen uns, das war eine Menge. Diese Mannschaft war eklig, doch auf mitreißende Weise. Der Balldruck ließ nie nach, nie konnte ein Freiburger Spieler den Ball in Ruhe annehmen und weiterspielen. Immer kam ein Unioner sofort auf ihn zugestürzt und bedrängte ihn. Das setzte eine hohe Bereitschaft voraus, die Gegner immer wieder anzulaufen, aber auch ein hohes Maß an Organisation. Wilder Eifer allein reichte nicht, es musste eine Fülle von Vorgaben erfüllt werden.

Der SC Freiburg hatte zwei Drittel des Ballbesitzes im Spiel, aber gefährlich wurden die Gäste kaum. Das zweite Tor, um den Sieg sicher zu haben, ließ aber bis sechs Minuten vor Schluss auf sich warten. Marcus Ingvartsen traf dann – wieder von außerhalb des Strafraums. Als ich nach Spielschluss hinunter in den Spielertunnel kam, lief gerade Freiburgs Trainer Christian Streich schreiend hinter den Schiedsrichtern her. »Nur treten, 90 Minuten lang. Immer von hinten. Treten, treten!« Dann hörte man einen lauten Knall, er hatte die Tür zur Gästekabine zugeschlagen. Dieses Mal würde es keine freundlichen Komplimente von seinem Kollegen für Urs Fischer geben.

In unserer Spielerkabine donnerte die Musik, aber bei den Trainern war es still. »Ich bin müde«, sagte Markus Hoffmann. Auch Fischer wirkte erschöpft. Vielleicht hatten sie sich selber nicht eingestehen wollen, wie wichtig dieser Sieg war. Sie hatten sich nicht vorstellen wollen, was es bedeutet hätte, wenn es die fünfte Niederlage hintereinander geworden wäre und sie dann nach München hätten fahren müssen. Der Sieg war verdient gewesen. »Aber wir mussten auch gewinnen«, sagte Hoffmann. Jetzt durfte er es sagen.

Ich wollte ein Gespräch darüber anfangen, ob dieser Tag im Rückblick entscheidend für den Verlauf der Saison sein könnte. Ich war sogar überzeugt davon, aber schwieg. Ich wusste, dass es in diesem Raum niemand hören wollte. Ihre Aufgabe war es, für die nächste Woche eine neue Geschichte zu schreiben, insgesamt 34 Mal im Laufe der Saison. Sie würden dazu weiter Videos schauen, Matchpläne entwickeln und passende Trainingspläne schreiben. Sie würden genau beobachten, ob die Spieler fit genug und geistig bereit waren, das umzusetzen, was sie tun sollten. Sie würden mit ihnen sprechen, in der Gruppe oder einzeln. Vor dem Bildschirm in der Gruppe oder nebenbei, auf dem Weg zum Trainingsplatz oder wieder zurück. Sie würden bemerken, wer gerade unglücklich war, resigniert oder trotzig, und würden überlegen, wie sie damit umgehen müssen. Sie durften nicht zu viel machen und nicht zu wenig. Sie würden morgens früh zur Arbeit kommen und abends spät gehen. Nicht immer würde sich ihre Arbeit am Wochenende auf dem Rasen wiederfinden, und nicht immer würde die Geschichte, die sie erschufen, so wahr werden wie an diesem Tag.

Spätes Glück

Ich ging aus dem Trainerzimmer in die Umkleidekabine hinüber, wo das übliche Durcheinander herrschte. Grashalme, leere Flaschen und verstreute Latschen lagen auf dem Boden. Michael Parensen war gerade als Letzter in die Kabine gekommen und strahlte. Er hatte viele Interviews geben müssen und schaute nun mit freiem Oberkörper vor seinem Spind auf sein Smartphone. Er warf einen Blick auf die Glückwünsche, die per SMS und WhatsApp eingegangen waren, sogar von alten Schulfreunden, von denen er ewig nicht gehört hatte. Es waren Glückwünsche zum Sieg, aber vor allem zum gelungenen Debüt. Michael Parensen hatte im Alter von 33 Jahren, drei Monaten und 25 Tagen sein erstes Bundesligaspiel bestritten. Ich nahm ihn kurz in den Arm, und er sagte: »Es könnte mich schon fast ärgern, dass mir jetzt alle so gratulieren. Als hätten sie es mir nicht zugetraut.«

Parensen war der zweitälteste Spieler der Mannschaft, und er war von allen Spielern am längsten im Verein, nun in seiner elften Saison. Außerdem war er der Publikumsliebling, dabei war er weder Torjäger noch Ballzauberer, der die Zuschauer mit Tricks verzauberte. Er war Innenverteidiger und nicht einmal ein spektakulärer Zweikämpfer, sondern löste viele Probleme auf dem Platz durch sein gutes Stellungsspiel. Trotzdem wurde sein Name im Stadion von den Fans stets am lautesten gerufen. Beim ersten Testspiel der Saison, als alle Spieler einzeln auf den Platz geholt worden waren, hatte er am meisten Beifall bekommen, eigentlich waren es Ovationen gewesen. Fast schien er den Union-Fans der lebende Garant dafür zu sein, dass sich in der Bundesliga nicht alles änderte.

Parensen hatte im Laufe der vorangegangenen Jahre erfahren, was auch zu einer Fußballerkarriere dazugehört. Kein Spieler hatte in der Zweiten Liga mehr Spiele für Union gemacht, aber nach und nach war er von einem Spieler, der immer spielte, zu einem geworden, der eher auf der Bank saß. Im Winter der Aufstiegssaison war er dieser Rolle müde und bereit gewesen, ein Angebot des Zweitligisten Darmstadt 98 anzunehmen. Dort sollte er im Abstiegskampf die Abwehr stabilisieren, seine Frau kam zudem aus der Region, und so recht hatten letztlich weder Trainer noch Manager versucht, ihn vom Bleiben zu überzeugen. Als sein Wechsel fast schon feststand, hatte Dirk Zingler im letzten Moment interveniert. Der Präsident wollte den Publikumsliebling nicht nur nicht gehen lassen, sondern bot ihm an, nach dem Ende der Karriere beim Klub zu bleiben. Er sollte noch ein wenig spielen und danach herausfinden, welche Rolle im Verein für ihn die richtige sein könnte.

Dass Parensen bereits eingebunden wurde, hatte ich bei einer Sitzung der Sozialstiftung von Union erlebt, wo er einen kurzen Bericht über seine Aktivitäten an einer Schule im Berliner Stadtteil Neukölln gab. Man merkte ihm bei seinem Vortrag in kleiner Runde eine gewisse Aufregung an, aber zugleich war er bereit, sich solchen neuen Situationen zu stellen. Es war auch ein Ausdruck der Wertschätzung, dass er hier sprach. Allerdings fand die Sitzung an einem Spieltag statt, während Parensens Mitspieler fünf Kilometer weiter im Mannschaftshotel auf den Beginn der Partie gegen Frankfurt warteten. Als er mich mit zum Stadion nahm, sagte Parensen: »An solchen Tagen gehört man nicht richtig dazu.«

Im Pokalspiel in Halberstadt hatte er 90 Minuten lang gespielt, danach nicht mehr. Beim ersten Bundesligaspiel hatte er nicht einmal im Kader gestanden, und Fischer hatte ihm gesagt: »Du bist nicht dabei. Ich habe keine Argumente.« Parensen wusste als erfahrener Profi, dass der Trainer solche Entscheidungen treffen musste. Danach hatte er zwar mal im Kader gestanden, sogar häufiger, als von ihm selbst erwartet. Vor Beginn der Saison hatte er zu mir gesagt: »Ich werde viele freie Wochenenden haben.«

Die Rolle, die für ihn vorgesehen war, war ehrenvoll: Er sollte ein Beispiel von Professionalität abgeben. Also ließ er sich auf dem Trainingsplatz nie hängen, nahm sich genug Zeit für Behandlungen und ging regelmäßig in den Kraftraum. Er hatte sich von Martin

Krüger ein zusätzliches Fitnessprogramm geben lassen. Wenn ein erfahrener Spieler wie er so sorgfältig arbeitete, ohne eine echte Chance zu haben, was sollten erst die anderen Spieler sagen?

Parensen hatte in der Jugend von Borussia Dortmund gespielt, in der zweiten Mannschaft des Klubs und einige Male im Kader des Bundesligateams gestanden, ohne eingewechselt zu werden. Er war in der Hoffnung zur zweiten Mannschaft des 1. FC Köln gewechselt, es von dort aus ins Profiteam zu schaffen. In der Rückschau fand er sich damals zu ungeduldig und gleichzeitig zu gleichgültig, so war die Chance vorbeigezogen. Mit 23 Jahren war er nach Berlin gewechselt. »Erst da habe ich mich richtig mit dem Profidasein beschäftigt«, sagte er.

Elf Jahre später war er eines der Gesichter des Klubs. Das war schön, aber als Sportler wollte er sich im Wettkampf messen. Ein paar Tage vor dem Spiel gegen Freiburg hatte er mir noch gesagt, dass er gerade einen Durchhänger hatte. Nach dem Testspiel gegen Dresden, bei dem der Rasen nicht gewässert worden war, hatte er mir erklärt: »Zwar würde jeder Trainer dieser Behauptung widersprechen: Aber in so einem Spiel kannst du nur verlieren.« Ich war erstaunt, ich hatte immer gedacht, dass sich Reservisten über gute Leistungen in solchen Tests anbieten könnten. Aber Parensen schüttelte den Kopf. »Wenn man nach Trainingsleistung oder nach dem Auftreten in solchen Tests aufstellen würde, müsste man die Mannschaft jede Woche komplett neu zusammenwürfeln.« Kein Spieler würde 40 Wochen lang gleichbleibend gut trainieren, auch Stammspieler hätten mal schwächere Phasen. Das bedeutete aber im Umkehrschluss auch, dass tolle Trainingsleistungen einen nicht umgehend in die Startaufstellung katapultieren. »Damit du in die Mannschaft kommst, braucht der Trainer eine Idee mit dir.«

Oder es verletzte sich jemand, wie Neven Subotic zwei Tage vor dem Spiel gegen Freiburg. »Als Neven vorzeitig vom Platz ging, war mir relativ klar, dass ich spielen würde. Ich habe mir gesagt: Ok, cool, dann ist es jetzt so weit.« Er hatte seinen Vater im westfälischen Bad Driburg angerufen, der eigentlich nicht zum Spiel hatte kommen wollen. »Er hat sich ins Auto gesetzt und sich auf den Weg gemacht.« Vater Parensen sah daher live, dass sein Sohn am Anfang des Spiels noch auf Sicherheit bedacht war, aber nach einer Viertelstunde ging er ganz im Geschehen auf dem Platz auf. »Danach war es wie immer«, sagte Michael Parensen. Er half entscheidend mit, dass Freiburg kaum eine Chance hatte.

Sein Bundesligadebüt hob den Sieg gegen Freiburg für die meisten Unioner auf eine andere Ebene, das war Parensen schon bewusst. »Die Menschen sind Sinnsucher. Man arbeitet für etwas, das nachwirkt, und bei mir sehen sie einen, der sich unserem Klub verschrieben hat.« Dabei waren der Verein und er sich anfangs nicht gleich um den Hals gefallen, Parensen hatte Berlin anfangs sogar scheußlich gefunden. Die Stadt, der Verein und er waren langsam zusammengewachsen. »Ich bin ein sehr treuer Mensch, aber es dauert bei mir länger, Freundschaften zu schließen.« Bei den Unionern war es schließlich auch nicht anders.

Parensen ging häufiger zu Veranstaltungen mit Fans als die meisten Spieler, obwohl es ihm selber eigentlich fremd war, ein Fan zu sein. Die Fans hatten ihn ins Herz geschlossen, obwohl Parensen beileibe kein Volkstribun war und eher distanziert. Aber sie hatten gesehen, dass Parensen schweren Verletzungen getrotzt hatte und alles für ihren Verein gab. »Die Leute hat es beeindruckt, dass ich wiedergekommen bin. Wir kämpfen schließlich alle gegen Widrigkeiten, ob im Fußball oder im Leben«, sagte Parensen.

Während wir miteinander sprachen, wuselte sein Sohn durch die Kabine. Nach Abpfiff hatte er zum ersten Mal den vierjährigen Milian Luca auf den Platz geholt, der nun immer noch außer sich vor Begeisterung war. »Er wird sich später bestimmt nicht daran erinnern, aber es wird Fotos davon geben, die ich ihm zeigen kann. Ich möchte ihm vermitteln, dass man arbeiten muss und nicht aufgeben darf, selbst wenn es schwerfällt. Und wenn er später vielleicht mal zu früh aufgeben will, kann ich ihn daran erinnern.«

Druck!

Ich saß mit vier Spielern im Auto, die schlechte Laune hatten. Sehr schlechte Laune! Wir waren auf dem Weg zur Arena des FC Bayern, in der sie sich nicht umziehen, nicht warm machen, nicht spielen oder nicht einmal auf der Bank Platz nehmen würden. Florian Hübner, Ken Reichel, Nicolai Rapp und Jakob Busk würden das Spiel von den Rängen aus sehen, als wären sie Fans und nicht Fußballprofis. Ein Handy klingelte, und Akaki Gogia war dran. Auch er würde das Spiel bei den Bayern verpassen, er hielt sich ganz in der Nähe auf, in Augsburg. Beim Spiel gegen Frankfurt hatte er sich das Kreuzband gerissen, war in der Reha und würde es noch länger bleiben. Rapp, den er angerufen hatte, stellte das Telefon laut. »Ihr seid ja nicht mal im Kader, ihr Lappen!«, krähte Gogia vergnügt aus dem Lautsprecher. Die vier schauten betrübt. »Ja, wir sind Lappen«, sagte Rapp.

Normalerweise war es nicht so, dass Spieler zu Auswärtsspielen mitreisten, die nicht im Kader standen. Aber nach dem Spiel in München würde es direkt zum Pokalspiel nach Freiburg weitergehen, und Fischer wollte die Möglichkeit haben, auf Verletzungen zu reagieren oder einem Spieler eine Pause gönnen zu können. Für Busk als dritten Torwart war weitgehend klar, dass er kaum zum Einsatz kommen würde, er tat sich mit der Situation am wenigsten schwer. In den anderen rumorte es.

Am Stadion bekam das Quartett die Eintrittskarten, mit denen sie, wie sich herausstellen sollte, zwischen Union-Fans saßen. Sie hassten es, mühsam den Weg zu ihren Plätzen suchen zu müssen, und dass es dort nichts Vernünftiges zu essen und zu trinken gab. Und sie mochten es nicht, wie sich die Fans verhielten. »Unsere Fans haben unsere Spieler mit Begriffen beschimpft, die ich hier gar nicht wiedergeben will«, erzählte Reichel, als wir uns nach dem Spiel wiedertrafen. Mich erstaunte das, weil unbedingte

Loyalität zum zentralen Selbstverständnis von Union-Fans gehört und das Spiel keinen Anlass zur Kritik geliefert hatte. Es ging zwar mit 1:2 verloren, wobei Sebastian Andersson noch einen Elfmeter verschoss, aber die Mannschaft kam keinesfalls unter die Räder und wurde hinterher von den 8000 Union-Fans im Stadion enthusiastisch gefeiert. (Im Gästeblock wurden nach dem Spiel sage und schreibe 276 Portemonnaies gefunden, was auf einen relativ schwungvollen Alkoholkonsum schließen ließ.) Alle schienen stolz darauf zu sein, wie das kleine Union bei den großen Bayern mitgehalten hatte.

»Wir wären besser zu Hause geblieben«, sagte Hübner, als wir zum Hotel zurückfuhren. Er hatte in der Vorsaison immer gespielt, wenn er gesund war, doch bislang war er überhaupt noch nicht zum Einsatz gekommen. Anfang der Saison war Hübner verletzt gewesen, nun war er wieder gesund, aber es gab unter den 32 Profis sieben Innenverteidiger. »Es ist schon eine brutale Situation mit so vielen Spielern, das habe ich noch nie erlebt«, sagte er. Auch Reichel hatte in der Vorsaison fast alle Spiele gemacht und nun seinen Platz an Christopher Lenz verloren. So was passierte, aber je größer die Zahl der Spieler, desto mehr Frustration. »Wir sind eine gute Gruppe, aber nach den vier Niederlagen ...«, sagte Hübner und ließ das Ende des Satzes offen. Noch einmal wurde mir klar, wie wichtig der Sieg gegen Freiburg gewesen war.

Wenn die Mannschaft erfolgreich war, gab es wenig Gründe für den Trainer, die Aufstellung zu verändern. Dann mussten die Reservisten den Frust darüber, dass sie nicht spielten, in sich hineinfressen. Es wurde von ihnen verlangt, dass sie gut trainierten und sich auf den Moment vorbereiteten, in dem sie eine Chance bekamen, weil der Trainer eine Idee mit ihnen hatte, wie Parensen es erklärt hatte. Wenn es hingegen nicht lief, wie bei den vier Niederlagen in Folge, wuchs die Unruhe. Auch ich bekam schon mit, dass Spieler bei Fischer vorstellig wurden und fragten, warum sie nicht spielten.

»Wenn ich nicht spiele, werde ich verrückt«, sagte Hübner. Er hatte mal bei Hannover 96 in der Bundesliga gespielt, war aber zu Union Berlin in die Zweite Liga gewechselt, weil er in Hannover zu häufig auf der Bank gesessen hatte. Dass er nun wieder zusehen musste, quälte ihn. Er war auch nicht der Typ von Spieler, der im Training ständig alles gab. Das hatte nichts mit Faulheit zu tun, aber er brauchte den Kick eines Spiels, um an seine Leistungsgrenze zu kommen.

Nicht nur die Spieler standen unter Druck. Abends im Mannschaftshotel saßen wir nach dem Essen noch in kleiner Runde zusammen. Fischer und das Trainerteam hatten in einem Nebenraum noch mal das Spiel vom Nachmittag angeschaut und waren nun wieder zurückgekommen, um im Fernsehen das »Aktuelle Sportstudio« anzuschauen. Manager Ruhnert war ebenfalls da. Er hatte die Mannschaft zusammengestellt, die Fischer in die Bundesliga geführt hatte. Vorher hatte er die Nachwuchsabteilung von Schalke 04 geleitet, war danach Scout von Union gewesen, bevor ihn der Klub als Manager verpflichtete.

Seine Nervosität an Spieltagen war legendär. Er machte alle ganz wuschig damit, dass er ständig hereinkam und sofort wieder hinauslief, aber es gehörte fast schon zur Folklore dieser Mannschaft, und vielleicht wären alle unruhig geworden, wenn Ruhnert an Spieltagen in buddhagleicher Ruhe durch die Kabine geschritten wäre.

An diesem Abend war er aber nicht nervös, sondern lustig und reichlich überdreht. Mit großer Freude nannte er Adrian Wittmann beharrlich »Adnan« und zog ihn damit auf, dass das Fernsehen zu leise gestellt war. »Die Lautstärke ist perfekt so eingestellt, dass ich 30 Prozent hören kann.« Weil sich Wittmann so viel mit Videos beschäftigte, gingen immer alle davon aus, dass er sich auch um funktionierende Fernsehbilder kümmerte. Steven Pälchen hatte aus dem Zimmer der Physios, die noch immer Spieler behandelten, eine Schiefertafel mit dreieckigen Sandwiches mitgebracht. Sie waren schon leicht vertrocknet und wurden durch eine Kornähre zusammengehalten. Ruhnert zog sie heraus, steckte sie sich ins Haar und begann im Essraum herumzulaufen. Er trug dabei keine Schuhe. »Hier kann man ja nicht mal auf Socken herumlaufen«, sagte er und deutete auf die Krümel auf dem Boden. Ruhnert hatte einen Schrittzähler und ein Tagesziel von 10 000 Schritten, vielleicht fehlten noch ein paar.

Er war jedenfalls sehr komisch, der Socken-Manager mit der Ähre im Haar. Wir lachten und schüttelten den Kopf. Als er wieder an seinem Platz saß, versuchte Ruhnert, sich von Markus Hoffmann Geldmünzen zu leihen, denn er würde am nächsten Morgen in einer Fernsehsendung auftreten, in der es ein sogenanntes Phrasenschwein gab, in das man Geld werfen musste, wenn man während der Diskussion eine typische Fußballphrase benutzt hatte. Ruhnert hatte kein Kleingeld und Hoffmann ausgeguckt. Sie stritten vergnügt, und man merkte, dass die beiden solche Gaga-Diskussionen schon häufiger geführt hatten.

Während der Woche war Ruhnert mal da, mal nicht, weil er zwischen Berlin und Iserlohn pendelte, einer Kleinstadt im Sauerland. Dort lebte seine Partnerin mit ihren schulpflichtigen Kindern, denen sie zwei bzw. drei Jahre vor dem Abitur keinen Umzug zumuten wollten. Aber auch sonst war Ruhnert dort fest verwurzelt, hin und wieder pfiff er am Wochenende noch Spiele in der Kreisliga. Außerdem war er Fraktionsvorsitzender von Die Linke im Stadtrat von Iserlohn. Dass er das bleiben durfte, hatte er sich vertraglich zusichern lassen.

Ruhnert hatte ursprünglich Lehrer werden wollen, war aber beim örtlichen Fußballverein Sportfreunde Oestrich hängen geblieben und hatte sein Referendariat immer weiter nach hinten verschoben. Er war Trainer und Manager in Personalunion gewesen und hatte mitgeholfen, eine erfolgreiche Jugendmannschaft aufzubauen, die regelmäßig den Nachwuchs von Schalke 04 und Borussia Dortmund schlagen konnte. Als eine neue Vereinsführung bei seinem Klub ihn entließ, nahm er ein Angebot von Schalke an, als Jugendscout zu arbeiten. Später trainierte er die zweite Mannschaft des Bundesligisten und leitete schließlich sechs Jahre lang Schalkes Nachwuchsakademie, eine der besten in Deutschland.

Das war ein ungewöhnlicher Weg in den Profifußball. »Ich

wollte den Job nie, es hat sich alles so ergeben. Und ich will ihn auch nicht ewig machen. Die Leute meinen immer: Wenn du Manager bist, musst du immer Manager bleiben und am Ende zu Bayern München gehen.« Ruhnert erklärte gerne, dass er keine Angst vor einem Rauswurf hätte, weil er dann halt was anderes machen würde. Das gab ihm die innere Freiheit, die Dinge so zu tun, wie er sie für richtig hielt. Auch gegenüber Big Boss Zingler vertrat er seine Ansichten klar, selbst wenn sie unterschiedlicher Meinung waren, was Zingler gefiel.

Er hatte Ruhnert bei der Jobanbahnung gefragt, ob er das politische Mandat nicht aufgeben wolle. »Da habe ich gesagt: Dann werde ich hier nicht Ihr zuständiger Mann.« Ruhnert war in einem klassisch sozialdemokratischen Haushalt aufgewachsen, seine Mutter war Monteurin in einer Fabrik, sein Vater Landschaftsgärtner, beide SPD-Mitglieder. Wie viele Sozialdemokraten hatte sich Ruhnert mit der Agenda 2010 endgültig von der Partei abgewendet, einer Reform des Sozialsystems, die harte Einschnitte für viele Menschen aus bescheidenen Verhältnissen bedeutete. Ruhnert war in Die Linke eingetreten und hatte es geschafft, dass die Partei im zutiefst konservativen Iserlohn drittstärkste Partei im Stadtrat wurde.

Und warum sollte das, was auf der kleinen Bühne in Iserlohn gelungen war, nicht auch auf der großen gelingen? Beim Fußball war es nicht anders gewesen. »Reizen tut mich das. Die Linke im Bund auf jenseits von acht Prozent zu führen, würde ich mir absolut zutrauen. Ich glaube, dass ich ein Gespür habe, Mannschaften zu bilden, die aufsteigen oder in der Liga bleiben können. Und ich glaube zu wissen, was die Menschen in verschiedenen sozialen Schichten bewegt. Dass ich ein paar Euro mehr auf dem Konto habe, heißt nicht, dass ich nicht weiß, was in einem Hartz-IV-Empfänger vorgeht.«

Ruhnert mochte zwischen Fußball und Politik letztlich nicht wissen, wohin ihn sein Weg noch führen würde, aber das bedeute nicht, dass ihm egal war, ob das mit Union klappte oder nicht. Dazu war er zu ehrgeizig und, wie er sagte, ein zu schlechter Verlierer. »Der Verein spielt in einem Bereich mit, wo er nichts zu suchen hat«, sagte er. Aber das machte die Aufgabe erst recht spannend und erhöhte den Druck, den er manchmal halt in hemmungslosem Unfug abließ.

Der Profifußball ist eine Berufswelt, die ihre Protagonisten auf vielfältige Weise unter Druck setzt, und zuweilen entlädt sich alles. Drei Tage später, gerade war das Pokalspiel in Freiburg abgepfiffen worden, Union hatte überraschend mit 3:1 gewonnen, stand ich im Spielertunnel und wurde von der Welle der Emotionen fast weggespült. Als Christian Gentner in den Schlussminuten das dritte Tor geschossen hatte, war ich über die Außentreppe des Freiburger Stadions nach unten gelaufen und kam mir nun vor, als sei ich inmitten eines Schlachtengemäldes gelandet. Direkt über mir schrie ein Zuschauer: »Scheiß-DFB!« Die Schiedsrichter verließen nämlich gerade den Platz, und dieser Zuschauer hatte wohl sie als die Schuldigen der Niederlage ausgemacht. Warum, das verstand ich nicht.

Als Christian Streich an mir vorbeilief, brachte ich mich in Deckung. Wir kannten uns schon lange, aber jetzt wollte ich nicht mit ihm sprechen müssen, denn an Spieltagen verwandelte er sich in einen anderen Menschen, der gerade halb artikulierte Flüche ausstieß und in die Kabine floh, vielleicht auch vor sich selber.

An mir vorbei wurden routiniert Plastikwände mit den Namen und Logos der Vereinssponsoren auf den Platz getragen, kamen Kameramänner mit Kabelträgern im Schlepptau, die wirklich Kabel trugen. Die Pressesprecher der beiden Vereine hielten Ausschau nach Kandidaten, die sie zu Interviews schicken konnten. Die Union-Spieler aber feierten noch auf der anderen Seite des Spielfelds vor dem Gästeblock. Derweil packte Susi Kopplin die Decken mit dem Vereinsemblem zusammen, die auf der Auswechselbank gelegen hatten, und trug sie in die Kabine. Physiotherapeut Max Perschk brachte sein Notfallköfferchen weg. Urs Fischer hatte Freunde oder Bekannte auf der Tribüne ausgemacht, die aus der Schweiz gekommen waren, obwohl das in dem Chaos krakeelender Zuschauer und schreiender Spieler, die wütend vom Platz stapften, gar nicht so leicht war. Mit ihnen unterhielt er sich.

Freiburgs Manager Jochen Saier, den ich ebenfalls schon lange kannte, kam auf mich zu, und ich streckte ihm die Hand reflexartig entgegen, was ein Fehler war. Wir hatten uns schon vor dem Spiel begrüßt, und er sagte: »Muss ich dir auch gratulieren?« Puh! »Was deine Jungs hier machen, ist unterste Schublade. Die haben den Heintz komplett durchbeleidigt«, sagte er. Ich zuckte mit den Achseln, sagte nichts, weil ich nicht wusste, worum es ging.

Das erfuhr ich von Sebastian Polter, der auf einem Stuhl vor der Kabinentür saß. Er erzählte, dass er Dominique Heintz von der Bank aus als »Buckel-Heintz« beschimpft hätte. Freiburgs Verteidiger hatte einen Rundrücken, der wie ein Buckel wirkte. »Aber das lag daran, dass die Freiburger die ganze Zeit Tony Ujah beleidigt haben«, sagte Polter. Es war schwierig, hier zu klären, wer wen zu Recht oder zu Unrecht beschimpft hatte. Aber eins war klar: Zwischen Freiburg und Union bahnte sich eine solide sportliche Fehde an.

Die Wut der Verlierer auf die Sieger, die auf dem Rasen erneut auf eine Weise eklig waren, auf die Freiburg keine Antwort fand, machte den Erfolg besonders süß. Zumal Fischer einige Stammspieler hatte pausieren lassen. »War richtig gut heute«, sagte Zingler und schaute wie ein Junge, der mit einem Streich durchgekommen war.

Fischer stand inzwischen im Dopingraum und rauchte in der Dusche. »Das haben wir gut gemacht«, sagte er. Ruhnert hielt in der Kabine noch eine Ansprache, auch ihm war die Erleichterung anzumerken. Ich klopfte Rapp auf die Schulter, der in München noch als Lappen auf der Tribüne gesessen und nun gespielt hatte. Dann packten wir unsere Sachen und fuhren zum Flughafen nach Basel. Die Reise nach München und Freiburg hatten wir zum ersten Mal in einem Charterflugzeug gemacht. Jetzt fühlte es sich angemessen an, dass die weiße Propellermaschine in Basel auf dem Rollfeld auf uns wartete und uns zurück nach Berlin brachte. Als wir in Schönefeld ausstiegen, machten die Männer, die unser Gepäck entluden, auf dem Rollfeld noch Fotos mit einigen Spielern. Es war kalt, wir waren müde und wollten nach Hause. Aber es fühlte sich gut an, das Berliner Derby konnte kommen.

Berlins Nummer eins

Markus Hoffmann hatte eine hoch entwickelte Kunst, seinen Körper vorwärtszubewegen, die man nicht unbedingt Gehen nennen musste. Er hob die Füße nur minimal vom Boden und rollte sie kaum ab, wenn er sie aufsetzte. Dadurch entstand der Eindruck, es befänden sich kleine Rollen unter seinen Füßen. Wenn Hoffman ging, war sein Rücken rund, der Körper leicht vorgebeugt, und er bewegte die Arme nur wenig hin und her. Außerdem verstand er es, den Blick dabei so leer werden zu lassen, dass man den Eindruck bekommen konnte, der ganze Mensch sei auf Stand-by geschaltet.

Mit diesem Blick saß er an jenem Abend vor seinem Computerbildschirm, den morgens noch einmal frisch rasierten Glatzkopf nach vorne gestreckt wie eine Schildkröte, die aus ihrem Panzer lugte, und buchte einen Flug. Aus der Kabine wummerten Beats ins Trainerzimmer herüber und einzelne Jubelschreie. Immer wieder kamen Menschen mit roten Backen herein, glückselig strahlend, um abzuklatschen oder noch mal einen Jubelschrei loszulassen. Hoffman ließ sich davon nicht beeindrucken, er buchte einen Flug von Berlin nach Salzburg für den nächsten und einen Rückflug für den übernächsten Tag, denn gleich würde in der Kabine verkündet werden, dass die Mannschaft als Belohnung für den Sieg im Lokalderby gegen Hertha BSC zwei Tage freibekäme, also auch die Trainer, und Hoffmann wollte zu seiner Familie.

Während des Spiels, das vom Schiedsrichter unterbrochen werden musste, weil es mit den Leuchtraketen aus dem Block der Anhänger von Hertha BSC und den Pyrofackeln zu viel geworden war, war Markus Hoffmann zweimal fast von einer Rakete getroffen worden. »Na ja«, sagte er nun, als er seine Sachen zusammenräumte, »das ist bei einem Derby eben so.« Hoffmann war ein Meister darin, Aufregungen abzumoderieren. Am 2. November

2019 war er der unaufgeregteste Mensch im Stadion An der Alten Försterei oder zumindest der, der seine Aufregung am besten verbarg.

Ich war mittags nicht mit der Mannschaft ins Hotel an den Müggelsee gefahren, weil ich mir die Atmosphäre ums Stadion aufregender vorstellte. Dadurch verpasste ich eine Gruppe kreischender Kinder, die so über die Hotelflure tobte, dass die Spieler nicht schlafen konnten. Ich war nachmittags durch Köpenick gelaufen – das Spiel sollte abends um halb sieben beginnen –, um ein Gefühl für das erste Spiel zwischen Union und Hertha BSC seit sechseinhalb Jahren zu bekommen.

Die Größe eines Spiels bemisst sich daran, wie viel darüber gesprochen und geschrieben wird, und es war in den vorangegangenen Tagen sehr viel darüber geschrieben und gesprochen worden, fast mehr noch als über das bereits komplett überladene erste Saisonspiel gegen Leipzig. Es wurde eine Rivalität beschworen, die etwas Künstliches hatte, weil beide Klubs erst viermal aufeinandergetroffen waren, als Hertha BSC für zwei Spielzeiten in der Zweiten Liga gastierte. Zweimal hatten sie unentschieden gespielt, einmal hatte Hertha An der Alten Försterei gewonnen und einmal Union im Olympiastadion. Ich hatte das Spiel damals gesehen, das einen magischen Moment hatte, als Union in der 71. Minute einen Freistoß zugesprochen bekam. Die 30000 Fans, die ihre Mannschaft begleitet hatten, begannen in diesem Moment einen ihrer liebsten Sprechchöre anzustimmen: »Torsten Mattuschka, du bist der beste Mann. Torsten Mattuschka, du kannst, was keiner kann. Torsten Mattuschka, hau ihn rein für den Verein.« Torsten Mattuschka, ein zu Übergewicht neigender Spieler mit einer deutlich unterentwickelten Begeisterung fürs Laufen, war damals der absolute Publikumsliebling. Was aus ihm hätte werden können, ahnte man, wenn er zauberhafte Pässe dahin spielte, wohin sie niemand sonst in seiner Mannschaft spielen konnte, oder wenn er Freistöße schoss. An jenem kalten Winterabend am anderen Ende der Stadt hatte er seinen größten Moment. Während die Fans ihn besangen, nahm er Anlauf und tat das, was sie da sangen. Er haute ihn rein für den Verein. Wunderbar schoss er mit rechts den Ball durch die Mauer, einmal sprang er vor Herthas Torwart noch auf. Es war das 2:1 für Union und sollte der Siegtreffer sein.

Es hatte zudem noch zwei Freundschaftsspiele der beiden Klubs gegeneinander gegeben. Das erste im Januar 1990, und Freundschaft war zwei Monate nach dem Fall der Mauer der treffende Begriff, weil die Anhänger beider Vereine freundschaftliche Bande geknüpft hatten, als es noch zwei Deutschland gab. Hertha-Fans trugen damals auf ihren Kutten gerne Aufnäher mit den Umrissen von West- und Ostberlin, getrennt durch eine stilisierte Mauer, auf deren einer Seite das Emblem von Hertha und auf der anderen das von Union zu sehen war. Der eingestickte Slogan dazu hieß: »Freunde hinter Stacheldraht. Eisern Berlin«. Manche Herthaner kamen in den Jahren der geteilten Stadt nach Köpenick hinüber, um die Unioner zu besuchen, es gab einige persönliche Freundschaften aus jener Zeit.

In den Tagen vor dem ersten Derby in der Bundesliga wurden die Bilder von 1990 wieder herausgeholt und die Geschichte erzählt, wie Abertausende Unioner ins Olympiastadion gekommen waren. Wie sie den Eintritt in Ostmark bezahlen durften und wie man gemischt in Blau-Weiß und in Rot-Weiß auf den Rängen zusammensaß und sich freute, dass es keinen Stacheldraht mehr gab und die geteilte Stadt nicht mehr geteilt war. Aber in den fast drei Jahrzehnten, die seitdem vergangen waren, hatten sich das Gefühl, die Euphorie und der Zusammenhalt verloren. Ziemlich schnell war das gegangen, schon wenige Monate nach der Begegnung im Olympiastadion kamen zum zweiten Freundschaftsspiel nicht einmal 4000 Zuschauer in die Alte Försterei. Was da verflog, erklärte Dirk Zingler in einem Interview, das er vor dem Derby gab, so: »Unsere Familie wurde 1961 durch den Mauerbau getrennt. Meine Großeltern, Onkel und Tanten in Westberlin haben uns 30 Jahre lang Pakete geschickt. Das war toll. Alles, was dadrin war, hat so gut gerochen. Dann war die schreckliche Mauer weg, und wir haben uns schnell daran gewöhnt, weil jetzt alles so gut roch. In Bezug auf die Klubs hatte sich gerade bei Union ein oppositionelles Bild aufgebaut. Man war nicht Freund von anderen Ostberliner Klubs, man war Freund von Hertha. Was störte, war die Mauer. Als die weg war, bröckelte die Liebe zur unbekannten Geliebten. Es war wie bei einer Brieffreundschaft. Man hat sich erstmals gesehen und gemerkt, dass es doch nicht die große Liebe ist.«

Die Aufregung des Derbys hatte mich mittags erwischt, als ich meine Eintrittskarte nicht finden konnte. Der Klub hatte mir für die gesamte Saison einen Arbeitsausweis ausgestellt, mit dem ich mich im Stadion frei bewegen konnte. Er hing an einer roten Kordel, doch nun war er verschwunden. Ich durchsuchte die Wohnung einmal und noch ein weiteres Mal. Ich begann zu schwitzen, ich fand die verdammte Karte nicht. Ich rief Christian Arbeit an und erreichte ihn nicht. Ich rief Hannes Hahn an, der neben dem Eingang zur Kabine sein Büro hatte und die tägliche Pressearbeit mit den Spielern und Trainern koordinierte, ein Bayer vom Ammersee mit robustem Humor. Er hatte keine Karten und keine Ersatzkarten mehr. Ich schwitzte noch mehr. Ein paar Minuten später schickte er eine SMS: »Ich löse das.« Und wenn er das sagte, so gut kannte ich ihn inzwischen, würde ich mich darauf verlassen können. Erleichtert machte ich mich auf den Weg.

Bei Lokalderbys geht es auch darum, die Unterschiede zwischen den Klubs herauszuarbeiten. Sie sind ideale Gelegenheiten, sich seiner selbst zu vergewissern und vom jeweils anderen abzugrenzen. Als ich den S-Bahnhof Köpenick verließ, lief ich fast in zwei Union-Fans, die auf einem Wasserspender eine Flasche »Berliner Luft« abgestellt hatten, einen süßen Pfefferminzlikör. Ich hatte, bevor ich nach Berlin kam, noch nie davon gehört. Es war quasi die Ostvariante des süßen Apfelschnapses, den ich in meiner Jugend getrunken hatte, um verlässlich schnell besoffen zu werden. Ich fragte mich, ob auch Herthaner »Berliner Luft« tranken.

Das Problem vieler Derbys ist, dass die realen Unterschiede der Kontrahenten oft wesentlich kleiner sind als die behaupteten. Borussia Dortmund und Schalke 04 kommen aus unterschiedlichen Städten des Ruhrgebiets, haben unterschiedliche Vereinsfarben und sind unterschiedlich sportlich erfolgreich, aber von dem, wofür sie stehen, und auch von der Zusammensetzung des Publikums sind sie sich sehr ähnlich – selbst wenn das die Anhänger beider Klubs vermutlich wütend abstreiten würden. Aber was wurde beim Berliner Lokalderby verhandelt?

Unions Ultras hatten sich vor der Kneipe »Hauptmann von Köpenick« gegenüber der S-Bahn-Station versammelt, um von dort aus einen gemeinsamen Fanmarsch zum Stadion anzutreten. Wie die meisten Ultras in Deutschland trugen sie fast alle Schwarz. Schwarze Jacken, schwarze Hosen, schwarze Mützen machten sie zu einem schwarzen Block. Dieser Style war von den Demos der Autonomen abgeschaut, die sich einheitlich kleideten, um auf Polizeivideos schlechter identifiziert werden zu können. 300 bis 400 Mann, und es waren fast nur junge Männer, standen beieinander. Es wurde weder gesungen noch viel getrunken. Der ein oder andere hatte ein Bier in der Hand, aber es war kein lustvolles Vorglühen vor dem Spiel, dazu war die Sache zu ernst.

Am Trainingsplatz hatte zwei Tage zuvor ein Transparent gehangen, eine bepinselte Bahn Raufasertapete. »KÄMPFT AUF DEM PLATZ WIE WIR AUF DEM ACKER UND DEN STRASSEN DIESER STADT! BK, CM, HH« stand darauf. Die meisten Spieler hatten ratlos davorgestanden und sich gefragt, was mit »dem Acker« gemeint sei. Sebastian Bönig erklärte ihnen, dass sich das auf die Kämpfe der Hooligans bezog, die sich heutzutage kaum noch in der Nähe der Stadien und schon gar nicht drinnen prügelten, sondern mit anderen Hooligans zu Schlägereien an Orten verabredeten, wo sie nicht Gefahr liefen, sofort die Polizei auf dem Hals zu haben. Es ging also um eine Art von Kampfsport mit Fußballanbindung. Die drei Kürzel waren die von Gruppen, deren Mitglieder sich entsprechend betätigten, der »Brigade Köpenick«, die nach dem Spiel in Leverkusen noch mit uns im Flugzeug gesessen hatten, Crimark (zusammengesetzt aus »Crime« und »Mark«, also Mark Brandenburg) und den Ultras der Hammerhearts. Während des Trainings war eine Handvoll Jungs auf einen Container außerhalb des Trainingsplatzes gestiegen und hatten Leuchtfackeln gezündet.

Das war aber nichts gegen das, was freitags beim Abschlusstraining von Hertha BSC passiert war, wo rund 1000 Fans kamen und die Mannschaft lautstark aufs Derby einschworen: »Und niemals vergessen: Scheiß-Union.« Bei Union hingegen kam zum Abschlusstraining niemand mehr, und die Tapetenbahn hing auch schon wieder halb herunter. Als Zingler vorbeischaute, sagte er: »Bei denen ist viel los. Die wollen zeigen, dass sie die Nummer eins in Berlin sind. Wir müssen nichts beweisen.« Die haben den Stress, nicht wir, wollte er damit sagen. Aber das war am Tag vor dem Derby.

Als die Ultras ihren Marsch zum Stadion begannen, lief einer der beiden Vorsänger mit einem Megafon in der Hand voneweg, und ich fühlte mich ans »Berghain« erinnert. In Berlins berühmtestem Club war das Fotografieren streng verboten, die Exzesse sollten undokumentiert bleiben. »Tut die Telefone weg«, schrie nun der Vorsänger, als die Leute am Straßenrand den martialischen Block fotografierten und filmten. Auch hier sollten keine Bilder entstehen, als die Fans die Arme in die Luft streckten und zu klatschen begannen. Viele trugen schwarze Handschuhe, aber nicht gegen die Kälte, sondern um für einen möglichen Fight gerüstet zu sein. Mir war das zu ernst, zu martialisch und machistisch, also überholte ich den Marsch und ging zum Stadion voraus. Vom Eingang zum Spielerbereich aus konnte ich noch den Feuerschein und Rauch der Pyrofackeln sehen, die Hertha-Fans auf dem Weg zum Gästeblock abbrannten. Nein, das würde kein annähernd normales Spiel werden.

Am Stadionempfang in der Haupttribüne wartete die Ersatzkarte auf mich, eine exakte Kopie der Karte, die ich verloren hatte. Ich hängte sie mir um den Hals, und weil es drinnen deutlich wärmer war als draußen in der Kälte des Novembertages, zog ich meine Jacke und meinen Pullover aus. Komisch, dass sie mir zwei Karten gegeben haben, dachte ich einen Moment lang. Dann wurde mir schlagartig klar, was passiert war: Die Arbeitskarte, die ich so panisch gesucht hatte, hatte die ganze Zeit um meinen Hals gehangen. Und weil Hannes Hahn gerade vorbeikam, sah er das auch und begann mich auszulachen. Der Depp des Derbys war schon mal gefunden.

Vor dem Warmmachen kam Zingler in die Kabine, seinen alten rot-weiß Strickschal um den Hals gelegt, und sprach kurz zu der Mannschaft. Dass er das tat, war ungewöhnlich, aber er hielt keine donnernde Motivationsrede, sondern sprach eher beruhigend. Das hatten die Trainer in den Tagen zuvor ebenfalls getan, sie befürchteten eher eine Übermotivation. »Geladen wirst du sowieso sein, aber schießt du wild hin und her oder zielst du? Überdrehst du oder hast du deine Emotionen im Griff«, hatte Fischer die Spieler gefragt. Ein wenig gereizt hatten die Trainer die Spieler allerdings schon. In der Kabine hing ein Zitat von Herthas Trainer Ante Covic an der Wand, der gesagt hatte: »Wir sind Hertha BSC. Wir sind das unseren Fans schuldig. Wir müssen einfach die Qualität haben, Union jederzeit zweimal schlagen zu können. Das steht außer Frage. Das ist für mich Selbstverständnis.«

Als die Mannschaften sich draußen warm machten, sagte Masseur Thomas Riedel sichtlich beeindruckt: »Alter, ist das ein Kessel!« Und Grischa Prömel, der immer noch verletzt am Spielfeldrand stand, nickte: »Heute tut es besonders weh. Für solche Spiele ist man Fußballer.« Für solche Spiele ist man auch Fußballfan, und nun wurde auch klar, was bei diesem Derby verhandelt wurde.

In der Gästekurve sangen die Hertha-Fans: »Unioner kommen aus Köpenick, Herthaner aus Berlin.« Als die Mannschaften auf den Platz kamen, entrollten sie ein Transparent, auf dem stand: »Es gibt nur ein Berlin, und das ist mein Berlin«. Hier ging es also nicht um Ost gegen West, sondern um Hauptstadt gegen Vorstadt, Groß gegen Klein, Platzhirsch gegen Emporkömmling. Auch wenn die Großen ihren Zielen hinterherliefen, obwohl sich gerade ein Investor mit 224 Millionen Euro eingekauft hatte. Und die Kleinen nicht mehr so klein waren, dass man sie getrost ignorieren konnte.

Die Choreografie der Union-Fans beim Einlauf der Mannschaften war unglaublich aufwendig und bediente sich der griechischen Mythologie. Auf der Waldseite hinter dem Tor war zunächst ein riesiges Banner mit der Aufschrift »Die Prophezeiung des Orakels von Coepenick« zu lesen. Über der gesamten 100 Meter langen Gegengerade wurde dann eine Blockfahne hochgezogen, auf der stand: »Angekommen im Fußballolymp. Nach einer schier endlosen Odyssee schlägst du nun deine größte Schlacht, deinem Gegner wird dies fortan bedeuten, erst die Sünde, nun der Tod.« Auf der Waldseite wechselte das Motto auf »Spreeathen ist Weiß und Rot«, an einer Metallkonstruktion wurde eine Fahne hochgezogen, auf der Perseus in den Farben von Union Berlin mit einem Schwert gegen eine Medusa in den Farben von Hertha BSC kämpfte. Zugegeben, das alles musste ich nachschauen, auch, dass Perseus der Sohn von Zeus war und Medusas Kopf das geflügelte Pferd Pegasus entsprang. Aber vielleicht war es nicht nötig, jede Wendung zu verstehen, letztlich sollte Hertha sportlich einen Kopf kürzer gemacht werden.

Auf dem Weg dahin war auf den Rängen allerdings mehr los als auf dem Platz, wo Union schön eklig war, Hertha wenig dazu einfiel und es kaum Torchancen gab. Immer wieder wurde im Gästeblock vereinzelt Pyrotechnik gezündet. Dann begann ein schwer zu entschlüsselnder Austausch von Botschaften via Plakat, in denen es um Schlägereien ging, bei denen sich die Schläger angeblich nicht an die ungeschriebenen Regeln gehalten hatten. In der zweiten Halbzeit wurden aus dem Gästeblock Leuchtraketen in Richtung Spielfeld abgefeuert, ohne Hoffmann zu treffen, das Spiel wurde sogar für fünf Minuten unterbrochen, in denen beide Mannschaften das Spielfeld verlassen mussten. Mitte der zweiten Halbzeit wurde eine Wäscheleine mit zahlreichen geraubten Hertha-Fanutensilien vor der Union-Kurve präsentiert.

Das ganze Remmidemmi auf den Rängen tat dem Spiel nicht gut, aber letztlich sind Derbys sowieso nur im Ausnahmefall gute Fußballspiele. Sie sind »Wir gegen die« in maximaler Vergrößerung, und das Ergebnis zählt mehr als alles andere. Wir bekamen ein Ergebnis, als ein Herthaner in der 87. Minute Christian Gentner im Strafraum foulte. Der Schiedsrichter überprüfte die Szene am Video und blieb bei seiner Entscheidung, Elfmeter zu pfeifen. Das alles zog sich ewig, und während der ganzen Zeit wartete Sebastian Polter mit dem Ball in der Hand darauf, den Strafstoß zu schießen. In der Vorsaison war er Stammspieler gewesen, inzwischen wurde er nur eingewechselt und trug schwer daran. Aber jetzt konnte sein Moment kommen, indem er das Derby entschied und damit zum Derbyheld wurde, auch wenn er wieder mal nur eingewechselt worden war.

»Gefühlt hat das einen Tag gedauert«, erzählte mir Polter später über die 185 Sekunden, die zwischen dem Pfiff und der Ausführung des Strafstoßes gelegen hatten. Er hatte versucht, nicht an sich heranzulassen, was um ihn passierte: den Schiedsrichter, der noch einmal die Videobilder anschaute, die Mitspieler, die protestierenden Gegner, die schreienden Zuschauer. Er hatte sich komplett in sich zurückgezogen, um einen einzigen Gedanken festzuhalten: »Oben links.« Und er wollte diesen Beschluss so festhalten, wie er diesen Ball festhielt. Er wollte es sich nicht im letzten Moment noch einmal anders überlegen, wie Elfmeterschützen das oft machen, weshalb sich zwei Impulse verknoten und zu erbarmungswürdigen Schüssen führen, die sonst wo landen, nur nicht im Tor. Schließlich gab der Schiedsrichter den Ball mit einem kurzen Pfiff frei, Polter lief an und schoss. Er schoss wirklich nach oben links, wenn auch nicht sonderlich gut. Aber das war egal, denn es war gut genug. 1:0, der Siegtreffer, und Polti war der Derbyheld.

Union brachte die Führung über die Zeit, und alle drehten durch. Auf den Rängen entstand der Hit der Saison, und es wird wohl für immer ein Rätsel bleiben, wer ihn erdachte. Seine Schönheit bestand darin, dass er einen Gesang der Herthaner quasi kaperte und gegen sie wandte. Innerhalb weniger Momente sangen Tausende: »Stadtmeister, Stadtmeister, Berlins Nummer eins.« Und sie hörten gar nicht damit auf, wegen der Botschaft und wegen der gelungenen Kaperung und weil alle so glücklich waren.

Im Treppenhaus lief ich Zingler in die Arme, und das muss man wörtlich verstehen, weil er mir um den Hals fiel. Er hatte sein weißes Hemd komplett durchgeschwitzt und erzählte mir, dass er sich in der Loge mit einem Abgesandten von Hertha BSC fast geprügelt hatte, nachdem in die Union-Freudenfeier wieder Leuchtraketen aus dem Hertha-Block geflogen kamen. Einige Union-Ultras kletterten daraufhin vermummt über den Zaun in den Innenraum, wurden aber von der Mannschaft und vor allem Torhüter Rafał Gikiewicz wieder zurückgeschickt. Er schrie die verblüfften Fans an und scheuchte sie zurück in Richtung Ränge, was ihn in den Augen anderer Fans zum zweiten Helden des Tages machte. Dieses Spiel hatte wirklich alles, abgesehen vielleicht von Fußball.

Teilnehmende Beobachtung

Die Sozialwissenschaft kennt den Begriff der teilnehmenden Beobachtung, und immer geht es dabei auch um das Problem, dass der Beobachter das Verhalten der Beobachteten verändert, einfach indem er da ist. Es ist schließlich nicht so, dass der Ethnologe ans Ende eines Seitenarms des Amazonas paddelt, um dort ein abgelegen lebendes Volk zu besuchen und sich einfach mit den Worten »Tut einfach so, als sei ich nicht da« Platz nimmt und anfängt, ihr Leben zu beobachten.

Nun lebten die Profis von Union Berlin nicht an einem Amazonas-Seitenarm und waren daran gewöhnt, beobachtet zu werden, wenn auch nicht aus so großer Nähe, wie mir das gestattet war. Spieler und Trainer machten sich bald nichts mehr daraus, dass da ein Typ herumlief, der von unbedarften Kiebitzen beim Training für einen Mannschaftsarzt gehalten wurde.

Die Arbeitswoche begann mit einem freien Montag, dem einzigen freien Tag der Woche. Dienstags gab es am Vormittag ein Training, das körperlich meist nicht so belastend war und vor allem aus Technikübungen bestand. Beginn war um 10 Uhr, aber die Spieler mussten 75 Minuten vorher da sein. Der Mittwoch war der Hauptbelastungstag mit einem Training am Vormittag und einem am Nachmittag. Es forderte die Spieler richtig und war auch schon mit ersten taktischen Formen durchsetzt. Am Donnerstagvormittag stand das Taktiktraining im Vordergrund, auch beim Abschlusstraining am Freitagvormittag wurde noch einmal das einstudiert, was taktisch vorgegeben war. Spielte die Mannschaft auswärts, brachen wir anschließend auf. Vor Heimspielen übernachtete das Team nicht im Hotel und traf sich am nächsten Morgen zum Frühstück wieder im Stadion. Am Sonntagmorgen nach dem Spiel stand das Spielersatztraining für jene Profis an, die nicht zum Einsatz gekommen waren, aber eine ähnliche Belastung brauchten, um physisch nicht den Anschluss zu verlieren. Die anderen liefen oder radelten aus, machten ein wenig Krafttraining oder ließen sich von den Physiotherapeuten behandeln. Waren Spiele bereits am Freitag oder erst am Sonntag, verschob sich das alles, musste gestaucht oder gestreckt werden, aber im Prinzip lebte die Mannschaft in diesem Rhythmus.

Langsam begann ich, mich ganz selbstverständlich bei diesem kleinen Völkchen aufzuhalten, studierte dessen Lebensgewohnheiten und stieß auf verblüffende Phänomene. In der Sofaecke des Essraums trafen sich immer die vier Skandinavier der Mannschaft: der Schwede Sebastian Andersson, die Dänen Markus Ingvartsen und Jakob Busk sowie der Norweger Julian Ryerson. Sie sprachen aber weder Deutsch noch Englisch miteinander, und als ich sie fragte, in welcher Sprache sie sich verständigen würden, grinsten sie. Ein wenig schienen sie selbst davon fasziniert zu sein, dass der eine Schwedisch, der nächste Norwegisch und zwei von ihnen Dänisch sprachen und dass das so reibungslos funktionierte. Ihre Gespräche klangen jedenfalls flüssig und nicht so, als müssten sie ständig Rücksprache halten, was der andere sagte.

Ein weit größeres Thema als ich erwartet hätte, war Ernährung. In der Woche vor dem Spiel gegen Borussia Dortmund war ein kleiner Kühlschrank mit einer Glastür angeliefert worden, in dem halb fertige Smoothies standen. Sie wurden in einem Plastikbecher mit Deckel angeliefert, ihr Inhalt wurde mit Wasser aufgegossen und in einer Maschine gemixt, die in der Teeküche stand. Die Smoothies hatten lustige Namen, sie hießen »Orange Utan«, »Ginger Ninja« oder »Kale Moss«. Die Spieler konnten auf einer Bestellliste ankreuzen, was und wie viel sie jeweils haben wollten. Susi hatte gespottet, dass sich die Begeisterung legen würde, aber schon bald wurde der Kühlschrank durch eine Kühltruhe ersetzt, in der nun Pappkartons oder Plastiktüten voller Smoothiebecher lagen, jeweils mit den Rückennummern der Spieler versehen. Abgesehen von diesen Smoothies rührten sich viele Spieler mit Pulver isotonische Getränke an, teilweise auch angeblich extra auf sie zugeschnittene Mischungen, um wirkliche oder gefühlte Mängel an Mineralien, Elektrolyten oder Proteinen auszugleichen.

Die Ernährungsgewohnheiten waren Ausdruck des Wunsches der Spieler, sich und die eigene Leistungsfähigkeit zu optimieren. Als ich mich mit Christopher Lenz darüber unterhielt, saß er auf einem der Stühle im Arztzimmer, das rechte Bein hochgelegt und den Fuß in eine Apparatur gelegt, in der drei Rollen seine Achillessehne massierten. »Ich habe diese Woche mit Schraubstollen trainiert, da merke ich den Verschleiß«, erklärte er mir. Außerdem hing Lenz ein Gerät um den Hals, das wie ein Schal mit Griffen aussah. Man zog es in den Nacken und fixierte es mit den Händen, indem man sie in Schlaufen am Ende des Geräts steckte und leicht nach unten zog, während Walzen den Nacken massierten.

Während sich die Maschine sanft durch seine Verspannungen zu pflügen begann, blätterte Lenz auf seinem Smartphone durch die Seite eines Anbieters für Produkte, die »Gesundheit und Wohlbefinden« versprachen. Ihn beschäftigt gerade der Mangel an Vitamin D im Winter. »Ich nehme nicht so gerne Tabletten, obwohl wir letztes Jahr ganz gute hatten.« Diesmal sollte es aber ohne Tabletten gehen, deshalb schaute er sich Tageslichtlampen an, entschied sich für eine und bestellte sie.

Lenz war gerade wieder auf vegane Ernährung umgestiegen. Er hatte das schon mal nach einer traumatischen Verletzung an der Leiste gemacht, wegen der er ein halbes Jahr aussetzen musste. Mit einem lauten Knall war damals mit dem letzten Schuss am Ende eines Trainings der Adduktor abgerissen. Mit Schreck musste Lenz beobachten, wie der Ball nur noch wegkullerte. Danach hatte er wochenlang mit Korsett im Bett liegen müssen, damit er seine Bauchmuskulatur nicht anspannen konnte, sein Bein war mit einer Schiene ruhiggestellt. Die Chance, dass er wieder würde Fußball spielen können, hatte nur bei 70 Prozent gelegen. »Beim ersten Training mit Ball habe ich von 20 Pässen 20 Fehlpässe gespielt.« Danach war er weinend vom Platz gegangen.

Er hatte seine Ernährung umgestellt und auf alle tierischen Produkte verzichtet, weil er als Folge von möglichen Fehlbelastungen eine Schambeinentzündung befürchtete, eine langwierige und bei Fußballspielern besonders gefürchtete Verletzung. »Jetzt mache ich es wieder, werde dabei aber beraten, damit ich die Proteine bekomme, die ich brauche«, erklärte er mir. Veganer zu werden, war gerade unter Fußballprofis sehr angesagt. Einerseits ernährte sich inzwischen Lionel Messi vegan, der beste Spieler der Welt, und Formel-1-Weltmeister Lewis Hamilton. Vor allem aber hatten fast alle Spieler bei Union auf Netflix »The Game Changers« gesehen. Die Dokumentation erzählte vom Kampfsportler James Wilks, der nach einer Verletzung zu dem Schluss gekommen war, dass eine pflanzenbasierte Ernährung der richtige Weg für ihn sei. Er sprach darüber mit Ernährungswissenschaftlern, Anthropologen und Genetikern, vor allem aber mit anderen Sportlern. Man sah riesige American-Football-Profis beim veganen Barbecue, eine erfolgreiche Radfahrerin und einen Gewichtheber, die auf Veganismus setzen. Der Film vertrat die These, dass Fleisch ein unnötiger Umweg der Ernährung und man mit rein pflanzlicher Ernährung weniger verletzungsanfällig sei. Außerdem wurden bei drei veganen Studenten nachts ihre Erektionen gemessen, die angeblich länger und kräftiger als bei nicht veganen Männern waren. Der Film war umstritten, weil nicht alles wissenschaftlich zu belegen war, was dort behauptet wurde. Aber er hatte bei vielen Sportlern den Nerv getroffen.

Lenz kaufte selber ein, kochte für sich und brachte sich teilweise selber Essen mit. Als wir später ins Trainingslager fuhren, hatte er tiefgekühlte Mahlzeiten für eine ganze Woche dabei. Er war aber nicht der einzige Spieler, der sich pflanzlich ernährte. Torhüter Gikiewicz ließ sich vegane Mahlzeiten nach Hause liefern, die mit einem Ernährungsberater abgesprochen waren.

Nur die wenigsten Spieler aßen einfach, fast jeder hatte eine Idee oder eine Haltung zum Essen. Die von Suleiman Abdullahi folgte religiösen Regeln. Er aß im Prinzip schon Fleisch, tat es aber de facto nicht, weil das bei Union aufgetischte nicht halal war, also getötet nach den muslimischen Vorgaben für das richtige Schlachten. Er hielt sich während des Ramadans auch daran, zwischen

Sonnenaufgang und Sonnenuntergang nichts zu essen. Ansonsten spielten weltanschauliche Fragen nur eine Nebenrolle. Akaki Gogia etwa war ein viel bestauntes Kohlehydrat-Monster, er schaufelte riesige Mengen Kartoffeln und Nudeln weg, ohne dadurch zuzunehmen. Wichtig war ihm auch, langsam zu essen. Christian Gentner zelebrierte sogar jede Mahlzeit, er aß mit äußerstem Bedacht und ausgesprochen langsam. Er verzichtete zwar nicht auf Fleisch, aß aber, wenn überhaupt, nur hochwertiges Biofleisch.

Wilks mochte mit seiner Dokumentation über vegane Leistungssportler nicht alle Union-Profis überzeugt haben, aber sie aßen bemerkenswert wenig Fleisch. Es gab nur eine Ausnahme: Wiener Schnitzel wurden in einer Menge und mit einer Begeisterung verputzt wie auf einem Kindergeburtstag.

Die vier Gebote

Wann Daniel Blauschmidt seine Regeln formuliert hatte, wusste er nicht mehr genau. Aber es war wohl »in der schweren Zeit«, wie er die Jahre nach der Jahrtausendwende nannte, als Union auf die Pleite zusteuerte. Soziale Medien spielten damals noch keine Rolle, aber ein Fanforum im Internet gab es bei Union bereits, wo sich die Anhänger in der Disziplin »Pöbeln auf hohem Niveau« übten, wie Boone sagte.

So richtig kann man sich Blauschmidt, den jeder nur »Boone« nennt, nach dem Trapper aus der gleichnamigen kanadische Fernsehserie, die in den 1970er-Jahren mit großem Erfolg im DDR-Fernsehen lief, als Pöbler nicht vorstellen. Inzwischen war er 56 Jahre alt, hatte einen langen grauen Bart, der ihn als Darsteller von Karl Marx qualifiziert hätte, und lange graue Haare, die zu einem Pferdeschwanz zusammengebunden sind. Er pflegte den unter Unionern beliebten Handwerker-Cargo-Style mit schweren Schuhen und Arbeiterhosen, aber im Gespräch wirkte er wie ein Intellektueller oder Künstler. Boone war Grafiker und sorgte seit vielen Jahren dafür, dass Union so aussah, wie der Klub aussah. Sein Arbeitsplatz befand sich in dem Container, wo auch Klubchronist Karpa arbeitete, sie saßen Tür an Tür.

Aber das Gesetz, von dem hier die Rede ist, hat mit seiner Profession nichts zu tun. Er hatte es als Fan aufgeschrieben, und seine Erfahrungen aus einem Vierteljahrhundert auf den Rängen waren in die Gesetzgebung mit eingeflossen. 1976 war Boone zum ersten Mal An der Alten Försterei, bei einem Spiel gegen Vorwärts Frankfurt. Wie es ausging, daran konnte er sich nicht mehr erinnern, aber an den Moment, der bei ihm alles in Gang setzte. Als Union ein Tor schoss, wurde er, eigentlich eher ein Einzelgänger, mitgerissen von der Energie des Stadions, von den »Hirschen in den langen Ledermänteln« um ihn herum. Er kam immer wieder, auch wenn er sich keiner Gruppe anschloss und meist für sich blieb. Zwischendurch wurde es mal etwas weniger mit seinem Interesse an Union, aber nach der Wende wieder mehr, als es dem Verein schlecht ging. »Da war es mir wichtig. Die Religion Fußball ist ja wie bei den Schiiten, man geißelt sich selber«, sagte er und macht eine Bewegung, als würde er sich mit Dornenzweigen auf den Rücken schlagen.

Eine Religion braucht Regeln, und Boone war es, der sie aufschrieb und ins Fanforum stellte. Es sind keine zehn Gebote, sondern vier, und sie lauten:

- Mache nie einen Spieler zum Sündenbock
- Pfeife nie die Mannschaft aus
- Verlasse nicht vor dem Schlusspfiff das Stadion
- Heiserkeit ist der Muskelkater des Unioners

Nun war es nicht so, dass Boone sich als Religionsgründer verstand. Er war eher der Prophet, der göttliches Wissen formulierte, das schon vorher da war. »Man setzt sich nicht hin und schreibt so was einfach auf, sondern verdichtet Empfindungen und Erfahrungen. Die Verhaltensweisen gab es vorher schon, und schon vorher hat man sich daran gehalten«, sagte er. Es war nur mal notwendig, sie festzuhalten.

Es sind keine sonderlich komplizierten Regeln, aber in Deutschland gibt es kaum Klubs, bei denen sie so oder ähnlich gelten. Boone fiel eigentlich nur der FC St. Pauli ein. Andernorts passierte es immer wieder, dass sich das Publikum in schlechten Phasen einzelne Spieler herauspickte und sie niedermachte. Fast schon selbstverständlich war es, die eigene Mannschaft an schlechten Tagen auszupfeifen. Auch die Bilder von halb leeren Stadien, wenn das Heimteam vor dem Abpfiff aussichtslos zurückliegt, sind allgegenwärtig. Während die ersten drei Gebote im Grunde Verbote waren, ist das vierte eine Aufforderung, verpackt in einen Slogan, den Boone sich ausgedacht hatte. Er ist schöner, als zu sagen »Wir feuern die Mannschaft ganz doll an«, denn an der Heiserkeit kann man den Fan messen.

Boones Gebote waren nicht am Stadion ausgehängt, man fand sie auch nicht auf der Homepage des Klubs oder auf T-Shirts gedruckt. Wahrscheinlich gab es Unioner, die noch nie davon gehört hatten und nicht wussten, wer dieser Boone eigentlich ist. Aber, und das zeigte ihre Kraft, die Gebote wurden eingehalten. Natürlich gab es auch bei Union immer mal Spieler, die vielen Fans An der Alten Försterei auf die Nerven gingen, weil sie mit deren Spielweise nichts anfangen konnten. An manchen Tagen spielte die Mannschaft schlimm, wie etwa beim ersten Spiel ihrer Bundesligageschichte gegen Leipzig, aber tatsächlich pfiffen die Zuschauer ihre Mannschaft nie aus oder gingen vorher, sie versuchten lieber, heiser zu werden. Selbst nach dem deprimierenden Spiel in Leverkusen war die Mannschaft von den Fans enthusiastisch gefeiert worden, obwohl sie stundenlang durchs Land gefahren waren, um sich so einen Mist anzuschauen.

Den Spielern war das durchaus bewusst, vor allem jenen, die es anderswo schon anders erlebt hatten. Christian Gentner etwa hatte ein schlimmes Jahr beim Abstieg des VfB Stuttgart hinter sich, in dem die Mannschaft oft ausgepfiffen wurde und, schlimmer noch, nach schlechten Spielen vor die eigene Fankurve zitiert wurde, um sich dort beleidigen zu lassen. Schon wenn man das im Fernsehen sah, hatte es etwas Entwürdigendes. Wie musste das erst für die Spieler selber sein? Gentner sagte nicht viel dazu, aber es war zu merken, wie wohl er sich angesichts eines grundpositiven Publikums fühlte. Und wenn ich die anderen Spieler fragte, was für sie an Union besonders war, sagten fast alle zuerst, dass sie auch an einem schlechten Tag nicht ausgepfiffen würden.

Wie wichtig das war, erzählte besonders eindringlich der nigerianische Stürmer Anthony Ujah, der vor Saisonbeginn nach Köpenick gekommen war. Er kannte den deutschen Fußball gut, er hatte schon in Mainz, Köln und Bremen gespielt. »Für einen Spieler ist es das Schlimmste, ausgepfiffen zu werden. Es ist peinlich für dich, weil deine Frau und Kinder, deine Familie und Freunde auf der Tribüne sitzen. Manche Spieler überleben das nicht, sie haben so viel Angst davor, noch einmal ausgebuht zu werden, dass sie sich krankmelden oder Verletzungen vortäuschen. Aber hier muss niemand Angst haben, wegen einer Niederlage ausgepfiffen zu werden, und dadurch können wir frei und ohne Druck spielen. Gleichzeitig will man den Zuschauern aber den Sieg schenken. Sie geben dir was, und man gibt ihnen was zurück.« Ujah beschrieb den Mechanismus so klar, dass ich dachte: Logisch, so müsste es doch eigentlich überall sein.

Aber warum war das gerade bei Union so? Boone erzählte von der »Olsen-Bande«, einer dänischen Fernsehserie der 1970er- und 1980er-Jahre, die in der DDR sehr erfolgreich war. Die Olsens waren kleine Gauner, die immer einen großen Coup planten, aber verlässlich an den unterschiedlichsten skurrilen Gründen scheiterten. Boone wollte damit nicht sagen, dass Union als Klub wie diese Olsens war, aber ein verbindendes Element gab es: »Die Niederlage gehört zu unserer Kultur.« Man muss nur einen Umgang damit finden. »Man kann sehr erfolgreich verlieren. Mit erhobenem Haupt vom Platz zu gehen, wird hier immer akzeptiert. Die Spieler haben im Rahmen ihrer Möglichkeiten alles gegeben, mehr kann ich selber auch nicht tun.«

Das alles habe »eine Menge mit der DDR zu tun«, sagte Boone. Die reale oder auch nur gefühlte Benachteiligung gegenüber dem Lokalrivalen BFC Dynamo, der damals die besten Spieler bekam und unter besseren Bedingungen arbeiten konnte, habe eine gewisse Wagenburgmentalität entstehen lassen, meinte Boone. Wenn man jedoch in der Wagenburg sei, könne man sich auch nicht von seinen Spielern oder seiner Mannschaft abwenden.

2005, inmitten der schweren Zeit also, begann Boone für Union zu arbeiten, wobei dem eine Selbstermächtigung voranging. Sein erstes Spielankündigungsplakat hatte er schon vier Jahre vorher entworfen, als es bei Union so was nicht gab. Er hatte für das erste Heimspiel in der Zweiten Bundesliga, in die Union gerade aufgestiegen war, die Partie gegen Hannover 96, mit dem Slogan »Urschrei Therapie« angekündigt. Gemeinsam mit anderen Fans druckte Boone die Plakate auf billiges Papier und hing sie im Einzugsgebiet des Klubs auf. Weil die Reaktionen so positiv waren, machten sie weiter, mit teilweise wilden Slogans. Mainz 05 wurden als »Jürgen Klopp and his Heulers« verballhornt, weil ihnen Union mal am letzten Spieltag den Aufstieg in die Bundesliga vermasselt hatte, weshalb Klopp dem Klub bis ans Ende seiner Tage in tiefer Ablehnung verbunden sein wird.

Bis 2005 also hatte Boone die Plakate ehrenamtlich gestaltet, danach hatte er eine eigene Grafikagentur gegründet und ließ sich für seine Arbeit bezahlen, wenn auch in Naturalien – mit einer Werbebande im Stadion. Er wollte aber nicht nur weiter Spieltagsplakate gestalten, sondern ein grundlegendes Problem beheben. »Als wir angefangen haben, sah Union nicht aus. Es gab kein Bild.« Der Klub war nach seinem Ausflug in die Zweite inzwischen in die Vierte Liga abgestiegen, und Boone wollte einen positiven Slogan gegen die sportliche Tristesse setzen. Er hieß: »Verrückt nach Union«. Es gab später noch andere Slogans, wie »Nicht ohne Liebe, eisern Union«, aber eigentlich hat der Klub heute keinen mehr. Oder eben jenen, den man schon gar nicht mehr als solchen wahrnimmt: »Und niemals vergessen! Eisern Union!« Abgekürzt als U. N. V. E. U. sieht man ihn auf Tausenden Schals, T-Shirts, Kappen oder Nummernschildeinfassungen von Autos.

Im Laufe der Jahre erarbeitete Boone ein visuelles Konzept, bei dem er alle Assoziationen von Industrie und Arbeit durchspielte, was nahelag bei einem Klub, der sich »Die Eisernen« nannte und aus einem Stadtteil mit langer Industriegeschichte stammte. »Wir haben alles ausprobiert, die Riss-Optik, die Metall-Optik, die Malocher-Optik«, erzählte er mir. Inzwischen war das alles weitgehend zurückgefahren, nur die beiden Mannschaftsbusse standen noch dafür. »Sie sind unabhängige Kunstwerke.« Erst sollten sie wie Gefährte aus einem Mad-Max-Film wirken, was aber von der Vereinsführung als zu abgedreht abgelehnt wurde, daraufhin machte Boone einen Entwurf unter dem Arbeitstitel »Die Mannschaftsmaschine«. Der Bus wurde mit einer Folie beklebt, auf der er Motoransichten von Schiffen, Motorrädern und sogar einem Panzer collagierte. »Eine Maschine treibt nach vorne, und sie zeigt, wer wir sind«, sagte Boone.

Bei Union geht es ständig um die Frage, was dieser Klub ist, wofür er steht und welche Rolle er für die Unioner spielt. Es ist kein Zufall, dass ein Fan wie Boone damit professionell beschäftigt war, die richtigen Bilder und Begriffe dafür zu finden. Bei anderen Vereinen übernahmen das Agenturen, mitunter geschickt, aber nicht selten missraten.

Boone hatte eine visuelle Identität des Klubs geschaffen, mit festgelegten Schriften und Vorgaben darüber, zu welcher Gelegenheit die Vereinsfarben wie eingesetzt wurden. Er hatte eigene Piktogramme entworfen, die im Stadion den Weg zur Toilette oder zum Bierstand wiesen. Boone betrieb letztlich Marketing, das gab er zu. »Wir verkaufen eine Legende«, sagte er, »aber wir verkaufen nicht alles. Und wir betrachten uns nie als fertig, sondern als Projekt. Es stellt sich immer die Frage, wie wir uns weiterentwickeln können und dabei gleichzeitig unsere Seele bewahren.« Interessant war, dass Boone mit dafür gesorgt hatte, dass Unions Fanshop nicht so hieß, sondern »Zeughaus«, wie einst die Waffenlager der Stadt. »Das ist ein Laden, aber nicht der Verein, und der Verein muss geschützt werden«, erklärte er mir. Im Zeughaus konnte es einen Sale geben, aber bei Union keinen Ausverkauf.

Für die Spieler der Verein

Wir fuhren morgens um elf Uhr vom Hotel in Mainz zum Stadion. Das Wetter war wunderbar und die Stimmung gut. Wir hatten den Mannschaftsbus ganz für uns: Teammanagerin Susi Kopplin, Masseur Thomas Riedel, Analyst Steven Pälchen und ich. Frank-Peter Raasch fuhr im Materialwagen hinterher. Wir würden Susi helfen, das Material in die Kabine zu bringen, und ihr beim Einrichten der Kabine zur Hand gehen. Riedel würde den Behandlungsraum fertig machen und Pälchen den Bildschirm und die Technik installieren, damit Urs Fischer den Spielern in der Halbzeitpause ein paar Spielszenen zeigen konnte.

Unterwegs erzählte Susi, dass sie an Spieltagen fast immer Angst davor hatte, etwas zu vergessen. Nachdem sie am Vorabend Christian Arbeit durchgegeben hatte, wer im Kader stand, »sind mir die ganze Zeit die Rückennummern im Kopf herumgegangen, weeßte«. Bis in den Schlaf hatte sie die Sorge verfolgt, dass was schiefging: »Ich habe heute Nacht geträumt, dass ›Aroundtown‹ vorne nicht drauf ist, weeßte.« Dass sie also im Stadion feststellen würde, dass der Name des Sponsors von den Trikots verschwunden war.

Die Fahrt dauerte nicht lange, an der Zufahrt wurden wir freundlich begrüßt, einer der Ordner setzte sich in sein Auto und lenkte uns zur richtigen Stelle, um auszuladen. Wir fuhren dazu eine Rampe hinter der Tribüne der Heimfans hinunter und parkten nur 15 Meter von der Eckfahne entfernt. Warum man ein Stadion toll findet oder eher blöd, kann unterschiedliche Gründe haben. Aber für Susi waren weder schöne Architektur, eine besondere Lage des Stadions noch eine stimmungsvolle Atmosphäre entscheidend. »Cottbus ist am schlimmsten, weeßte«, sagte sie. Noch öfter als Urs Fischer »schlussendlich« sagte, hängte Susi ihren Sätze ein »weeßte« an. Das war lustig, wenn sie mit ausländischen Profis sprach. Sie mussten den Eindruck bekommen, dass »weeßte« das wichtigste deutsche Wort war. Susi benutzte auch DDR-Wörter, die schon in Westberlin nicht mehr jeder verstand, wie »schau« oder »urst«, wenn etwas cool oder richtig gut war.

Wichtig an einem Stadion war für sie und die anderen Mitglieder der Vorhut, wie gut man das Gebirge aus Kisten, Taschen und Kram, das wir auch an diesem Tag mitgebracht hatten, vom Mannschaftsbus und Materialwagen in die Kabine schaffen konnte. »In Cottbus sind die Wege viel zu weit, und man muss Treppen hoch«, sagte sie über das Stadion, in dem inzwischen nur noch Viertligafußball gespielt wurde. Mainz war gut, weil ebenerdig, aber wir mussten alles auf den Rollwagen fast 100 Meter durch die Katakomben schieben. Besser waren Freiburg, München oder Leverkusen, eher kompliziert Schalke oder Frankfurt.

Als wir fertig waren, versuchte ich, unsere Ladung zu protokollieren. Es gab je eine große Metallbox mit Winterjacken für die Spieler und mit den Decken mit Vereinslogo, die auf den Bänken liegen würden. Wir hatten inzwischen Anfang November, und es begann langsam kalt zu werden. Eine große Metallbox war voller Fußballschuhe, und in drei großen Rollkoffern befanden sich Sportschuhe. Die Fußballschuhe, die die Spieler beim Abschlusstraining am Vortag in Berlin getragen hatten, waren noch feucht, wir stellten sie zum Trocknen auf den Gang. Einige Spieler mochten es, wenn ihre Schuhe vor dem Anziehen angewärmt wurden, dafür gab es einen roten Schuhofen, in den zwei Paar Schuhe passten. »Leder 5 Minuten, Kunstleder 3 Minuten«.

Außerdem hatten wir zwei flache schwarze Kunststoffboxen mit Mützen, Schals, Handschuhen, aber auch Duschgel und Föhns in die Kabine gebracht. In den grauen Kunststoffboxen steckten Auflaufjacken, die aber niemand zum Auflaufen trug, lange und kurze Unterzieher, die unter den Trikots getragen wurden, Radler, um sie unter die Hosen zu ziehen, T-Shirts. Eine große Metallkiste war voller weißer Frotteehandtücher. Jeder Spieler bekam eins, die Torhüter zwei. Für die Torhüter gab es eine eigene Kiste. »Dit packe ich mit denen zusammen«, erklärte mir Susi, »ist ein ganz sensibles Thema, weil die so eigen sind, weeßte.«

Auch die Feldspieler wollten in der Kabine keine Überraschung erleben, weshalb Susi alles so platzierte wie immer. »Wenn ich den Unterzieher anderswo hinlege, finden die den nicht. Die sind so in ihrer eigenen Welt, denke ich manchmal.« Außerdem gab es drei übergroße Taschen mit blauen Matten, auf denen die Spieler ihre Prevention machten. Wir füllten eine blaue Rollbox mit Eis. In der Trainerkabine deponierten wir eine Blechkiste mit Winterjacken und eine schwarze Plastikkiste mit Sportsachen.

Thomas Riedel, genannt »Ilti«, hatte in den Behandlungsraum zwei weitere große Metallkisten gebracht. »Die eine will man nicht benutzen«, sagte er und zeigte mir, warum. Sie war voller Material für schwere traumatische Verletzungen, von einer Kopfschiene bis zu Krücken. In der anderen Kiste steckte ein Defibrilator, mit dem man Stromstöße zur Verhinderung des plötzlichen Herztods geben konnte, ein mobiles Ultraschallgerät sowie ein Messgerät, um die Sauerstoffsättigung im Blut festzustellen. Den Arztkoffer und die Medikamente würden später Mannschaftsarzt und Physiotherapeut mitbringen. Außerdem gab es noch eine Kiste mit einer Lymphkompressionshose zur Regeneration, die selten eingesetzt wurde, sie sah aus wie der untere Teil eines Taucheranzugs. Häufiger benutzt wurde die Kältekompression. Man konnte verletzte Knöchel oder andere Stellen des Körpers mit einer Kompressionsmanschette umschließen, durch die eiskaltes Wasser lief, was gegen Schwellungen half. Das Gerät sah aus wie eine Fototasche.

Als alles eingerichtet war, bekamen wir Kaffee gebracht und einen Korb leckerer Laugenbrezeln. Kurz danach holte uns ein freundlicher Herr ab und brachte uns in den VIP-Raum, wo wir zu Mittag essen durften, bevor das Publikum eingelassen wurde. Nicht überall waren sie so nett wie in Mainz, aber fast allerorten gab es ein solidarisches Grundverständnis der Leute, die im Hintergrund dafür sorgten, dass der Betrieb lief. Selbstverständlich duzte man sich, half und unterstützte sich, wo es ging. Susi hatte befürchtet, dass sie beim großen FC Bayern in der gewaltigen Arena vielleicht hochnäsig behandelt würde, aber auch dort war das Gegenteil der Fall. »Die waren total lieb da, weeßte.«

Dabei hatte ich vermutet, dass man es den Gastmannschaften im Rahmen psychologischer Kriegsführung so schwer wie möglich machen würde, mit überhitzten oder eiskalten Kabinen, die unerträglich vor sich hin stanken. Die meisten Kabinen in der Bundesliga waren großzügig, sauber und gepflegt. Und in aller Regel bemühten sich die gastgebenden Vereine sehr darum, ein guter Gastgeber zu sein.

Als ich mich vor dem Pokalspiel mit Freiburgs Trainer Christian Streich auf einen Kaffee getroffen hatte, hatten wir auch über die Rolle der Betreuer um eine Profimannschaft gesprochen. Sie mussten ihren Job gut beherrschen, aber nicht nur das. »Diese Leute sind ganz wichtig, sie sind der Verein«, hatte er gesagt, und ich hatte sofort verstanden, was er damit meinte. Bei Profivereinen ist letztlich vieles austauschbar. Die meisten Spieler, Trainer oder Manager würden den Verein irgendwann wieder verlassen, aber für Susi oder Ilti, Busfahrer Svenni oder Frank Placzek, der abwechselnd mit Ilti zu den Auswärtsspielen mitreiste, war Union kein normaler Arbeitgeber. Die meisten aus dem Staff waren schon ewig bei Union. Placzek, genannt »Placzi«, war 1987 als Verteidiger gekommen und hatte zehn Jahre für Union gespielt, als Physio war er in seiner 19. Spielzeit. Ilti war schon in seiner 20. Saison als Masseur dabei, und Svenni fuhr den Mannschaftsbus genauso lange. Bizarrerweise schaute er sich nie das Spiel an. Bei Auswärtsspielen hätte man das noch verstehen können, weil er vielleicht den Bus nicht aus dem Auge lassen wollte. Aber bei Heimspielen war das nicht anders. Und Susi hatte 1998 bei Union begonnen, anfangs noch nebenberuflich in der Jugend.

»Placzi und Susi haben mir die Augen geöffnet, dass hier in Ostberlin nicht alles schlecht war und wie sozial sie waren«, hatte mir Neven Subotic erzählt. Die Alteingesessenen gaben also weiter, aus was für einem Land der Klub kam und was es mit ihm auf sich hatte. »Wenn du das verlierst, verliert es an Menschlichkeit.

Würdest du das Personal um die Spieler so oft wechseln wie die Spieler, hast du amazon«, fand Subotic.

Während Ilti isotonische Getränke in einem orangefarbenen Plastikfass anrührte, sagte er: »Ich komme inzwischen mit den Jahren durcheinander. Ich denke dann, dass der Spieler noch mit jenem gespielt hat, aber dann war das in einer ganz anderen Saison.« Anfang der Saison hatte er Respekt vor der Bundesliga gehabt, über den FC Bayern und Borussia Dortmund sprach er wie über Fußball aus einer anderen Welt. Auch angesichts der neuen, teilweise namhaften Spieler war er skeptisch gewesen. »Ich war gespannt, wie sie sich gegenüber den Physios verhalten. Aber ich sehe keinen Unterschied.«

Ilti war inzwischen Mitte vierzig, aber ihn verband mit vielen Profis die Begeisterung für Computerspiele. Wenn sie bei ihm auf der Behandlungsliege waren, führte er gerne Gamer-Fachgespräche. Wichtig war aber noch etwas anderes: Die Betreuer stellten keine Anforderungen an die Profis. Zwar forderten sie von ihnen, pünktlich zur Behandlung zu kommen oder rechtzeitig am Mannschaftsbus zu sein. Susi schickte ihnen alle möglichen Termine, die sie einhalten sollten, oder sonstige Vorgaben, aber sie machte diese Vorgaben nicht. Die Spieler waren umgeben von Menschen, die ständig etwas von ihnen forderten, aber die hier taten was für sie. Zumal Susi einige Spieler betüddelte wie ein eigenes Kind, weshalb Gikiewicz laut »Mamita« durch die Kabine rief, wenn er einen Sonderwunsch hatte.

Anderthalb Stunden vor Anpfiff kamen die Spieler in der Kabine an, Svenni hatte sie am Hotel abgeholt. Nun war auch Max Perschk dabei, mit nur 30 Jahren der leitende Physiotherapeut. Auch er kam aus Ostberlin, war seit seiner Kindheit als Fan zu Union gegangen und hatte vor und nach seinen Abiturprüfungen am Ausbau der Alten Försterei mitgebaut. Sein Name stand auf dem Denkmal der Stadionbauer im Stadion, wie auch der von Steven Pälchen. »Ich kann das machen, was mir Spaß macht. Und das bei dem Verein, zu dem ich als kleiner Junge zu Autogrammstunden gegangen bin. Ich habe mir nicht träumen lassen, dass ich mal mit Frank Placzek und Thomas Riedel zusammenarbeiten würde, zu denen ich als Kind mit dem Saisonheft gelaufen bin, um sie zu fragen, ob sie mal unterschreiben können.«

Aber nun war keine Zeit für Sentimentalitäten, nun lief die Maschinerie ab, und es war gut, dass alles an seinem Platz lag, wie es immer an seinem Platz lag, vom Unterzieher bis zum Handtuch. Auch im Spiel lief es lange Zeit fast schon erschütternd glatt, zwischendurch führte Union mit 3:0. Aber Mainz 05 schoss zwei Anschlusstreffer, und zum Ende wurde es noch einmal knapp. Aber letztlich brachte die Mannschaft das 3:2 über die Zeit. Die mitgereisten Fans hatten sich für das Spiel in der Karnevalshochburg Mainz einen Sprechchor ausgedacht, der freudig gesungen wurde: »Union braucht keinen Karneval, Unioner feiern überall.« Während noch gesungen und gefeiert wurde, packten Susi, Ilti, Steven, Max und Svenni die Sachen bereits zusammen. Wie immer kamen sie in Ruhe und gingen in Eile.

Die Menschen-Maschine

Die drei Tore in Mainz waren nach Flanken von Trimmel gefallen, das erste aus dem Spiel heraus, die beiden anderen nach Eckbällen, einmal von rechts, einmal von links. Bis zum Ende der Saison sollte der Mannschaftskapitän auf elf Assists kommen, fast alle nach Standardsituationen. Trimmel schoss alle Ecken und auch fast alle Freistöße aus Positionen, von denen aus man in den Strafraum flanken konnte. Nicht wenige Fans nervte das, weil er dazu als Rechtsverteidiger manchmal auf die linke Seite hinübergehen musste und Linksverteidiger Christopher Lenz mit ihm die Position tauschte. Blieb der Ball nach einer Standardsituation im Spiel, konnte es dauern, bis beide wieder ihre Position einnehmen konnten.

Das lohnte sich aber, weil Trimmel die Ecken und Freistöße mit ungeheurer Genauigkeit schoss, obwohl er das kaum übte. Eigentlich wurde gerade mal eine Viertelstunde gezielter Übungszeit pro Woche darauf verwandt, jeweils am Ende des Abschlusstrainings. Dazu blieb eine kleine Gruppe von Spielern mit Sebastian Bönig auf dem Platz. Er holte seine Zettel hervor, auf denen er ihnen zeigte, wie sie sich verhalten sollten, und dann übten sie, in der Regel ohne Gegenspieler. Bönig zeigte im Strafraum auf einen imaginären Punkt in der Luft und rief Trimmel zu: »Spiel ihn mal hierhin.« Und Trimmel schlug den Ball dorthin.

»Was wir machen, ist im Prinzip total simpel«, sagte Bönig. Er analysierte anhand von Videos, wie sich die Gegner bei Standards verhielten, aber letztlich veränderte sich von Spiel zu Spiel wenig. Eine Variante war, die zweite oder dritte Ecke flach in den Rückraum zu schlagen – so hatte Bülter gegen Dortmund getroffen. Mal ließ Bönig den Ball näher ans Tor, dann wieder weiter weg spielen. Aber aus seiner Sicht waren andere Faktoren wichtiger als raffinierte Veränderungen: »Die Jungs fühlen sich total wohl, wenn

Trimmi am Ball ist, denn bei ihm kommen die Flanken immer gleich.« Sie wussten, dass die Bälle nicht zu kurz, zu hoch, zu flach, also anderswo herunterkamen als verabredet. Unions Spieler waren zudem groß, sogar die größten von allen europäischen Erstligisten mit durchschnittlich 187,3 cm Körpergröße. »Große Spieler allein reichen aber nicht. Du brauchst Jungs, die Timing haben und bereit sind, mit dem Kopf durch die Wand zu gehen«, sagte Bönig.

Spätestens mit dem Spiel gegen Mainz begann sich in der Bundesliga herumzusprechen, wie gefährlich Union nach ruhenden Bällen war. Fast jeder Trainer redete nun in der Pressekonferenz vor der Begegnung gegen Union darüber und warnte davor. Trotzdem würde die Mannschaft am Ende der Saison auf 15 Standardtore kommen, der drittbeste Wert der Liga. Das war noch bemerkenswerter dadurch, dass Union viel weniger Ecken und Freistöße in gefährlichen Bereichen bekam, weil die Mannschaft seltener am Ball und in der gegnerischen Hälfte war als viele andere Teams.

Nach einem Drittel der Saison zeichnete sich aber auch sonst ab, wie Union in der Bundesliga bestehen könnte: Der Mannschaft gelang es immer besser, die Gegner auf ihr Niveau herunterzuziehen und das Spiel in etwas zu verwandeln, das ihr entgegenkam. Union versuchte nicht, besser Fußball zu spielen als der Gegner, sondern zu verhindern, dass der Gegner so gut wie unter normalen Bedingungen spielte. Das folgte der Logik einer asymmetrischen Kriegsführung: Sie waren Guerilleros, die einem überlegenen Gegner den offenen Kampf verweigerten und ihn in Kleingefechten zermürbten.

Allerdings war auch immer wieder zu lesen, dass Union einen ziemlich primitiven Fußball spielen ließ, mit viel Laufbereitschaft und Kampfkraft zwar, doch ohne spielerische Idee, abgesehen von den guten Standardsituationen und langen Bällen auf Mittelstürmer Andersson, der am Ende der Saison fast doppelt so viele Luftzweikämpfe bestritten haben sollte wie der nächstbeste Bundesligaspieler in dieser Kategorie. Unglaubliche 511 Mal ging er zum Kopfball hoch – 260-mal als Sieger.

Fischer hätte gerne anders spielen lassen, hatte auch Anläufe in diese Richtung unternommen, hatte aber letztlich pragmatisch entschieden. Seine Aufgabe war es nicht, ästhetisch beeindruckenden Fußball spielen zu lassen, sondern mit seiner Mannschaft genug Punkte zu sammeln, um in der Liga zu bleiben. Das ließ ihn nicht unbedingt gut aussehen, diente aber der Sache.

Zudem wurde oft übersehen, wie kunstvoll organisiert Unions Zerstörungswerk war. Es folgte der Grundidee, den Gegner in fast jedem Moment des Spiels überall auf dem Platz in Zweikämpfe zu verwickeln. Das klingt banal, bedurfte aber eines ungeheuren Aufwandes. Relativ schnell war klar, dass die Spieler die Bereitschaft mitbrachten, mehr zu laufen als fast jede andere Mannschaft in der Bundesliga. Am Ende der Saison würden sie in 28 von 34 Saisonspielen auf eine größere Laufleistung als der Gegner kommen. Aber dieses Laufen wollte organisiert sein, um nicht zu einer sinnlosen Verausgabung zu werden. Jeder Spieler musste in jedem Moment des Spiels wissen, wie er sich zu verhalten hatte. »Wir haben immer einen Plan, und das hilft uns unheimlich«, sagte etwa Marius Bülter, der in seiner ersten Bundesligasaison auch deshalb nur wenig Eingewöhnungsschwierigkeiten hatte.

Basis des Plans waren die Spielprinzipien, die in der Kabine ausgehängt waren und an die in fast jedem Training erinnert wurde. *Den ersten Pass zulassen* etwa bedeutete, dass die gegnerische Mannschaft nicht sofort nach einem Abstoß attackiert werden sollte, sondern erst nachdem sie den ersten Pass gespielt hatte. Dann galt *im Pass anlaufen*, damit die gegnerischen Spieler keine Zeit hatten, den Ball anzunehmen und weiterzuspielen. Das war eine der ganz wichtigen Voraussetzungen dafür, auch gute Mannschaften unter Druck zu setzen und eklig zu sein. Hätte man deren Spieler nämlich erst attackiert, wenn sie den Ball schon angenommen hatten, hätten sie locker weiterspielen können, und das Gerenne der Unioner wäre für sie selbst zu einem zermürbenden Hase-Igel-Spiel geworden.

Um die Gegner so immer wieder anlaufen zu können, bedurfte es einer systematischen Organisation auf dem Platz, deshalb hieß es etwa: *Teilt euch nicht!* Der Abstand zwischen den Abwehr-, Mittelfeldspielern und Stürmern durfte nicht zu groß werden. Wenn vorne die Stürmer den Gegner im Pass anliefen, mussten die Spieler hinter ihnen nachrücken, um dem Gegner keinen Raum zu geben, in den er spielen konnte. Daraus ergab sich die Vorgabe: *Die letzte Linie bestimmen wir.* Die letzte Linie waren die Abwehrspieler, die angehalten waren, möglichst weit herauszurücken, um keine »gefälschte Sicherheit« zu produzieren, wie Subotic das genannt hatte. Das wiederum machte es zwingend nötig, gezielte Pässe des Gegners hinter diese letzte Linie zu verhindern. Also: *Nicht aufdrehen lassen!* Die Spieler von Union sollten verhindern, dass ein Gegner sich so drehen konnte, dass er das Spiel dann vor sich hatte und womöglich einen gefährlichen Ball hinter die Abwehr oder zwischen den Verteidigern hindurchspielen konnte.

Das alles wurde für jedes Spiel speziell angepasst und neu justiert. Meist simulierte Fischer dazu in ein oder zwei Trainingseinheiten den Gegner. »Schmiede ist Thiago«, hatte er etwa in der Trainingswoche vor dem Spiel gegen die Bayern gesagt. Man hätte spotten können, dass Manuel Schmiedebach mit dem spanischen Ballkünstler der Bayern bestenfalls Körpergröße und Augenfarbe gemeinsam hatte. Die Simulation war trotzdem aufschlussreich, weil dadurch klar wurde, in welchen Räumen der Gegner auftauchte und was man tun musste, um ihn dort in Zweikämpfe zu verwickeln.

So entstand jede Woche eine neue Fußballgeometrie mit wechselnden Grundaufstellungen und veränderten Aufgaben. Das vermeintlich Einfache wurde dadurch zusätzlich komplex, dass die Spieler lernen mussten, im vorgegebenen Rahmen die richtigen Entscheidungen zu treffen. Wann stieß ein Mittelfeldspieler nach vorne, um einem Stürmer bei der Balljagd zu helfen, und wann ließ er es besser sein? Wann ließ sich ein Verteidiger nach hinten fallen, weil es besser war, näher am eigenen Tor zu verteidigen, und wann hielt er die letzte Linie weit vorne.

Es war ein Hybrid aus Maschine und Organismus, dem ich Woche für Woche bei der Entstehung zuschaute, eine Menschen-

Maschine. Es gab einerseits eine maschinenhafte Grundstruktur, aber sie wurde zu einem Organismus, weil ständig Menschen aufeinander reagieren mussten. Jede Aktion eines Spielers auf dem Platz hatte für alle Mitspieler eine Auswirkung. Verlagerte sich das Spiel nach links vorne, musste etwa Christopher Trimmel hinten rechts weiter in die Mitte des Spielfelds einrücken. In manchen Spielen wurden Offensivspieler zum *Schwimmer*, wenn der Gegner am Ball war. Das war dann der Fall, wenn der Gegner sein Spiel von hinten aus einer Viererkette aufbaute und Fischer drei Offensivspieler dagegenstellte. Das war einer zu wenig, und je nachdem, über welche Seite das Spiel ausgelöst wurde, wurde der Offensivspieler zum *Schwimmer*, auf dessen Seite der Ball nicht war. Er musste dann entscheiden, wen der beiden gegnerischen Verteidiger er zustellte oder attackierte.

Ständig waren also Entscheidungen zu treffen, auf Basis der Spielprinzipien und aus der jeweiligen Situation heraus. Das galt auch im eigenen Ballbesitz. Torhüter Gikiewicz sollte, wie erwähnt, das Spiel entweder durch die Mitte über einen der Innenverteidiger oder einen der defensiven Mittelfeldspieler aufbauen. Die Alternative war ein langer Ball auf den Zielspieler, der fast immer Andersson hieß. *Der zweite Ball gehört uns*, hieß es. Dazu mussten genug Spieler richtig nachrücken, um ihn vor dem Gegner zu kontrollieren.

Für das in drei gleich große Zonen eingeteilte Spielfeld galten unterschiedliche Vorgaben. Im hinteren Drittel musste einfach und sicher gespielt werden, um den Ball nicht nahe des eigenen Tors zu verlieren. Im zweiten Drittel sollte das situativ entschieden werden, aber auch hier war es wichtig, den Ball nicht zu verlieren, sodass der Gegner plötzlich ungehindert den Weg zum Tor fand. Deshalb hörte ich auf dem Trainingsplatz immer wieder: *Aus dem Druck spielen.* Wer unter Druck geriet, musste einen Mitspieler finden, bei dem das nicht so war. Es gab bestimmt Teams, bei denen solche Vorgaben nicht wichtig waren, weil jeder Spieler ballsicher war. Der reale Thiago würde kaum klagen, wenn er unter Druck angespielt wurde. Aber solche Spieler gab es bei Union nicht.

In der dritten Zone, also dem Spieldrittel vor dem gegnerischen Tor, ging es darum, ins Risiko zu gehen, um ein Tor schießen zu können. Da wollte Fischer, dass seine Spieler das Dribbling wagten. Von Marius Bülter etwa forderte er, gleich mit dem ersten Ballkontakt in die Offensive zu gehen, um so einen Gegenspieler düpieren zu können. Die Stürmer sollten derweil *den Raum attackieren*, also nach vorne gehen, um für eine Flanke oder einen Pass in die Tiefe anspielbar zu sein.

Das alles wurde unaufhörlich wiederholt, selbst mir als Zuseher wurde es so eingehämmert, dass ich mich ganz selbstverständlich auch bei Fußballspielen ohne Beteiligung von Union fragte, warum ein Spieler nicht aus dem Druck gespielt oder den Gegner nicht schon im Pass angelaufen hatte. Mich faszinierte es auch, Christian Gentner dabei zuzusehen, wie er auf der Zielgeraden seiner Karriere sein Spiel noch einmal neu erfand. Er hatte fast immer in Mannschaften gespielt, die viel am Ball waren und den Gegner dominieren wollten. Doch von Woche zu Woche wurde er in Unions Guerillatruppe wichtiger, weil er immer besser verstand, was er im Zentrum des Spielfelds tun musste, um den Gegner in den Hinterhalt des nächsten ekligen Zweikampfs zu locken. Dadurch wurde er zum Anti-Spielmacher der Mannschaft.

Die offizielle Berufsbezeichnung von Trainern in der Bundesliga ist Fußballlehrer. Fischer und sein Team lehrten Fußball wirklich. Manchmal reichte bereits ein lang gezogenes »Bültiii!« oder »Joooshhh!«, und der Spieler wusste schon, was er eigentlich hätte tun müssen. Immer wieder rief er die Grundprinzipien über den Trainingsplatz, unaufhörlich vom ersten bis zum letzten Training der Saison. Eine seiner großen Stärken war, dass er sofort sah, wo sein Maschinen-Organismus funktionierte, wo nicht und warum das so war. Er konnte also jedem Spieler immer sagen, was er richtig gemacht hatte oder besser hätte tun können.

Als Trainer in Basel war er zu drei Vierteln damit beschäftigt gewesen, Lösungen in der Offensive zu finden, zu einem Viertel in der Defensive. Bei Union war es nun umgekehrt. Doch Fischer klagte nicht darüber, denn seine Maschine kam ins Rollen.

Ein Star reist zu sich selbst

Neven Subotic stützte sich in der Loge auf die Fensterbank und schaute auf das Testspiel gegen Holstein Kiel hinunter. Die anderen Spieler, die nicht im Kader waren, saßen draußen. »Ich will mich nicht erkälten«, sagte Subotic, der eine Mütze trug, obwohl gut geheizt war. Er fragte mich, ob ich mich noch für andere Dinge als Fußball interessieren würde, und bald ging es in unserem Gespräch um die BDS-Kampagne, eine Protestbewegung gegen Israel, die der Deutsche Bundestag einige Wochen zuvor als antisemitisch bewertet hatte, oder um Fox-News, den Haussender von Donald Trump. Subotic war 1988 in Bosnien geboren worden, seine Eltern waren zwei Jahre später vor dem Bürgerkrieg erst nach Deutschland geflohen, aber 1999 weiter in die USA gezogen, als ihnen aus Deutschland die Abschiebung in ihre Heimat drohte. 2007 kehrte Subotic als 19-Jähriger nach Deutschland zurück, um bei Mainz 05 Profi zu werden.

Inzwischen war er 31 Jahre alt, mit Borussia Dortmund Deutscher Meister geworden und hatte im Finale der Champions League gegen die Bayern gespielt. Später war er zum 1. FC Köln gewechselt und nach Frankreich zum AS St. Etienne. Er erzählte, dass er am Abend noch jemanden treffen würde, der politisch bestens vernetzt war und die Arbeit seiner Stiftung unentgeltlich unterstützte. Seit 2012 kümmerte sich die Neven Subotic Stiftung um Trinkwasserprojekte in Äthiopien. »Wenn ich Angela Merkel sprechen wollte, wäre er der richtige Mann«, sagte Subotic. Mit Martin Schulz, dem ehemaligen SPD-Chef und Präsidenten des Europaparlaments, hatte sich Subotic schon mal bei einem Spiel getroffen.

Neven Subotic hatte lange Haare, was insofern erwähnenswert war, weil sonst niemand in der Mannschaft lange Haare hatte. Die meisten anderen Profis hatten scharf geschnittene Frisuren mit Undercut und harten Kanten und gingen ständig zum Friseur.

Subotic hingegen hätte bei Passionsspielen Jesus Christus darstellen können, wenn auch einen schlaksigen, mit 1,93 Metern ziemlich langen Jesus.

Im Prinzip war Subotic der Star der Mannschaft. Bei seiner Vorstellung am ersten Tag der Saison war er vom Publikum enthusiastisch, aber auch ungläubig beklatscht worden. Konnte es wahr sein, dass dieser Spieler zu Union gekommen war? Er war schließlich nicht nur ein Spitzenfußballer, sondern auch cool. 2011 war ein Satz von ihm zum Fußballspruch des Jahres gewählt worden: »Er muss ja nicht unbedingt dahin laufen, wo ich hingrätsche.« Als der BVB im selben Jahr die Meisterschaft gewann, erkannten ihn Fans, als Subotic in seinem Sportwagen durch Dortmund fuhr. Er hielt an, stieg aufs Dach seines Autos und gab mit freiem Oberkörper die Sprechchöre vor.

Einen Sportwagen fuhr er inzwischen nicht mehr, sondern kam mit der S-Bahn zum Training. Dass ein berühmter Fußballspieler nicht mit einem dicken Auto unterwegs war, sondern wie Hunderttausende Berliner öffentliche Verkehrsmittel benutzte, sorgte für mehr Aufsehen, als wenn er mit einem pinkfarbenen Rolls-Royce oder einem pelzbezogenen Ferrari gekommen wäre. (Dass Mannschaftskapitän Trimmel die S-Bahn nahm, wenn seine Frau das Auto brauchte, ging dagegen unter.) Anfangs wurden Fotos von Subotic im S-Bahnzug in sozialen Medien geteilt, als würden sie ein Wunder dokumentieren. Der Sohn eines Freundes fuhr manchmal extra mit der S3, in der Hoffnung, ihn da zu sehen.

Kein Spieler bei Union gab im Laufe der Saison so viele Interviews wie Subotic. Mit ihm konnte man viel besprechen, weil er ein ungewöhnliches Leben führte, als Fußballprofi und zugleich als Gründer, Namensgeber und treibende Kraft einer NGO. Ich sagte zu ihm: »Das ist schon krass, wie unterschiedlich deine beiden Welten sind.« Subotic lachte und gestikulierte mit den Händen, wie er das oft machte, wenn er sprach: »Es ist total absurd, aber für mich auch eine gute Balance. Hier geht es um Fußball, das findet draußen statt, macht Spaß und ist der krasse Wettkampf. Es wird in Sekunden und Millisekunden entschieden. Problem – Lösung, Problem – Lösung. So spielt sich Fußball jedenfalls in meinem Kopf ab. Daheim habe ich hingegen mit Sachen zu tun, bei denen ich teilweise Wochen brauche, um das Problem richtig zu verstehen. Dafür brauche ich eine Lösung. Aber ist sie richtig? Also muss ich testen und danach dokumentieren.« Subotic war es wichtig, dass er nicht einfach nur der Typ war, der Gutes tat, also armen Äthiopiern sauberes Wasser verschaffte. Er hatte das Problem des sauberen Wassers als Entwicklungshemmnis ausgemacht, weil etwa junge Mädchen nicht zur Schule gingen, wenn sie von weit entfernten Stellen Wasser holen mussten. Er wollte, dass der Einsatz sinnvoll und die Ergebnisse seiner Arbeit überprüfbar waren.

Es kam mir vor, als wäre die Geschichte von Neven Subotic die eines Konvertiten oder die eines Mannes, der sich vom Saulus zum Paulus gewandelt hatte. Er selber sagte: »Die Reise zu mir hat ein paar Jahre gedauert.« Als er nach Mainz und anschließend nach Dortmund gekommen war, hatte er zunächst das Leben eines Fußballprofis fast in karikierter Form geführt. Er hatte ein Haus, drei Autos und feierte wilde Partys. Auf einem schweren Motorrad fuhr er in Flipflops. »Ich wurde strikt erzogen, und als ich das erste Mal rauskam, wollte ich mir alles schnappen und habe das größtenteils auch getan.« Dabei war er »sich abhandengekommen«, wie er sagte.

Manchmal dachte ich, dass er dafür inzwischen dem Profileben abhandengekommen war. Vor dem Spiel gegen Borussia Dortmund hatte ich ihn gefragt, ob das ein besonderes Spiel für ihn sei. Er hatte daraufhin die Augenbrauen hochgezogen und mich mit einem Blick angeschaut, als wollte er zurückfragen, wie ich ihm so eine blöde Frage stellen könne. »Nein, ein ganz normales Spiel«, hatte er geantwortet. Er schaute auch keinen Fußball im Fernsehen, »vielleicht das Finale der Champions League, aber nur, wenn mich jemand daran erinnert«.

Andererseits trainierte er meistens gut und verhielt sich professionell. »Der Wettkampf ist mir wichtig«, sagte er, »der Löwe will einfach jagen.« Beim Spiel gegen Werder Bremen hatte er kurz vor Schluss die zweite Gelbe Karte gesehen und war vom Platz gestellt worden, weil er wütend seinen Gegenspieler ins Aus gecheckt hatte. Er war frustriert, weil sein Mitspieler Akaki Gogia kurz zuvor einen Ellbogen an den Kopf bekommen hatte, der Schiedsrichter aber nicht gepfiffen hatte. Unumstrittener Stammspieler war er bislang auch.

»Ich bin erstaunt, dass du so gut spielst, obwohl du so viel Zeit in deine Stiftung steckst«, sagte ich. Er wandte sich mir zu und streckte nun die Arme vor sich aus, was ihn noch jesushafter wirken ließ. »Danke, aber ich spiele deshalb gut, weil ich so viel Zeit für die Stiftung aufbringe. Deshalb stehe ich nicht so unter Druck wie viele meiner Mitspieler, als würde es um Leben und Tod gehen. Geht es aber nicht.«

Wir redeten noch ein wenig über den Verein, den er mochte. Er erzählte von den Leuten, mit denen er vor Saisonbeginn bei der Sponsorenfeier an einem Tisch gesessen hatte, und ihre Liebe für Union. Ich bezweifelte nicht, dass ihn das beeindruckt hatte. Schon in seinen ersten Interviews hatte er das, was den Klub ausmachte, besser als fast alle anderen formuliert. Aber wie so oft bei ihm war eine Grunddistanz zu spüren, die erst verflog, wenn Subotic witzig wurde. Am Abend vor dem Pokalspiel in Freiburg, es war schon dunkel und ein feiner Nieselregen fiel, hatte er das Mannschaftshotel verlassen, um einen Spaziergang zu machen. Subotic setzte die Kapuze seiner Trainingsjacke auf, zog sie fest und sagte: »Ich gehe jetzt eine Bank ausrauben.«

Nun verabschiedete er sich wieder, ein paar Minuten vor Ende des Testspiels. Er musste noch den Mann treffen, der ihm einen Termin mit Angela Merkel machen konnte, wenn er wollte.

Ein schönster Tag

Es war einer dieser Novembertage, die tief in einen hineinziehen, kalt, feucht und mit fahlem grauen Restlicht, aber er bekam ein besonderes Leuchten. Das lag nicht nur am Sieg über Borussia Mönchengladbach, eine der Spitzenmannschaften der Liga, die sich am Ende der Saison sogar für die Champions League qualifizieren sollte. Doch so gut Union an diesem Nachmittag An der Alten Försterei auch gespielt hatte, es war nicht das 2:0, was besonders in Erinnerung bleiben sollte.

Als die Mannschaft auf der Ehrenrunde an der Waldseite ankam, trugen alle Spieler schon rote T-Shirts, auf dem ein Megafon zu sehen war und die Aufschrift: »Danke Vossi«. Alle im Stadion wussten, dass die Feierlichkeiten nun auf ihren Höhepunkt zulaufen würden, und sangen: »Ohne Vossi wär hier gar nix los.« Sie meinten damit Fabian Voss, einen 33 Jahre alten Koch, der einer der beiden Capos im Stadion war, obwohl er sich selbst »Einheizer« nannte, was zweifellos der sehr viel schönere Begriff war und die Sache auch besser traf. Er stand bei den Spielen auf einem kleinen Podest, gab Sprechchöre und Gesänge vor und heizte so das Publikum an. Er tat das gemeinsam mit dem anderen Einheizer, Ali, der 30 Meter weiter stand und mit dem ihm ein telepathisches Gespür dafür verband, was in welchem Moment passen sollte.

Doch nun war ihr letzter gemeinsamer Tag gekommen, denn Voss hatte beschlossen, das Podest zu verlassen und einem Jüngeren Platz zu machen. Es hatte schon den ganzen Nachmittag über »große Gesten von A bis Z« gegeben, wie Voss sagte, als ich mich mit ihm traf. Vor dem Anpfiff, während der 90 Minuten und in der Halbzeitpause waren immer Spruchbänder hochgehalten worden, in denen sich unterschiedliche Fanklubs und Gruppen bei ihm dafür bedankten, dass er 13 Jahre dazu beigetragen hatte, dass die Stimmung im Stadion so war, wie sie war. Zingler war bereits vor dem Spiel gekommen und hatte Voss ein besonderes Geschenk gemacht: ein T-Shirt, von dem es nur drei Stück gab. Es zeigte Voss auf dem Zaun bei einem Auswärtsspiel in Dresden in seinem Element, ein ikonisches Motiv. Das zweite T-Shirt hatte Zingler selbst, das dritte der überraschendste Gast bei dieser Verabschiedung, Damir Kreilach. Der hatte sofort sein Kommen zugesagt, als er von Voss erfuhr, dass nach dem Spiel gegen Gladbach Schluss sein sollte. Kreilach lebte am anderen Ende der Welt, in Salt Lake City, wo der ehemalige Mannschaftskapitän von Union inzwischen spielte. Die beiden hatten sich angefreundet, als Kreilach in Berlin spielte, Voss hatte ihn auch schon in den USA besucht. In der Halbzeitpause betrat Kreilach den Platz und bedankte sich über das Stadionmikrofon bei Voss, der schluchzend auf seinem Podest stand: »Fabian, du bist eine Legende und wirst ewig leben.«

Zum ersten Mal hatte Voss das Publikum mit einem Megafon in der Hand in Schwung gebracht, als Union 2004 noch in der Vierten Liga spielte, beim Dorfverein Falkensee-Finkenkrug im Umland von Berlin. Inzwischen wurden seine Ansagen auf der Waldseite über Lautsprecherboxen verstärkt. Seit dem ersten Tag war er 8500 Kilometer gereist, ohne ein Spiel von Union zu verpassen, und wenn Heiserkeit der Muskelkater des Unioners war, wie es in Boones Gesetzen geschrieben stand, war Vossi der Muster-Unioner, denn seine Stimme war immer heiser und rau. Er hatte sie oben auf dem Podest verloren, in Hunderten Spielen und Tausenden Gesängen.

Ich hatte Zingler zufällig getroffen, als er von der Übergabe des T-Shirts zurückkam. Er und Voss waren ungefähr zur gleichen Zeit Präsident und Capo geworden. »Wir sind zusammen erwachsen geworden, und wir schreiben uns eine SMS, wenn wir nicht verstehen, was der andere macht«, sagte Zingler. Das war vielleicht das wahre Wunder, das sich in dieser Verabschiedung ausdrückte: Der Verein und die Ultras respektierten sich gegenseitig und sprachen miteinander. Fabian Voss gehörte dem Wuhlesyndikat an, dessen Logo, die Buchstaben »W« und »S«, umschlossen von einem Lorbeerkranz, er auf seinen rechten Unterschenkel tätowiert trug.

Das Verhältnis zwischen Vereinen und Ultras, der vielleicht größten Jugendkultur in Deutschland, war fast überall notorisch schlecht. Die Ultras sorgten zwar für Stimmung im Stadion, durch Gesänge oder schöne Choreografien, verstießen aber oft gegen Verbote, etwa im Stadion Pyrotechnik zu zünden. Sie pflegten zwar ihre Gemeinschaft und unterstützten sich auch über den Fußball hinaus, aber es bestand immer die Möglichkeit, dass sie auf gegnerische Fans losgingen oder mit der Polizei aneinandergerieten. Und teilweise waren Vereinsbosse auch davon genervt, dass aus der Ultrakultur heraus beharrlich die Auswüchse des Profigeschäfts kritisiert wurden.

»Prinzipiell ist unser Verhältnis zum Verein sehr gut, aber es ist nicht immer alles Friede, Freude, Eierkuchen«, sagte Voss. Zingler war etwa wütend gewesen, dass sich Fans beim Lokalderby gegen Hertha ohne Karten Einlass verschafft hatten. »Manchmal passieren Fehler«, sagte Voss, »aber Union zeichnet es aus, dass die Wege sehr kurz sind. Wenn was ist, treffen wir uns im stillen Kämmerchen. Ich bin stolz darauf, dass es so ist.« Fundamentalistische Ultragruppen anderer Vereine kritisierten die Unioner dafür, dass sie zu viel mit ihrem Klub sprachen. Wie auf der anderen Seite Vereinsbosse hinter vorgehaltener Hand sagten, dass Union den Ultras zu viel Spielraum gab. Deshalb standen manchmal beide Seiten unter Druck.

»Dirk sagt immer, dass er alle unter einen Hut bringen muss«, erzählte Voss, und im Prinzip versuchten er und die Ultras das auch. Sie mochten die lautesten Fans sein, sich vielleicht als Avantgarde der Kurve fühlen, aber sie schauten nicht herab auf die Fans, die in ihren Kutten alt geworden waren, auf die Normalos auf der Gegenseite oder die auf der Haupttribüne. »Wenn wir was machen, sollten wir es zusammen machen, dann sind wir stark«, sagte Voss. All das war im Laufe der Jahre gewachsen und nicht immer schon so gewesen. Jahre, in denen die Alte Försterei ein unangenehmer Ort gewesen war, waren noch nicht so lange her. Rechte Fans, die

Jagd auf Anhänger von Türkiyemspor Berlin machten und auf die von Tennis Borussia Berlin, die sich als links verstanden, waren in den 1990er-Jahren in Köpenick keine Ausnahmen gewesen. Auch das viel beschworene Stadionerlebnis war nicht immer schon das, was es nun war. »Wir sollten nicht vergessen, dass es hier in den 90er-Jahren sogar mal Cheerleader gab«, sagte Zingler. Die damalige Vereinsführung hatte das für eine angemessene Unterhaltung gehalten. Und Fans hatten sogar mal einen Bettelbrief an Dodi Al-Fayed geschrieben, den damaligen Besitzer des FC Fulham in England, er möge sich doch bitte in ihren Klub einkaufen. Dass all das inzwischen fast in Vergessenheit geraten war, hatte auch damit zu tun, dass Fans und Verein immer wieder neu ausgehandelt hatten, wie das Stadionerlebnis bei Union aussah.

Voss war daran 13 Jahre lang maßgeblich beteiligt. Obwohl nicht sonderlich groß und auf den ersten Blick jungenhaft unauffällig, merkte man ihm schnell seine Ausstrahlung an. An seiner Hingabe für die Sache bestand sowieso kein Zweifel. Um 2012 hatte er einmal zwei Jahre und dann noch ein weiteres Jahr Stadionverbot bekommen. Warum, daran konnte er sich nicht mehr genau erinnern, sagte er mir. Er durfte jedenfalls weder daheim noch auswärts die Spiele seines Klubs besuchen. Trotzdem fuhr er in jener Zeit mit seinen Freunden zu allen Spielen, ob nach Sandhausen, Fürth oder Bielefeld. In den Bussen oder Sonderzügen wurde Geld für die Stadionverbotler gesammelt, damit sie einen schönen Tag hatten. Sie suchten sich einen Biergarten oder eine Kneipe, wo sie das Spiel sehen, ein Schnitzel essen und ein Bier trinken konnten, während die anderen ins Stadion gingen.

Als er von seinem letzten Tag als Capo erzählte, konnte er seine Rührung nicht verbergen. Die Spieler hatten auf dem Rasen vor der Waldseite ein Spalier gebildet, um ihn zu verabschieden. Voss hatte Tränen in den Augen, als er herunterkam, von den Spielern gewuschelt und geherzt wurde. Und als sie ihn in die Luft warfen. Voss wurde das fast zu viel, und anschließend rief er in sein Mikrofon: »Ich habe heute 500 SMS bekommen, aber scheißegal. Es geht nicht um mich, es geht um Union Berlin.« Dabei zeigte er auf die Spieler und vage auch durchs Stadion. Abends gab es noch eine Party, zu der auch Gladbacher Fans eingeladen waren, weil es eine Freundschaft zwischen ihnen und den Unionern gab. Vereinslegende Torsten Mattuschka kam ebenfalls, und als Voss am nächsten Tag wach wurde, stellte er fest, dass ihm viele Briefe und Fotos, Collagen und Schals zugesteckt worden waren. Eine Torte mit einem Megafon aus Zuckerguss hatte er ebenfalls geschenkt bekommen. Dieser fahl-graue Novembertag war der schönste seines Lebens gewesen. »Es war ein Tag, wie ich ihn jedem Menschen wünsche«, sagte er, und seine Augen wurden für einen Moment glasig. Dann hatte er sich wieder gefasst: »Das hat mir jedenfalls klar gezeigt, warum Union der Verein ist, den ich liebe und mit dem ich ins Grab gehen werde.«

Mitgliederversammlung in Ultra-HD

Im 1. FC Union steckt ein »Think Big«, das gerne verborgen wird, um »die Menschen«, wie Dirk Zingler sagen würde, nicht zu verschrecken. Schließlich sehen die Unioner ihren Verein als unbedingt nahbar, wo immer es um das »Wir« geht. Doch neben all der demonstrativen Super-Geerdetheit schimmert auch Sehnsucht nach Größe durch. Zum Beispiel nach einer Leinwand von 21 mal 9 Metern, auf die man Bilder in einer solchen Qualität beamen konnte, dass Nasenhaare noch in der letzten Reihe in Ultra-HD zu sehen waren. Von Größe kündete auch die beste Soundanlage der Stadt, deren Klang super-crisp war, sowie eine Bühne, die in ihren Dimensionen an jene des chinesischen Volkskongresses erinnerte. Kurzum: Der Klub hielt seine Mitgliederversammlung des Jahres 2019 in der modernsten Veranstaltungshalle Berlins ab, der Verti Music Hall.

Die Mitglieder des Präsidiums, des Aufsichtsrats und drei Herren fortgeschrittenen Alters, die den Ehrenrat bildeten, trafen sich vorher Backstage im »Green Room«, in dem es eng zuging, weil die meisten Bands, die sonst hier auftraten, nicht so viele Mitglieder hatten. Es gab Hühnerfrikassee mit Reis, belegte Brötchen und süße Teilchen. Eine freundliche Hostess bestand darauf, mir Sprudelwasser einzuschütten, als ich das selbst machen wollte.

»Es ist das erste Mal, dass ich bei einer Mitgliederversammlung eine eigene Garderobe habe«, sagte Zingler belustigt. Dort saß er auf einem Ledersofa, groß wie die Sitzbank eines amerikanischen Straßenkreuzers, und schaute auf eine riesengroße Spiegelwand. Wir gingen nach draußen auf eine Terrasse, die so groß war, dass hier die Berliner Philharmoniker gemeinsam frische Luft hätten schnappen können, und schauten auf den Mercedes-Platz hinunter, der die Mitte eines Viertels bildet, das man nur als »Stadtentwicklung from Hell« bezeichnen kann. Die Mächte der Finsternis hatten hier einen Unort entstehen lassen, an den sich die Bewohner der Stadt nur verirrten, wenn sie in der großen Mehrzweckarena nebenan ein Konzert sehen wollten, die Basketballspiele von Alba oder Eishockeyspiele der Eisbären.

Zingler war aber nicht nach Architekturkritik oder stadtsoziologischen Ausführungen zumute. Er schaute versonnen auf den Platz hinunter, wo auf großen Stelen mit digitalen Displays das Logo seines Vereins und Zitate aus dem Vereinslied aufleuchteten. Der Klub hatte inzwischen über 30 000 Mitglieder, und alle fragten sich, wie viele heute kommen würden. Die Tipps lagen bei rund 1800, aber am Ende wurden es deutlich mehr: 2229. Christian Arbeit kam und meldete von den Ständen, an denen es Union-Merchandising gab: »Die kaufen wie die Kaputten.« Der Präsident strahlte.

»Die Menschen freuen sich«, hatte er vor dem ersten Bundesligaspiel festgestellt. Nun freuten sie sich noch immer und taten es erneut, als zu Beginn der Mitgliederversammlung noch einmal Bilder vom Aufstieg und den anschließenden Feierlichkeiten gezeigt wurden. Unterlegt wurden sie mit der Vereinshymne, und sofort standen alle auf, reckten ihre rot-weißen Schals hoch (fast jeder hatte seinen Schal mitgebracht – oder gerade gekauft) und sangen mit. Es war ein liturgischer Moment, die Gemeinde sammelte sich und stimmte ihren Choral an. In den folgenden drei Stunden und 50 Minuten, die die Versammlung dauerte, brachen sie fast jedes Mal in Beifall und Jubel aus, wenn Union Berlin »Bundesligist« genannt oder »spielt in der Bundesliga« gesagt wurde – erst in der vierten Stunde ließen die Kräfte nach.

Zu Beginn dieses Mixes aus Gottesdienst, Vereinsmeierei, Parteitag und Konzernversammlung wurde die Mannschaft auf die Bühne geholt. Es hatte etwas davon, vorgeführt zu werden, wie sie da in ihren staubgrau-roten Trainingsjacken standen, zu denen sie Jeans trugen (zumeist diese kunstvoll zerstörten Jeans, bei denen hoch qualifizierte Designer die Hose am Knie aufschneiden). Christian Arbeit, der zunächst Conférencier war und später Versammlungsleiter, befragte Fischer und Ruhnert kurz, während die Spieler mit brav hinter dem Rücken verschränkten Händen die Kulisse bildeten. Dann durften sie wieder gehen, aber noch nicht nach Hause, anderthalb Stunden mussten sie schon durchhalten.

Es ging weiter mit Begrüßungen, einer Ehrung für eine 50-jährige Vereinsmitgliedschaft und einer weiteren für die Spielerinnen der ersten Frauenmannschaft des Klubs, die sich ebenfalls ein halbes Jahrhundert zuvor gegründet hatte. Als Michael Parensen auf die Bühne trat, stieg die Spannung. Wenn die Vereinslegende sprach, würde wohl jemand Besonderes ausgezeichnet werden. »Wir spüren euch. Der zwölfte Mann ist ein Teil unseres Matchplans«, sagte Parensen, und da ahnten die Ersten im Saal, worauf diese Laudatio hinauslaufen würde. »Wenn einer 13 Jahre lang als Vorsänger ...«, fuhr er fort, und bereits da gab es Beifall. Fabian Voss, der ein paar Tage zuvor beim Spiel verabschiedete Vorsänger auf der Waldseite, bekam eine Ehrennadel in Silber und wurde noch einmal mit Ovationen gefeiert, als er auf die Bühne kam. Er war nicht der erste Ultra bei Union, der mit einer Ehrennadel ausgezeichnet worden. Aber seine beiden Vorgänger waren für ihr soziales Engagement geehrt worden ist. Voss jedoch war der Erste, der für seine Tätigkeit als Ultra ausgezeichnet wurde. Der Beifall war tosend.

Zwei Tage vor der Mitgliederversammlung war ich abends um sechs in Loge 78 gekommen, wo ich bereits den ersten Spieltag erlebt hatte. Das Stadion lag in völliger Dunkelheit, nur im Strafraum vor der Gästekurve war es hell. Dort wurde der Rasen beleuchtet, um ihm auch im Herbst Wachstum abzutrotzen. Auf dem Bildschirm an der Stirnwand der Loge stand: »Präsidiums- und Aufsichtsratssitzung 3/2019«.

Die Sitzung begann mit einem kleinen Vortrag Zinglers zur Lage. »Das ist eine ungewöhnliche Sitzung und eine der leichtesten, die wir je hatten«, sagte er. Dann begann eine Springflut guter Nachrichten und guter Zahlen. Alle finanziellen Planungen waren über den Haufen geworfen worden, weil die Ergebnisse besser waren als prognostiziert. Schon Anfang Dezember waren mehr Trikots verkauft worden als in der ganzen Saison zuvor. Die Sponsoringeinnahmen waren auf 20 Millionen Euro fast verdoppelt worden. Und pro Spiel war der Cateringumsatz auf 150 000 Euro gestiegen. »Die Menschen freuen sich und holen sich noch ein Bier«, sagte Zingler. Und mehr als 13 000 neue Mitglieder gab es auch.

»Der Sport erzeugt bei jedem ein Grinsen auf dem Gesicht«, sagte Zingler und erklärte, dass er beim Text seiner Rede, den er auf der Mitgliederversammlung halten wollte, trotzdem ein wenig die Euphorie herausgenommen habe, schließlich sei noch nichts gewonnen. »Ich habe mich beim Trainer bereits dafür bedankt, dass er das spielen lässt, was die Jungs können. Er ist pragmatisch und überfordert den Kader nicht. Ich finde das gut, weil andere Trainer über sich lesen wollen, dass sie guten Fußball spielen lassen.«

Anschließend ging es um den Bau des neuen Nachwuchsleistungszentrums und den Stand der Dinge beim Ausbau des Stadions. Der Ablauf war eingespielt, man merkte, dass diese Leute schon seit Jahren zusammensaßen und jeder seine Rolle gefunden hatte. Dirk Thieme kümmerte sich als Architekt ehrenamtlich um alle Fragen, die mit dem Stadionausbau zu tun hatten. Der Rechtsanwalt Dirk Fischer brachte juristische Kompetenz ein, der Sozialdemokrat Karlheinz Nolte war in der Berliner Lokalpolitik vernetzt, und Hans-Joachim Lesching kümmerte sich um die Sozialprojekte des Klubs. Der Stahlhändler Jörg Hinze und Thomas Koch, dem etliche Autohäuser gehörten, pflegten die Verbindungen zu den Sponsoren. Diese Leute saßen schon über Jahre zusammen, kannten sich bestens in ihren Stärken und vermutlich auch Schwächen.

Zum Schluss diskutierte die Runde noch darüber, ob Michael Kölmel Ehrenmitglied werden sollte. Kölmel kam ursprünglich aus dem Filmgeschäft, in dem er erst eine sensationelle Erfolgsgeschichte geschrieben und dann eine gigantische Pleite hingelegt hatte, für die er zu einer Bewährungsstrafe verurteilt wurde. Zugleich war er einer der ersten Investoren im deutschen Fußball gewesen. Um die Jahrtausendwende hatte Kölmel Kredite an ein

Dutzend Traditionsvereine vergeben, die in wirtschaftlichen Krisen steckten, darunter auch Union. Kölmel trat nicht als Wohltäter auf, er ließ sich an zukünftigen Einnahmen aus Fernsehrechten und Merchandising beteiligen. Dennoch galt er als Retter des Klubs in schwerer Stunde, 1998 und 2004 half er zweimal, eine Insolvenz zu vermeiden. Außerdem hatte er Vereinsgeschichte geschrieben, als er die Vereinshymne in Auftrag gegeben hatte, die Nina Hagen einsang. Fan war er auch geworden und kam häufig zu den Spielen.

Kölmel hatte Gutes getan und hatte davon profitiert. Er liebte Union wie ein Fan und wurde von den Fans zurückgeliebt. »Wir sehen hier die Janusköpfigkeit des Kapitals«, sagte Lesching. Vermutlich war Union der einzige Bundesligaklub, bei dem ein im Marxismus geschultes Aufsichtsratsmitglied einen solchen Satz sagte. Lesching, der inzwischen auf die 80 zuging, hatte die Rolle des inoffiziellen Vereinsphilosophen inne. Er hatte eigentlich Elektriker gelernt, war aber im Kulturbetrieb der DDR gelandet. Ende der 1970er hatte er im Auftrag der Freien Deutschen Jugend den »sozialen Gebrauch der Rockmusik in der DDR« erforscht. Er analysierte dazu die Fanpost von Jugendlichen an DDR-Bands und besuchte sie zu Interviews. »1982 wusste ich, dass wir das Jahrzehnt nicht überstehen würden.« Später wurde Lesching Gewerkschaftschef im Friedrichstadtpalast und gründete nach der Wende die freie Gewerkschaft Kunst, Kultur, Medien mit. 1991 machte er sich mit einer Firma für Werbemittel selbstständig, die meisten Bäckereien und Metzgereien in Ostberlin bekamen ihre Leuchtwerbung von ihm.

Lesching war ein Mann guter Punchlines, auch wenn er das nicht so nennen würde. »Was sie uns in der DDR über den Sozialismus erzählt haben, war Quatsch, aber das über den Kapitalismus stimmte«, sagte er. Und besonders gerne zitierte Lesching im Zusammenhang mit Union das FDJ-Aufbaulied, dessen Text Bertolt Brecht geschrieben hatte. Dort hieß es: »Um uns selber müssen wir uns selber kümmern.« Also Blut spenden oder ein Stadion bauen. Vor allem aber eines hatte Lesching im gescheiterten Sozialismus der DDR gelernt: »Die Partei hat die Kraft der Massen angebetet, aber hatte Schiss davor. Wir lassen die Massen zu.«

Vieles, was bei Union passiert war, war aus der Masse gekommen. Die Plakate von Boone und seine Gesetze, auch die Stadionzeitung wurde immer noch von Fans gemacht und sah auch aus wie ein Fanzine. Unioner säuberten im Frühling und Winter das Ufer der benachbarten Wuhle, brachten Rollstuhlfahrer zu Auswärtsspielen und organisierten Fanzüge. Auch die Ultras ließ der Verein zu und zeichnete stellvertretend Einheizer Voss aus. Und den Investor Kölmel. Der Beschluss, ihn zum Ehrenmitglied zu machen, wurde einstimmig angenommen. Zwei Tage später stand er auf der Bühne und wurde gefeiert wie vorher der Ultra.

Schalke und die Momente

Adrian Wittmanns Tag begann morgens um fünf Uhr, wenn seine Frau und seine kleine Tochter Emmy noch schliefen. Um halb sechs stand er in Senzig, einer Ortschaft mit rund 3000 Einwohnern 20 Kilometer südöstlich von Berlin, an der Bushaltestelle. Er fuhr mit dem Bus der Linie 722 bis zum Bahnhof Königs Wusterhausen und nahm die S46 bis nach Adlershof, die Fahrt dauerte knapp 20 Minuten. Er stieg in die Straßenbahn der Linie 60, die nach neun Stationen und einer Viertelstunde Fahrt um kurz vor sieben An der Alten Försterei hielt. Manchmal war er als Erster dort, aber dann kam Urs Fischer meistens kurz darauf. Die Antwort auf die Frage, wie müde er um diese Zeit noch war, nuschelte Adrian Wittmann weg. Dieses Nuscheln war seine Spezialität. Als würde er den Gegenpol zu Urs Fischer bilden wollen, der immer laut und überdeutlich sprach. Als sein Gesprächspartner hatte man nicht selten das Gefühl, nicht gut zu hören. Mit Schüchternheit hatte das nichts zu tun, Wittman war durchaus selbstbewusst.

Er war 33 Jahre alt, als Unions erste Spielzeit in der Bundesliga begann, und in seiner neunten Saison beim Klub. Früher war er mal ein durchschnittlich talentierter Amateurkicker gewesen und schon mit 16 Jahren Trainer geworden. Bei seinem Heimatverein in Zeuthen, einem Ort kurz hinter der Stadtgrenze von Berlin, hatte Adrian Wittmann diverse Jugendmannschaften und als Co-Trainer die erste Mannschaft betreut. Er studierte Trainingslehre an einer privaten Hochschule in Berlin, die auch Bundesligatrainer Julian Nagelsmann absolviert hatte. Nach dem Studium begann er bei Union mit Spielanalysen zunächst für die U19- und U23-Nachwuchsmannschaften, dann kam er zu den Profis.

Man hätte ihn für einen Nerd halten können, wenn er im Nebenzimmer des Maschinenraums an seinem Schreibtisch saß, umgeben von zwei Bildschirmen und einem aufgeklappten Laptop, wo fast immer Spielszenen liefen, die er markierte, ablegte und analysierte. Er hing vorgebeugt in seinem Bürostuhl und schaute die eigenen Spiele noch einmal an, um Szenen für die Besprechungen mit der Mannschaft und die Einzelbesprechungen vorzusortieren. Bis zum Ende der Saison würde es genau 132 davon geben, allein Marius Bülter und Marcus Ingvartsen würden zehnmal mit Fischer, Bönig oder Hoffmann ihr Spiel anhand von Videos durchgehen.

Wittmann analysierte auch die Spiele der Gegner auf der Suche nach taktischen Mustern, nach Schwächen und Stärken, gelegentlich schon morgens um sechs in der S-Bahn auf dem Weg zur Arbeit. Für jeden Gegner legte er eine Mappe aus dünnem Karton mit einem Sichtfenster an, in die er weitere Informationen steckte: Grundaufstellungen, taktische Auffälligkeiten, Berichte des Scouts, der sich den Gegner live im Stadion angeschaut hatte.

Nannte ihn jemand »Videoanalytiker«, nervte Wittmann das: »Ich bin Spielanalytiker.« Er bestand auf dieser Unterscheidung, weil er einen Beruf ausübte, unter dem sich nur wenige Leute etwas vorstellen konnten, selbst innerhalb des Klubs nicht. Was sollte schon groß wichtig sein daran, Spielszenen rauszusuchen, konnte das nicht jeder? Dabei gehörte die Arbeit, die er machte, zur Grundlage für die Geschichte, die den Spielern Woche für Woche, Spiel für Spiel erzählt wurde.

»Fußball zu analysieren, bedeutet für mich, Tendenzen, Wahrscheinlichkeiten und Notwendigkeiten mit dem Möglichen auszuloten«, hatte er seine Arbeit mal definiert. Das klang abstrakt, erklärte sich aber in der Praxis. »Viele Mannschaften verändern sich von Spiel zu Spiel ein wenig, das gab es vor zehn Jahren so noch nicht.« Das galt es zu verstehen, vorauszuahnen, und darauf mussten Antworten gefunden werden. Im Maschinenraum war das ein wichtiger Teil der Arbeit.

Eines Morgens im Dezember kam ich gegen Viertel nach acht in die Kabine und hörte, dass im Trainerzimmer ein aufgeregtes Gespräch lief. Es klang erst wie ein Streit, aber es war eine hitzige Debatte darüber, wie Marcus Ingvartsen sich in einer Spielsituation hätte verhalten sollen. Die Diskussion schien schon eine gewisse Zeit zu laufen, mal ergriff Wittmann das Wort, dann deutlich lauter Fischer. Ich saß in der Umkleidekabine und zog meine Rudelkleidung an, für die frühe Stunde war die Diskussion erstaunlich leidenschaftlich. Auf solche Situationen war Wittmann gleich vorbereitet worden, als Fischer und Hoffmann nach Berlin kamen. Sie erzählten ihm, dass es beim FC Basel mit einem Scout, der die kommenden Gegner beobachtete, über taktische Fragen so wilde Diskussionen gegeben hatte, dass sie zwischendurch Pausen machen und vor die Tür gehen mussten, damit die Dinge nicht zu sehr aus dem Ruder liefen.

Die morgendliche Diskussion zeigte, dass es durchaus unterschiedliche Ansichten dazu geben konnte, wie man eine Situation auf dem Platz bewertet, wie man den Gegner einschätzte und welche Mittel gegen ihn besonders erfolgreich sein würden. Wittmann war ganz selbstverständlich daran beteiligt, was unter Fischers Vorgängern nicht immer so war. Auf Geheiß von Fischer hatte Wittmann seinen Schreibtisch im Nebenzimmer bei den Athletik- und Torwarttrainern bezogen. Sein Spind war ebenfalls in der Umkleidekabine der Trainer, und erstmals war er vor der Saison mit auf dem Mannschaftsfoto. Nur Autogrammkarten hatte er keine.

Wichtiger als die formale Anerkennung der Arbeit war aber die praktische. Kein Wunder, dass Wittmann nicht darüber klagte, morgens um halb sechs in Brandenburg an einer Bushaltestelle zu stehen, damit er die Spielersitzung morgens um neun so vorbereiten konnte, dass der Ablauf saß. Er klagte nicht, wenn Fischer ein Spiel gleich abarbeiten wollte, selbst wenn das bis Mitternacht ging. Er fuhr an solchen Tagen nicht mehr nach Hause und legte sich auf eine der Liegen im Aufenthaltsraum der Spieler. Oder der Trainer lieh ihm seinen Wagen, damit er noch nach Hause kam, nachts dauert das nur eine gute halbe Stunde.

»Alles gründet auf Vertrauen bei ihm«, sagte Wittmann über Fischer. Der Trainer hatte selber Spiele analysiert, als er Jugendtrainer in Zürich war. Er wusste, was Wittmanns Job ausmachte. Er zeigte ihm, was er von seinem Spielanalytiker wollte, und lehrte ihn seine Sicht aufs Spiel. »Urs hat mich entwickelt«, sagte Wittmann. Zum Ende der Saison sprach mitunter er in den Besprechungen zu den Spielern.

Zum Training betrat Wittmann den Platz meistens etwas später und brachte eine kleine schwarze Tasche mit, in der eine Videokamera steckte. Er ging damit zu einer schwarzen Kunststoffkiste von der Größe eines Sarges, die unter einer Trainerbank lag. Er nahm ein silbernes Gestell heraus, dessen vier Beine er auf Höhe der Mittellinie ausklappte. Er fixierte sie, befestigte die Kamera an der Spitze des Mastes und schob die Teleskopstangen aus, bis die Kamera aus einer Höhe von neun Metern das ganze Spielfeld erfasste. Ursprünglich war diese Konstruktion mal entwickelt worden, um Verkehrsunfälle zu dokumentieren.

Von unten konnte er mit Blick auf einen kleinen Bildschirm den Mast schwenken und den Bildausschnitt verändern, sodass die Videos dem Scoutingfeed der Bundesligaspiele ähnelten. Wittmann zeichnete nur jene Trainingsübungen auf, in denen es um taktische Fragen ging. Urs Fischer stand am Seitenrand in der Nähe von Wittmann, sodass der Spielanalytiker meist der erste Adressat für die Beschwerden des Trainers war, wenn die Spieler etwas falsch machten. Sebastian Bönig stand einige Meter weiter entfernt auf Höhe des Strafraums und Markus Hoffmann auf der anderen Seite des Spielfelds. Athletiktrainer Martin Krüger kontrolliert auf seinem Laptop die Herzfrequenz der Spieler.

Wittmann hatte Fischers Spielprinzipien zu Papier gebracht und in der Kabine aufgehängt. Sie wurden auf dem Trainingsplatz ständig wiederholt, immer wieder eingeübt, von Wittmann aufgezeichnet und in Mannschafts- oder Einzelbesprechungen gezeigt. Eine Dauerschleife der Rückmeldungen und Verbesserungen, eine Verschmelzung von Theorie und Praxis. Aber zum Fußball gehören auch jene Momente, die sich der Planbarkeit entziehen.

Wie in der 23. Minute des Spiels bei Schalke 04.

Bis dahin hatte Union gut gespielt, keine Torchance zugelassen und selber eine gehabt. Der Plan, an dem das Trainerteam mit der Mannschaft gearbeitet hatte, war bislang bestens aufgegangen. Doch dann rauschte Keven Schlotterbeck im Mittelfeld mit einem Gegenspieler zusammen. Der Schiedsrichter beurteilte das als Foul und zeigte Schlotterbeck die Gelbe Karte, während er vom Platz geführt wurde. Der Innenverteidiger hatte sich verletzt, und während sich draußen Florian Hübner hastig den Trainingsanzug auszog, um zum ersten Mal in dieser Saison eingewechselt zu werden, ging das Spiel weiter. Die Freistoßflanke köpfte Sebastian Andersson aus dem Strafraum, auf Schalkes linke Angriffsseite. Die Flanke von dort wehrte Marvin Friedrich per Kopf fast an die gleiche Stelle zurück. In dem Wissen, dass die Mannschaft in Unterzahl war und einer der drei Innenverteidiger fehlte, kamen fast alle Spieler von Union in den eigenen Strafraum zurück. Das zeugte von dem unbedingten Wunsch, helfen zu wollen, war aber nicht schlau. Nun hingen alle tief im eigenen Strafraum, aber sicherten den Rückraum nicht mehr. Die nächste Flanke prallte aus einer Spielertraube zurück an die Strafraumgrenze, von wo aus ein Schalker Spieler den Ball fast unbedrängt ins Tor schießen konnte.

Die Szene tauchte Monate später noch einmal in einem Video auf, das Wittmann für die Schulung der Spieler zusammengeschnitten und »Verhalten in außergewöhnlichen Situationen« genannt hatte. Die außergewöhnliche Situation in der 23. Minute kippte das Spiel, das Union letztlich durch ein Tor kurz vor Schluss mit 1:2 verlor, in eine ganz andere Richtung. Ohne diese Szene hätte es zweifellos eine andere Dynamik bekommen, vielleicht zugunsten von Union. Aber sicher war das nicht.

Deutlicher als je zuvor wurde mir klar, dass Fußball generell ein Spiel der Momente ist. Nicht nur der Momente, die sich durch außergewöhnliche Situationen wie die Verletzung eines Spielers ergeben. Es ging wahnsinnig viel Aufwand darein, Momente des Gegners zu verhindern, dass er aufs Tor schoss, sich durchkombinierte oder nach einer Ecke einen Kopfball anbringen konnte. Und gleichzeitig ging es darum, solche Situationen selber zu haben. Beides galt es ins Gleichgewicht zu bringen, und trotz der Niederlage bei Schalke gelang der Mannschaft das inzwischen ziemlich gut.

Alter Rum und neue Verträge

Mit dem 2:0-Sieg gegen Köln, acht Tage nach dem Spiel bei Schalke, stand der Bundesliganeuling 1. FC Union Berlin bei 19 Punkten und hatte damit einen Vorsprung von elf Punkten auf einen direkten Abstiegsplatz sowie acht auf einen Relegationsplatz. In der Woche vor Weihnachten standen noch drei Spiele an, darunter zwei auswärts gegen Mannschaften, die auf den letzten drei Plätzen standen, der SC Paderborn und Fortuna Düsseldorf, außerdem würde Dienstag vor Weihnachten die TSG Hoffenheim an die Alte Försterei kommen, eine etwas undurchschaubare Mannschaft mit stark wechselnden Ergebnissen. Als Union die Ehrenrunde nach dem 2:0 über Köln absolvierte, war ich in Zinglers Loge gekommen. »Und, was denken Sie, wie viele Punkte wir bis Weihnachten noch holen?«, fragte er mich. »Vier«, antwortete ich. Ein Sieg und ein Unentschieden in Paderborn oder Düsseldorf, eine Niederlage gegen Hoffenheim war in etwa die Überlegung dahinter, die übliche Mischung aus Wahrscheinlichkeit und Wunschdenken also. »Feigling!«, sagte Zingler und lachte, ohne mir seine Gegenrechnung aufzumachen.

Ich mochte den Überschwang von Zingler, wenn seine Mannschaft gewonnen hatte, er unterschied sich in diesen Momenten nicht von den anderen Fans im Stadion. Nur was passierte wohl, wenn es mal richtig mies laufen und die schöne positive Emotion ins Negative umkippte? Aber Gedanken daran waren jetzt fern, und etwas später brachte Zingler ins Trainerzimmer zwei Flaschen Rum zu einer kleinen Siegesfeier mit. Der Rum hieß »Don Papa«, hatte sieben Jahre gelagert und schmeckte allen richtig gut. Ich fragte Zingler, wo er ihn gekauft hätte. »Bei Rewe«, sagte er. Doch weil er zu denken schien, es sei vielleicht unangebracht, den Rum nicht aus einem angesagten Spezialgeschäft mitgebracht zu haben, schob er nach: »Aber aus dem abgeschlossenen Schrank.«

Er zeigte auf seinem Smartphone noch Fotos von »unserem Flugzeug«, wie er es nannte. Es war die weiße Propellermaschine, mit der wir nach München und weiter nach Freiburg geflogen waren. Der Klub hatte sie nicht gekauft, die Fluggesellschaft hatte sie aber inzwischen mit dem Logo des Vereins versehen und dem Schriftzug »Wir werden ewig schweben«. Den Wunsch nach der Aufschrift »Eisern Union« hatte die Firma mit der irritierenden Begründung abgelehnt, das sei als rechtsradikal misszuverstehen. Der Präsident strahlte trotzdem.

Lange blieb ich nicht, weil Urs Fischer angefangen hatte, seine Gäste hinauszukomplimentieren, um mit der Spielanalyse beginnen zu können. Christian Gentner hatte zudem angeboten, Christopher Trimmel und mich in Richtung Berlin Mitte mitzunehmen. Gentners langjähriger Berater und dessen Frau saßen mit im Auto und fragten mich, wie es mit dem Buch denn laufen würde. »Mir fehlt ein wenig Drama«, sagte ich, auch wenn das nicht richtig ernst gemeint war. Angesichts der Dramen, die noch auf uns zukommen sollten, hätte ich mir das erst recht verkniffen. Aber bislang war fast alles glattgelaufen. Es hatte anfangs die Krise mit vier Niederlagen gegeben und nur vier Punkten nach sieben Spielen. Es hatte den schlimmen Kreuzbandriss von Akaki Gogia gegeben, und Grischa Prömel versuchte nun schon seit Monaten, der geheimnisvollen Reizung der Patellasehne beizukommen. Davon abgesehen war die Mannschaft von schweren Verletzungen verschont geblieben. Auch die Übergröße des Kaders war noch nicht zu einem Problem geworden.

Als ich über das fehlende Drama sprach, lachte Gentner: »Das kommt in der Rückrunde, wenn es mit den Verträgen losgeht. Oder wenn Seb das erste Angebot aus der Premier League bekommt.« Ein skandinavischer Stürmer, der viele Tore in der Bundesliga schoss, war für die englische Spitzenliga zweifellos interessant. Schon am nächsten Tag sollte sich Gentners Vorhersage bestätigen, dass die Verträge ein Thema werden könnten. Oliver Ruhnert holte die Mannschaft zusammen, was er selten tat und meistens nur, wenn es Probleme gab. Während er sprach, wartete ich draußen. Danach durfte ich reinkommen und bekam mit, wie Urs Fischer sich auf Ruhnert bezog. »Sind alle kaputt nach Olis Ansprache?«, fragte er. »Es ist mir zu viel, was ich hier über Verträge höre und in der Presse lese. Es kann sehr schnell untereinander böses Blut geben.«

Ich ahnte schon, auf wen sich das vor allem bezog. Rafał Gikiewicz hatte in der Kabine mehr über seine Vertragsverhandlungen erzählt, als seinen Vorgesetzten und einigen seiner Kollegen gefiel. Der Vertrag des Torwarts lief zum Ende der Saison aus. Nach dem Training, das auf die Besprechung folgte, saß er beleidigt im Essraum und aß alleine sein zweites Frühstück. Als ich ihn ansprach, grummelte er, dass er dann in der folgenden Saison halt woanders spielen würde, mit seinen Leistungen könne er sich das aussuchen.

Ein Drama war das nicht, dazu kannte ich ihn inzwischen gut genug. Er war emotional, mal enthusiastisch, mal deprimiert oder beleidigt, aber diese Stimmungen verflogen auch wieder. Eine Ahnung von dem, was da kommen könnte, war das trotzdem. Es würde eine ganze Reihe Spieler geben, deren Verträge im Sommer ausliefen. Die von Sebastian Polter, Felix Kroos, Manuel Schmiedebach und Ken Reichel etwa, die alle in der Aufstiegssaison Stammspieler gewesen und nur mehr Reservisten waren. Der von Grischa Prömel, der nun schon seit Monaten verletzt war. Oder Jakob Busk, der als dritter Torwart bislang noch in keinem Spiel im Kader gestanden hatte. Was war mit Marius Bülter oder Sebastian Andersson, hatten sie Klauseln im Vertrag, nach denen dieser sich bei einer bestimmten Zahl von Spielen automatisch verlängerte, wie das der Fall bei Christopher Trimmel war? Auf jeden Fall würde es in den kommenden Monaten eine Menge Spieler geben, die sich Gedanken um ihre Zukunft machen mussten.

Doch aktuell gab es ein anderes Problem. Die Spieler waren inzwischen seit einem halben Jahr fast jeden Tag zusammen gewesen, der Maschinenraum hatte noch mehr Zeit miteinander verbracht. Alle brauchten eine Pause voneinander. »Wir sind seit sechs Monaten auf engstem Raum zusammen, das kostet«, sagte

Fischer der Mannschaft am Tag nach dem Spiel gegen Köln. »Bis dahin macht ihr es wirklich großartig. Es wäre doof, wenn wir uns jetzt das Leben selber schwer machten. Dranbleiben, wichtig! Hoffi hat gesagt: Die letzten drei Spiele sind wie Viertelfinale, Halbfinale und Finale.« Als wir vom Training nach Hause fuhren, schaute Trimmi mich an und sagte lachend: »Aber was ist, wenn wir in Paderborn verlieren, sind wir dann schon im Viertelfinale ausgeschieden?«

Die Besprechung hatte noch einen weiteren komischen Höhepunkt gehabt. Fischer zeigte den Spielern noch mal jene Szene aus dem Spiel gegen Köln, als vier Unioner gegen einen Kölner Abwehrspieler aufs Tor zuliefen, diesen Konter aber grotesk schlecht ausspielten und letztlich ins Abseits liefen. »Das ist fahrlässig! Wie oft haben wir das trainiert?«, rief Fischer. Sehr oft, es gab fast jede Woche eine Trainingsform, bei der drei Spieler auf einen Verteidiger und den gegnerischen Torwart zuliefen. »Aber da haben wir drei gegen einen und nicht vier gegen einen trainiert«, sagte Felix Kroos.

Kontakt zur Basis

In Paderborn regnete es am Freitagabend vor dem Spiel mit bösartiger Entschlossenheit. Als ich mit Markus Hoffmann und Urs Fischer zum Rauchen vor die Tür unseres Hotels ging, dessen Fassade aus rätselhaften Gründen in einem dunklen Mintgrün angeleuchtet war, suchten wir Windschatten, denn es zog fürchterlich. Hoffmann schlug die Einfahrt zum Parkhaus vor, das verwirrenderweise zwei Zwischengeschosse des Hotels bildete, weshalb es dort eine recht unübersichtliche Etagenverteilung gab. Im Aufzug waren »0«, »R« oder »P3« ausgewiesen, »1« war im Prinzip das vierte Stockwerk. In der Einfahrt des Hotels zog es aber noch mehr als direkt vor dem Hotel, und so kam es zu dem Motiv: Cheftrainer eines Bundesligisten, sein Co-Trainer und komischer Typ, der ihnen hinterherläuft, drücken sich vor der Tür eines Viersternehotels herum, das mintgrün beleuchtet ist und dessen Tür sich ihretwegen ständig automatisch öffnete, und rauchen.

Der westfälische Wind pfiff so gemein um die Ecken, dass sich keine Freude einstellen wollte. Fischer, die Kapuze seines Hoodies über den Kopf gezogen, rauchte nicht einmal zu Ende. »Nein, das macht keinen Spaß«, sagte er und beendete den Abend, der im Zeichen eines schlechten Fernsehbildes gestanden hatte. Was wiederum zur ungefähr 178. Wiederholung der Beschwerde von Hoffmann über den Zustand der Mobilfunknetze in Deutschland geführt hatte. (Die 179. Beschwerde folgte auf dem Rückweg nach Berlin, als er sechs Anläufe brauchte, um ein Telefonat mit seiner Frau zu führen.)

Wobei seine Digitalbeschwerde nicht immer ganz zutreffend war, das schlechte Fernsehbild im Essraum des Hotels hatte weniger mit dem WLAN zu tun als mit den notorischen technischen Problemen des übertragenden Senders Sky. Wie immer hatte es um 18.30 Uhr Abendessen gegeben, wie immer am Freitag begannen um diese Zeit die Zweitligaspiele, und wie immer wurden sie per Beamer an die Wand des Essraums projiziert. Anfangs war das Bild noch in Ordnung, wurde aber zunehmend schlechter. Erst sah es so aus, als wäre es von Gerhard Richter bearbeitet worden, bald verschwammen alle Farbflächen auf der Leinwand, was man sich in etwa so vorstellen muss, als ob man die Fußballspiele durch eine Brille mit 14 Dioptrien anschaut. Der Ton war gut, und zwischendurch wurde auch das Bild wieder besser, Fischer jedenfalls hielt tapfer bis zum Schluss durch. Ob aus Respekt vor der Zweiten Liga, echtem Interesse oder um sich ein wenig abzulenken, blieb unklar. Am nächsten Mittag jedenfalls saß er bereits eine Dreiviertelstunde vor Abfahrt ins Stadion im Mannschaftsbus, um dort erneut die Konferenz der Zweiten Liga anzugucken.

Ich selber hatte schon beim Abendessen auf dem vor mir aufgestellten iPad die Einzeloption Bochum gegen Hannover gewählt. (Mit meiner Begeisterung für den VfL Bochum wurde insgesamt sehr freundlich und nicht von oben herab umgegangen, wobei die allermeisten Fußballspieler nie Fans gewesen sind und dem Phänomen mit einem gewissen Erstaunen gegenüberstehen). Zum Glück blieb mein Bild stabil, zum Glück spielten wir (also mein anderes Wir) in der ersten Halbzeit richtig gut und führten 2:0. Die zweite Halbzeit wurde eine Abwehrschlacht, zu der sich überraschend Rafał Gikiewicz gesellte. Er nahm am hinteren Ende des Tischs neben mir Platz, schälte eine Mandarine und bot mir wortlos eine Hälfte an. Als ich über einen unserer Verteidiger (anderes Uns) fluchte, sagte Gikiewicz: »Hat Probleme mit Frau.« Er kannte den Mann, weil er mal mit ihm zusammengespielt hatte. Gut zu wissen, aber auch nicht so richtig tröstlich. Letztlich brachten wir (anderes Wir) aber einen wichtigen 2:1-Sieg über die Runden, und ich klatschte mit Rafa ab. »Morgen ihr!«, sagte ich.

Der nächste Morgen, immerhin der des 15. Spieltags der Bundesliga, begann für Urs Fischer mit einer für ihn verblüffenden, ja fast sensationellen Erkenntnis: Er hatte einen Bildschirm an der Trainerbank, auf dem er noch einmal Spielszenen anschauen konnte. »Auch bei uns im Stadion?«, fragte er Adrian Wittmann kurz vor

Beginn der Besprechung. »Ja, seit Saisonbeginn, nur beim ersten Spiel gegen Leipzig lief er noch nicht«, sagte Adi. »Das wusste ich nicht. Und da könnte ich mir eine Spielszene anschauen?« – »Ja, wenn du willst.« – »Aha.«

Die Überraschung von Urs Fischer war insofern erstaunlich, als er schon oft an diesem Tablet vorbeigegangen war, das direkt hinter seinem Platz im Stadion an der Bande befestigt war. Für mich war das aber ein weiterer Beleg seiner Fähigkeit streng selektiver Wahrnehmung. Ich etwa hätte bestimmt wissen wollen, was das für ein Tablet hinter mir ist. Fischer hingegen stellte sich solche Fragen nicht, weil sich ihm zu viele andere Fragen stellten und er keine Energie verschwenden wollte.

Dann trotteten die Spieler heran, und Fischer eröffnete die Besprechung, wie er das gerne tat, mit einer Frage: »Paderborn, was habt ihr im Kopf?« Als er postwendend eine Antwort von Robert Andrich bekam (»Dass wir das Feld nicht zu groß werden lassen«) und von Michael Parensen (»Dass wir in den Eins-gegen-Eins-Situationen erfolgreich sind«), wusste ich, dass die Mannschaft »on fire« war. Zwei Spieler, die sich auf die Frage quasi sofort meldeten, das war Saisonrekord.

Parensen, der aus einem Dorf eine halbe Stunde von Paderborn entfernt stammt, war vermutlich trotzdem der Einzige, der richtig Bock auf das Spiel hatte. Schon am Vorabend waren sein Vater und sein Bruder ins Mannschaftshotel gekommen. Beim Spiel saß dann eine größere Abordnung aus Parensens Dorf auf den Tribünen der Benteler Arena, die – sorry – eines der schlimmsten Stadien der Bundesliga ist. Sie lag am Rand der Innenstadt, dort, wo man sonst Möbelmärkte und Einkaufszentren findet, und sah auch so aus.

Laut sagen mochte das niemand, dazu waren die Leute in Paderborn zu freundlich zu uns, und an den Kabinen gab es auch nichts zu maulen. Dass nur hinter vorgehaltener Hand über das Stadion gespottet wurde, hatte auch mit Paderborns Trainer Steffen Baumgart zu tun. Der hatte nur zwei Jahre bei Union gespielt, doch über die Zeit sagte er: »Das ist der Verein, der mir emotional am meisten gegeben hat. Die Emotionen sind bei Union einfach anders als woanders.« Er hatte immer noch eine Wohnung ein Viertelstündchen von der Alten Försterei entfernt, seine Frau hatte bis wenige Tage vor dem Spiel die drei Fanshops des Klubs geleitet und nur deshalb gekündigt, damit sie mehr Zeit zusammen verbringen konnten. Die Zuneigung der Baumgarts zu Union war nicht einseitig, in der Gästekurve hing ein Transparent, auf dem stand: »Baume bleibt Unioner«.

Union war die einzige Mannschaft in der Bundesliga, die man vor Paderborn nicht besonders warnen musste. In der Vorsaison hatten sie nicht gegen den Mitaufsteiger gewinnen können, in Paderborn war es 0:0 ausgegangen, das Heimspiel ging 1:3 verloren. Der Tabellenletzte hatte in der Bundesliga bislang erst ein Spiel gewonnen, aber er hatte nie den Eindruck gemacht, sich aufzugeben. »Die werden marschieren, ob sie zehn oder 15 Punkte Rückstand haben«, hatte Fischer gesagt.

Sie marschierten auch, das 1:1-Unentschieden schmeichelte Paderborn trotzdem, und das nicht nur, weil Florian Hübner noch den Pfosten getroffen hatte. Letztlich waren die Jungs mehr als Paderborn gelaufen, hatten mehr Sprints gemacht und waren überhaupt die bessere Mannschaft gewesen. Die meisten Spieler waren aber vor allem froh, das Spiel hinter sich zu haben. Es war kalt gewesen, hatte geregnet, der Platz war matschig. Als ich zu Michael Parensen sagte: »Das war eine ganz schöne Schlacht hier«, strahlte er mich an: »Das ist hier immer so. Der Rasen ist schlecht, die Spiele sind eng, und es wird nur gefightet.« Dafür sprachen auch die 37 Fouls, die der Schiedsrichter insgesamt gepfiffen hatte. Kurz vor Schluss hatte ein Paderborner Angreifer nach einem Eckball Christopher Trimmel mit beiden Händen in den Magen gestoßen. »Der Schiedsrichter hat's gesehen, hat aber weiterspielen lassen«, erzählte er mir erstaunt.

Nach Paderborn war die Mannschaft mit dem Zug gefahren, jedenfalls bis Bielefeld, und so ging es auch wieder zurück. Die Mannschaft liebte Bahnfahrten, hatte mir Trimmel mal erzählt, weshalb ich mich wunderte, warum das Auswärtsspiel in Paderborn das erste war, zu dem es im Zug ging. In Bielefeld wartete Svenni mit dem Bus, denn in der Bundesliga gilt bei Auswärtsspielen das Hase-Igel-Prinzip: Wenn die Mannschaft irgendwo ankommt, ist der Bus schon da. Das ist bei allen Mannschaften so. Selbst als wir mit der Chartermaschine nach München flogen, wartete Svenni am General Aviation Terminal schon auf uns. Er brachte uns auch wieder dorthin zurück, als wir am übernächsten Tag von München nach Basel flogen. Natürlich schaffte er es nicht, bei der Landung in Basel gleich wieder am Terminal zu stehen, doch am Abend stand der Mannschaftsbus schon wieder vor der Hoteltür, damit wir am nächsten Tag zum Training und am übernächsten erst zum Dreisamstadion und dann zum Rückflug nach Basel gebracht werden konnten.

Nach dem Spiel in Paderborn ging es also im Bus zum Bahnhof in Bielefeld, wo wir um kurz vor sieben ankamen, Weiterfahrt im ICE eine knappe Dreiviertelstunde später. Im Stadion hatte es nach dem Spiel was zu essen gegeben, aber die Abreise war hektisch gewesen, das Essen schlecht, und die meisten Spieler hatten noch Hunger. Deutsche Bahnhöfe sind aber nicht zwingend auf die Bedürfnisse von durchreisenden Hochleistungssportlern eingestellt (auf welche Bedürfnisse sie überhaupt eingerichtet sind, ist eine andere Frage). Auf jeden Fall teilten sich die Spieler in unterschiedlich große Gruppen auf, um sich am Backshop (einige), bei Subway (die meisten) und bei McDonald's (etliche) zu proviantieren. Der Veganer Christopher Lenz hatte noch nicht von der Existenz des Vegan Burger bei McDonald's gehört, was vor allem daran lag, dass er sonst nicht dorthin ging. Also hatte er sich zwei Portionen Pommes bestellt (ohne Ketchup und Mayonnaise), Trimmel hingegen hatte eine Klinikpackung Chicken McNuggets geordert. Rafa Gikiewicz versuchte das Konzept veganer Ernährung bei Subway durchzusetzen. Allerdings glückte das nicht so richtig, wie er mir aufgebracht berichtete. »Ich bestelle ein veganes Sandwich, und er fragt: ›Mit Käse?‹ Ich sage: ›Idiot, ein veganes Sandwich.‹ Und er fragt: ›Also mit Käse oder nicht?‹« Der Weg des Veganismus zur Weltherrschaft schien noch so weit wie ein entfernt angemessener Ton des Torwarts im Umgang mit Servicepersonal.

Am Bahnhof in Bielefeld waren auch Union-Fans, einige stellten sich demonstrativ unauffällig zum Trainerteam, ohne eine richtige Gesprächsanbahnung zu versuchen. Es sah ein wenig so aus, als würden sie dem Staff beim Rumstehen zuschauen. Andere machten Selfies mit den Spielern. Bald drängte ich mich mit einigen Spielern auf dem Bahnsteig hinter einem Warteraum zusammen, weil schon wieder garstiger Wind den Regen durch die Dunkelheit peitschte, dann kam der Zug, und wir machten es uns in der ersten Klasse im Großraumwaggon bequem, den wir fast komplett belegten. Ein paar Fans stiegen mit ein, trotteten aber weiter Richtung Speisewagen, wobei man sich bei dem ein oder anderen schon fragte, wo er noch Platz für ein weiteres Bier finden wollte. Michael Parensen holte sich auf Socken die FAZ aus dem Zeitungsständer (warum auch immer war es am Samstagabend noch die Freitagsausgabe), Michael Gspurning schaute sich auf seinem iPhone Düsseldorf gegen Leipzig an, das Bundesligaspiel, das gerade lief, während Trimmel auf seinem iPad eine Serie schaute. Urs Fischer und Adrian Wittmann hockten wieder wie ein altes Ehepaar zusammen, wobei sie sicher das einzige alte Ehepaar waren, das zusammen Fußballspiele analysierte.

Der vorweihnachtliche Frieden hielt bis Hannover, wo eine große Gruppe Union-Fans mit Polizeibegleitung auf dem Bahnsteig wartete, als unser Zug einfuhr. Als sie bei uns in den Waggon stiegen und ihre Mannschaft sahen, waren sie ehrfürchtig und begeistert zugleich. Es gab kurze »Urs Fischer«-Lobgesänge. Aber einer der Ultras rief: »Lasst die Mannschaft in Frieden, wir gehen weiter!« Einer pries Urs Fischer im Vorbeigehen noch als den »Schweizer Mourinho«, was Fischer so gut gefiel, dass er Trimmel, der unter dem Kopfhörer nichts mitbekommen hatte, anstupste und es ihm sagte. Das Ende der Fanprozession durch unseren Waggon bildete ein knappes Dutzend schwer in Schutzkleidung eingepackter Polizisten, in Fankreisen »Robocops« genannt. »Die Bullen haben 150 Mann von uns krass eng eingekesselt«, erklärte ein Fan im Vorübergehen. Keine zehn Minuten später waren alle wieder da, denn der Zug war überfüllt und die Polizei war wohl zu dem Schluss gekommen, dass die Fans am wenigsten nerven würden, wenn man sie bei ihrer Mannschaft abstellte.

Damit kein Missverständnis aufkommt: In Wagen 36 war keine marodierende Horde eingezogen, mal abgesehen von dem hirnamputierten Volltrottel, bei dem ich zunächst dachte, dass seine Hände blutig wären. Aber dann roch ich die Lackfarbe, und später sah ich, dass er auf der Toilette »FCU« an die Wand gesprüht hatte. Das auch noch so ungelenk und superbescheuert, dass man sich nur schämen konnte. Davon abgesehen aber versuchten die Fans eine praktikable Mischung aus Respekt vor dem Ruhebedürfnis ihrer Spieler und der wunderbaren Gelegenheit zur Kontaktaufnahme zu finden.

Da ich eine Reihe hinter Urs Fischer saß, durfte ich dem jungen Fan zuhören, der ihn mit einer Art Stream-of-Conciousness-Dankesrede bedachte. »Als ich letzte Saison Eintracht Frankfurt im Europapokal habe spielen sehen, habe ich gedacht: Wenn wir doch auch mal so spielen würden! Wie die immer gekämpft haben und wieder zurückgekommen sind! Und dann kam das Spiel in Stuttgart, und es gab kein Spiel, bei dem ich so stolz war, Unioner zu sein. Wir sind morgens losgefahren, und es gab einen Stau nach dem nächsten. Und zwischendurch habe ich gedacht, dass ich einfach umdrehen sollte und mir das im Fernsehen angucken sollte. Aber so eine Leistung! Ich war so stolz! Und beim Rückspiel stehst du am Wellenbrecher und zitterst am ganzen Körper. Sie glauben gar nicht, wie dankbar ich Ihnen bin, dass wir Bundesliga gucken können.«

Fischer unterbrach ihn: »Nicht mir, den Spielern …«

»Ja, ja, allen! Wenn man fünf Mal in Heidenheim war und sechs Mal in Sandhausen, fährt man noch mal hin, aber das ist eher Pflichterfüllung. Anstatt dessen fahren wir jetzt zu Bayern und nach Schalke …«

»So, jetzt lasst die mal arbeiten«, sagte ein anderer, und danach war Ruhe, bis einer Fischers Telefone sah.

»Braucht man als Bundesligatrainer zwei Telefone?«

»Eines ist ein Schweizer.«

»Ah ja, klar.«

Ein anderer nutzte die Gelegenheit, den Trainer in der Nähe zu haben, um ein Wintertrainingslager in Portugal vorzuschlagen, inklusive eines Testspiels gegen Sporting Lissabon. Offensichtlich war es für ihn eine besonders großartige Vorstellung, Union gegen Sporting spielen zu sehen. Weiter vorne führte Martin Krüger Diskussionen über sportgerechte Ernährung, denn einige Fans waren entsetzt, als sie hörten, dass ihre Mannschaft in Bielefeld auf dem Bahnhof bei McDonald's und Subway gewesen war. Krüger erklärte ihnen, dass es eine Ausnahme sei, weil die Mannschaft ansonsten diszipliniert war. Mit einigen unserer Mitreisenden hätte er auch Gespräche über fangerechte Ernährung führen können, zumindest in meiner Nähe wurden einige mächtige Stinkfürze losgelassen, die auf einen beachtlichen Grad von Kontaminierung der zugrunde liegenden Nahrung schließen ließen.

Neben mir stand inzwischen ein älterer Typ mit Tweedkappe, der mit der Polizei darüber verhandelte, ob sie nicht einen Waggon weiterziehen könnten. »Wir würden am liebsten unserer Mannschaft nicht auf den Sack gehen und hätten deshalb gerne ein Separee.« Er hatte als Separee den Gang ausgemacht, auf dem die Robocops standen, die niemanden durchließen, außer bis zum Klo. Als die Polizisten in Stendal ausstiegen, hatte sich sein Interesse an einem Separee allerdings verlaufen. Er blieb stehen und schaute mir über die Schulter: »Was guckst du da?«

»Eine Doku über Barca.«

»Hast du den Film über Vinnie Jones gesehen?«

Hatte ich, und er fühlte sich durch meine Antwort zu einem dramatischen Reenactment der Szene aufgefordert, in der das notorische Raubein Vinnie Jones seinem Gegenspieler Paul Gascoigne (»Finde ich auch gut, ist ein Spritkopp wie ich«) in den Schritt gefasst hatte. Er machte dazu einen ausladenden, aufgrund etlicher Biere aber nicht mehr ganz präzisen Ausfallschritt, riss die Arme hoch, streckte einen nach hinten und rief: »Und dann packt er ihn so an die Eier!« Wo er recht hatte, hatte er recht.

Als wir uns Berlin näherten, rief einer noch: »Mit Urs nach Europa!« Bei anderen Fans machte sich bereits Reue breit. »Jetzt verlieren wir gegen Hoffenheim, weil der Trainer seine Analyse nicht machen konnte«, sagte einer von ihnen.

Weihnachtsfeier am Nichtort

Das Spiel gegen Hoffenheim ging wirklich verloren, was aber nicht an den Fans im Zug oder einer unvollständigen Analyse lag. »Wir verlieren, weil wir nicht geduldig genug sind«, fluchte Adrian Wittmann, als Hoffenheim in der Nachspielzeit das 0:2 schoss. Wieder einmal war die Mannschaft bei Rückstand zum Ende des Spiels hektisch geworden und deshalb nicht gefährlich, um dann noch in einen Konter zu laufen. »Nein, weil sie ihre Chancen vergeben und Hoffenheim seine nutzt«, sagte ich, und Wittmann schaute mich genervt an, weil ich Widerworte gab. Aber Anthony Ujah hatte schon nach 20 Minuten eine große Chance auf den Führungstreffer gehabt, und Sebastian Andersson hätte während der zweiten Halbzeit den Ausgleich schießen müssen. Von der Verteilung der Chancen und der Spielanteile war es eigentlich ein klassisches Unentschieden gewesen.

In der Analyse kam das Trainerteam darauf, dass die Mannschaft schludrig mit ihren Standardsituationen umgegangen war, ihrer ansonsten großen Stärke. Fischer zeigte noch einmal alle Standards aus dem Hoffenheim-Spiel, drei davon waren von Trimmel schlecht gespielt, oft hatte auch die Besetzung des Strafraums nicht gestimmt. Gerade dort, wo es hätte gefährlich werden können, war kein Spieler gewesen. Außerdem fehlten die Variationen. Sebastian Bönig ging in die Kabine und übernahm die Verantwortung dafür – zumindest zum Teil, weil er die Mannschaft nicht optimal auf die Standards vorbereitet hatte.

Mir machte aber vor allem etwas anderes Sorgen: Hoffenheim hatte relativ früh umgestellt und viele lange Bälle nach vorne geschlagen. »Ich war nie richtig im Spiel, weil im Mittelfeld nicht gespielt wurde«, sagte Christian Gentner. Die Bälle flogen über ihn hinweg, weil Hoffenheim als technisch stärkere Mannschaft darauf verzichtet hatte, diesen Vorteil auszuspielen und dagegen versuchte, Union mit deren eigenen Waffen zu schlagen. Würde das in den nächsten Monaten häufiger passieren?

Union hatte in Paderborn einen Punkt geholt, wo es drei hätten sein können, gegen Hoffenheim keinen, obwohl es einer oder drei hätten werden können, weshalb das letzte Spiel vor Weihnachten schon wieder wichtiger wurde als nötig. Fortuna Düsseldorf brauchte nach drei Niederlagen im Dezember, ohne ein Tor geschossen zu haben, unbedingt einen Sieg. Für Union wären drei Punkte ein gewaltiger Sprung nach vorne.

Aber dann spielte die Mannschaft eine der schlechtesten Halbzeiten der Saison. Von der sonstigen Stärke, das gegnerische Spiel früh zu stören, war wenig zu sehen. Die Innenverteidiger rückten nicht früh genug heraus, weshalb die Sechser die Stürmer beim frühen Anlaufen nicht richtig unterstützen konnten. In der Halbzeitpause beschwerte Andersson sich, dass er die Unterstützung durch einen zweiten Stürmer brauchte. Die Spieler wirkten beim dritten Spiel innerhalb von acht Tagen müde. Es passte hinten und vorne nicht, ohne dass Düsseldorf allerdings große Torchancen hätte herausspielen können. Der Führungstreffer war ein klassischer Sonntagsschuss aus über 20 Metern in den Winkel des langen Ecks. Vor dem Gegentor verletzte sich auch noch Florian Hübner, der einen Ellbogen gegen das Jochbein bekam und zur Untersuchung ins Krankenhaus musste.

Zur zweiten Halbzeit stellte Urs Fischer zum ersten Mal seit längerer Zeit wieder auf eine Viererkette in der Abwehr um, und es wurde deutlich besser. Man merkte sofort, dass die Mannschaft sich an diesem Tag in dieser Ordnung wohler fühlte. Nach einer Ecke staubte Michael Parensen ab, diese Saison hielt eine Menge mehr für ihn bereit als erwartet, nun auch noch sein erstes Bundesligator. Doch in der letzten Minute traf Fortuna Düsseldorf noch einmal, wieder ein Glücksschuss und der Siegtreffer, der nicht verdient war. Düsseldorfs Erik Thommy war von links nach innen gezogen, begleitet von Christopher Trimmel. »Ich habe mir das Tor direkt auf der Videoleinwand sofort noch mal angeschaut. Da sieht man, dass ich einen kurzen Moment wegschaue, es hat mir nämlich jemand was zugerufen«, erzählte er mir hinterher. Das gab Erik Thommy einen halben Schritt Vorsprung und die Gelegenheit zu schießen. Der Ball nahm eine komische Flugbahn und sprang an die Innenseite des Pfostens und von da ins Tor. 2:1 für Fortuna Düsseldorf, und die acht Punkte Vorsprung waren auf fünf zusammengeschnurrt. Es war ein Scheißtag, also ideal für eine kleine Feier.

Die »Hugo Junkers Lounge« am Gate B des Düsseldorfer Flughafens war einer dieser Nicht-Orte für den modernen Menschen, unterwegs zu seinen Geschäften. Hier machte man kurz Pause zwischen zwei Flügen oder trank einen Kaffee. Die Lounge gehörte keiner Fluggesellschaft, man konnte sich den Zutritt kaufen, um nicht unter dem Fußvolk des Reiseverkehrs bleiben zu müssen. Wir trafen uns in der ersten Etage, die für uns reserviert war.

Vorhänge aus dünnen Kordeln hingen von der Decke und trennten Bereiche voneinander ab, in denen Ledersessel und niedrige Tische kleine Inseln bildeten. Und es gab einen Bereich mit Tischen entlang der Wand und Hochtischen in der Mitte, an denen Barhocker standen. So hatte Dirk Zingler sich das nicht vorgestellt. »Hier ist ja nichts eingedeckt, keine Teller, kein Besteck, keine Gläser«, grummelte er. Aber die Kellner konnten auch nicht helfen, es sei halt Selbstbedienung. Für Spurenelemente von weihnachtlicher Stimmung sorgten die Papierbahnen mit Weihnachtsmotiven auf den Tischen, was aber eher so aussah, als sei hier Geschenkverpackung recycelt worden. Theoretisch war es eine schöne Idee, dass zum Abschluss der Hinrunde und zum Ende des prächtigen Jahres das ganze Team noch einmal zusammenkam. Also waren auch jene Spieler nach Düsseldorf gereist, die nicht im Kader für das Spiel bei Fortuna gestanden hatten, und jene Betreuer, die nicht arbeiteten. Nur hatten einige Spieler, als der letzte Spieltag der Hinrunde terminiert worden war, Flüge gebucht, um nach dem Spiel von Düsseldorf aus direkt in den Urlaub oder zu ihren Familien reisen zu können. Schließlich war schon elf Tage später wieder Trainingsstart. Aber die kleine Feier hatte diese Pläne durchkreuzt, was zu ihrer Popularität nicht sonderlich beitrug. Rafał Gikiewicz etwa hatte ursprünglich für abends um halb neun einen Direktflug von Düsseldorf nach Warschau. Nun musste er aber von Düsseldorf aus erst wieder zurück nach Berlin, um am nächsten Morgen um halb acht weiter nach Warschau zu fliegen. Auch Trimmel hätte von Düsseldorf noch direkt nach Wien reisen können, musste aber ebenfalls die Schleife über Berlin nehmen. Nur die beiden Nigerianer Anthony Ujah und Suleiman Abdullahi durften der kleinen Feier fernbleiben, um noch den Nachtflug von Frankfurt in ihre Heimat zu bekommen.

Andere Spieler fuhren von Düsseldorf aus mit dem Auto weiter zu Familie oder Freunden. Marvin Friedrich hatte deshalb Pressemann Hannes Hahn sein Auto von Berlin aus nach Düsseldorf bringen lassen. Damit die Nichtflieger den Transitbereich betreten durften, brauchten sie Sondergenehmigungen, weiße Zettel in Plastikumschlägen. Ausgewachsene Fußballprofis sahen damit wie unbegleitet reisende Kinder aus.

Dass der Ort so seelenlos war und das Essen sich als traurig erweisen sollte, machte dann auch schon nichts mehr. Der wahre Stimmungskiller war die Niederlage, die blödeste der Saison. Nach einem Sieg hätte es ein paar Sprüche gegeben, der Rest wäre egal gewesen. So war aber alles quälend. Zingler hielt eine kurze Rede und Oliver Ruhnert auch. Er sprach, »obwohl wir mit einen schlechten Gefühl in die Pause gehen«, von einem »großartigen Jahr«, sah aber aus wie jemand, der gerade einen nahen Verwandten bei einem schlimmen Unfall verloren hatte. Dann verabschiedete er Nicolai Rapp, der für ein halbes Jahr zu einem Zweitligisten ausgeliehen wurde. Die Zahl der Innenverteidiger reduzierte sich damit von sieben auf sechs.

Beim Essen sah ich, dass Trimmel schon wieder lachte. Ich schrieb ihm eine WhatsApp-Nachricht quer durch den Raum.

»Du lachst ja schon wieder«

»Ja klar (Smiley!)«

Als wir auf dem Weg vom Flughafen nach Hause darüber sprachen, sagte er: »Mir ist das alles viel zu negativ, nachdem wir 20 Punkte geholt haben. Wer hätte das zu Saisonbeginn erwartet?«

Mich hatte die Niederlage in Düsseldorf auch mehr genervt als alle anderen verlorenen Spiele zuvor, weil sie gegen einen direkten Konkurrenten im Abstiegskampf und so unglücklich zustande gekommen war. Die Weihnachtswoche war insgesamt frustrierend verlaufen, bei glücklichem Verlauf hätten es sieben Punkte sein können, aber mindestens drei und nicht nur einer. Doch im Grunde hatte Trimmel recht. Es gab bei Union mitunter die Neigung, halb volle Gläser als halb leere anzuschauen, und er schien es als seine Aufgabe zu sehen, dass sich diese Sichtweise nicht durchsetzte. Mit Abstand betrachtet hatte Union eine unbestritten großartige Hinrunde gespielt.

Als wir in Berlin gelandet waren, wurden wir noch einmal daran erinnert, wie das außerhalb wahrgenommen wurde. Wir waren mit einer Linienmaschine geflogen, und es war einem Fan gelungen, den Steward zu überreden, noch eine kurze Dankesrede an die Reste der Mannschaft loszuwerden, die im Flugzeug saß. Es gab noch letzte »Stadtmeister«-Sprechchöre. Dann war es aber mal gut damit.

Wie hip können Weihnachtslieder sein?

Nein, natürlich war es noch nicht gut damit.

Denn am nächsten Tag, wie immer am 23. Dezember, stand noch das Weihnachtssingen an, zum 17. Mal. Wer jetzt vielleicht denkt, dass sein Verein auch ein Weihnachtssingen im Stadion macht, dem sei gesagt: Erfunden wurde es bei Union Berlin. Und wie dort so oft hatten es Fans erfunden, 89 an der Zahl, die am 23. Dezember 2002 über den Zaun kletterten, um sich auf der Gegengerade auf Höhe der Mittellinie An der Alten Försterei zu treffen und dort Weihnachtslieder zu singen. Der Verein hatte es zugelassen, und vermutlich werden auch die ersten Weihnachtssänger eines Tages ein Denkmal oder eine Ehrentafel bekommen.

So ganz hatte ich die Motivation, sich zum gemeinsamen Singen von Weihnachtsliedern im Fußballstadion zu treffen, nicht verstanden. Zumal in Ostberlin – Weihnachten ist ein christliches Fest, und die DDR war ein atheistisches Land. Aber das Ganze hatte von Beginn an einen Nerv getroffen, beim zweiten Mal kamen schon 500 Leute, die nicht mehr über den Zaun klettern mussten. Inzwischen war die Veranstaltung seit Jahren weit im Voraus ausverkauft und wurde im Fernsehen übertragen. Spätestens seit dem Bundesligaaufstieg war es fast unmöglich, Karten zu bekommen. Sie kosteten fünf Euro, aber der Eintritt war eher eine Aufwandsentschädigung, denn fürs Singen musste der Rasen mit Kunststoffplatten abgedeckt werden, was diesem mitten im Winter nicht gerade guttat. Der Platzwart hatte mir erklärt, dass ein Problem auch das Kerzenwachs war, das zwischen den Ritzen der Platten auf den Rasen lief. Nach dem Singen wurde der Rasen ausgewechselt.

Der geübte Zuschauer wusste, dass er beim Weihnachtssingen jedes Jahr das Gleiche bekam, man hatte eine Erfolgsformel gefunden. Christian Arbeit moderierte, als Hilfestellung beim Singen fungierte der Chor des Emmy-Noether-Gymanisums aus Köpenick, und auch die anderen Programmpunkte waren die gleichen wie in den Jahren zuvor. Diesmal ging es eine Viertelstunde später los, weil sich erst der Einlass verzögerte und »die Menschen« noch mal »Stadtmeister, Stadtmeister, Berlins Nummer eins« singen wollten. Anschließend stimmten sie es zwischen fast allen Liedern an. »Das schönstes Weihnachtslied des Jahres«, sagte Arbeit.

Als wir so dastanden und »Stille Nacht, heilige Nacht« oder »Es ist ein Ros' entsprungen« sangen, wurde mir erst einmal klar, wie lange ich, abgesehen von Fußballspielen, nicht mehr gesungen hatte und wie schön das war. Allerdings brauchte ich eines der Texthefte, die jeder Besucher bekam. Schon die zweite Strophe von »O Tannenbaum« war nicht einmal mehr in den hintersten Regalen meine Gehirns abgelegt. Typisch unionerisch war, dass man dieses Heft mit Liedtexten bekam, sie aber nicht einfach in der Reihenfolge abgedruckt waren, wie sie gesungen wurden, sondern durcheinander, sodass Arbeit immer »Findet ihr auf Seite …« sagen musste.

Man bekam übrigens nicht nur ein Heft, sondern auch eine weiße Kerze mit einem Windfang aus Plastik (ab 2020 recyclingfähig). Die Kerzen spielten in der Weihnachtssingen-Mythologie eine besondere Rolle, seit 2016 sind sie Teil einer festen Choreografie. Damals wurde der Wechselgesang »Eisern« – »Union« zwischen den Tribünen zum ersten Mal dadurch begleitet, dass die Stadionseite, die gerade an der Reihe war, die Kerzen hochhielt. 2016 war ein ganz besonderes Jahr gewesen, denn zwei Tage zuvor war der Attentäter Anis Amri mit einem Lkw über den Weihnachtsmarkt am Breitscheidplatz gefahren und hatte zwölf Menschen getötet. Jene, die damals ins Stadion gekommen waren, erinnerten sich noch genau an die besondere Atmosphäre: »Wir lassen uns unser Leben nicht kaputt machen.« Nach etlichen Jahren, in denen schon einige das Gefühl bekamen, die ganze Singerei sei so langsam ein hohles Ritual geworden, entwickelte sie nach dem Attentat wieder ihre ganze Kraft.

Ich habe über 20 Jahre in Köln gelebt und mochte Karneval sehr, und mich erinnerte das Weihnachtssingen in Köpenick zu meiner eigenen Verblüffung an Karneval, wobei der Unterschied zwischen überschwänglichen rheinischen Katholiken im Rheinland und den leicht verstockten protestantisch-atheistischen Preußen kaum größer sein könnte. Die Verbindung zum Karneval ergab sich aus dem gemeinsamen Singen, aber vor allem »Der Weihnachtsmann« erinnerte mich daran. Er kam jedes Jahr an die Alte Försterei, um die Ereignisse aus Fansicht zusammenzufassen, war sehr beliebt und wurde mit »Weihnachtsmann, Weihnachtsmann, Berlins Nummer eins«-Gesängen begrüßt. (Ich konnte es langsam nicht mehr hören.) »Dort von der Waldseite komm ich her, ich muss euch sagen: Es weihnachtet sehr«, war sein Entree, und dann ging er in Reimen durchs Jahr – wie ein Büttenredner.

In diesem Jahr war's proppenvoll,
Union, das zieht, Union ist toll.
Tickets werden jetzt verlost,
so manchen Fan hat das erbost.
Doch wie soll man es sonst gestalten,
wenn man will Gerechtigkeit erhalten?

Von der Ticketvergabe kam er zur Aufforderung, das Stadion auszubauen. Er beschwor noch einmal den Aufstieg gegen Stuttgart, erinnerte an den Auftakt gegen Leipzig und das letzte Spiel von Fabian Voss als Einheizer. Dazu gab es »Vossi«-Sprechchöre, bevor »Der Weihnachtsmann« zum Grundsätzlichen schritt.

Schnell wurde jedermann bewusst
auf uns hat Fußballdeutschland Lust.
Da kommt ein Stadtbezirksverein
und hat Erfolg, wie kann das sein?
Der Zaubertrank heißt Fußball pur,
heißt Mitbestimmung, Fankultur.

Und aus dem Köpenicker Wald
erscheint Union als Lichtgestalt.
Zeigt einen Weg aus der Misere,
Zeigt auf, wie schön der Sport doch wäre
Sind nichts Besonderes. Und man lernt
Die anderen haben sich entfernt
Vom eigentlich sozialen Zweck,
sie schmeißen ihn für Kohle weg.
Denn was ich sage, ist kein Scherz
Sie opfern alles dem Kommerz.
Ob Stadionname Fußballspiel
Da geht verloren das Wirgefühl
Drum Eiserne, seid auf der Hut
Und erhaltet euch dies hohe Gut.
Eure Form der Leidenschaft
Aus der ihr zieht unbändig Kraft
Lasst uns die Konsumenten schocken
Und weiter diese Liga rocken.

Beim Weihnachtssingen war ich Stefan Osterhaus über den Weg gelaufen, der von Berlin aus seit Jahren für die »Neue Zürcher Zeitung« arbeitet und eine Legende unter seinen Kollegen ist, weil er immer mit dem am weitesten aufgeknöpften Hemd erscheint, und das gerne einen Hauch zu spät. Er schrieb Topgeschichten und machte auch längere Beiträge fürs Radio, weshalb er beim Weihnachtssingen mit einem zigarettenschachtelgroßen Aufnahmegerät herumlief. Als wir uns unterhielten, sagte er: »Ich wollte die eigentlich doof finden, aber …« Er schaute sich demonstrativ um und zuckte mit den Achseln. Es war nicht einfach, das doof zu finden.

Womit wir beim komplizierten Thema »Union im Spiegel der Medien« wären. Dazu muss man zunächst aber etwas zu den seltsamen Verläufen der öffentlichen Wahrnehmung sagen. Sie verlaufen im Prinzip nach dem gleichen Prinzip wie bei technischen

Neuerungen. Dort gibt es die »Early Adopters«, also die Technikfreaks und Neuigkeiten-Enthusiasten, die ein Smartphone haben wollen, wenn andere noch sagen: Was soll der Quatsch, mir reicht es, wenn ich mit einem Telefon telefonieren kann. Der Vergleich mit einem Fußballklub hakt auf den ersten Blick, ein Fußballklub ist schließlich eher eine kulturelle Hervorbringung, kein Produkt (auch wenn das inzwischen teilweise anders gesehen wird). Aber es gibt interessante Parallelen.

Nun spielte der 1. FC Union Berlin lange Zeit hinter den sieben Bergen bei den sieben Zwergen in der Vierten, Dritten und lange in der Zweiten Liga. Jenseits von Köpenick interessiert das eigentlich niemanden so richtig. Auf jeden Fall kam der Korrespondent der »Neuen Zürcher Zeitung« nicht vorbei, um zu schauen, was beim Zweitligakick gegen Fürth oder Bielefeld so los war. Doch schon damals gab es erste journalistische »Early Adopters«, die mitbekamen, dass dahinten in Köpenick etwas Besonderes passierte. Mit tödlicher Sicherheit benutzt dann jemand den Begriff »Kultverein«, der immer herangezogen wird, wenn ein Verein sportlich nicht so doll erfolgreich ist, seine Fans ihn aber trotzdem lieb haben.

Es gibt einige solcher Vereine, es gibt sie in den unterschiedlichsten Ländern, und es gibt Fans, die solche Geschichten lieben. Wenn so ein Verein sportlich besser wird, wächst das Interesse an diesen Geschichten, bis sogar der »Guardian« aus London nach Berlin kommt, um sie zu erzählen. Über das erste Lokalderby in der Bundesliga etwa machte »Copa90«, ein englischer Internetkanal, einen Film. Man konnte ihn auf Youtube anschauen, eine atmosphärisch überbordende, hart geschnittene Reportage mit einem Presenter, der als eine aufgespeedete Version von Sir Richard Attenborough fürs 21. Jahrhundert daherkam und den Eindruck vermittelte, das Lokalderby in Berlin sei der geilste Scheiß auf Fußballgottes Erden. Dabei wurde die Geschichte von Union als aufrechter Dissidentenklub zu finsteren DDR-Zeiten und alles andere wieder von vorne erzählt, weil's ja immer noch Leute gab (Late Adopters), die von all dem noch nie gehört hatten.

Das Problem mit solchen Entwicklungen ist nur, dass die Early Adopters so etwas irgendwann nicht mehr hören können, weil sie zu oft gehört haben, wie geil, einzigartig und besonders Union ist. Im Grunde ist es so ähnlich wie früher beim Pop, wo anfangs ein paar coole Hipster eine angesagte Band für sich alleine hatten und sie im kleinen Kreis der Eingeweihten feierten. Bis die Band plötzlich in Stadien auf der Bühne steht, aus 500 Früherleuchteten 50 000 Nachzügler geworden sind, und man die Nase rümpft, weil die Band »zu kommerziell« geworden ist oder gar »Ausverkauf« betreibt.

Auch Union erlebte das nun, der Berliner »Tagesspiegel« etwa hatte schon vor dem ersten Spieltag einen Text veröffentlicht, in dem stand: »Nach dem Aufstieg der Köpenicker in die Bundesliga konnte man überall lesen, welch außergewöhnlicher Verein da neuerdings ganz oben mitmischen darf. Was für eine Sensation das sei, wie romantisch in Zeiten des durchkommerzialisierten Fußballs! Ich habe genug von dieser Verklärung, der Selbstinszenierung, packt die Klischeekeulen wieder ein! Es nervt gewaltig – und zwar seit Jahren!«

Trotzdem stimmte es, was »Der Weihnachtsmann« gesagt hatte: »Auf uns hat Fußballdeutschland Lust.« Wohin Union bislang gekommen war, fiel die Begrüßung freundlich aus, ob bei den Vereinen oder in den Artikeln der Lokalpresse. »Fußballdeutschland« gefiel es, dass dieser Klub durch die Bundesliga tourte. Den Unionern wiederum gefiel das, aber so wahnsinnig beeindruckt davon waren sie nicht, man machte eben gerne sein Ding für sich. Sie mochten nun ein vom großen Publikum gerade erst entdeckter Volksstamm sein, für dessen seltsame Riten es sich begeisterte, aber was sollten die Unioner machen? Die Entscheidung war einfach: weiter halt.

Besser werden im Niemandsland

Nach der Minipause reisten wir auf eine Weise nach Spanien, die wenig mit einer Reise zu tun hatte. Wir fuhren zwar an einen anderen Ort, brachten aber unseren kompletten Hausstand mit: unsere Bälle und Trikots, unsere Stangen und Hürden, unsere Tapes und Pflaster. Sogar Wittmanns schwarzen Plastiksarg, in dem sein ausfahrbares Stativ ruhte, zog er auf den Trainingsplatz nahe der Costa Blanca hinter sich her wie einen treuen Hund. Die meisten Spieler würden am Ende des Trainingslagers, in dem die Rückrunde vorbereitet werden sollte, nicht einmal am Meer gewesen sein, obwohl es bis zum Strand keine zehn Kilometer waren. Dabei konnte man das Meer von der Terrasse unseres Hotels aus in der Ferne sehen, wenn auch nicht an jedem Tag.

Das Real Club de Golf Campoamor Resort, eine Autostunde südlich von Alicante, war eine abgeschlossene Welt, zu der noch ein Stadtviertel voller Ferienwohnungen gehörte und eine Golflandschaft, die unser Hotel umgab. Nichts hier war gewachsen, alles war gemacht, erschaffen wie eine Märklin-Landschaft ohne Eisenbahn. Die drei Fußballplätze, auf die wir hinunterschauten, waren wie drei Stufen einer überdimensionierten Treppe aus der Landschaft geschabt worden, an einer der Längsseiten ragten gerade Sandsteinwände auf, an denen man die Spuren sehen konnte, die riesige Bagger hinterlassen hatten.

Das Hauptgebäude auf der Kuppe eines Hügels war ein Pseudo-Herrenhaus im spanischen Stil, mit schweren Steinböden und holzgetäfelten Decken. Spieler, Trainer und Betreuer hatten ein Nebengebäude für sich, im Untergeschoss gab es einen Kraftraum, Umkleidekabinen mit Whirlpool und Sauna und einen Aufenthaltsraum mit einem Tischkicker. Davor war eine Schwimmhalle und daneben Plätze für Tennis und Paddle-Tennis, was vor allem das Trainerteam gerne spielte. In den Gängen hingen gerahmt die

Fußballtrikots der Mannschaften, die hier schon einmal Station gemacht hatten, viele spanische, das österreichische Nationalteam und der VfL Bochum.

Für die Dauer von acht Tagen beschränkte sich der Radius der Spieler des 1. FC Union Berlin weitgehend auf die Fußballplätze in Sichtweite, ihre Hotelzimmer und den Gang von ihrem Teil des Hotels zum Haupthaus, wo wir einen eigenen Speiseraum hatten. Den Weg trotteten die Spieler morgens zum Frühstück hin, trotteten anschließend wieder zurück. Gingen auf ihre Zimmer, kamen zum Training heraus. Kamen vom Training zurück und trotteten zum Mittagessen. Dann trotteten sie wieder zurück, gingen auf ihre Zimmer und kamen zum Nachmittagstraining wieder hervor. Danach ruhten sie sich auf ihren Zimmern aus, trotteten zum Abendessen, trotteten wieder zurück und gingen auf ihre Zimmer.

Wobei »trotten« vielleicht gar nicht der richtige Begriff dafür ist, wie Fußballspieler sich bewegen, wenn sie nicht über den Fußballplatz rennen müssen. Ich konnte das studieren, wenn sie zum Essen kamen. Von ihrem Gebäude führte eine leichte Steigung auf das Haupthaus zu, und sie nahmen sie, die Hände in die Taschen ihrer Sweatjacken oder Daunenjacken gesteckt. Es gab Spieler wie Grischa Prömel, dessen Körper immer unter Spannung stand, oder Anthony Ujah, der einen schlackernd-schwankenden Gang hatte, aber die Mehrzahl ihrer Kollegen versuchte, sich mit dem geringstmöglichen Energieaufwand fortzubewegen. Sie waren in Bewegung, versuchten das aber mit Minimalaufwand zu machen.

Wenn das Leben daraus besteht, dass man ständig dazu angetrieben wird, noch einmal zu sprinten, von vorne nach hinten und wieder zurück, mit so wenig Pausen wie möglich – und im Trainingslager bestand es fast vollständig daraus –, ist die langsame Bewegung oder das Schlurfen ein Moment der Freiheit, vielleicht gar der Rebellion. Es mochte auch eine Rolle spielen, dass sich junge Männer seit jeher nicht gerne eilig bewegen, weil das tendenziell aufgeregt und nicht cool wirkt. In diesem Schlurf-Zusammenhang besonders lustig fand ich es, dass Florian Hübner seine Adilette quasi heruntergetunt hatte. Normalerweise ist die Schlaufe, in die der Fuß schlüpft, handbreit, aber er hatte sie auf einen dünnen weißen Streifen von vielleicht anderthalb Zentimetern Breite reduziert – eine Riemchen-Adilette.

Der Trott wurde dadurch unterbrochen, dass es an einem Tag statt eines Vormittagstrainings ein Testspiel gegen einen belgischen Zweitligisten gab und am gleichen Nachmittag ein weiteres Testspiel gegen einen anderen belgischen Zweitligisten. Am Tag vor der Abreise gab es noch einen dritten Test gegen Ferencvaros Budapest, den ungarischen Rekordmeister. Zweimal war nachmittags frei, Christian Gentner, Felix Kroos und Jakob Busk gingen mit Co-Trainer Markus Hoffmann Golf spielen. Robert Andrich traf sich mit Freunden aus Berlin, die Union ins Trainingslager gefolgt waren.

In der Mittagszeit gaben die Spieler Interviews, einige Journalisten begleiteten die Mannschaft, durften aber nicht in der Hotelanlage wohnen. Sie kamen zum Training, schauten zu, warteten auf die Spieler, mit denen sie am jeweiligen Tag sprechen konnten, und gingen wieder.

Obwohl ich die Spieler eine Woche begleitete, wurde mir nicht klar, was sie auf ihren Zimmern machten. Nichts, sagten die einen. Ausruhen, die anderen. Einige spielten Uno, andere zockten auf der Playstation oder am Computer, vor allem aber schliefen sie unheimlich viel: morgens nach dem Frühstück, zwischen Training und Mittagessen, zwischen Nachmittagstraining und Abendessen und abends wieder. Im Trainingslager war überdies das Programm anstrengend und trug dazu bei, ihr Leben jenseits des Trainingsplatzes auf Grundfunktionen zu reduzieren: essen und schlafen. Zum Glück war ich der Einzige, dem die Matratzen im Hotel zu hart waren.

Einmal gab es eine Zimmerparty, zu der Trimmel Bier, Wein und Knabberkram besorgt hatte, das Ganze mit Erlaubnis des Trainers. Knapp die Hälfte der Spieler schaute vorbei. Es klang nicht nach der rauschendsten Feier des Jahres, aber darum ging es nicht. Trainingslager sind kein Vergnügen, und sie dienen keinen touristischen Zwecken. Reisen bildete hier nicht, öffnete keine neuen

Perspektiven, wozu die Costa Blanca in all ihren verbauten Grässlichkeiten sowieso nicht der richtige Ort gewesen wäre. Es ging darum, sich auf die Rückrunde vorzubereiten. Es tat gut, dass jeden Tag die Sonne schien und es mittags richtig warm wurde. Allerdings nur in der Sonne, schon ein paar Schritte weiter im Schatten war man schnell zu dünn angezogen, und abends fielen die Temperaturen auf ein paar Grad über null.

Die Pause war so kurz gewesen, dass es anders als im Sommer nicht so sehr darum ging, physische Grundlagen zu schaffen, das Thema war ein anderes. »Wir müssen besser werden«, sagte Fischer in der Besprechung vor den beiden Spielen gegen die Belgier. »Wichtige Themen: aufdrehen, saubere Ballannahme, saubere Pässe.« Im Grunde war es der gleiche Lehrplan, den er schon einmal zu Saisonbeginn hatte, was aber zugunsten eines einfacheren Fußballs etwas beiseitegelegt worden war. Wobei seine Mannschaft ja besser gespielt hatte, als das nicht mehr von ihr verlangt wurde. Nun sollte es gelingen, noch besser zu spielen, *obwohl* es von ihr verlangt wurde. Sie sollten sich etwa, wenn sie den Ball mit dem Rücken zum gegnerischen Tor bekamen, sofort drehen, damit sie das Spiel vor sich hatten. »Dazu müssen drei Meter reichen«, sagte Fischer. Drei Meter, die der Gegner entfernt war, also ungefähr anderthalb Sekunden.

20 Tore hatte seine Mannschaft in der Hinrunde geschossen, nur vier Mannschaften hatten noch seltener getroffen. Die Hälfte davon war nach Eckbällen, Freistößen und Elfmetern gefallen, also nur zehn Tore waren herausgespielt worden. Um die Chancen auf den Klassenerhalt zu steigern, war hier das größte Verbesserungspotenzial.

Happy Load

Hinter einem der Tore auf dem Trainingsplatz befand sich eine Böschung, die dicht mit Sträuchern bewachsen war, manchmal mussten wir die Bälle darin suchen. Nach dem Ende eines Vormittagstrainings sprang Anthony Ujah deshalb mit Anlauf ins Gebüsch und lief die Böschung hoch. »I used to be a hunter«, rief er mir zu, als ich ihm verblüfft dabei zuschaute, wie er sich durchs Gestrüpp pflügte. Als Kind hatte er im Gebüsch um das Feld seines Vaters Buschratten oder Eichhörnchen in den umstehenden Bäumen gejagt, erzählte er mir, als er mit dem Ball in der Hand herunterkam. Das Fleisch der Tiere galt in Nigeria als Spezialität. »I love bushmeat«, sagte Ujah.

Sein Vater arbeitete als Bibliothekar in der örtlichen Fachhochschule, während seine Mutter einen Job in der Steuerbehörde der Lokalverwaltung hatte, aber am Wochenende fuhr die Familie mit dem Auto aus der Stadt, parkte es an der Straße und lief noch 20 Minuten zu einem Feld von der Größe eines Fußballplatzes. Dort baute die Familie Mais an, Maniok und Gemüse. »Ich habe dort gelernt, dass man für das arbeiten muss, was man bekommen will. Fußball ist deshalb für mich eine Form von Landwirtschaft. Ich muss etwas anbauen, muss Fußball spielen, um mir Essen kaufen zu können«, sagte Ujah.

Zwei Tage nach seinem Ausflug ins Gebüsch saßen wir mittags im Hotel zusammen, und ich hörte mir seine Geschichte an. Ujah war als fünftes Kind, er hatte einen Bruder und drei Schwestern, in der Kleinstadt Ugbokolo im Bundesstaat Benue im Südosten des Landes geboren worden. Seine Eltern legten viel Wert darauf, dass die Kinder zur Schule gingen und gut ausgebildet wurden. Sein Vater war ein talentierter Fußballspieler gewesen, doch Mitte der 1970er-Jahre war eine Fußballkarriere in Nigeria noch unsicherer als heute, und als Ujahs Vater ein Stipendium für ein Studium in England angeboten bekam, hörte er mit dem Fußballspielen auf.

»Es ist in Afrika sehr schwierig, Fußball und Schulausbildung zu verbinden«, sagte Ujah. Es gibt in Ländern wie Nigeria kaum Einrichtungen, in denen Talente gefördert und zugleich Wert auf die Schule gelegt wird. Viele Jungs setzen ganz auf den Traum der Fußballerkarriere, um letztlich ohne Job auf der Straße zu landen. Er hingegen durfte nur so viel Fußball spielen, dass es seine schulischen Leistungen nicht beeinträchtigte. Also kickte er in seiner Schulmannschaft und in einem lokalen Amateurteam. Einmal durfte er in den Ferien bei einem Drittligisten mittrainieren. »Als ich 17 Jahre alt war, hat mir mein Vater ein Jahr gegeben, um mich im Fußball durchzusetzen.«

Also fuhr Ujah in die sechs Autostunden entfernte Hauptstadt zu einer Talentsichtung des FC Abuja, einem Klub aus der nigerianischen Premier League. Er wohnte bei einem entfernten Verwandten. »Sein Apartment war nicht einmal groß genug für eine Person, und trotzdem hat er mich aufgenommen.« 300 Spieler waren gekommen, nach einer Woche blieben nur noch drei übrig, einer von ihnen Anthony Ujah. Plötzlich stand der Youngster mit Spielern auf dem Platz, die er aus dem Fernsehen kannte. Der Trainer kam nach ein paar Tagen auf ihn zu und fragte, von welchem Klub er kommen würde, denn der FC Abuja war gerade erst aufgestiegen und wollte sich mit Spielern verstärken, die schon Profierfahrung hatten. »Erst wollte ich ihm irgendeinen Vereinsnamen nennen, weil ich Angst hatte, dass er mich nicht ernst nimmt. Aber letztlich war ich ehrlich und habe gesagt, dass ich bislang nur in der Mannschaft von meiner Schule und in Amateurteams gespielt hatte.«

Nach einem halben Jahr beim Aufsteiger wechselte er zu einem etablierten Erstligisten in einen anderen Bundesstaat, den Warri Wolves. Die Mannschaft qualifizierte sich für das afrikanische Pendant der Europa League, und dort fiel Ujah einem Scout auf, der ihm ein Probetraining in Norwegen verschaffte. Mit 19 Jahren, keine zwei Jahre nach seinem Ausflug zum Probetraining nach Abuja, war er Fußballprofi in Europa.

Es gab allerdings ein Problem, denn eigentlich fehlte ihm die fußballerische Grundausbildung. »Schon bei meinen Klubs in Nigeria sind sie davon ausgegangen, dass die Spieler schon alles konnten. Deshalb habe ich bis heute Defizite in der Technik.« Es war nicht zu übersehen, dass ihm hin und wieder der Ball zu weit versprang, wenn er ihn annehmen wollte. Immer wieder musste er seine Dynamik und Beweglichkeit dazu einsetzen, technische Fehler auszubügeln. Aber das hatte nicht verhindert, dass Ujah sich in Europa durchgesetzt hatte. Nach anderthalb Jahren bei Lilleström wechselte er zum 1. FSV Mainz 05. Es folgten drei sehr erfolgreiche Jahre beim 1. FC Köln und ein gutes Jahr in Bremen, bevor er für anderthalb Jahre nach China ging und für zwei Jahre nach Mainz zurückkehrte. Nach dem Aufstieg von Union war er nach Berlin gewechselt, im Laufe der Saison wurde er 29 Jahre alt.

»Ich bin stolz darauf, in einer großen Liga wie der Bundesliga zu spielen. Jeden Morgen wache ich auf und denke, dass es ein Traum ist.« In seinen acht Jahren in Deutschland war er heimisch geworden und liebte vor allem Köln, wo er ein Haus hat. Inzwischen hatte er den Einbürgerungstest und den Sprachtest bestanden und wartete darauf, die deutsche Staatsbürgerschaft zu bekommen. »Meine Sicht auf das Leben hat sich in Deutschland sehr verändert, und ich bin stolz darauf, Deutscher zu werden.«

Ujah hatte diese bemerkenswert raumgreifende schlenkernde Art, zu gehen und zu laufen, er drehte dabei den Oberkörper weit hin und her. Das sah lustig aus, wie er überhaupt eine eher jungenhafte Ausstrahlung hatte. Das wurde dadurch unterstrichen, dass er fast immer Sportswear trug. Er verfügte über eine bemerkenswerte Sammlung von Trainingsanzügen, selten sah man ihn zweimal im selben. Das stand im Kontrast dazu, wie ernsthaft und erwachsen er über seine Rolle als im Ausland erfolgreicher Spieler redete.

Für deutsche Verhältnisse war er ein wohlhabender junger Mann, aber in seinem Heimatland war er schlichtweg reich. »Es ist in der afrikanischen Kultur üblich, nicht für die Familie, sondern auch für Freunde und Nachbarn zu sorgen, wenn man dazu in der Lage ist. Es ist eine sehr lange Liste, und auch ich habe diese Verantwortlichkeit.« Ujah war schon früh klar geworden, dass er damit anders umgehen musste als viele andere afrikanische Profis. Diese finanzierten das Leben einer Fülle von Menschen, doch wenn ihre Karriere vorbei war, war das nicht mehr möglich. »Wenn man Geld verteilt, wird man nie ein Ende finden. Aber wenn man ihnen eine Gelegenheit zu arbeiten gibt, habe ich weniger Verantwortung.«

Bereits sein erstes selbst verdientes Geld beim FC Abuja hatte er in ein Stück Land investiert. »Danach war ich zwar gleich wieder pleite, aber es fühlte sich gut an, als ich zum ersten Mal zu meinem Grundstück gefahren bin.« Seine wachsenden Einkünfte investierte er im Laufe der Jahre in eine Vielzahl von Unternehmen. Er baute eine große Tankstelle, an die ein kleines Einkaufszentrum angeschlossen war, und legte sich eine kleine Flotte eigener Tankwagen zu. Er ließ eine Halle mit 1000 Plätzen errichten, die man für große Hochzeiten und Familienfeiern, Gottesdienste oder Konferenzen mieten konnte. Er baute Mietshäuser und Wohnanlagen, außerdem gründete er die Tony Ujah Foundation, eine Stiftung.

Dass sich diese Stiftung vor allem um Witwen kümmerte, hatte nicht nur damit zu tun, dass es für sie in Nigeria wenig staatliche Unterstützung gab. Als Ujah einst in den Ferien beim Drittligisten trainierte, hatte er bei einem Schulfreund gewohnt, der keinen Vater mehr hatte. »Da habe ich gesehen, wie schwer es für alleinerziehende Frauen ist. Sie hat mich damals aber trotzdem bei sich aufgenommen. Obwohl das Essen für fünf Kinder kaum reichte, saß ich als sechstes Kind mit am Tisch.« Als er später zu Geld gekommen war, revanchierte er sich. Er richtete der Mutter des Schulfreundes das Haus ein und schenkte ihm eine Abfüllanlage für Mineralwasser, sodass er ein eigenes Unternehmen daraus machen konnte. Dessen kleinem Bruder bezahlte er Schule und Studium. Der wurde Architekt und baute Häuser für Ujah.

»Was mich als Fußballspieler glücklich macht, sind nicht Rolex oder Lamborghini, sondern dass ich das Leben von Menschen verändern kann. Sie bekommen kein Auto von mir, sondern können durch mich ihre Universität abschließen oder einen Doktortitel machen. Das Auto ist nach fünf Jahren verschlissen, aber die Ausbildung verliert keinen Wert, und davon können sie sich 20 Autos kaufen.« Auch die Ausbildung seiner Geschwister hatte er unterstützt. Zwei seiner drei Schwestern studierten in England, sein Bruder machte sogar den Doktortitel.

Insgesamt 50 Menschen ernährten ihre Familien inzwischen durch die Arbeit bei Ujahs Unternehmen oder von Unternehmen, deren Gründung er unterstützt hatte. Wenn er in der Sommer- oder Winterpause zurück nach Nigeria kam, warteten viele Menschen vor seiner Tür. »Die meisten wollen Geld, aber viele wissen inzwischen auch, dass ich sie unterstütze, wenn sie selber aktiv werden wollen.« Das alles bedeutete eine große Verantwortung für einen letztlich erst 29-Jährigen, auch wenn seine Familie ihn dabei unterstützt. Der Stiftung sitzt seine Mutter vor, die Tankstelle führt sein Vater, der inzwischen in Rente ist. Seine große Schwester kümmert sich um die Eventhalle.

Ujah sprach von einem »Happy Load«, einer Belastung, die froh macht. Aber es blieb eine Belastung. Wenn er mit dem Training bei Union fertig war, galt es, lange To-do-Listen abzuarbeiten. »Viele Spieler wissen nicht, was sie nach dem Ende ihrer Karriere machen sollen, bei mir ist das relativ klar.« Von den bestehenden Aktivitäten abgesehen, will Ujah sich um junge afrikanische Spieler in Europa kümmern. »Ich will unbedingt, dass sie ihr Potenzial richtig ausschöpfen. Das Talent ist da, das Problem besteht im Kopf. Sie leben zwar hier, aber sind mit ihren Gedanken zu Hause. Außerdem können viele Afrikaner nicht mit Geld umgehen, gerade im Fußball. Das macht sie so durcheinander, dass sie sich nicht mehr auf Fußball konzentrieren können.« Damit war er wieder beim Problem der mangelhaften Ausbildung in seinem Land. Einige Profis aus Afrika können nicht einmal richtig lesen und schreiben, oder es fällt ihnen schwer, sich zu artikulieren, weil selbst ihr Englisch nur rudimentär ist und sie nur eine der vielen lokalen Sprachen beherrschen.

Anthony Ujahs Bruder Paul war als Politiker zur Wahl fürs Parlament des Bundesstaats angetreten. Nachdem er nicht gewählt worden war, hatte die Familie ihn bekniet, sich nicht weiter um Politik zu kümmern, weil sie in Nigeria nicht ungefährlich war. »Aber er ist ganz schön stur«, sagte Ujah. Ich fragte ihn, wie es für ihn war, dass seine Landsleute aus Nigeria weggingen, um die lebensgefährliche Reise durch die Sahara und über das Mittelmeer zu versuchen. »Es ist für einen Afrikaner schlimm, das zu sehen, darüber zu lesen und zu sprechen. Wenn im Fernsehen Nachrichten über die Menschen kommen, die auf dem Meer ertrinken, mache ich aus. Es passiert immer wieder, immer wieder und immer wieder. Aber die einzige Möglichkeit, die ich habe, um mein Gefühl zu verbessern, ist, da zu helfen, wo ich helfen kann. Dann weiß ich, dass ich der Grund bin, warum sie nicht aufs Boot gehen.« Während wir miteinander sprachen, hatte am anderen Ende des Raums ein Interview mit Urs Fischer begonnen. Er wurde über seine Bilanz der Hinrunde befragt, doch zumindest in diesem Moment fühlte sich das ganz weit weg an.

Wie ich zur Legende wurde

Ich schaute Michael Gspurning irritiert an. »Warum soll ich singen?«

»Jeder, der zur Mannschaft gehört, muss zum Einstand singen. Und weil du im Sommertrainingslager nicht dabei warst, musst du das halt nachholen.«

»Aber so richtig gehöre ich nicht dazu. Und angestellt bin ich schon gar nicht«, sagte ich.

»Natürlich gehörst du dazu«, sagte er.

Das war sehr nett, aber ich dachte, dass sich das Thema schon verlieren würde. Schließlich war ich der Einzige in der Reisegruppe »Wintertrainingslager«, der nicht zum Erfolg des Ganzen beitrug. Bestenfalls stand ich ihm nicht im Weg. Außerdem war es jetzt nicht so, dass die anderen am Tisch Gspurning gleich begeistert unterstützt hätten.

Die Tage gingen dahin, und von der Singerei war keine Rede mehr, bis Laura Tiedekens am Frühstückstisch sichtlich aufgeregt erzählte, dass sie abends singen müsse. Die Mittzwanzigerin arbeitete seit Kurzem in der Medienabteilung und malte sich schon morgens aus, wie schlimm es für sie abends werden würde, auf einem Stuhl zu stehen und vor einer Gruppe von Jungs in ihrem Alter zu singen. Zumal Sebastian Polter schon früh an der Kaffeemaschine mit einem Haifischlächeln zu ihr sagte: »Ich freue mich schon darauf, wenn du singst.«

Als ich nachmittags am Kraftraum vorbeikam, trainierte dort gerade Grischa Prömel. »Christoph, du musst heute Abend auch singen«, sagte er. Ich sagte wieder mein Sprüchlein auf, und Prömel schaute enttäuscht.

Als das Abendessen vorbei war, stand Christopher Trimmel auf, ging durch den riesengroßen, leicht hallenartigen Speiseraum und schloss feierlich die große Holztür. Jetzt sollte es wohl losgehen!

Als Erster trat Fisnik Asllani nach vorne, ein Nachwuchsstürmer, der mitgereist war, um sich an den Männerfußball zu gewöhnen. Ein Stuhl mit rotem Polstersitz und hoher Rückenlehne wurde in die Mitte des Raums geschoben. Vorher musste aber noch technischer Kram erledigt werden. Ich dachte, der Gesangsvortrag würde bedeuten, dass man halt singt. Aber die Sache war komplizierter, Fisnik hielt sein Smartphone in der Hand, und ein kleiner Lautsprecher wurde herangebracht. Er koppelte beides, stieg auf den Stuhl, stellte sich vor und sagte: »Ich singe ein albanisches Lied.« Dann erklang aus der Box der Song, den er sang, den Text dazu las er von seinem Smartphone. So ging das also!

Fisnik sang nicht sonderlich toll, aber es war auch nicht schlimm, zumal er von seinem Publikum freundlich behandelt wurde. Bei solchen Aufnahmeritualen geht es im Prinzip darum, sich vor den anderen zum Deppen zu machen. Aber die Jungs waren nicht grausam zu dem armen Youngster auf dem Stuhl. Es gab nicht nur keine gehässigen Zwischenrufe, sie versuchten sogar mitzuklatschen. Selbst als der junge Torwart Leo Oppermann, ebenfalls ein Spieler aus dem Nachwuchs, einen Song von Seed gesanglich in die Knie zwang, wurde er nicht verspottet. Im Gegenteil, auch ihm halfen sie über die Peinlichkeit hinweg. Der Physiotherapeut Robert Kemna hingegen konnte seinen Song von Justin Bieber richtig gut singen. Es hieß, dass er ab und zu als Sänger auftreten würde. Er bekam rauschenden Beifall, aber zugleich war es leicht enttäuschend, denn zum Deppen machte er sich so nicht. Danach sangen eine Mitarbeiterin und ein Mitarbeiter der Medienabteilung kompetent ein Duett. Und dann nahm die Sache eine unerwartete Wendung. Michael Gspurning rief durch den Raum: »Jetzt muss aber der Biermann singen.« Ich winkte ab und setzte darauf, dass die Jungs lieber die junge Laura als den alten Christoph sehen wollten. Aber da hatte ich mich getäuscht, am Spielertisch formierten sich die ersten »Christoph, Christoph«-Sprechchöre. Ab jetzt wäre es blöd gewesen zu kneifen.

Eine der Freuden, wenn man älter wird, ist es, dass einem weniger peinlich ist. Trotzdem war ich nicht begeistert davon, in meinem Union-Poloshirt, meiner Union-Ausgehhose und den verdammten himbeerroten Turnschuhen auf einem Stuhl zu stehen und zu singen. Dass ich nicht singen kann, war noch das geringste Problem, aber ich kannte weder Lieder auswendig, noch war ich auf diese ganze Playback-plus-Text-auf-dem-Smartphone-Situation vorbereitet. Jetzt aber minutenlang nach etwas zu suchen, wäre ein echter Downer gewesen. Also musste was Simples mit wenig Text her, und mir fielen zum Glück die Toten Hosen ein.

Vor vielen Jahren hatten sie mal ein sehr erfolgreiches Sauflied mit einem sehr übersichtlichen Text gemacht, den ich nicht mal nachschauen musste. Das war die Rettung!

Also stieg ich auf den Stuhl und fing an:

Eisgekühlter Bommerlunder
Bommerlunder, eisgekühlt
Eisgekühlter Bommerlunder
Bommerlunder, eisgekühlt

Ich hatte keine Ahnung, ob die Jungs das noch kannten, immerhin war das Lied älter als die meisten von ihnen. Aber offensichtlich gehörte es auch zu Beginn der Zwanzigerjahre des neuen Jahrhunderts immer noch zum Partybestand, war ein Ballermann-Klassiker oder was auch immer. Jedenfalls machten sie fast sofort mit.

Und dazu:
Ein belegtes Brot mit Schinken (Schinken!)
Ein belegtes Brot mit Ei (Ei!)
Das sind zwei belegte Brote
Eins mit Schinken und eins mit Ei

Der Witz des Liedes ist es, den übersichtlichen Text immer wieder von vorne und dabei immer schneller zu singen. Und weil alle mitsangen und mitklatschten, wurde ich immer lauter und immer schneller und wippte dabei mit. Wobei dieses Wippen eher ein Indie-Knie-Gehen war, weil ich aufpassen musste, nicht vom Stuhl zu fallen. Inzwischen machte mir die Sache sogar Spaß, vielleicht war ich auch einfach nur unheimlich erleichtert. Mein Publikum hatte sich ihre weißen Stoffservietten geschnappt und wirbelte sie herum. Also grölte ich immer schneller vor mich hin, bis ich vom Stuhl sprang und den unverdienten Applaus genoss.

Als ich mich erleichtert wieder an den Tisch setzte, grinste Grischa Prömel mich an und zeigte mir den hochgereckten Daumen. Laura sang noch »Country Roads«, und nun war ich in Feierlaune. Von mir aus hätte es noch weitergehen können mit dem Singen, aber leider war die 20-minütige Miniaufregung vorbei. Beim Verlassen des Raums gaben mir einige Spieler Fistbumps, und Christian Gentner schlenderte summend an mir vorbei: »Eisgekühlter Bommerlunder«. Offensichtlich hatte ich was richtig gemacht.

Zwei Tage später stand der Fanabend an, von dem mir einige Spieler schon Wochen vorher erzählt hatten, ohne dass ich mir letztlich eine genaue Vorstellung hatte machen können, wie so etwas aussah. Für sie stand dieser Abend aber beispielhaft für die Nähe des Klubs zu ihren Fans. Wir fuhren also am Samstagabend in einem Bus von unserer Hotelanlage Richtung Meer hinunter, bogen auf die Nationalstraße in Richtung Alicante, kurvten durch ein paar Kreisverkehre, bis der spanische Fahrer in eine Seitenstraße fuhr, drehte und parkte. Nur, wo waren wir jetzt?

Ein Restaurant war so wenig zu sehen wie Union-Fans. An der Ecke war ein Fitnessstudio, gegenüber eine Immobilienagentur. Also lungerten wir herum, während der Verkehr der N-322 an uns vorbeirauschte und hektische Telefonate geführt wurden. Es war eine klassische Union-unterwegs-Situation. Nach ein paar Minuten setzte sich der Tross aus Spielern, Trainern und Betreuern in Bewegung und trottete entlang der Straße vorbei an einem indischen Restaurant und durch Souvenirshops. »Ah, schau, da gibt es Boomerangs, typische Mitbringsel aus Spanien«, sagte Markus Hoffmann im Vorbeigehen. Nach fünf Minuten kamen wir endlich an dem Restaurant an, wo schon rund 250 Unioner auf uns warteten, gingen durch ein Treppenhaus in die erste Etage und wurden direkt verlost.

In einem durchsichtigen Plastikeimer lagen nämlich zusammengefaltete Zettel mit Nummern, wir Neuankömmlinge mussten einen ziehen und uns an den Tisch setzen, dessen Nummer wir gezogen hatten. Ich stand als Letzter unschlüssig rum, es waren aber noch drei Nummern im Eimer, also wurde auch ich verlost.

»So, ich bin Christoph, ich bin die Niete in der Lotterie«, stellte ich mich an meinem Tisch vor. Ich erklärte den Umsitzenden, was ich machte, was aber niemanden interessierte. Mir schräg gegenüber saß Jungprofi Julius Kade, mit dem meine Tischgenossen auch nicht so richtig was anfangen konnten. Also bestaunte ich die roten und weißen Luftballons und Luftschlangen und kaute auf den frittierten Tintenfischringen herum.

Weil die Frau neben mir anfangs nicht mitbekommen hatte, wer ich war, erklärte ich es ihr noch einmal. Aber so richtig mitgerissen wirkte sie weder davon, noch, als ich ein paar Dinge erzählte, die ich mit der Mannschaft erlebt hatte, was ich erstaunlich fand. Immerhin verbrachten diese Unioner einen Teil ihres Jahresurlaubs hier, schauten bei den Trainingseinheiten zu und den Testspielen, um ihre Spieler zu sehen. Oder nicht? »Ich muss dir mal was sagen, das musst du aber für dich behalten: Mein Mann und ich sind Schalker«, gestand sie. Mit ihrem Mann, der neben ihr saß, war sie eigentlich ins nur eine halbe Stunde entfernte Trainingslager von Schalke 04 gefahren. Sie kamen aber aus Berlin, sogar aus Köpenick. »Ich bin 1978 zum ersten Mal zu Union gegangen«, erzählte ihr Mann, und früher war er regelmäßig zu Auswärtsspielen mitgereist. Als Union nach der Wende aber durchs Mittelmaß dümpelte, waren sie an Schalke geraten und dort hängen geblieben. Inzwischen fuhren sie fast nur noch zu Schalker Auswärtsspielen, auch international, was auf eine Weise, die ich nicht richtig verstand, mit ihrer Begeisterung für Wohnmobile zusammenhing. In 15 Ländern waren sie mit Schalke schon gewesen, in 83 Städten. Die Heimspiele hingegen ließen sie inzwischen fast komplett aus.

Sporadisch gingen die beiden aber auch zu Union. Sie hatte sogar ein Union-Shirt an, genauso wie ihr Sohn, der am anderen Ende des Tisches saß, aber auch Schalke-Fan war. Außerdem kannten sie viele Unioner, Freunde hatten sie zum Fanabend mitgebracht. (Er kostete 40 Euro Eintritt, inklusive Essen und Getränke, dabei wurde offensichtlich die Religionszugehörigkeit nicht abgefragt.) Andererseits hatte sie ihr Vergnügen an Auswärtsfahrten nicht nur zum Pokalspiel von Union in Halberstadt geführt, sondern auch zum ersten Auswärtsspiel in Augsburg.

Nach und nach löste sich die strenge Sitzordnung auf, und ich quatschte mit ein paar Fans vor der Tür. Sebastian Polter spielte Billard mit einigen jungen Ultras, Neven Subotic schaute zu und machte beiläufig Stretchingübungen. Ihm waren mal wieder die Stühle zu unbequem. Nach inzwischen fast drei Stunden, es lief laute Musik, versuchte ich dem Holländer Sheraldo Becker das Konzept des Kölner Karnevals zu erklären. Der Außenbahnspieler staunte mich so freundlich an, dass ich mir bis heute nicht sicher bin, ob er verstand, was ich ihm da erzählte. Becker mochte die Fanveranstaltung, und auch Marius Bülter gefiel es: »Aber jetzt werden die Leute langsam betrunken, das macht es etwas anstrengend.« Inzwischen erklärte ich Becker, dass ich den Deutsch-Rap nicht mochte, der oft in der Kabine lief. Wieder schaute er mich freundlich ungläubig an und fragte, was ich denn gerne hören würde.

Bevor ich ihm das genauer erklären konnte, hatte sich Robert Andrich das Mikrofon geschnappt, und obwohl ich nicht richtig mitbekam, was er sagte, war mir schnell klar, worauf das hinauslief: Ich sollte noch mal »Eisgekühlter Bommerlunder« anstimmen. Also ging ich nach vorne, wo eine kleine Bühne stand, und legte direkt los. Anders als bei der Mannschaft war mir klar, dass ich hier problemlos Mitsänger finden würde, und so war es auch. 250 teilweise schon ordentlich betrunkene Fußballfans und die Mannschaft stimmten sofort mit ein, selbst Manager Oliver Ruhnert. Es störte auch niemanden, dass ich es schon leicht angeschickert wahrhaftig schaffte, mich im Text zu verhaspeln, was bei dessen Übersichtlichkeit eine echte Kunst war. Der Beifall war trotzdem tosend, fleißig wurde ich abgeklatscht und schulterbeklopft.

Zurück am Tisch, wo inzwischen Andrich saß, sagte er zu mir: »Ich glaube, dass dir das echt Spaß macht. Du hast nicht gezögert, nach vorne zu gehen.« Er schaute mich dabei an, als hätte er gerade mein dunkles Geheimnis entdeckt. Lauerte in mir ein Animateur, der plötzlich freigelassen worden war? Sollte ich eine Karriere am Ballermann starten? Dann brauchte ich allerdings noch ein zweites Lied, mit zweieinhalb Minuten dauernden Auftritten würde ich meinen Lebensunterhalt kaum bestreiten können.

So langsam näherte sich der Abend seinem Ende, um kurz nach zehn wurde zum Aufbruch geblasen. Der Busfahrer hatte das Etablissement inzwischen auch gefunden und wartete an der Ecke auf uns. Als ich neben Rafał Gikiewicz ging, wandte er sich mir zu, schüttelte langsam den Kopf und sagte: »Du bist Legende.« Und Michael Gspurning, der ursprüngliche Initiator des ganzen Singens, kniete auf dem Bürgersteig vor mir nieder und verneigte sich mit erhobenen Händen mehrfach. Meine »Kunst« schien extrem Torwart-kompatibel zu sein.

»So, jetzt ist aber erst mal Schluss mit dem Gesinge, das nächste Mal gibt's das bei der Nichtabstiegsfeier«, sagte ich zu Andrich. »Da mache ich mit«, sagte er, und wir schlugen ein.

Der Himmel als Puzzle

Martin Krüger saß nachdenklich im Sessel in seinem Hotelzimmer im Trainingslager. Übers Bett waren Brustgurte und schwarz glänzende GPS-Sender verstreut, mit denen er den Herzschlag der Spieler beim Training maß. Das Laptop war aufgeklappt, mit dem er bei jeder Trainingseinheit an der Seitenlinie stand, nicht nur hier in Spanien. Am Vortag war Joshua Mees unter Schmerzen vom Platz geführt worden, alleine hätte er nicht mehr gehen können. Inzwischen war er bereits zurück nach Deutschland geflogen, und die Befürchtungen hatten sich nach der Untersuchung im MRT bestätigt. Mees hatte sich einen Muskelbündelriss zugezogen, es war also nicht nur eine einzelne Muskelfaser gerissen, sondern gleich mehrere. Das tat nicht nur weh, er würde auch wochenlang fehlen und im schlechtesten Fall die komplette Rückrunde nicht mehr spielen können.

»Seine Verletzung nehme ich auf meine Kappe«, sagte Krüger zu meinem Erstaunen, denn als er den Fall gegen sich eröffnete, war die Beweislage nicht eindeutig. Krüger war als Athletiktrainer für die Belastungssteuerung der Spieler verantwortlich, also dafür, dass sie genug trainierten, um die kompletten 90 Minuten eines Bundesligaspiels auf höchstem Niveau bestreiten zu können. Zugleich durften sie aber nicht so stark belastet werden, dass sie sich verletzten. Was also war bei Mees falschgelaufen?

Es war auf zwei Plätzen gleichzeitig trainiert und die Spieler waren dazu in Gruppen aufgeteilt worden. Einige von ihnen machten bei Krüger ein hochintensives Lauftraining, an dessen Ende Dauerläufer Andrich zufrieden verkündete: »Ah, das hat richtig gutgetan!« Hoffmann und Bönig hatten nebenan taktische Übungen gemacht, und Fischer leitete auf dem anderen Platz eine halbe Stunde lang ein Schusstraining der Offensivspieler an. Dabei mussten sie erst an Mannequins und Stangen vorbeiziehen, dem

Torschuss ging also ein kurzer Sprint voran. Joshua Mees hatte zu dieser Gruppe gehört.

»Ich habe nicht gefragt, wie die Übung genau aussieht. Wenn Josh dabei ist, müssen wir uns eigentlich immer genauer besprechen«, sagte Krüger. Mees hatte bereits in der Vergangenheit immer mal wieder Muskelverletzungen gehabt, meistens nach Torschüssen, denen Sprints vorangingen. Das war schwer zu erklären, denn Mees absolvierte ein abgestimmtes Kraftprogramm, ließ sich regelmäßig von den Physios pflegen und achtete auf seine Ernährung. Er hatte sich sogar Shakes besorgt, die etwaige Defizite maßgeschneidert ausgleichen sollten. Aber irgendwas sorgte offensichtlich dafür, dass er trotzdem mehr von Verletzungen bedroht war als andere.

Wenn ein Spieler hingegen im Rasen hängen blieb und sich das Knie verdrehte, war das genauso ein Unfall, wie wenn er einen Tritt oder Schlag abbekam. Muskelverletzungen hingegen unterlagen dem Verdacht, vermeidbar zu sein, durch passende Belastungssteuerung, gute Pflege und richtige Ernährung. Auch deshalb absolvierte Krüger jeden zweiten Tag vor dem Training einen Erholungstest mit allen Spielern, nicht nur hier im Trainingslager. Sie legten sich dazu auf Gymnastikmatten und bewegten sich zwei Minuten lang nicht. In dieser Zeit wurde über Brustgurte und Sensoren ihre Herzfrequenzvariabilität gemessen, der Abstand zwischen zwei Kontraktionen der Herzkammer. Krüger konnte das Ergebnis auf seinem Laptop ablesen. Es gab ihm Aufschluss darüber, wie erholt ein Spieler war.

Im Trainingslager hatte der Wert gewaltig variiert – zwischen sieben und fast 100 Prozent. Doch Krüger verglich nicht die Spieler miteinander, einige erholten sich generell besser, andere kamen selten auf mehr als mittlere Erholungswerte. Wichtiger war die Abweichung von vorherigen Messungen. Wenn ein Spieler, der sonst bei 95 Prozent lag, plötzlich nur noch 50 Prozent erreichte, merkte Krüger auf.

Der Grad der Erholung hatte nicht nur mit der Belastung durchs Training zu tun. Fiel der Wert, konnte auch eine Infektion im Anzug sein, oder persönliche Probleme waren der Grund. Vielleicht hatte der Spieler schlecht geschlafen, weil er ein kleines Kind hatte, das nachts schrie. Vielleicht hatte er Ärger mit seiner Frau, Beziehungsstress mit seiner Freundin oder ein Elternteil oder Freund war schwer krank. Oder ihn quälte, dass er gerade nur Reservist war oder nicht einmal im Kader stand. Es gab viele Gründe für eine schlechte Erholung. Im Trainingslager spielte bei einigen Spielern auch die Abwesenheit von zu Hause eine Rolle. »Es gibt Heimscheißer, die es stresst, nicht im eigenen Bett zu liegen«, sagte Krüger. Auch die sportliche Situation spielte eine Rolle. »Die Ergebnisse des Erholungstests waren nie so gut wie nach dem Spiel gegen Freiburg«, sagte Krüger, also dem wichtigen Sieg am siebten Spieltag, nachdem vorher vier Spiele verloren gegangen waren.

Diese Messung verwandelte den Spieler nicht gleich in einen gläsernen Athleten. Er mochte einen schlechten Wert haben, aber sich trotzdem gut fühlen oder umgekehrt. »Aber wenn wir sie fragen, trauen sie sich oft nicht, etwas zu sagen«, erklärte mir Krüger. Gelegentlich fragte Fischer in großer Runde: »Na, wie geht's, Jungs, seid ihr müde?« Meist bekam er keine Antwort. Vermutlich hatten die Spieler in der Vergangenheit zu oft mit Trainerteams zu tun gehabt, die ihre Müdigkeit nicht ernst nahmen oder sie gar gegen sie auslegten. Bei Fischer war das anders. »Die Spieler wissen, dass sie nicht aussortiert werden, wenn sie sich müde melden«, sagte Krüger. Sie wurden aber geschont. So führte der Belastungstest dazu, dass ein Spieler mal einen Tag nicht mit auf den Trainingsplatz ging, sondern locker lief, im Kraftraum auf dem Fahrrad fuhr oder ein paar Gewichte stemmte.

Wie viele Athletiktrainer war Krüger ein Fitnessfreak. Bei Auswärtsspielen verschwand er in die nächstgelegene Niederlassung einer bundesweiten Kette von Fitnessstudios, wo er via einer App an Wettkämpfen teilnehmen konnte, von denen er zufrieden erschöpft zurückkehrte. Im eigenen Stadion machte er an Nachmittagen, wenn die meisten Spieler weg waren, manchmal im Kraftraum noch zu lauter Musik Klimmzüge, stemmte Gewichte oder schwang Kettlebells. Wenn noch Spieler da waren, zeigten sie ihm hinter seinem Rücken den Vogel oder machten andere Gesten. Krüger wusste das und hatte Spaß daran.

Er schien vor lauter Kraft aus seinem Hemd zu platzen, und wenn er durch die Gänge ging, schob er seinen gewaltigen Brustkorb demonstrativ vor sich her. Sein Profilname bei Instagram war iron_martink. Sein Ton war oft rotzig, wenn er von »unseren Schnecken im Mittelfeld« sprach, weil die Mittelfeldspieler halt keine Sprinter waren. Wenn ich mal ein paar Tage nicht da gewesen war, musste ich mir fast immer einen Kommentar anhören: »Ah, lässt du dich herab, hier mal wieder vorbeizukommen?« Dabei schaute er mich aus dem Augenwinkel an und grinste. Die demonstrative Ruppigkeit täuschte schlecht darüber hinweg, dass Krüger mehr Harmoniemensch als der Supermacho war, den er gerne vorführte.

Er war 40 Jahre alt und in den letzten Jahren der DDR als Leistungsschwimmer auf einer Sportschule gewesen. Er hatte mit dem Schwimmen aufgehört, weil ihm der Trainingsaufwand zu groß war, um bei der nationalen Meisterschaft letztlich nur Siebter oder Neunter zu werden. Er probierte Speerwerfen aus, Gewichtheben und Fußball. »Ich kann alles, aber nichts richtig«, sagte er. Er hatte eine Ausbildung als Steuerberater gemacht, sie beendet und beschlossen, »dass ich nicht die kommenden 40 Jahre im Büro sitzen wollte«. Also studierte er Sportwissenschaft, arbeitete parallel im Nachwuchs des Basketballklubs Alba Berlin. Er ging von dort zum Olympiastützpunkt Berlin, den Fußballerinnen von Turbine Potsdam und zurück zu Alba. Er wurde Cheftrainer bei zwei Teams im Amateurfußball und kam 2015 als Athletiktrainer ins Nachwuchsleistungszentrum von Union. Ein Jahr später war er bei den Profis.

Er arbeitete nun in der fünften Saison bei dem Klub und war beim Thema Fitness äußerst passioniert. In einer geschlossenen Facebook-Gruppe stritt er sich mit Kollegen über richtige Trainingssteuerung. Wenn er davon erzählte, hatte man den Eindruck, dass es bei diesen Diskussionen ziemlich hoch herging. Es gab Kollegen, mit denen er regelrechte Fehden führte.

Erstaunlich für einen Sportfreak war, dass Krüger eine Affinität zu Zahlen hatte, weshalb das mit dem Steuerbüro gar keine so absurde Idee gewesen war. Krüger studierte stets ausführlich die Spieldaten, die auswiesen, wie viel seine Jungs während einer Partie gelaufen und in unterschiedlichem Tempo gesprintet waren. Er knobelte gerne daran, wie die Belastung im Training gestaltet werden musste, denn es war ein wichtiger Unterschied, ob eine Belastung drei Minuten dauerte oder vier. Es war zu beachten, ob die Spieler vier gegen vier spielten oder sechs gegen sechs, weil sie im zweiten Fall weniger in Bewegung waren. Und es war mehr als ein Detail, ob die Pause zwischen zwei Übungen nun 60 oder 90 Sekunden dauerte.

Insofern war seine Selbstkritik, nachdem sich Joshua Mees verletzt hatte, durchaus ernst zu nehmen. Innenverteidiger machten im Spiel vielleicht zehn Sprints über insgesamt 200 Meter, Außenbahnspieler oder Mittelstürmer Sebastian Andersson kamen auf die dreifache Zahl, also mussten sie unterschiedlich vorbereitet sein. Es gab Spieler, die sich im Training eher schonten, oder Jungs wie Christopher Lenz, die noch in der banalsten Übung bis an die Leistungsgrenze gingen. Wenn Krüger bei Übungen im Training das Zeichen für den nächsten Durchgang gab, schaute er auf sein Laptop und wartete darauf, dass alle wieder im grünen Bereich waren, sich ihr Herzschlag also wieder ausreichend beruhigt hatte. All diese Daten waren zu berücksichtigen wie auch der subjektive Eindruck, seine Erfahrung. Krüger hatte also ein kompliziertes Puzzle zusammenzusetzen.

»Es ist, wie das Puzzle eines Himmels zusammenzusetzen«, sagte er, und ich stellte mir all diese blauen Puzzleteile vor. Dass er so ausdauernd versuchte, die Teile richtig zusammenzusetzen, lag auch daran, dass er von Urs Fischer eng in die Trainingsplanung eingebunden wurde. »Bei manchen Trainern ist der Athletikcoach nur eine Art Aufwärmtrainer, das ist bei ihm nicht so«, sagte Krüger. Er bekam Verantwortung übertragen und übernahm sie auch.

Nach der Rückkehr aus Spanien setzte er durch, dass er ein System zum Monitoring aller Laufwerte im Training bekam. Wunderbar, nun gab es noch mehr Zahlen. Das Puzzle des Himmels hatte noch mehr Teile.

Eisgekühlter Schleicher

Dass ich mich als Sänger vor der Mannschaft zum Deppen gemacht hatte, hatte eine erstaunliche Folge: Ich hatte nun einen Spitznamen. Beziehungsweise gleich mehrere. Robert Andrich nannte mich unter dem Eindruck meiner Performance im Trainingslager erst »Bommerlunder« und dann »Eisgekühlter«, was ich einen ziemlich coolen Spitznamen fand.

Prömel hingegen fragte mich, höflich, wie er war, ob ich es in Ordnung fände, wenn ich »Schleicher« genannt würde, und ob ich sonst Spitznamen hätte. Hatte ich nicht, hatte ich noch nie gehabt und mich auch immer strikt dagegen verwehrt, aber nun fand ich es in Ordnung. Ich sagte Prömel, dass ich mit dem »Schleicher« gut leben könne, und anscheinend nannte nicht nur er mich so, denn etwas später begrüßte Felix Kroos mich als »Schleichi«.

Rafał Gikiewicz, immer ein Mann für den Sonderweg, hatte schon früher angefangen, mich »Picasso« zu nennen, schließlich schrieb ich ein Buch ... Eher zufällig erfuhr ich davon, dass auch die Trainer mir einen Spitznamen oder eher eine Verballhornung meines Namens verpasst hatten. Sie nannten mich »Bierbaum« und wohl auch mal »Bierbauch«, aber nie, wenn ich dabei war. Markus Hoffmann erklärte mir, dass sie so was häufiger machten, weil sie auf diese Weise über Leute reden könnten, ohne dass Außenstehende verstünden, um wenn es ging. Das erschien mir leicht abwegig, der Weg von »Biermann« zu »Bierbaum« dauert keine Tagesreise, aber er ließ sich nicht von dieser Argumentation abbringen.

Letztlich war diese Fußballmannschaft, wie die meisten engen Gemeinschaften, eine große Fabrikationsstätte von Namensmanipulationen. Besonders beliebt war das Prinzip Kosename mit »i«-Endung, wie diese Übersicht zeigt:

Christopher Trimmel – Trimmi
Keven Schlotterbeck – Schlotti
Anthony Ujah – Tony
Sebastian Polter – Polti
Marius Bülter – Bülti
Christopher Lenz – Lenzi
Lennard Maloney – Lenny
Florian Hübner – Hübi
Rafał Gikiewicz – Giki (oder Rafa)
Florian Flecker – Flecki
Suleiman Abdullahi – Manni

Diese »i«-Endung galt aber nicht nur für die Spieler, sondern auch fürs Trainerteam und den Staff:

Markus Hoffman – Hoffi
Sebastian Bönig – Böni
Adrian Wittmann – Adi
Frank Placzek – Placzi
Sven Weinel – Svenni
Susanne Kopplin – Susi

Das alles folgte dem klassischen Modell im deutschen Fußball, wo sich »i«-Fußballer traditionell großer Beliebtheit erfreuten, weil die Fans so gut »Williiii«, »Sigiiii« oder »Manniii« rufen konnten. In einigen Fällen wurde auch leicht um die Ecke gedacht, wenn Michael Gspurning zu Gspurti wurde oder Akaki Gogia nicht zu Aki, sondern zu Andi. Da erschloss sich die Ableitung von Suleiman Abdullahi zu Manni schon leichter. Der innere »i«-Zwang war so groß, dass Urs Fischer zu Christian Gentner stets Genti sagte, obwohl er auf seinen Schuhen »Le Gente« stehen hatte.

In einem Fall kam es zur »o«-Endung, nämlich bei Nicolai Rapp, der Rappo gerufen wurde. Rappi hätte sich auch doof angehört. Es gab aber auch eine Reihe Spieler, bei denen einfach der Vorname gekürzt wurde.

Sebastian Andersson – Seb
Moritz Nicolas – Mo
Michael Parensen – Micha
Robert Andrich – Rob
Joshua Mees – Josh (oder Joshi)
Marvin Friedrich – Marv
Physiotherapeut Maximilian Perschk – Max
Rehatrainer Christopher Busse – Chris

Wobei mir Busse leidtat, denn Fischer nannte ihn meist »Busse«, wie er auch Athletiktrainer Martin Krüger zumeist »Krüger« nannte oder »Herr Krüger«. In einem weiteren Einzelfall wurde der Nachname gekürzt, Manuel Schmiedebach wurde zu »Schmiede«.

Der einzige Fall eines Spielers mit echtem Spitznamen war der Nachwuchskicker Maurice Opfermann Arcones, der wie die Vereinslegende Torsten Mattuschka »Tusche« genannt wurde. Für den Youngster war es bestimmt nicht einfach, Widergänger eines Publikumslieblings zu sein, aber das hatte sich schon in den Jugendmannschaften so ergeben. Es gab auch Leute, die Torhüter Gikiewicz »Beton« nannten, aber vor allem wohl er selber. Eine etwas längere Geschichte steckte hinter dem nicht eben groß gewachsenen Masseur Thomas Riedel, den einer der früheren Trainer »Iltis« genannte hatte, nachdem er mal im Kofferraum des Mannschaftsbusses herumgewieselt war. Mit einem Iltis verglichen zu werden, fand Riedel aber nicht so schön und schaffte es über die Jahre, »Ilti« als gültigen Namen zu etablieren.

Dagegen wurden Neven Subotic, Felix Kroos, Ken Reichel, Jakob Busk, Grischa Prömel, Julius Kade, Sheraldo Becker, Leo Oppermann, Marcus Ingvartsen und Julian Ryerson einfach bei ihren Vornamen gerufen, wobei die drei anderen Skandinavier den jungen Norweger »Professor« nannten. Ryerson trug im Alltag eine Brille, mit der er wie ein Student oder eine aufstrebende Nachwuchskraft in einem Architekturbüro aussah. Sebastian Andersson wiederum nannten sie »Basse«, was die in Schweden wohl übliche Abwandlung des Namens war. Und manchmal reichte ein

Sondername nicht, weshalb Trimmel auch »Trimbo« war oder Bülter zu »Bülle« wurde.

Letztlich ging es bei diesen Verballhornungen, Spitz- und Kosenamen um Zusammengehörigkeit. Dazu gehörten auch Witze auf meine Kosten, etwa wenn meine An- und Abwesenheiten thematisiert wurden. »Wer bist du noch mal?«, fragte Susi, wenn ich mal ein paar Tage nicht gekommen war. Florian Hübner etablierte den Running Gag, dass ich nur zum Essen kommen würde. Er fragte also demonstrativ aufmerksam, ob ich schon gefrühstückt hätte, wenn er mich morgens sah. Er fragte mich, ob ich schon wissen würde, was es zu Mittag gäbe, oder ob ich genug bekommen und ob es mir geschmeckt hätte. Er bot mir an, nach den Spielen in der Kabine extra für mich ein belegtes Brötchen bereitzuhalten oder ein Stück des notorischen Mamorkuchens. Ein Versprechen, das er natürlich nicht einhielt. Worüber ich mich bei ihm wiederum bitterlich beschwerte. Bald war es so weit, dass wir kaum noch darüber sprechen mussten, sondern nur noch Grinsen und kurze Gesten austauschten, weil wir beide schon wussten, was der Text war.

Es war eine Zeit lang vergangen, seit ich mit meinem Kanu am Seitenarm des Amazonas in Köpenick festgemacht hatte, aber als wir auf dem menschenleeren Flughafen von Murcia darauf warteten, nach Berlin zurückzufliegen, hatte ich das Gefühl, dass mich dieser Volksstamm nun wirklich aufgenommen hatte.

Das gute Gefühl

Christopher Lenz war nach der Niederlage beim ersten Spiel der Rückrunde in Leipzig mit einem schlechten Gefühl vom Platz gekommen, er war mit einem schlechten Gefühl in den Bus gestiegen, und das schlechte Gefühl war nicht verflogen, als der Bus von Leipzig um kurz nach Mitternacht wieder in Köpenick ankam. Lenz war vom Stadion aus nach Hause gefahren, quer durch die Stadt bis nach Charlottenburg, und hatte bis drei Uhr nachts nicht einschlafen können. Als er am Sonntagmorgen aufstand, um gegen halb neun wieder in der Kabine zu sein, hatte er dieses schlechte Gefühl immer noch. Wie in den Spielen zuvor hatte er auch in Leipzig auf der linken Außenbahn gespielt. Auf dieser Position sind die Spieler ein Hybrid aus Außenverteidiger und Außenstürmer, sie müssen sowohl nach vorne attackieren als auch in der Abwehr aushelfen, was nicht zuletzt physisch sehr fordernd ist.

»Der Trainer hat mir gesagt, dass ich häufiger die Chance suchen sollte, nach vorne zu gehen, aber ich hatte nie das Gefühl, im 3-4-3 zu spielen«, sagte er, als wir morgens beim Frühstück saßen. Die Leipziger hatten dafür gesorgt, dass Lenz kaum mal etwas anderes als ein Außenverteidiger war. Das hatte damit zu tun, dass sie darauf lauerten, auf den Außenpositionen hinter Unions Abwehr zu kommen, was Lenz 90 Minuten lang gestresst hatte – so wie auf der anderen Seite Julian Ryerson, der bereits eiskalte und zugleich schweißnasse Hände hatte, als ich ihn nachmittags noch vor dem Spiel im Mannschaftshotel begrüßte.

Auch Sebastian Andersson schlich am Sonntagmorgen nach dem 1:3 in Leipzig unzufrieden durch die Kabine. Er hatte zwar den Führungstreffer von Marius Bülter vorbereitet, aber im weiteren Verlauf des Spiels hatte sich sein Job als besonders undankbar herausgestellt. Oft waren Marcus Ingvartsen und Bülter so viel damit beschäftigt gewesen, nach hinten zu sichern, dass er einsam vorne stand, und das gegen den fürchterlichen Dayot Upamecano. Der 21-jährige Franzose wirkte wesentlich größer und mächtiger als die Körpergröße von 1,85 Metern vermuten ließ, war unglaublich schnell und auch noch geschickt. Er kombinierte also körperliche Vorteile mit starker Technik und wirkte wie eine Ein-Mann-Armee. »Das ist der beste Verteidiger der Bundesliga«, sagte Andersson, als er missmutig Gewichte für sein Krafttraining auflegte.

Wie immer hatten Urs Fischer und Adrian Wittmann das Spiel noch auf der Rückfahrt im Bus analysiert und dabei Szenen herausgesucht, um sie den Spielern, die in der Startelf gestanden hatten, gleich morgens zeigen zu können. Die anderen kamen später, weil sie nachmittags noch in einem Testspiel zum Einsatz kommen sollten. Das Debriefing begann um Viertel nach neun, und Fischer fragte: »So kurz nach dem Spiel, wie sieht es aus?« Lenz schwieg, und Andersson tat es auch, aber Christian Gentner, Michael Parensen und Robert Andrich antworteten, die üblichen Verdächtigen also. Gentner wirkte nicht unzufrieden: »Wir haben viel von dem umsetzen können, was wir uns vorgenommen haben.« Aber gegen einen Gegner mit solcher Qualität müsse »schlussendlich« – er sagte wirklich »schlussendlich«, und wir grinsten uns hinten auf den Sofas an – alles passen. Parensen fand, dass es gute Phasen gegeben hätte und schlechtere, während Andrich beklagte, sie hätten zu viel hinter den Leipzigern herlaufen müssen.

»Hattet ihr das Gefühl, dass wir viel hinterherlaufen mussten? Ich meine nicht ›viel laufen‹, das müssen wir immer. Aber ›hinterherlaufen‹ ist etwas anderes«, fragte Fischer. Die kleine Gruppe schwieg.

Fast eine Dreiviertelstunde lang zeigten Fischer und Wittmann Spielszenen, und es entstand das Bild eines anderen Spiels, als es Lenz, Andersson und vielleicht auch Parensen und Andrich im Kopf hatten. Ich hatte in Leipzig vage den Eindruck gehabt, dass dieses Spiel trotz der Niederlage einen Schritt nach vorne bedeutete. Für mich hoch oben auf der Tribüne, ohne einen dieser jungen, wahnsinnig schnellen Leipziger im Nacken, war das leicht dahergesagt. Aber es war den Jungs viel häufiger gelungen, als ich das erwartet hätte, die beste Hinrundenmannschaft vom eigenen Tor wegzuhalten. Union hatte immerhin 15 Torschüsse abgegeben, die Gastgeber kamen nur auf vier mehr.

Es gab allerdings eine Szene, in der Leipzig fast anderthalb Minuten lang am Ball gewesen war und Union hinterherlaufen musste, was körperlich und mental unheimlich anstrengend war. Am Ende nahm Rafał Gikiewicz den Ball auf, und man konnte sehen, wie eine Handvoll Spieler für einen Moment abschalteten, nicht in Richtung des Balls schauten, weil sie Luft schöpften. Der Torwart entschied sich in dieser Szene aber nicht für einen langen Ball nach vorne, sondern spielte zu Parensen und der zu Lenz. Weil noch nicht alle wieder im Spiel waren, sich teilweise wegdrehten, hatte Lenz, sofort bedrängt, keine Anspielstation gefunden. Es war eine dieser Aktionen, vor der im Training immer wieder gewarnt wurde: »Nicht in den Druck spielen!« Lenz geriet in Panik und spielte den Ball halbherzig zurück, sodass die Leipziger ihn kurz vor dem Berliner Strafraum erobern konnten. Letztlich passierte nichts, der Ball wurde geklärt, aber es hätte leicht ein Gegentor sein können. Fischer machte Lenz keinen Vorwurf: »Er muss das ausbaden, ein ganz schlechtes Beispiel.« Die Spieler diskutierten mit gereiztem Unterton darüber, wer sich hätte wie verhalten müssen. Aber Fischer ging es nicht darum, einen Schuldigen zu benennen. Er spielte kein *blame game*, sondern wollte seine Mannschaft darauf einschwören, der gleichen Idee zu folgen. Entweder waren alle bereit für einen langen Abschlag oder alle darauf eingestellt, von hinten heraus zu spielen. Aber in dieser Szene hatte die eine Hälfte der Spieler die eine, die andere Hälfte eine andere Idee im Kopf.

Letztlich war das die einzige Szene, die Fischer seiner Mannschaft vorhielt, und eigentlich geriet dieser Sonntagmorgen zu einer kleinen Lobeshymne. Man konnte sehen, wie die Spieler immer wieder gut verschoben, um Überzahl am Ball zu schaffen. Die Innenverteidiger rückten im richtigen Moment heraus, die Mittelfeldspieler halfen unablässig mit. Immer wieder ließ Fischer das

Bild anhalten, deutete mit dem Laserpointer auf einzelne Positionen, um zu zeigen, wie gut geordnet das war.

Auch die Arbeit im Trainingslager zahlte sich aus, die Spieler drehten auf, wenn sie mit dem Rücken zum gegnerischen Tor an den Ball kamen, sie boten sich an, gingen in die Tiefe, andere kamen entgegen. Mir fiel die Analyse nach dem Spiel am siebten Spieltag in Wolfsburg ein. Nun waren wir am 18. Spieltag, und die Mannschaft war inzwischen nicht wiederzuerkennen. Sie verteidigte immer noch gut, vielleicht sogar besser, aber nun spielte sie auch mit größerer Selbstverständlichkeit. Sie entwickelte sich weiter.

»Was sagt ihr jetzt, wo ihr die Bilder gesehen habt?«, fragte Fischer.

»Na ja, sie hatten in der ersten Halbzeit viele Chancen, das war schon eine verdiente Niederlage«, sagte Robert Andrich, was ein wenig so klang, als hätte er den Eindruck, sein Trainer würde das Spiel besserreden, als es war. Doch Fischer ließ sich nicht irritieren. Die Auswahl der Szenen mochte am Morgen eines Spieltags vor allem der Ermutigung dienen, aber jetzt war das nicht so, er sah wirklich eine Entwicklung. Am Dienstag vor dem Spiel in Leipzig hatte Markus Hoffmann gesagt, das Training sei »supergut« gewesen. Man konnte dieses Lob kaum unterschätzen, Hoffmann neigte nicht zu Überschwang. Wenn er eine Trainingsleistung »supergut« fand, war sie mehr als das.

»Es gibt viele gute Dinge, die wir mitnehmen können. Es gibt vielleicht noch einen oder zwei Gegner wie Leipzig – Bayern und Dortmund. Es muss uns ein gutes Gefühl geben fürs Spiel gegen Augsburg«, sagte er. Das war er also, der Spin, den Urs Fischer der Geschichte geben wollte. Die Botschaft war: Wir sind auf dem richtigen Weg. Wir sind noch nicht an seinem Ende, wir können es noch besser. Aber die Richtung stimmt. Bei Christopher Lenz kam die Botschaft auf jeden Fall an, die Zweifel der Nacht waren verscheucht. »So gut hatte ich das nicht gesehen«, sagte er, als er nach Hause fuhr, um sich endlich auszuschlafen.

Im Laufe der vorangegangenen Wochen war mir aber noch etwas aufgefallen. Fischer hatte oft den Begriff »gutes Gefühl« benutzt, und inzwischen hörte ich das ständig. Es war wie bei Schwangeren, die plötzlich nur andere Schwangere und Eltern mit Kindern sehen. Erst hatte ich ihn überhört, doch plötzlich war das »gute Gefühl« überall, bisweilen auch sein böser Bruder, das »schlechte Gefühl«. Ständig war die Rede davon, und ich brauchte, bis der Groschen fiel, was damit gemeint war. Es hatte nichts damit zu tun, dass die Spieler gefühlige Emo-Typen waren, die in einen harmonischen Kuschelzustand versetzt werden mussten. Es ging um etwas anderes.

Diese Mannschaft konkurrierte mit Teams, die in der Regel besser besetzt waren als sie selbst. Das bedeutete, dass alle Spieler in fast jeder Partie an ihre Leistungsgrenze kommen mussten, um mithalten zu können. Manchmal reichte nicht einmal das, wie etwa in Leipzig. Um die Leistungsgrenze erreichen zu können, brauchten die Spieler ein »gutes Gefühl«. Dazu gehörte es, sich körperlich bereit zu fühlen, gesund, fit und austrainiert zu sein. Dazu gehörten gute Rahmenbedingungen, eine angenehme Anreise, ordentliche Hotelbetten, vernünftiges Essen oder funktionierendes WLAN auf den Zimmern, um Serien schauen zu können, mit den Kindern zu skypen oder online zocken zu können.

Sie brauchten aber auch Aufgaben auf dem Platz, die ihnen ein gutes Gefühl gaben. Für Christopher Lenz war das in Leipzig nicht so gewesen oder für Sebastian Andersson, während Marvin Friedrich auf meine Frage, wie er das Spiel erlebt hätte, mit leichtem Achselzucken »Gut« antwortete. Auch Christian Gentner hatte im Spiel ein gutes Gefühl gehabt, während er nach dem Spiel gegen Hoffenheim kurz vor Weihnachten darüber geklagt hatte, dass die Ereignisse weitgehend an ihm vorbeigelaufen seien, weil beide Mannschaften vor allem lange Bälle über seinen Kopf hinweg spielten. Rafał Gikiewicz wiederum fühlte sich unwohl, wenn er Rückpässe unter Bedrängung annehmen musste. Robert Andrich dagegen vermittelte meistens den Eindruck, als könne ihm kaum etwas ein schlechtes Gefühl machen, aber vielleicht täuschte das auch.

In Leipzig hatte man zu Beginn sehen können, dass die Mannschaft dieses »gute Gefühl« hatte. In Führung zu gehen, stärkte das noch. Aber das gute Gefühl ist kein treuer Begleiter, einzelne Situationen auf dem Platz, Fehlentscheidungen der Schiedsrichter, taktische Änderungen oder auch einfach Leistungssteigerungen des Gegners können es zu einem schlechten Gefühl werden lassen. Für einige Spieler ist das gute Gefühl wichtiger als für andere. Vermutlich hat das auch mit Erfahrung zu tun. Routinierte Spieler wie Christopher Trimmel und Christian Gentner wirkten nicht so beeindruckt, wenn auf dem Platz etwas schieflief.

Lenz hätte in der Situation, als er in Bedrängnis angespielt wurde, den Ball wegschlagen müssen oder einfach ins Aus. Er tat es aber nicht, und auch solche Fehlentscheidungen konnten für ein schlechtes Gefühl sorgen. Von daher war es wichtig, dass ihm der Trainer in dieser Situation nicht zum Schuldigen machte, sondern als jemanden, der letztlich eher das Opfer der Fehlentscheidungen anderer war. Auch deshalb konnte er mit besserem Gefühl nach Hause fahren, sich erholen und guter Dinge in die neue Arbeitswoche starten.

Schon im Trainingslager in Spanien hatte ich mit Grischa Prömel über das Phänomen des guten und schlechten Gefühls gesprochen, und er hatte mit heiligem Ernst gesagt: »DAS GEFÜHL AUF DEM PLATZ IST ALLES!« Er erzählte auch, dass Rafał Gikiewicz im Abschlusstraining Bälle auch schon mal mit der Begründung durchlasse: »Das ist fürs gute Gefühl.«

Zur Gefühlswelt gehörten auch die Gesamtumstände. Zehn Tage vor Weihnachten hatte Union noch sieben Punkte Vorsprung auf den Relegationsplatz und sogar elf auf einen direkten Abstiegsplatz. Doch aus den Spielen in Paderborn, gegen Hoffenheim, in Düsseldorf und Leipzig hatte die Mannschaft nur einen Punkt geholt, der Vorsprung betrug inzwischen nur noch drei bzw. fünf Punkte. Der 1. FC Köln, der nach dem 0:2 an der Alten Försterei komplett erledigt gewirkt hatte, hatte danach vier Spiele gewonnen und war völlig unerwartet punktgleich. Gegen Augsburg wäre also ein verdammt gutes Gefühl nötig.

Dicke Titten

Wie schön Siege sind und wie doof glücklich sie machen! 2:0 hatten die Jungs gegen den FC Augsburg gewonnen, endlich wieder gewonnen, nach sieben langen Wochen, und in der Kabine lief »Dicke Titten, Kartoffelsalat«.

»The music is shit«, grinste Manni Abdullahi, der noch verletzt war. »Katastrophe, was da läuft«, sagte Akaki Gogia, der endlich wieder in Berlin war, um seine Reha nach dem Kreuzbandriss fortzusetzen. Er grinste ebenfalls. Überhaupt grinsten alle dämlich zufrieden darüber, dass sie total bescheuerte Musik vom Ballermann hörten. »Mit der Flinte im Arm und 'ner Bürste in der Hand, 'nem Eimer auf dem Kopf stehn wir am Waldesrand«, donnerte ein Künstler namens Ikke Hüftgold durch die Kabine »Hey Christoph, sing mal ›Eisgekühlter Bommerlunder‹«, sagte Sebastian Polter, und ich erklärte ihm, dass ich das erst wieder bei der Nichtabstiegsparty machen würde, die, sollte es sie geben, vermutlich ultimative Verblödung.

Aber ich guckte mindestens genauso behämmert aus der Wäsche wie alle anderen. »Das war wichtig«, sagte Michael Gspurning, als ob ich das nicht selbst gewusst hätte. Fast 50 Tage waren seit dem letzten Sieg vergangen, und selbst wenn die Winterpause dazwischenlag und die Vorbereitung auf die Rückrunde, fühlte sich das unheimlich lang an. Als Gikiewicz in die Kabine kam, versuchte ich wegen seiner Weltklasseparade kurz vor Schluss ein Kompliment loszuwerden. Was für ein Reflex! Aber er wollte keine Komplimente oder tat zumindest so. Jedenfalls jetzt nicht. Später gab er zu: »Eine meiner besten Paraden überhaupt.«

»Scheißegal, Hauptsache, drei Punkte«, sagte er jetzt und wedelte mit seinem Smartphone herum, auf dem er sich gerade die Tabelle angeschaut hatte. Wie fast immer kam Trimmel als Letzter in die Kabine, weil er wieder vor alle Kameras gezerrt worden war.

»Was für ein Drecksspiel«, sagte er und grinste ebenfalls. Jakob Busk, der von der Tribüne aus zugeschaut hatte, stellte fest: »Die erste Halbzeit war …« Er suchte nach dem richtigen Wort: »… sie war lang.« Ich musste lachen, sie war unfassbar lang gewesen, weil 22 Menschen wild um den Ball kämpften, aber nie der Fluss eines Fußballspiels zustande kam. Anthony Ujah saß auf dem Fahrrad, radelte sich den Stress des Spiels aus dem Körper und quasselte ihn sich aus dem Kopf: »Von vorne nach hinten, Kopfbälle, Zweikämpfe, du musst rennen. That's Abstiegskampf.«

Es hätte alles ganz schön deprimierend werden können an diesem Berliner Wintertag, an dem es nie richtig hell wurde, weil eine betongraue Wolkendecke über der Stadt lag. Kurz vor dem Spiel, als die Mannschaftsaufstellungen kamen, brach in der Trainerkabine zudem Hektik aus, denn Augsburg hatte umgestellt und spielte anders als erwartet. »Die bringen Power und Größe rein«, sagte Bönig. Das hatte Auswirkungen auf die Standardsituationen, weshalb er noch mal seine Anweisungen dazu änderte, die er zu jedem Spiel in der Kabine aushängte. »Adi, schreib mal die Füße auf«, rief er Adrian Wittmann daraufhin zu, der auf der Mannschaftsaufstellung der Augsburger Spieler noch hinzufügte, wer Rechts- und wer Linksfuß war. Fischer erklärte in der Kabine kurz, was die Veränderungen taktisch bedeuten könnten. Vielleicht würde Augsburg erstmals in dieser Saison mit einer Fünferabwehr spielen und nicht mit einer Viererkette wie sonst. Aber den eigenen Plan würde er nicht verändern. »Wichtig ist, was *wir* wollen, und nicht das, was sie provozieren wollen«, sagte er.

Wichtig war letztlich etwas anderes in diesem Fußballspiel, in dem wenig gespielt wurde. Die ganzen schönen Dinge, die im Trainingslager geübt worden waren, hatten keine Rolle gespielt. Die Bälle flogen hoch und weit, und das Spiel zerfiel in Millionen und Abermillionen von Zweikämpfen. Keine Ahnung, ob man dabei unten auf dem Rasen trotzdem ein gutes Gefühl entwickeln konnte. Das erste Tor für Union fiel kurz nach der Halbzeitpause nach einer Ecke, Bönigs Zettel waren richtig überarbeitet worden. Wieder ein Tor nach einem Standard also, genau das, was Fischer für die Rückrunde vorgegeben hatte. Neven Subotic traf zum ersten Mal seit fünf Jahren in der Bundesliga wieder. Das zweite Tor fiel eine Viertelstunde später und war schön herausgespielt von Christopher Lenz und Robert Andrich, Marcus Ingvartsen schoss ins lange Eck. Dann gab es noch eine weitere Million Zweikämpfe, teilweise Durcheinander im Strafraum von Union, Gikiewicz' Superreflex und Jubel. Sie hätten auch verlieren können, so wie sie gegen Hoffenheim hätten gewinnen können oder in Düsseldorf. Es war alles eng beieinander.

Als die dicken Titten und der Kartoffelsalat in der Kabine verklungen und die Spieler in den zusätzlichen freien Tag verschwunden waren, den Urs Fischer ihnen gegeben hatte, saßen wir im Trainerzimmer zusammen. Ich schlug vor, dass wir was trinken. »Jetzt gehen schon die an die Flaschen, die am wenigsten beigetragen haben«, sagte Martin Krüger streng. Doch als der Trainer von der Pressekonferenz wieder zurück war, sagte er: »Es ist schon schlimm, dass Christoph uns ans Feiern erinnern muss.« Er holte eine Flasche Brandy hervor, den Whisky, den Christian Arbeit mitgebracht hatte, und den Rum, den der Präsident zum Sieg gegen Köln ausgepackt hatte. Wir stießen an, dann verschwand Markus Hoffmann, der schnell noch einen Flug nach Salzburg gebucht hatte, zum Flughafen. Inzwischen waren Arbeit und Hannes Hahn gekommen, Placzi und Ilti tauchten auf, und es wurde richtig gemütlich, auch weil man merkte, wie sehr Fischer die Geselligkeit gefiel. Er entspannte sich, wie er sich selten entspannte, und mochte nicht einmal mit Adrian Wittmann das Video des Spiels anschauen. Jedenfalls nicht an diesem Abend. Spiele zu gewinnen, war einfach schön.

Aus dem Trainerzimmer sah ich Christopher Trimmel über den Parkplatz zu seinem Auto gehen. Für ihn war dieses Spiel auf eine Weise besonders gewesen, von der seine Mannschaftskameraden nichts wussten. Ich hatte es auch nur deshalb erfahren, weil ich am Tag zuvor vom Abschlusstraining mit ihm nach Hause gefahren war. Er war nur kurz unter die Dusche gesprungen und eilig aufgebrochen, weil sich mittags Freunde trafen, um den 36. Geburtstag einer Freundin zu feiern, von dem alle wussten, dass es ihr letzter sein würde. Sie hatten einen Kinosaal gemietet, um einen Film anzuschauen. Bei den Dreharbeiten war die kranke Freundin noch zu Besuch gewesen, weil sie eine der Schauspielerinnen gut kannte. Ins Kino kam sie im Rollstuhl, wo ihr die Gäste nach und nach gratulierten, doch schon bald winkte sie Trimmel zu sich heran. Er konnte sie erst nur schwer verstehen, weil sie nicht mehr die Kraft hatte, sich deutlich zu artikulieren. Dann verstand er: Sie wünschte sich von ihm ein Tattoo, einen kleinen Elefanten, weil der ihr Lieblingstier war und so stark. Und sie fand, dass sie auch stark sei. Also schauten sie erst gemeinsam den Film an und danach Erinnerungsfotos, die alle mitgebracht hatten und die nun in Erinnerung an bessere Zeiten als Diashow liefen. Es flossen viele Tränen, dann gingen sie zu Trimmel und seiner Frau nach Hause. Er tätowierte ihr einen kleinen Elefanten auf den Unterschenkel. Sie schlief dabei ein. Als er fertig war, wollten auch andere diesen Elefanten, also tätowierte er bis weit in den Abend hinein noch weitere acht Elefanten. Am nächsten Morgen stand er früh auf, fuhr zum Stadion, hörte sich an, wie gegen Augsburg gespielt werden sollte, fuhr mit ins Hotel, aß, schlief, fuhr zum Stadion zurück. Dann lief er elf Kilometer durch dieses Drecksspiel, schoss die Ecke, die zum Führungstreffer führte, und nun fuhr er nach Hause.

Saufi, saufi!

Morgens um kurz nach sieben am Bahnhof Lichtenberg lag nicht die hibbelige Aufregung vor einem Abenteuer in der Luft, die ich eigentlich erwartet hatte. Der Sonderzug, bei dem auf einigen Waggons »Partyzug« zu lesen war, stand auf Gleis 16, die Zugänge wurden von Ordnern in roten Westen kontrolliert, und langsam trudelten die 750 Mitfahrer ein. Um halb acht sollte es losgehen, alles vom V. I. R. U. S. selbst organisiert, dem eifrigen »Verein Infizierter Rotweißer Union-Supporter«. Oben auf dem Bahnsteig ging es entspannt zu, wie bei einem Familienausflug. Einerseits gab es wirklich Familien, also Mama, Papa, Kinder oder zumindest Papas mit Sohn oder Tochter, daneben Wahlfamilien, wie etwa die jungen Frauen, die in Waggon 1 ein All-Girls-Abteil belegten. Aber vor allem waren es Jungscliquen und Fanklubs.

Auswärtsfahrten zu Fußballspielen sind oft ein Adrenalin-Ding für wilde Jungs, aber wilde Jungs waren hier eher keine dabei. Einige mochten sich vielleicht jung und wild fühlen, aber die übrige Besetzung im Zug sorgte für ein Mischungsverhältnis, das den Abenteueranteil eher verdünnte. Es waren einfach zu viele Zeitungsleser dabei, Quizspieler, Gemütlich-ein-Bier-Trinker, ältere Herrschaften, die noch ein Nickerchen machen mussten. Stark vertreten waren Ausflügler mit Proviantaschen, die so übervoll gepackt waren, als ginge es nicht ins Ruhrgebiet, sondern an den Baikalsee.

Dabei fuhren an diesem Tag wahrscheinlich wenige Züge durch Deutschland, in denen es so viel zu trinken gab wie in unserem. Mir ist es immer ein Rätsel gewesen, warum man vor dem Spiel oder beim Spiel so viel Bier trinkt, dass man das Spiel nicht mehr sieht, jedenfalls nicht klar und deutlich. Aber ich fragte niemanden, auch nicht, wie sie schon morgens um Viertel nach acht Kümmerling herunterbekamen oder Wodka-Orange, von Bier ganz zu schweigen, das nicht als Alkohol zählte, sondern mit der gleichen Selbstverständlichkeit getrunken wurde, wie man die Luft einatmet.

Das Besondere an Sonderzügen ist, dass sie nicht anhalten und niemand aus- oder zusteigen kann. Sie fahren einfach so dahin, und weil sie die Parias im Schienennetz sind, ausrangiert wirkende Waggons außerhalb des regulären Fahrplans, rollen sie über Nebenstrecken und bleiben auch mal eine halbe Stunde irgendwo stehen. Dann kann man rausschauen und hat keine Ahnung, wo man ist. Also schaute ich, als wir das erste Mal länger stoppten, bei Google Maps, wo Oebisfelde angezeigt wurde und das Vogelschutzgebiet Dromling. Das half mir so richtig nicht weiter, was aber völlig wurscht war, weil es sowieso darum ging, in seiner eigenen kleinen Welt durchs Land zu rollen. Wer der Ansicht ist, dass der Weg das Ziel ist, für den sind Sonderzüge zu Bundesligaspielen ideal.

In unserer rollenden Kapsel gab es einen Partywaggon, in dem die Fenster mit kaum durchsichtiger Folie beklebt waren, sodass es drinnen dunkel war und man nicht sah, ob draußen Oebisfelde, das Vogelschutzgebiet Dromling oder sonst was existierte. Hier war das Epizentrum des Ausflugs, ausgestattet mit einer Bar, an der es Kümmerling aus kleinen Plastikschnapsgläsern gab und Wodka und Bier natürlich, aber auch Brötchen mit faustgroßen Buletten, die zu essen einer gewissen Geschicklichkeit bedurfte, wenn man sie nicht zwischendurch vom Boden aufheben wollte, der von einem satten Film aus verschüttetem Alkohol und Schweiß überzogen war. Beliebt war auch gefüllter Streuselkuchen, der als echter Geheimtipp galt.

Herrscher über das Schattenreich des Partywaggons war DJ Smily, der zusammengesunken in seiner DJ-Kabine saß (er hatte, so wurde anerkennend erzählt, vorher auf einem Neujahrsempfang aufgelegt und war von dort aus im schwarzen Anzug direkt zum Sonderzug gekommen, konnte also nicht viel geschlafen haben). DJ Smily, der übrigens nicht DJ Smiley heißt, befand sich schon seit Mitte der 1980er-Jahre im Besitz einer staatlichen

Spielerlaubnis für DJs, wofür er in der DDR eine Prüfung ablegen musste. Er war ursprünglich Facharbeiter in der Eisenbahntransporttechnik und speziell für den Stellwerkdienst, vermutlich fühlte er sich deshalb im Sonderzug auch so wohl, jedenfalls war er schon ewig DJ in Union-Sonderzügen.

Man konnte DJ Smily nicht vorwerfen, dass er sich selbst verwirklichen wollte, indem er neue Sounds ausprobierte. Bei ihm galt die Devise: All killers, no fillers! Also legte er einen bombensicheren Mix aus Mitsingklassikern wie »Irgendwo, irgendwann« von Nena (wobei mir klar wurde, dass darin eigentlich eine Fußballhymne steckt, heißt es doch: »Ich geh mit dir, wohin du willst, auch bis ans Ende dieser Welt«), Songs aus dem Schatz der Union-Lieder und Ballermann-Smashhits. Das war ein Genre, in dem ich trotz meiner Schulung durch die Union-Profis noch immer nicht ganz so trittsicher war, ließ mich aber gerne begeistern. Etwa für »Saufi, saufi« von Tobee:

Saufi, saufi
Noch zehn Bier
Saufi, saufi
Alle hier wollen saufi, saufi, Polizeirevier
Saufi, saufi
Alle hier wollen sau, sau, sau, sau, sau, sau, sau, sau, sau, sau, sau, sau (Prost)
Saufi, saufi
Saufi, saufi
Ich feier' richtig hart, ich bin ein Saufautomat

An einem Samstagmorgen um Viertel nach neun in einem abgedunkelten Partywaggon kurz hinterm Vogelschutzgebiet ein paar Dutzend Menschen, die in einer Bierpfütze stehen, »Saufi, saufi« grölen zu hören und »Ich bin ein Saufautomat«, hat einen eigenen Zauber. Er wurde auch nicht durch einen sonst in Saufzusammenhängen schnell ausbrechenden Saufzwang zerstört. Trotz des im Partywaggon unbedingten Willens zum Alkohol blieb man dort liberal gegenüber Nichttrinkern. Es gab sogar noch ein gewisses Restverständnis dafür, dass ich morgens um zehn einen Kaffee bestellte.

Im Hauptbahnhof Hannover hielt unser Zug kurz an, weshalb wir die Fenster runterließen und die wartenden Reisenden auf dem gegenüberliegenden Bahnsteig darüber aufklärten, mit wem sie es zu tun hatten. »Wir sind Unioner, wir sind die Kranken, wir durchbrechen alle Schranken.« Die Reisenden nahmen das erstaunt zur Kenntnis, einige winkten, wirkten aber nicht ganz unfroh darüber, dass zwischen ihnen und den Schrankenbrechern noch ein tiefes Gleisbett lag. Dass wir in einem schönen alten Zug unterwegs waren, in dem man noch die Fenster herunterlassen konnte, sorgte für weitere Wortmeldungen entlang der Bahnstrecke und ermöglichte es auch, dass geraucht werden durfte.

Ich kam innerlich immer besser ins Rollen. Von mir aus hätte es statt nach Dortmund auch noch weiter gehen können, gerne auch mit Kümmerling und Bier und faustgroßen Frikadellen, die in Berlin Buletten heißen. Ich hörte mir von Carsten Baum, der in der Fangastronomie An der Alten Försterei arbeitete, Geschichten darüber an, wie schön es früher bei Union war, als jeder noch jeden kannte. Lars Schnell von Unions Fanbetreuung erzählte, dass er in der Nacht vor der Fahrt so viel Alkohol getrunken hatte, dass er über einem Freund im Bett eine Tube Shampoo geleert hatte. Außerdem gab dieser durchaus erwachsene Mann zum Besten, wie er im Trainingslager in Spanien mit einer gewissen Ausdauer Konfettikanonen in die Autos anderer Fans abgefeuert hatte und diese daraufhin nachts sein Auto komplett in schwarze Folie eingepackt hatten. Ich bekam Fotos davon zu sehen, die auf eine so hohe handwerkliche Umsetzung schließen ließen, dass sie sich beim Verpackungskünstler Christo hätten bewerben können. So verging die Zeit, und ich war fast enttäuscht darüber, dass unser Zug nach fünfeinhalb Stunden Fahrt – nur zwei Stunden länger als regulär – in Dortmund ankam. Er hielt aber nicht am Dortmunder Hauptbahnhof, sondern um kurz vor eins an der Stadionhaltestelle, also direkt vor der Tür.

So gemütlich die Anreise gewesen war, so blöd wurde der gesamte Rest. Die Dortmunder Polizei hatte drei Busse mit Mitgliedern der Ultras auf dem Parkplatz vor dem Stadion eingekesselt, um jeden einzeln erkennungsdienstlich zu behandeln. Für echte Wildheit hätte ich wohl da mitfahren müssen. Auf der Fahrt hatten einige Businsassen an einem Rastplatz angeblich Schilder beschmiert und Zivilbeamte in einem Pkw bedroht. Durch das Fehlen der lautesten Gruppe Fans kamen die gut 7000 anderen Fans nicht richtig in Schwung, teilweise schwiegen sie auch aus Solidarität.

Auf dem Rasen lief es ebenfalls nicht besser, nach knapp 20 Minuten führte Dortmund mit 2:0, und Union war so unterlegen, dass ich dachte, es könnte ein sehr langer Nachmittag werden. Im Laufe der zweiten Halbzeit motzte nicht einmal Adrian Wittmann mehr, sondern schwieg innerlich schnaubend mit verschränkten Armen. Nach dem 5:0 packte er kurz vor Schluss seine Sachen ein und ging wütend weg. Die Spieler konnten froh sein, dass nicht er der Trainer war.

In der Kabine war hinterher von einer großen Depression trotzdem wenig zu sehen, bei der Niederlage in Düsseldorf kurz vor Weihnachten war es viel schlimmer gewesen. »Auf das Spiel habe ich schon lange gewartet«, sagte Markus Hoffmann, als er beim Auslaufen zu meiner Überraschung zufrieden grinsend auf dem Rasen stand. Ich schaute ihn fragend an, und er erklärte: »Bislang haben wir gegen starke Mannschaften zumeist ganz gut ausgesehen, aber heute war der Tag, an dem ein sehr guter Gegner einen guten und wir einen schwachen Tag hatten.« Auch die Spieler zuckten eher mit den Achseln, der Gegner war an diesem Tag haushoch überlegen gewesen, selbst eine deutlich bessere Leistung hätte am Ausgang des Spiels wenig geändert.

Das Geschenk

Grischa Prömel saß auf der Holzbank in der Umkleidekabine des Dortmunder Westfalenstadions und versuchte, sich nicht anmerken zu lassen, wie glücklich er war. Um sein rechtes Knie war ein Eisbeutel gebunden, aber das war nur eine Vorsichtsmaßnahme. Nach fünf langen Monaten hatte er endlich wieder auf dem Platz gestanden. Für 25 Minuten nur, aber das war erst einmal egal, ein Neuanfang war gemacht.

Schon das Abschlusstraining vor dem Saisonstart hatte er abbrechen müssen, hatte aber trotzdem gespielt, wie auch eine Woche später in Augsburg, obwohl er Knieschmerzen hatte, die kaum auszuhalten waren. Danach verwandelte er sich in ein Gespenst. Morgens bei der Trainerbesprechung referierte Christopher Busse, wo er sich gerade aufhielt. Mal war Prömel nach Mönchengladbach gefahren, wo ein ehemaliger Physiotherapeut von Union arbeitete, dem Prömel besonders vertraute. Dort machte er eine Stoßwellentherapie. Die Beschwerden an der Patellasehne blieben. Dann kam er zurück, und Werner Leuthard wurde extra eingeflogen, um mit ihm zu arbeiten. Fischer und Hoffmann kannten den Athletiktrainer, er hatte zu ihrem Trainerteam beim FC Basel gehört. Leuthard ging inzwischen auf die 60 zu und war ein Mann mit einem breiten bayrischen Akzent und noch breiterem Brustkorb als Martin Krüger. Ein paar Tage machte er mit Prömel Übungen, kam noch einmal wieder, auch das half nicht. Prömel arbeitete mit Busse. Prömel konsultierte einen Kniespezialisten in Berlin und machte eine ACP-Therapie. Das Kürzel steht für Autologes Conditioniertes Plasma, bei der Behandlung wird dem Patienten Blut abgenommen und in einer Zentrifuge aufbereitet. Der Teil des Blutplasmas, der die körpereigenen regenerativen arthrose- und entzündungshemmenden Bestandteile enthält, wird dem Patienten gespritzt. Auch das sorgte für keine durchschlagende

Besserung. Prömel wurde darauf untersucht, ob er einen Beckenschiefstand hatte oder Dysbalancen im Körper, die das Patellasehnensyndrom verursachten.

Prömels Freundin studierte Medizin, er selber hatte mal ein Fernstudium der Volkswirtschaftslehre begonnen, nun studierte er seine Verletzung. »Ich bin ein Typ, der will das verstehen. Über die Sehne könnte ich eine Doktorarbeit schreiben«, hatte er mir im Trainingslager in Spanien erzählt. Wir saßen auf meinem Zimmer, redeten, und Prömel hob im Sitzen das rechte Bein immer wieder an, streckte und befühlte es dabei mit der Hand. Er merkte gar nicht mehr, wie sehr sein Leben um dieses Knie kreiste.

Ich hatte in den Monaten, wo er mal da und wieder weg gewesen war, Mitleid mit Prömel gehabt. Mir taten alle verletzten Spieler leid, weil es für sie besonderen Stress bedeutete, nicht trainieren und spielen zu können. Jemand anders würde ihren Platz übernehmen, und damit verbunden waren auch wirtschaftliche Folgen. Man bekam weniger Punkteprämien, vielleicht gab es im Vertrag auch Klauseln, die Zusatzzahlungen bei einer bestimmten Zahl erreichter Spiele vorsahen. Bei den meisten Verletzungen war allerdings ziemlich genau klar, wie lange die Genesung dauern würde, selbst bei so schweren Verletzungen wie der von Akaki Gogia, der sich das Kreuzband gerissen hatte. Es gab relativ verlässliche Fahrpläne, wann wieder trainiert und gespielt werden könnte. Bei Prömel hingegen war nicht klar, woher die Reizung der Patellasehne kam, wie man ihr beikommen könnte und wie lange das alles dauern würde.

»Im Wegstecken bin ich gut«, sagte er. Aber die ersten Wochen waren ein Albtraum gewesen. Bei der Behandlung versuchte man, dem Gewebe, das sich um die Sehne gebildet hatte, mit Gewalt beizukommen, damit sie frei wurde. Die Übungen taten teilweise so weh, dass er sich eine Socke in den Mund steckte, um nicht zu schreien. »Die schlimmste Übung waren Beinstrecker. Die kamen immer am Schluss, und ich hätte lieber stundenlang etwas anderes gemacht als nur eine Wiederholung davon.« Beinstrecker, das war die Bewegung, die er bei mir im Hotel gemacht hatte.

»Wenn man einen Athleten suchen würde, wie man ihn auf griechische Amphoren gemalt hat, könnte man Grischa nehmen«, hatte Mannschaftsarzt Gwinner mal über Prömel gesagt. Entdeckt hatte ihn Julian Nagelsmann, der damals noch Nachwuchstrainer in Hoffenheim war, und ihn von Stuttgart dorthin geholt. Nagelsmann, das war Prömel unvergessen, hatte seinen Nachwuchsspielern gesagt: »Ihr seid 20 Mann mit der gleichen Chance, aber um in die Bundesliga zu kommen, müsst ihr Maschinen werden.« Prömel hatte daraufhin beschlossen, eine Maschine zu werden. Auf diese Weise war er Deutscher A-Jugendmeister mit Hoffenheim geworden, hatte mit der deutschen Mannschaft das Endspiel der Olympischen Spiele in Rio de Janeiro erreicht und war in der Bundesliga angekommen.

Doch nun stotterte die Maschine zum ersten Mal. »Es war eine ekelhafte Zeit«, sagte er, vor allem die Ungewissheit war schlimm. Er verließ Berlin und machte die Reha weiter in München, wo er für fünf Wochen bei Freunden lebte. Marvin Friedrich, Prömels bester Kumpel in der Mannschaft, rief ihn täglich an. In München kam Prömel auch ins Stadion, als Union bei den Bayern spielte. Seine Brüder hatten Karten für den Gästeblock gehabt, er kam mit und stand in der ersten Reihe des Oberrangs neben Vossi. Prömel sang auch mit. »Ich mag dieses Gemeinschaftsgefühl, vielleicht war es Ersatz dafür, dass ich nicht auf dem Platz stehen konnte.« Schon in Berlin war er nach der Verletzung bei einigen Heimspielen in die Kurve verschwunden und hatte sich zu den Ultras gestellt.

Doch nun konnte er endlich wieder spielen, und daran änderte sich auch in den folgenden Wochen nichts. Nach dem Training und nach dem Spiel kühlte er sein Knie immer noch mit Eis, sicher war sicher. Jeden Tag machte er vorsorglich Übungen auf dem schrägen Brett, die Fußspitzen nach vorne, die Fersen oben, mit maximaler Belastung auf die Patellasehne, drei mal 15 Wiederholungen. Er ging in sieben Sekunden langsam in die Knie und schneller wieder hoch. Wenn ihn Profikollegen oder auch Amateursportler via Instagram anschrieben, was man bei einem

Patellasehnensyndrom tun könne, antwortete er immer. Er wusste ja, wie schlimm das war. Allerdings wusste er letztlich nicht, was das Leiden wirklich beendet hatte.

Rafał Gikiewicz hatte ihm von Julian Schuster erzählt, mit dem er in Freiburg zusammengespielt hatte. Dessen Abschiedsworte an die Mannschaft nach seinem Karriereende seien gewesen: »In den letzten zwei Jahren war ich so professionell, dass ich mich gefragt habe, warum ich das nicht früher gemacht habe. Wie lange hätte ich spielen können, wenn ich sechs Jahre früher angefangen hätte.« Prömel war jetzt 24 Jahre alt und unter dem Eindruck der Verletzung noch professioneller geworden. »Ich weiß jetzt, was für ein Geschenk es ist, gesund zu sein«, sagte er.

Spion und Faust

Mit der Klatsche in Dortmund hatte eine englische Woche mit drei Spielen ziemlich schlecht angefangen, und die nächsten beiden Partien hatten ganz eigene Tücken. Wir würden dazu erneut auf Reisen gehen müssen, erst nach Ostwestfalen und dann nach Bremen. Im DFB-Pokal ging es wie schon in der ersten Runde zu einem Viertligisten, nur war dieser Gegner deutlich stärker als Germania Halberstadt. Der SC Verl hatte in der ganzen Saison nur ein Spiel verloren und mit Fortuna Düsseldorf und dem FC Augsburg schon zwei Bundesligisten aus dem Pokal geworfen.

Ich fuhr schon mittags vom Mannschaftshotel in Bielefeld mit nach Verl und half, die Kabine fertig zu machen. Sie befand sich in einem flachen Klinkerbau hinter dem Stadion und war über zwei Räume verteilt. Es war so eng, dass die Behandlungsliege in die Dusche gestellt werden musste. Ein Schild an der Wand warnte: »Für Wertgegenstände KEINE HAFTUNG – SC Verl«. Ich fragte mich, ob es bei Bundesligaspielern eigentlich das gab, was ich aus meiner Zeit als Kreisligafußballer kannte: eine Wertsachentüte, in der Uhren und Brieftaschen gesammelt wurden.

Der SC Verl hatte ein kleines Stadion, in das gut 5000 Zuschauer passten und in dem alle Plätze überdacht waren. Die Namen von Förderern des Stadionbaus waren auf Sternen in den Boden eingelassen, ein »Walk of Fame« des lokalen Bürgerstolzes. Es gab auch eine »Wall of Fame« mit den Porträts halbwegs berühmter Spieler und Trainer des Klubs, von denen es einige bis in den Profifußball geschafft hatten. Daneben stand das Motto: »Kämpfe mit Leidenschaft. Gewinne mit Stolz. Verliere mit Respekt. Aber gib niemals auf.«

Ich ging spazieren, nachdem wir fertig waren. Ums Stadion herrschte schon eine freundlich aufgeregte »Spiel des Jahres in der Provinz«-Atmosphäre. Es waren noch ein paar Stunden bis zum

Anpfiff, und ein Truck aus England, auf dem »Gladiator« stand, fuhr gerade die mobilen Flutlichtmasten aus, die es brauchte, um genug zusätzliches Licht für die Liveübertragung im Fernsehen zu haben. Aufgeregten Volunteers wurden ihre Aufgaben erklärt, und auf der Wiese gegenüber des Stadions wurden Getränke- und Würstchenstände vorbereitet. Verl ist eine Ortschaft mit 26 000 Einwohnern, die kleiner wirkte und dörflicher, jedenfalls in der Nähe des Stadions. Es gab, wie überall, einen Friseur mit bescheuertem Namen, hier hieß er: CreHAARtiv. Ein paar Schritte weiter war eine Kneipe, wo schon viele Unioner saßen. Fast ein Drittel der Zuschauer des Spiels würden Gästefans sein. Der kleine Stammtisch von Anhängern des SC Verl mit ihren schwarz-weißen Schals ging fast unter.

Ich war wieder im Stadion zurück, als die Mannschaft ankam, und ging mit ihr auf den Platz. Wenn man von den Kabinen dorthin wollte, musste man über die Tribüne hinter einem der Tore durchs Publikum laufen, wo Fans das Plakat »Verler Bauern auf dem Weg nach Berlin« aufgehängt hatten und die »SEK Suff« stand, die aber nicht besonders gefährlich oder sturzbetrunken wirkte. Der Rasen war tief und schwer, an den Seiten war er noch tiefer und schwerer.

Michael Parensen strahlte mich an und sagte: »Ich find's geil hier.« Ihm gefiel die Atmosphäre, zudem war Verl wie Paderborn oder Dortmund im Einzugsbereich seines Heimatortes, sodass einige Freunde, sein Vater und seine Brüder kommen würden. Marius Bülter hatte mit Rödinghausen hier schon mal gespielt, auch Torwarttrainer Gspurning, als er noch bei Schalkes zweiter Mannschaft im Tor stand. Andere fremdelten etwas und schauten sich gequält um. Urs Fischer verzog das Gesicht. »Solche Spiele, argh«, sagte er, und er brauchte das nicht weiter auszuführen. Für ihn gab es heute nichts zu gewinnen, sondern nur zu verlieren. Sollte der Erst- gegen den Viertligisten weiterkommen, würde es nicht viel Lob geben, letztlich wurde das erwartet. Sollte Union ausscheiden, ständen alle wie die Deppen da.

Es war unangenehm kalt, und als die Spieler draußen auf dem

Platz waren, um sich warm zu machen, kamen Neven Subotic, Ken Reichel und Jakob Busk in die Kabine und schauten, ob sie noch was fanden, womit sie sich wärmer anziehen konnten. Sie standen nicht im Kader, hatten nur ihre dünnen Ausgehhosen an und Sportschuhe, in denen sie bereits eiskalte Füße hatten. Sie hatten Sitzplätze auf der Tribüne, aber dort würden sie am Ende des Spiels völlig durchgefroren sein. Ich schlug vor, Zingler anzurufen, um die Spieler in den VIP-Raum zu bringen, den es in der kleinen Haupttribüne gab. »Wir rufen jetzt nicht 20 Minuten vor Anpfiff den Präsi an«, sagte Fischer, rief aber Hannes Hahn an, dem es tatsächlich gelang, dass die drei sich das Spiel im Warmen anschauen konnten.

Die Mannschaft machte es gut, ließ kaum Gelegenheiten der Verler zu und spielte einige Chancen heraus. Die Doppelspitze mit Andersson und Ujah funktionierte trotzdem nicht so richtig. Erst als Bülter nach einer Stunde eingewechselt wurde, ging es schwungvoller zu. Ihm schienen der lehmig schwere Boden und die schwierigen Umstände nichts auszumachen. Das einzige Tor schoss aber Robert Andrich, fünf Minuten vor Schluss. Union war eine Runde weiter, hatte keine Verlängerung gebraucht, alles war gut. Parensen und Bülter, Schlotterbeck und Trimmel hatte es sogar Spaß gemacht. »Das war wie früher in der Landesliga in Österreich, und so fühle ich mich jetzt auch«, sagte Trimmel.

Am nächsten Tag in Bremen erzählte er mir, dass ihm Muskeln wehtaten, »die schon ewig nicht beansprucht worden waren«. Christopher Lenz und er, die sich ein Zimmer teilten, hätten die ganze Nacht nicht schlafen können, weil sie so erschöpft waren. Ungewöhnlich war das nicht, die meisten Spieler konnten in den Nächten nach Spielen kaum schlafen, wegen der Anstrengung oder weil ihnen, aufgepeitscht durch das Adrenalin, die Spiele noch durch den Kopf gingen. Im interessanten Gegensatz dazu stand, dass viele Spieler im Prinzip ein hoch entwickeltes Talent zum Schlafen hatten. Champion war Keven Schlotterbeck, bei dem man morgens um halb neun, wenn er zum Stadion kam, nicht sicher sein konnte, ob er schon wach war. Er konnte tagsüber fast auf Befehl einnicken und schien manchmal mehr Zeit schlafend als wach zuzubringen.

Hätte man nach Ende der Saison eine Umfrage gemacht, wo es den Spielern am besten gefallen hatte, dann sicherlich in Bremen. Die Zimmer im Hotel waren schön, die Betten gut, das WLAN funktionierte reibungslos. Es gab einen tollen Ausblick direkt aufs Wasser, auf die Weser im Winter. Der Essraum war großzügig, vor allem aber schmeckte das Essen. Das Fleisch war nicht einfach gar und warm, sondern auf den Punkt gebraten, für ein Büfett war das erstaunlich. Auch das Angebot an veganen Speisen war üppig.

Je weiter die Saison voranschritt, desto klarer wurde mir, wie wichtig eine komfortable Unterkunft, möglichst anstrengungsloses Reisen und gutes Essen waren, besonders in Wochen wie dieser. Diese Mannschaft musste in jedem Spiel an den Rand ihrer Möglichkeiten gehen. Es ging daher nicht um Luxus, sondern um das Vermeiden zusätzlicher Anstrengungen.

Bis zur Bremer Innenstadt war es vom Hotel nicht weit, sodass notorische Spaziergänger wie Michael Parensen oder Christian Gentner nicht einfach nur in der Gegend herumliefen, sondern ein Ziel hatten. Felix Kroos traf sich am Donnerstagabend im Hotel mit Philip Bargfrede, mit dem er in Bremen zusammengespielt hatte. Am Freitag kam seine Frau mit der Freundin von Sebastian Bönig, und zu viert gingen sie Kaffee trinken. Florian Hübner wurde am Freitagabend von Kevin Vogt besucht, der im Winter aus Hoffenheim nach Bremen gewechselt war, die beiden waren schon länger befreundet. Rafał Gikiewicz und Markus Ingvartsen mussten sich untersuchen lassen, weil sie beim Pokalspiel in Verl Schläge abbekommen hatten, aber sie kamen gut gelaunt aus dem Krankenhaus zurück. »Ich habe immer Angst vor dem MRT, weil man nicht weiß, was da kommt«, sagte Gikiewicz.

Am Freitagmorgen fuhren wir zum Sportplatz von TuS Komet Arsten an den Stadtrand von Bremen. Ich saß vorne auf einem der beiden Plätze neben Svenni, der mir die Geschichte von Rudi erzählte, dem Plüschelch, der in einem rot-weiß gestreiften Hemd, roter Hose und roter Kappe mit Union-Logo schon ewig auf seinem Armaturenbrett saß. Ein Fan des Vereins hatte ihn vor vielen Jahren auf einer Kirmes in Bad Dürkheim an einer Losbude gewonnen, er hatte angeblich 150 Lose gekauft, weil er den Elch unbedingt haben wollte. Seither wachte er über die Fahrten im Bus, nur der ehemalige Trainer Uwe Neuhaus hatte ihn zwischendurch mal rausgeworfen, weil Rudi angeblich Pech brachte. Neben Rudi saß noch ein kleiner Tiger, den Sebastian Polter mal an einer Autobahnraststätte aus einem der Glaskästen geangelt hatte, in die man Geld wirft, um dann eine Zange so zu steuern, dass man die Plüschtiere damit erwischt.

Vorm Eingang der Sportanlage war eine weiße Plastikplane gespannt, damit niemand beim Training zusehen konnte. Als wir ankamen, schauten Wittmann und ich, ob sich jemand im Gebüsch versteckte, um unser Training zu beobachten. Werder Bremen war berühmt für seine Spähaktionen, in Hoffenheim war mal einer ihrer Spione im Unterholz erwischt worden, der eine Drohne über das Trainingsgelände hatte fliegen lassen, um die taktischen Übungen zu filmen. Nachdem wir den Platz umrundet hatten, ohne fündig zu werden, stellte sich heraus, dass es sich der Spion von Werder Bremen leicht gemacht hatte. Jedenfalls stand ein junger Mann am Eingang und schaute unauffällig übers Tor hinweg. Er hatte sich mäßig gut getarnt, indem er den Parka eines ehemaligen Ausrüsters von Werder Bremen ohne Vereinsabzeichen trug.

Zunächst war Mannschaftsarzt Clemens Gwinner zu ihm gegangen, der Spion aber beharrte darauf, keiner zu sein und auf öffentlichem Grund zu stehen. Danach ging ich zu ihm und stellte mich vor. Ich sagte, dass ich ein Buch über die Saison von Union Berlin schreiben würde, und fragte: »Ist es üblich, dass bei Werder das gegnerische Training ausspioniert wird?«

»Dazu möchte ich mich nicht äußern, das müssen Sie bitte respektieren«, sagte er.

»Na gut, wenn das so ist.«

»Aber Ihr Buch werde ich natürlich lesen.«

»Schön, und Sie kommen sogar darin vor.«

Als ich von meinem kurzen Gespräch mit ihm zurückkam, das

im Sinne der Spionageabwehr nicht sonderlich erfolgreich gewesen war, reichte es Manager Oliver Ruhnert. Wie ein gereizter Wasserbulle stapfte er über die Laufbahn, ging vors Tor und drohte dem Unseligen: »Wenn Sie in zehn Sekunden nicht verschwunden sind, mache ich ein Foto von Ihnen und schicke es an die Bild-Zeitung.« Das zeigte mehr Wirkung als unsere zarten Gesprächsversuche, der junge Mann trat den Rückzug an. Später im Hotel setzte ich mich an den Computer und fand heraus, dass es sich bei dem Spion um Werders Videoanalysten Pascal Schichtel handelte.

Nun soll hier nicht das Missverständnis aufkommen, dass verschlagene Bremer versuchten, arme Unioner auszuspähen. Wittmann sprudelte während des Hin und Her vergnügt Geschichten darüber hervor, in denen er noch in der Zweiten Liga selber Spion gewesen war, im fernen Heidenheim oder in Düsseldorf. Nach dem Ausflug zum Training der Fortuna konnte er Unions damaligem Keeper den Tipp geben, wohin der Elfmeterschütze schießen würde. Es gab im Spiel wirklich einen Elfmeter für Düsseldorf, und Unions Torwart hielt ihn. Auch Markus Hoffmann wusste aus seiner Zeit beim FC Basel zu berichten, dass er in seiner Heimatstadt Salzburg mal das Team Red Bull ausgespäht hatte, gegen die es im Europapokal ging. Er war einfach zu einem öffentlichen Training gegangen, wurde erst spät erkannt und wütend beschimpft.

Der Teil des Trainings, der den Werder-Spion interessiert hätte, dauerte nur 20 Minuten und beinhaltete den Matchplan für den kommenden Tag. Werder, so hatte die Analyse ergeben, überlud das zentrale Mittelfeld. Zu den vier Mittelfeldspielern gesellten sich noch die beiden Außenverteidiger. Um im Zentrum des Spiels nicht ständig in Unterzahl zu sein, musste Unions Formation umgeräumt werden, und das ließ Fischer trainieren. Die Außenbahnspieler mussten weiter innen und nicht so nah an der Außenlinie agieren, wenn Werder am Ball war.

Am Spieltag blieb die Stimmung gut, die Anreise zum Weserstadion verlief reibungslos. Das Stadion liegt direkt an der Weser neben einem Wohngebiet, aus der Innenstadt war es ein schöner

Weg hierhin. Kroos und Anthony Ujah hatten mal für Werder gespielt, und die erfahrenen Gentner oder Subotic waren hier schon oft aufgelaufen, aber für die meisten Spieler war es das erste Mal. Als sie den Platz besichtigten, waren noch kaum Fans da. »Durch die grünen Sitze hat es fast was von einem Tennisstadion«, sagte Bönig andächtig. Es wirkte gediegen und fühlte sich intim an. Modern war es, aber man merkte auch, dass an einigen Stellen Altes und Neues zusammengefügt worden war.

Auch wenn alles zuvor so angenehm verlaufen war, schaute Christopher Lenz im Spiel schon nach 15 Minuten und 35 Sekunden zum ersten Mal auf die Stadionuhr. »Neuer Rekord«, dachte er. Schon nach einer guten Viertelstunde hatte Lenz noch nie auf die Uhr geschaut, wie lange noch zu spielen war. Ein paar Sprints und Zweikämpfe mit Leonardo Bittencourt später zeigte die Uhr 15:37 an. War sein Zeitgefühl endgültig durcheinander? Waren nur zwei Sekunden vergangen, oder stimmte was mit der Anzeigetafel nicht? Als das Spiel unterbrochen war, schaute Lenz noch einmal und kapierte erst da, dass er nicht auf die Spielzeit, sondern die Uhrzeit geschaut hatte. Er hatte also nicht nach 15 Minuten, sondern bereits nach fünf Minuten zum ersten Mal wissen wollen, wie lange noch zu spielen war.

Während des Spiels saß ich wie immer bei Adrian Wittmann und Steven Pälchen, die Plätze für die Analysten der Mannschaften befanden sich im Weserstadion direkt unter der Führungskamera des Fernsehens. Als ich nach dem Abpfiff aufstand, sprach mich der Kameramann hinter mir an: »Das nächste Mal müssen Sie beim Jubeln aufpassen, dass man Ihre Hand nicht sieht.« Ich nickte, verstand, was er meinte, aber erst, als ich die beiden Tore von Union im Fernsehen noch einmal sah. Beim ersten Tor nur als kurzer Wischer, beim zweiten Treffer dann klar und deutlich: es war eine Faust zu sehen, die geisterhaft ins Bild ragte – meine Faust. Wer immer sich das Spiel und die Tore noch einmal anschaut, wird diese Faust sehen.

Unions 2:0-Sieg war in jeder Hinsicht verdient, der nicht ausspionierte Matchplan komplett aufgegangen. Werder hatte das

Mittelfeld nie so dominiert, dass es für Union gefährlich wurde, und war immer wieder ausgekontert worden. Trimmel sagte: »Das war der wichtigste Sieg der Saison.« Er saß in den Katakomben des Stadions auf dem Boden, mit dem Rücken an die Wand gelehnt, wenige Schritte von der Eingangstür der Kabine von Werder Bremen. Als ich zurückkam, sprach er mit seinem Landsmann Marco Friedl, der bei Werder spielte. Der eine glücklich, der andere unglücklich, weil die Bremer Situation im Abstiegskampf so düster war.

Am Flughafen in Bremen kaufte ich zur Feier des Sieges eine Flasche Whisky, weil wir nicht An der Alten Försterei mit Urs Fischers kleinem Depot an Siegesgetränken hinter dem Schreibtisch waren. Ich ging damit durchs Flugzeug, das für uns gechartert war, angefangen bei Zingler, der wie immer in der ersten Reihe saß. Die anderen Präsidiumsmitglieder, Trainerteam und Staff, alle nahmen einen Schluck, nur die Spieler winkten ab.

»Ein Glas davon und ich müsste kotzen«, winkte Robert Andrich ab. Auch die anderen winkten ab oder waren eingenickt. Sogar Neven Subotic, der sonst auf Reisen für seine Stiftung arbeitete, hing verdreht im Sitz und schlief. Ich hatte mich häufiger gefragt, wie erschöpft die Spieler am Ende eines Bundesligaspiels eigentlich waren, in diesem erreichten sie erkennbar ein neues Level. Innerhalb von acht Tagen hatten sie eine Nacht in Castrop-Rauxel, zwei Nächte in Bielefeld und zwei in Bremen und nur drei in ihren eigenen Betten verbracht. Sie machten drei Spiele, und einige Spieler wie Lenz und Andersson, Schlotterbeck oder Torwart Gikiewicz standen 270 Minuten auf dem Feld, Trimmel nur eine Viertelstunde weniger. Sie mussten sich vom Glamour des Westfalenstadions mit 80 000 Zuschauern auf den Dorffußball in Verl umstellen und dann auf ein wahnsinnig wichtiges Spiel gegen den Abstieg im ausverkauften Weserstadion. In Dortmund mussten sie sich der spielerischen Übermacht einer mit Superstars besetzten Mannschaft erwehren, in Verl auf einem fürchterlichen Platz gegen Regionalligaspieler antreten, die das Spiel des Jahres absolvierten. Und in Bremen war es darum gegangen, einem Konkurrenten im Abstiegskampf, der mit dem Rückenwind eines großen Sieges im Pokal gegen Borussia Dortmund ins Spiel gegangen war, den Schwung wieder zu nehmen.

Am General Aviation Terminal in Schönefeld bestellte ich ein Taxi für Trimmel, Mannschaftsarzt Gwinner und mich, wir mussten in dieselbe Richtung. »Warum haben Sie dem Piloten nicht gesagt, dass Sie ein Taxi brauchen, dann müssten Sie jetzt nicht warten«, sagte die Frau am Empfangsschalter. Trimmel und ich schauten uns verblüfft an, wir mussten uns wohl noch an die neue Welt gewöhnen.

Ist das Profileben eigentlich langweilig?

Fußballspieler umgibt, seit man mit Kicken erstmals Geld verdienen konnte, der Verdacht, dass sie etwas doof sind. Darin verborgen sind verschiedene Vorurteile, von denen eines sozialer Natur ist, denn historisch gesehen stammen Profifußballer aus der Arbeiterklasse. Zu einer bezahlten Tätigkeit wurde Fußballspielen im letzten Viertel des 19. Jahrhunderts in England auch deshalb, weil die Spieler zugleich Arbeiter auf Zechen, in Eisenhütten oder Textilfabriken waren. Es bedeutete Einnahmeverluste für sie, am Wochenende vor Publikum anzutreten. Fußballprofis sind bis heute fast immer Sozialaufsteiger. Dass diese Leute, die sonst Maurer, Lastwagenfahrer oder Sachbearbeiter, Lehrer und Ladenbesitzer geworden wären, nun auf einmal in schönen Häusern wohnen und in schönen Autos durch die Gegend fahren, geht oft mit der Vorstellung einher, sie seien etwas beschränkt.

Zudem stehen sie unter dem andauernden Verdacht, zu wenig zu tun, um das Buhei zu rechtfertigen, das um sie gemacht wird. Deshalb gibt es vor Olympischen Spielen wiederkehrende Berichte über Schwimmer, die schon morgens um sieben Uhr ins Becken steigen, um bis Sonnenuntergang zu schwimmen, oder von Biathleten, die in ihrem Sommertraining die Strecke von Berlin bis Wladiwostok absolvieren, was dann ins Verhältnis zu Fußballprofis gesetzt wird, die ungefähr neun Stündchen pro Woche auf dem Trainingsplatz stehen.

Selbst manche Fußballtrainer finden das zu wenig, Markus Hoffmann etwa erklärte mir, dass er das Trainingsprogramm für die Spieler manchmal gerne drastisch steigern würde. »Und warum macht ihr das nicht?«, fragte ich ihn. »Man könnte Spieler innerhalb von sechs Monaten auf ein ganz anderes körperliches Niveau bringen. Aber in der Zeit dürfte man dann kaum spielen, sonst verletzen sie sich, und du verlierst die Spiele«, sagte er und erinnerte an die südkoreanische Nationalmannschaft. Die war 2002 bei der Weltmeisterschaft im eigenen Land als fittestes Team bis ins Halbfinale gekommen. Allerdings waren die Spieler vorher monatelang aus dem Ligabetrieb genommen worden und hatten nur auf das Turnier hin trainiert.

Als ich zufällig ein Gespräch mitbekam, das Sebastian Andersson und Sebastian Polter über ihre Hunde führten, fragte ich sie: »Warum habt ihr eigentlich alle Hunde?« Das war übertrieben, denn nicht alle Spieler bei Union hatten Hunde, aber bemerkenswert viele. Polter grinste mich an und sagte etwas schuldbewusst: »Weil wir so viel Zeit haben.« Was sie jedoch mit dieser Zeit machten, außer sich mit ihren Hunden zu beschäftigen, war gar nicht so einfach herauszufinden. Meine Nachfragen wurden mal betont knapp, mal leicht ratlos beantwortet. Die Familienväter unternahmen »was mit der Familie«. Eine beliebte Antwort war, essen zu gehen, nicht selten mit den Kollegen. Christopher Lenz liebte es, endlos im Café zu sitzen und sich die Passanten anzuschauen. Es gab Spieler, wie Robert Andrich oder Grischa Prömel, die so viel Fußball schauten, dass ich mich mit ihnen über die Abwehrprobleme des VfL Bochum unterhalten konnte. Es gab NBA-Fans wie Felix Kroos und American-Football-Freunde wie Ken Reichel, und es gab die Power-Seriengucker, Youtube- und Instagram-Dauerabhänger.

Fast schon symbolisch für die Freizeitgestaltung waren die Koffer, die Polter und Florian Hübner mit dabeihatten, wenn es länger auf Reisen ging. Der von Polter war strahlend weiß, der von Hübner schwarz. Beide hatten die Dimension einer Aktentasche, waren aber so schwer wie ein Werkzeugkoffer, denn in ihrem Deckel war ein Bildschirm eingebaut, und in der anderen Hälfte des Koffers steckten Spielkonsole und Steuerungsgeräte. Sie waren wie professionelle Gamer ausgerüstet. Die meisten Spieler zockten, erzählten mir davon aber weder mit großer Begeisterung noch Ausführlichkeit. Entweder vermuteten sie, dass ich sie dann für blöd halten würde, oder sie selbst hielten das für ein »guilty pleasure«, also etwas, das ihnen Vergnügen machte, wofür sie sich aber schämten. Computerspiele haben nun mal keinen guten Ruf, und dass sie stundenlang mit Fußballsimulationen oder Ballerspielen beschäftigt waren, konnte als unreif rüberkommen.

Dazu kam die schon erwähnte ausgeprägte Fähigkeit, unheimlich viel zu schlafen. Das hatte ebenfalls etwas Unerwachsenes, weil die Zeit, die Menschen in ihrem Leben schlafend verbringen, mit zunehmendem Alter eigentlich abnimmt. Im Grunde schliefen sie also so viel wie Grundschüler, und ihr Zeitbudget an der Computerkonsole entsprach dem von Jugendlichen. Ihre Tagesabläufe waren zudem verschult, die Pläne kamen per WhatsApp und schrieben ihnen vor, wann sie zum Training da zu sein hatten, wann es Essen gab oder wann der Bus zum Stadion abfuhr. Wenn aber so viel vorgegeben war, warum machten sie nicht mehr aus ihrer freien Zeit? Es gab doch auch Ausnahmen wie Trimmel, Subotic oder Ujah und vielleicht noch den ein oder anderen, der nicht darüber sprechen wollte.

Offensichtlich war es aber gar nicht so einfach, mehr aus seiner Zeit zu machen. Grischa Prömels Freunde etwa studierten fast alle, seine Freundin auch. Auch er selber hatte zu Beginn seiner Karriere mit einem Fernstudium der Volkswirtschaftslehre begonnen und es fast zu Ende geführt. Doch als es auf die Prüfungen zulief, er war damals schon Profi beim Zweitligisten Karlsruhe, unterbrach er das Studium. »Das ging nicht mehr mit dem Fußball zusammen«, erklärte er mir. Prömel kam nicht aus einer Familie, die man »bildungsfern« nennen würde, im Gegenteil: Sein Vater war Architekt, seine Mutter Bewegungstherapeutin. Auf Statussymbole legte er keinen Wert und fuhr noch sein erstes Auto, das er zum 18. Geburtstag von seiner Oma übernommen hatte, inzwischen war er 24. »Ich will nicht für einen typischen Fußballprofi gehalten werden, denn das ist mit vielen Vorurteilen verbunden.«

Trotzdem tat selbst Prömel sich schwer, mir zu erklären, was für ein Leben er jenseits des Fußballs führte. Er überlegte gerade, in ein Start-up zu investieren, das zwei seiner Kumpels aus Karlsruhe gegründet hatten und das an der Bilderkennung mithilfe künstlicher Intelligenz in der Gastronomie arbeitete. »Ich könnte mir vorstellen, dass das durch die Decke geht. Und wenn nicht, hätte ich eine Menge gelernt«, sagte er. Doch letztlich würde er dabei als Investor auch eher Zuschauer sein und nicht wirklich involviert. Prömel war auch begeistert von der Stadt, in der er nun fast zwei Jahre lebte: »Berlin ist ein Geschenk.« Aber er packte das Präsent seltener aus, als er das gerne getan hätte. Wenn Freunde zu Besuch kamen und Berlin erkunden wollten, war er zu Beginn einer Woche vielleicht noch dabei, aber ab zwei Tagen vor dem Spiel nicht mehr. Dann legte er sich lieber in die Hängematte, die es auf seinem Balkon wirklich gab, und seine Freundin spottete: »Du führst ein Leben wie ein 65-Jähriger.«

Der amerikanische Schriftsteller David Foster Wallace, der selber ein talentierter Tennisspieler war, hat einige Texte über Tennis geschrieben, die zum Besten gehören, was man über diesen Sport lesen kann und über Sport überhaupt. In »Federer aus Fleisch und nicht«, einer Verehrungsschrift über den schweizerischen Champion, schreibt er über die »Intimitätsillusion«, die entsteht, wenn man Tennis im Fernsehen anschaut. »Die Zeitlupenwiederholungen, Vergrößerungen und Grafiken privilegieren Zuschauer so sehr, dass wir uns nicht mehr bewusst machen, wie viel bei der Aufbereitung fürs Fernsehen verloren geht. Großenteils verloren geht die reine Körperlichkeit des Spitzentennis, ein Gefühl für die Geschwindigkeiten, mit denen sich die Bälle bewegen und die Spieler reagieren.« Foster Wallace erklärt diesen Verlust dadurch, dass die Kameras den Court so erfassen, dass er perspektivisch verkürzt wird, weil sie zumeist hinter der Grundlinie aufgestellt sind. Dadurch schrumpft der Platz, und der Zuschauer kann kein Gefühl dafür entwickeln, welche unglaubliche physische Energie hinter den Schlägen steckt und wie schwer es ist, die Fläche des Courts zu verteidigen.

Im Fußball gibt es einen vergleichbaren Effekt, wenn auch mit umgekehrten Vorzeichen. Beim Fernsehfußball sehen wir das Spiel zumeist aus der Perspektive der Führungskamera, wodurch uns das Spielfeld größer vorkommt, als es ist. Außerdem gibt dieser Blickwinkel dem Zuschauer eine Übersicht, die kein Spieler unten auf dem Platz hat. Jeder Fußballfan hat schon mal gedacht oder laut gerufen: »Warum spielt der nicht ab?« Wie konnte ein Spieler seinen Kollegen übersehen?

Auch im Fernsehfußball geht die Körperlichkeit des Spiels verloren. Wenn ich am Trainingsplatz stand, bekam ich vor Staunen manchmal den Mund nicht zu. Aus nächster Nähe wunderte ich mich, wie hier ein annähernd strukturiertes Spiel zustande kommen konnte. Ich war erstaunt, dass die Spieler überhaupt einen ihrer Kollegen sahen, weil sie die ganze Zeit hin und her rennen, den Ball kontrollieren oder direkt weiterspielen mussten, wobei sie sofort von einem Gegner bedrängt wurden. Es war ein Chaos mit einem sofort zusammenschrumpfenden Raum dort, wo gerade der Ball war.

Zu Hause auf dem Sofa merkt man das nicht. Selbst die meisten Plätze im Stadion vermitteln keinen Eindruck von dieser infernalischen Intensität, mit der da gerannt, um den Ball gekämpft, geflankt und geschossen wird. Verstärkt wurde das an Spieltagen noch von diesem neunzigminütigen Ausnahmezustand aus Geschrei, Gesängen und Flüchen, den man sich so vorstellen muss, als würde man seine Büroarbeit bei Sirenengeheul und Blaulicht erledigen.

Dieser Ausnahmezustand war quantifizierbar. Martin Krüger hatte meist schon am selben Tag eine komplette statistische Auswertung in seinem E-Mail-Eingang. Am dritten Spieltag gegen Borussia Dortmund wies sie etwa aus, dass Christopher Trimmel 11,6 Kilometer gelaufen war, 24 Sprints über 477 Meter und 35 Tempoläufe über 354 Meter absolviert hatte. Er war in insgesamt 101 Spielminuten und 45 Sekunden inklusive Nachspielzeit 534 Mal zu Läufen angetreten, also fünf Mal in der Minute. Aber selbst diese Zahlen gaben kein genaues Bild davon, was auf dem Platz los war. Denn während er da herumraste (ein Fan nannte ihn mal »Rennschwein«, und ihm gefiel das sehr), war er noch damit befasst, eine ganze Menge taktischer Vorgaben zu erfüllen. Zumal

Trimmel, wie alle seine Mannschaftskameraden, nie ein Spiel erlebten, in dem sie auch mal mit reduzierter Kraft über die Runden kamen. Sie mussten immer an ihre Leistungsgrenzen gehen.

Solche Daten, die teilweise öffentlich zugänglich sind, tragen ebenfalls zu der Illusion bei, dass wir verstehen, was auf einem Fußballplatz passiert, wenn dort zwei Profimannschaften gegeneinander antreten. Sie sagen aber nichts über die rarste Ressource auf dem Platz: Zeit.

In der Winterpause wurde Yunus Malli vom VfL Wolfsburg ausgeliehen, ein Spieler, der viel mehr als das verdiente, was Union normalerweise zahlen konnte. Aber Malli hatte bei seinem alten Klub kaum gespielt und wollte unbedingt mit der türkischen Nationalmannschaft zur Europameisterschaft fahren. Deshalb suchte er einen Klub, bei dem es wahrscheinlicher war, dass er Einsatzzeit bekam. Welche Fähigkeit Mallis so hoch bezahlt wurde, war sofort zu sehen. Das Chaos auf dem Platz war für ihn weniger chaotisch, weil er sich einen Zeitvorsprung verschaffte. Malli verfügte einerseits nämlich über eine sehr gute Ballbeherrschung, musste sich also nicht damit beschäftigen, den Ball anzunehmen. Außerdem las er das Spiel besser als die meisten seiner Kollegen, er verstand also, wohin er sich bewegen musste, damit man ihm den Ball zuspielen konnte, ohne sofort wieder unter Druck zu stehen. Dadurch hatte er mehr Zeit, wobei wir hier von Sekundenbruchteilen sprechen.

Foster Wallace schrieb in seinem Essay über Federer, dass für diesen ein Tennisball so groß wie ein Basketball sei. Für gute Fußballspieler sind die Bälle nicht größer, aber sie leben in anderen Zeitdimensionen. Yunus Malli hatte in der gleichen Spielsituation mehr Zeit als alle anderen Unioner, und er war nicht einmal ein absoluter Spitzenspieler in der Bundesliga, geschweige denn auf internationalem Niveau. Und doch war es bezeichnend, dass Malli im fußballerischen Guerillakrieg der Unioner nicht zur entscheidenden Kraft wurde, weil ihm das andere fehlte, was dauernd gefragt war: die Fähigkeit, jeden Zweikampf zu führen, als sei es der letzte.

Kurzum: Wir machen uns aufgrund dessen, wie wir Fußball normalerweise sehen (vor allem im Fernsehen), keine Vorstellung von dem Irrsinn auf dem Platz. Wir unterschätzen die Konzentrationsleistung, den Mangel an Zeit und die mentale Belastung im Spiel, aber auch im Training. Wir vergessen den Schmerz, der unvermeidlich ist, wenn die Spieler andauernd in Zweikämpfe rauschen und ihre Körper an die Grenze der Leistungsfähigkeit führen. Wir nehmen den Stress nicht ernst, den das dauernde Infragegestelltsein durch den Konkurrenzkampf um die Plätze im Team mit sich bringt, die Angst und den Selbstzweifel.

Christian Arbeit sagte einmal in diesem Zusammenhang: »Fußballprofis sind die letzten Menschen, die sich noch langweilen.« Das war ein gutes Bonmot, weil heutzutage die Langeweile eigentlich abgeschafft ist. Man hätte sogar sagen können, dass die Fußballprofis, die ich erlebte, die hohe Kunst des Leerlaufs und der Langeweile pflegten. In den vielen Stunden in irgendwelchen Hotels mussten sie diese sowieso beherrschen, um die Zeit totzuschlagen. Aber bei diesem generellen Nichts aus Essengehen, Zocken, Serien- oder Fußballspiele-Anschauen, Am-Handy-Herumhängen oder In-der-Hängematte-Liegen, in das sie sich begaben, ging es noch um etwas anderes. Es war eine Überlebensstrategie angesichts des Wahnsinns, dem sie ihre Körper und ihren Geist ständig aussetzten – und damit alles andere als doof.

Ein Klub in der Big City

Am Tag vor dem Spiel gegen Leverkusen kam Zingler zu Beginn des Abschlusstrainings zu mir herüber und sagte zur Begrüßung grinsend: »Wir sind ganz schön langweilig.« Es war klar, worauf er anspielte, die ganze öffentliche Aufmerksamkeit in Berlin zog gerade Lokalkonkurrent Hertha BSC auf sich. Nach nur 76 Tagen war Jürgen Klinsmann unter spektakulären Umständen als Trainer zurückgetreten. Zunächst war der ehemalige deutsche Nationaltrainer im Herbst Aufsichtsratsmitglied bei Hertha geworden, als Abgesandter des Investors Lars Windhorst, der für insgesamt 224 Millionen Euro 49 Prozent der Anteile an Unions Lokalrivalen gekauft hatte. Überraschend hatte Klinsmann dann Ende November Ante Covic als Trainer abgelöst, nachdem dieser vier Spiele in Folge verloren hatte, unter anderem jenes bei Union. Die 0:1-Niederlage im Lokalderby war aber nicht nur Teil der Niederlagenserie gewesen, sie hatte gezeigt, dass die großen Ambitionen, die mit dem Einstieg des Investors und den neuen finanziellen Möglichkeiten verbunden waren, und die sportliche Wirklichkeit nicht zusammenpassten. Die Gesänge vom »Stadtmeister, Stadtmeister, Berlins Nummer eins«, die Hertha auf dem Weg zurück in den Westen hinterhergerufen wurden, durften besonders wehgetan haben.

Klinsmann übernahm mit großer Geste, nannte Hertha einen »Big City Club« und sprach davon, in wenigen Jahren um Plätze in der Champions League mitzuspielen. Er stellte ein neues Trainerteam zusammen, und im Winter gab der Klub fast 80 Millionen Euro für neue Spieler aus, so viel wie kein anderer Verein auf der Welt es in der Transferperiode getan hatte. Die Leistungen blieben dennoch bescheiden, und drei Tage nach einer Heimniederlage gegen Mainz, als zur gleichen Zeit Union in Bremen siegte, hatte Klinsmann via Facebook seinen Rücktritt verkündet, ohne es vorher jemanden beim Klub wissen zu lassen. Hertha und der Investor waren düpiert.

Ich hatte erwartet, dass Zingler vielleicht spöttische Bemerkungen machen würde, aber das lag ihm fern. Er hatte überlegt, Herthas Präsidenten Werner Gegenbauer zu schreiben, den er persönlich sehr schätzte, sich aber dagegen entschieden. »Aber das ist eine Woche, in der man selbst noch einmal gut reflektieren kann, wer man ist«, sagte er. Auch Union, so erzählte Zingler, bekäme immer wieder Angebote von Investoren, sich an dem Klub zu beteiligen. Prinzipiell hätte er nichts gegen Investoren einzuwenden, aber für ihn ging es um die Frage: »Wer hält die Kontrolle? Wir leihen uns auch Geld, aber wir holen uns niemanden ins Haus, der mitbestimmt.« Inzwischen kannte ich diese Denkweise bereits, nach seiner Ansicht musste »der Verein« immer die Kontrolle behalten, das galt auch gegenüber Spielern und Trainern. Dass einer wie Klinsmann den Verein vorgeführt hatte, war für Zingler komplett inakzeptabel.

»Wir haben mal nur einen Tag davorgestanden, Felix Magath zu verpflichten«, erzählte er mir unvermittelt. Das lag fast sechs Jahre zurück, Union hatte damals den jungen Trainer Norbert Düwel unter Vertrag, über den im Klub immer noch alle sehr lobend sprachen, obwohl er letztlich am Widerstand aus der Mannschaft gescheitert war. Vor einem Spiel gegen den SV Sandhausen hatte Unions Präsidium geplant, ihn im Fall einer Niederlage durch Magath zu ersetzen. Alles war vorbereitet gewesen, Magath hätte am kommenden Tag anfangen können. Ich war verblüfft, weil Magath eigentlich nur Spitzenteams trainiert hatte, mit dem FC Bayern und dem VfL Wolfsburg war er Deutscher Meister geworden.

Weil Union das Spiel gegen Sandhausen gewann, blieb Düwel. »Hinterher haben wir uns gefragt, ob das mit Magath gut gegangen wäre«, sagte Zingler. Das war keine Kritik an Magath, mit dem er seitdem einen regelmäßigen persönlichen Austausch hatte. Aber Magath war als Trainer ein typischer Autokrat mit dem Wunsch nach totaler Kontrolle.

Fast zwangsläufig landeten wir mal wieder bei der Identitätsfrage. Ich hatte den Eindruck, dass Zingler sich stets neu fragte, was für ein Klub Union war, wofür er stand und welche Folgen das für seine Entscheidungen hatte. »Sind wir ein Golf oder ein Maybach? Können wir aus einem Golf einen Maybach machen? Und wollen wir das überhaupt?«, fragte er. Ich antwortete darauf, dass der SC Freiburg in den 1980er-Jahren noch ein namenloser badischer Provinzverein gewesen und heute ein etablierter Erstligist sei. Er hatte sich also, wenn man im Bild bleiben wollte, von einem Fiat 500 in einen Volvo verwandelt. Warum also sollte sich Hertha nicht von einem Mittelklassewagen in eine Luxuslimousine verwandeln. Vielleicht mussten sie das sogar, um die 80 000 Plätze im Olympiastadion füllen zu können. Und dazu brauchte man Stars.

Meiner Ansicht nach war Union hingegen ein Klub, der keine Stars brauchte. »Was sind denn Stars?«, fragte Zingler zurück. Leute, die das Publikum kennt und mit denen es etwas verbindet, antwortete ich. Spieler oder Trainer, derentwegen Leute ins Stadion kommen, weil man die sehen will, über die viel gesprochen wird. Zingler zuckte mit den Achseln: »Für mich ist unser Trainer ein Star.« Das stimmte, weil Urs Fischer von den Anhängern des Klubs geliebt wurde. Das galt auch für Michael Parensen, weil er so lange da war und sich die Fans mit ihm identifizieren konnten. Sebastian Polter war hier ein Star, obwohl er so selten spielte. Aber sie waren keine Stars, zu denen das Publikum aufschaute, weil sie so tolle Sachen konnten und dadurch zu medialen Erscheinungen wurden. Sie strahlten kaum über Köpenick hinaus. Die Ausnahme war Neven Subotic, dessen Namen auch schon mal jene gehört hatten, die sich nicht so genau für Fußball interessierten. Aber Subotic war halt ein Antistar.

Hertha lieferte ein interessantes Gegenbild zu Union, weil der Begriff vom »Big City Club« mit dem Versprechen von Glamour und Stars einherging. Dagegen war nichts einzuwenden, es gehorchte nur einer anderen Logik, nämlich der des Unterhaltungsgeschäftes.

Zingler beendete die vormittägliche Reflexionsrunde mit den Worten: »Für Leverkusen habe ich ein gutes Gefühl.« Ich nickte, denn ich hatte es auch, obwohl ich morgens in der Mannschaftsbesprechung an einem Sättigungspunkt angekommen war. Inzwischen konnte ich sagen, wohin ein Spieler hätte laufen müssen, wohin er hätte spielen müssen und wohin auf keinen Fall. Ich hatte das jetzt drin.

Nach dem Spiel gegen Leverkusen umfasste mich eine seltsame Melancholie. Mir kam es so vor, als wäre Union am 22. Spieltag, also nach zwei Dritteln der Saison, am Ziel angekommen. Noch nie hatte ich diese Mannschaft so gut spielen sehen. Das Resultat, eine 2:3-Niederlage, war eher eines dieser Irrtümer, die im Fußball unablässig produziert werden. Noch vor Wochen hatte ich mir nicht vorstellen können, dass die Spieler zu dieser Leistung gegen eine der besten Mannschaften der Bundesliga in der Lage wären, und dachte jetzt: Das ist eine richtige Bundesligamannschaft und kein Underdog, der untaugliche Mittel mit viel Herz und Zusammenhalt wettmachen muss. Die Mittel waren absolut bundesligatauglich, und die Spieler waren es auch. Gerade all jene, die vorher nie in der Bundesliga gespielt hatten: Es hatte sie keine Laune des Schicksals in diese Spielklasse geführt, sondern sie konnten mithalten, Woche für Woche. Und vielleicht würde der eine oder andere noch ein Star werden.

Ich stand in der Kabine, in der es alle eiliger als sonst hatten, weil es noch zum Mannschaftsabend gehen würde, erst in ein Restaurant in Kreuzberg und danach in einen Klub in Mitte, und ich hatte plötzlich das Gefühl, die Geschichte der Saison sei schon vorbei. Ich hatte sie als Welpen in die Bundesliga ziehen sehen, und nun waren sie Männer nach der Arbeit, die am 22. Spieltag der Bundesliga leider verloren hatten, die aber nicht an sich, an ihrem Team und dem Weg, den ihnen ihr Trainer vorgegeben hatte, zweifeln mussten. Die nicht auf dünnem Eis unterwegs waren und ständig Angst haben mussten einzubrechen.

Aber ganz so einfach war es dann doch nicht.

Wir werden ewig kleben

Neven Subotic stand mal wieder, obwohl am Tisch ein Stuhl für ihn bereitstand. Der Rücken! »Kannst dich gerne hersetzen«, sagte Christopher Trimmel zu mir. Ich winkte ab, das hätte nicht gepasst, die Fans hätten dann wohl auch mich nach einer Unterschrift gefragt. Der Tisch für die Autogrammstunde war hinten links im Supermarkt vor den Kühlregalen mit den Milchprodukten aufgestellt, gegenüber von der Konfitüre. Die Warteschlange wand sich zwischen der Kaffeesahne und dem Ziegenkäse. »Wird nicht so viel los sein«, hatte mir Trimmel morgens gesagt und lag damit komplett daneben.

Inzwischen lösten die Unioner nicht mehr nur in Köpenick einen Massenansturm aus, sondern auch in Mitte. Der Supermarkt befand sich in der East Side Mall, einem Shoppingcenter zwischen der S-Bahn-Station Warschauer Straße und der East Side Gallery, nahe der Verti-Music-Hall, wo die Mitgliederversammlung stattgefunden hatte. Es waren so viele Menschen gekommen, dass es gleich zwei Warteschlangen gab. Eine, in der man warten musste, bevor man in die eigentliche Warteschlange vorgelassen wurde. Sorgfältig abgeteilt war das, Ordner passten auf, dass sich niemand vordrängelte. Ganz vorne stand noch ein Aufpasser, der immer nur eine Handvoll Leute vorließ, die sich von Subotic, Trimmel und Marius Bülter Autogramme holen oder sich mit ihnen fotografieren lassen durfte. Bülter stand noch einige Male neben sich, und das war wörtlich zu verstehen: er war das Gesicht bzw. der Pappaufsteller zur Kampagne für das erste Union-Sammelalbum, das unter dem Slogan »Wir werden ewig kleben« beworben wurde, hinter dem realen Bülter standen ein paar Papp-Bülters.

Die Leute ließen sich aber nicht nur das Sammelalbum oder Sammelbilder signieren, sondern hatten eine bemerkenswerte

Spanne an Produkten dabei, die sie mit Unterschriften versehen lassen wollten. Ich sah Mannschaftsfotos, Kappen, Mützen und jede Form von T-Shirts, Trikots, Hemden und Jacken. Ein älterer Herr wollte, dass Subotic auf einem Subotic-Trikot unter der Rückennummer unterschreiben sollte. Aber der schüttelte den Kopf: »Nee, das machen wir höher. Ich mach das schon länger, glaub' mir.« Also schrieb er links neben die Rückennummer.

Meine Beschwerde, dass er gar keine richtige Unterschrift machen würde, sondern nur ein Kürzel, dass man vielleicht als »Su« deuten könnte, wollte er nicht akzeptieren. »Die Menschen wollen nicht deine Unterschrift, sondern deine Signatur«, belehrte er mich. Der Name wäre doch bereits auf die Autogrammkarte gedruckt. Auch Trimmel machte nur eine Signatur, von der er behauptete, dass sie für seine Initialen »CT« stehen würde. Nur Bundesliganovize Bülter unterschrieb mit seinem vollen Namen.

Wenn gerade niemand einen Spezialwunsch hatte, arbeitete Subotic einen Stapel Autogrammkarten ab. Dazu hielt er jeweils einen kleinen Stapel in der linken Hand und den Filzstift in der rechten. Blitzschnell schrieb er seine Signatur auf und schnipste die erledigte Karte auf den Tisch vor ihm. Auf diese Weise schaffte er locker 30 Karten in der Minute, die über den ganzen Tisch verteilt darauf warteten, dass Fans sich bedienten.

Aber wie gesagt: Die meisten Autogrammjäger hatten ihre eigene Agenda und nahmen die eigentliche Autogrammkarte oft nur als Bonus mit. Ein chinesischstämmiger Fan holte aus einer Tüte gleich ein ganzes Sammelsurium von Trimmel-Trikots hervor, von Rapid Wien (mehrere), der österreichischen Nationalmannschaft und Union. »Bis zum nächsten Mal«, verabschiedete Trimmel ihn, nachdem er sie alle signiert hatte. Sie kannten sich, der Chinese kam aus Wien, lebte aber wohl inzwischen in Berlin, und Trimmel hatte ihn schon mal tätowiert. Offensichtlich weckte der Mannschaftskapitän Sonderwünsche, ein Herr mittleren Alters wollte jedenfalls eine Badeente von ihm signiert haben. Ich stellte mir vor, wie die Trimmel-Ente in seiner Badewanne herumschwamm, und war ratlos. Noch erstaunlicher war der Fan, der wortlos eine Dose

Bier auf den Tisch stellte. Bülter und Trimmel signierten sie, ohne das zu kommentieren, aber was hatte er damit vor? Würde er das Bier trinken und die leere Dose aufbewahren oder sie ungeöffnet signiert altern lassen? Bevor ich ihn fragen konnte, war er schon verschwunden.

Ich hatte erwartet, dass mehr Fans mit den Spielern Fotos machen wollten. Ab und zu flitzten Kinder hinter den Tisch und stellten sich zwischen Trimmel und Bülter, um angespannt in die Kamera zu schauen. Manchmal hatte ich den Eindruck, dass sie nicht so richtig wussten, was das eigentlich sollte, aber vielleicht täuschte ich mich. Trimmel konnte für diese Fotos sein perfektes Trimmi-Strahlen auspacken, während der stehende Subotic brav den Arm um die legte, die sich mit ihm fotografieren ließen, aber ein eher routiniertes Lächeln anknipste. Das machte er auch, als sich ein älterer Herr mit ihm am Stadion verabreden wollte: »Ich komme einfach vorbei, dann kannst du noch mehr unterschreiben.«

Nach anderthalb Stunden war die Schlange abgearbeitet, auch weil in der letzten halben Stunde die Regeln verschärft worden waren. Jeder Autogrammjäger bekam pro Spieler nur noch eine Unterschrift und ein Foto. Dann war es vorbei, und die Kunden konnten endlich wieder Quark holen.

Schrei nach Liebe

Erstaunlich bei der Autogrammstunde im Supermarkt war, dass Sebastian Polter nicht dort gesessen hatte, und noch erstaunlicher war, dass nicht er das Gesicht und der Pappaufsteller dieser Klebebild-Kampagne war. Entschieden worden war das schon zu Beginn der Saison, als noch gar nicht absehbar war, dass es für Unions populärsten Spieler ein nicht ganz einfaches Jahr werden sollte.

Polter war 1,92 Meter groß, wirkte aber größer. Er hatte altmodisch stämmige Beine und einen mit vielen Tätowierungen versehenen Körper. Der wuchtige Eindruck verflog jedoch, wenn man mit ihm sprach. Er hatte eine sanfte Stimme, tief und warm, ich erlebte ihn fast immer als freundlich und höflich. Von allen Spielern bei Union war er derjenige, der am liebsten Fußballstar war. Vielen seiner Kollegen mochte es insgeheim gefallen, dass sie erkannt und hofiert wurden, dass man sie nach Selfies fragte oder dass sie allein durch ihre Anwesenheit bei den Leuten für eine Grundaufregung sorgten. Aber Polter erfüllte es, einer der Publikumslieblinge An der Alten Försterei zu sein. Er schien sich zu freuen, wenn ihn Fans in ein Gespräch verwickeln wollten, und ließ sich geduldig mit ihnen fotografieren. Er unterhielt sich bereitwillig mit den Journalisten, manche von ihnen riefen ihn einfach an, und so gab es über ihn mehr zu lesen als über die meisten anderen Spieler.

Selbst während des Spiels war Polter im Dialog mit dem Publikum, wo viele seiner Kollegen das Drumherum nur am Rande registrierten. »Ich bekomme mit, was auf den Rängen passiert, und lasse mich davon auch leiten, vom Raunen der Zuschauer, von den Gesängen, vom Jubel«, hatte er mir im Winter erzählt, als wir uns während des Trainingslagers zum ersten Mal länger unterhielten.

Zum Teil erklärte sich seine Popularität dadurch, dass er als Mittelstürmer für die Tore sorgte, die das Publikum bejubeln konnte.

2014 hatte er schon mal für ein Jahr bei Union gespielt, er war damals vom Bundesligisten Mainz ausgeliehen gewesen und hatte 14 Tore geschossen. Union hatte sich eine feste Verpflichtung aber nicht leisten können, und Polter wechselte zu den Queens Park Rangers in die zweite englische Liga. 2017 kehrte er nach Berlin zurück. Zingler war persönlich zu ihm nach London gefahren, um Polter von dem Wechsel zu überzeugen. Für den bis dahin teuersten Transfer der Vereinsgeschichte überwies Union eine Ablösesumme von 1,6 Millionen Euro.

Innerhalb von zweieinhalb Jahren schoss er in der Zweiten Liga 26 Tore, und das, obwohl er in der Aufstiegssaison wegen eines Achillessehnenrisses sechs Monate gefehlt hatte. Polter hatte auch das erste Tor der neuen Saison geschossen, im Testspiel gegen die Dänen aus Bröndby. Anschließend allerdings traf er nur noch zweimal, jeweils per Elfmeter. Einen Strafstoß hatte er bei der 1:2-Niederlage in München verwandelt, den zweiten eine Woche später im Derby gegen Hertha BSC – das Siegtor und sein Moment der Saison. Nur zweimal hatte er bei Bundesligaspielen in der Startelf gestanden, im Pokal war er keine Minute zum Einsatz gekommen, von den drei Mittelstürmern war er die Nummer drei. Dennoch wurde kein Trikot so oft verkauft wie das mit seinem Namen auf dem Rücken.

Ich fragte mich, wann seine Saison eigentlich die falsche Ausfahrt genommen hatte, und dachte manchmal an jenen Samstagmorgen im November, als die Mannschaft im Essraum zur üblichen Besprechung vor einem Heimspiel zusammengekommen war. »So beginnen wir«, sagte Fischer, wie er das am Spieltag immer sagte, und Wittmann zeigte wie immer die Mannschaftsaufstellung. Sebastian Polter, so war es der Grafik zu entnehmen, würde gegen Borussia Mönchengladbach als zweite Spitze neben Sebastian Andersson anfangen. »Ich sehe meinen Namen, und mein Herz geht auf«, erzählte mir Polter. Nur ging sein Herz zu Unrecht auf, denn ein Fehler hatte sich eingeschlichen. Nicht er, sondern Anthony Ujah stand in der Startformation.

Als Einzigem im Trainerteam fiel Bönig das auf, doch er verpasste den richtigen Moment zur Korrektur. Erst als er zum Ende wie üblich die Standardsituationen vorstellte, sagte er: »Jungs, uns ist da ein Fehler unterlaufen. Wir beginnen mit Tony und nicht mit Polti.« In dem Moment reagierte im Raum niemand, doch hinterher zogen einige Spieler Polter damit auf. Ich bekam mit, wie Manuel Schmiedebach zu Markus Hoffmann sagte: »Was willst du dafür, dass du Polti gleich im Spiel zur Auswechslung holst und sagst: ›Ach nee, wir haben es uns anders überlegt.‹«

»Für mich war das damals ein Amateurfehler«, sagte Polter, und das teilte er dem Trainerteam auch mit. Sie entschuldigten sich bei ihm, aber in der Woche danach meldete sich sein Berater und sagte: »Ich werde nicht zulassen, dass Sebastian Polter bei Union ein 08/15-Spieler wird.« Den Bedeutungsverlust hatte er damit nicht aufhalten können. »Ich war nie drin in der Saison. Ich bekam nie das Gefühl vermittelt: Du bekommst eine Chance«, fasste Polter seine Wahrnehmung zusammen. Er hätte in der Vorbereitung die meisten Tore geschossen und seiner Meinung nach auch die konstantesten Leistungen gezeigt. »Wenn du dann vorm ersten Spiel gesagt bekommst ›Du bist nur Stürmer Nummer drei‹, ist das ein Schlag ins Gesicht.«

Es war nicht so, dass Polter sich hängen ließ, aber er war nicht der Typ Spieler, der sich übers Training so anbot, dass die Trainer eine Idee mit ihm bekamen. »Ich habe nie konstant stark trainiert, auch früher nicht, aber ich war bei den Spielen immer da«, sagte er. Im Wintertrainingslager in Spanien hatte ich ihn bedauert, weil ihm für jeden sichtbar kaum was gelang. Das mochte auch damit zu tun haben, dass ihm Manager Ruhnert eine Verlängerung seines auslaufenden Vertrages in Aussicht gestellt hatte, um ihn als Identifikationsfigur zu binden, allerdings sollte darüber erst nach Saisonende gesprochen werden. Außerdem würde das Angebot deutlich leistungsbezogener ausfallen, bislang war Polter der bestbezahlte Spieler im Team. »Aber das ist für mich keine Wertschätzung«, sagte er mir.

»Es gibt Spieler, die das Gefühl brauchen, Stammspieler zu sein«, hatte mir Bönig erklärt, und Polter sei so einer. Ich fand das eine faszinierende Logik, wie es sie vielleicht nur im Fußball gab. Wie sollte der Trainer ihm das Gefühl geben, ein Stammspieler zu sein, wenn er nicht sonderlich überzeugend trainierte? Das wäre unfair gegenüber den beiden anderen Stürmern gewesen. »In den Fluss bin ich nicht reingekommen, weil ich den Vertrauensvorschuss nicht bekommen habe. Den hatte ich die Jahre zuvor und habe ihn auch klar zurückgezahlt«, sagte Polter. Vielleicht war der angebliche Vorschuss in der Vergangenheit aber auch nur deshalb zustande gekommen, weil Polter vorher durch Tore eingezahlt hatte.

Am Tag nach der Autogrammstunde im Supermarkt erschien ein großes Interview mit Polter in der »Berliner Morgenpost«, einer Lokalzeitung. Er hatte es nicht mit dem Verein abgesprochen, wie das eigentlich vertraglich vorgesehen war. Er beklagte darin das fehlende Vertrauen in ihn und kündigte an, dass er Union zum Saisonende verlassen würde. Nicht nur ich stellte mir die Frage, welches Ziel er damit verfolgte. Der ebenfalls um einen neuen Vertrag ringende Rafał Gikiewicz sagte zu mir: »Kannst du nicht machen, hast du keine Argumente.«

Aber vielleicht ging es gar nicht um Argumente. Mir war dieser Schritt in die Öffentlichkeit wie ein Schrei nach Liebe vorgekommen. Eine Reaktion auf den Liebesentzug des Trainers, der ihm kein Vertrauen schenkte, des Managers, der ihm keinen großen Vertrag mehr anbot, des Präsidenten, der sich nicht mehr privat mit ihm traf, wie er das früher mal gemacht hatte. Und vielleicht auch, dass er nicht das Gesicht einer Kampagne war, die der Verein mit einem Sponsor machte. Doch Polter erklärte es anders: »Ich bin ein Mensch, der geradeheraus ist. Und ich musste im Kopf abschließen und das auch nach außen zeigen.« Und war ihm das gelungen? »Ja, danach habe ich mich befreit gefühlt.«

Symbolpolitik

»Welcome to the DFL Horrorshow« stand auf einem der Transparente über der leeren Nordwestkurve des Frankfurter Stadions. Wo sonst Tausende standen, die für einen in der Bundesliga anerkannten Support sorgten, war ein schwarzes Transparent aufgespannt, halb so groß wie die Fläche eines Strafraums. »Montag« stand in weißen Lettern darauf, und ein durchgestrichener roter Kreis war darübergemalt worden. Überall hingen Transparente, die dagegen protestierten, dass an einem Montagabend in der Bundesliga gespielt wurde. »Ihr streckt den Spieltag, wir das Koka«, war besonders vieldeutig. War die Deutsche Fußball Liga ein mieser Dealer seiner Fußballdroge, oder waren die Fans in Frankfurts Kurve Kokaindealer? »Spritz ab, spritz ab, schafft den Montag ab« war ebenfalls zu lesen. Der Ton war rau, aber so ganz erschloss sich mir der Protest nicht. Montagsspiele waren vielen Fans ein Ärgernis, seit sie 1993 in der Zweiten Bundesliga eingeführt worden waren. Gerade für jene Anhänger, die kein Spiel ausließen, waren sie eine enorme Belastung. An einem Montag auf Reisen zu gehen, bedeutet, zusätzlich Urlaub nehmen zu müssen. Seit 2017 gab es auch in der Bundesliga einige Montagsspiele, um den deutschen Mannschaften, die donnerstags in der Euro League antraten, einen Ausweichtermin anzubieten, so die offizielle Begründung. Weil es aber ständig Beschwerden von Fans gab, fiel 2019 der Beschluss, sie wieder abzuschaffen. Allerdings war das erst ab 2021 möglich, weil bis dahin Fernsehverträge für diese Montagsspiele bestanden.

So protestierten die Anhänger von Eintracht Frankfurt also gegen ein zwar real stattfindendes Spiel am Montag, aber ihr politisches Ziel, den Termin abzuschaffen, war längst erreicht. Trotzdem ließen sie an diesem Tag ihre Kurve leer, und ihre Mannschaft würde ohne ihre Unterstützung auskommen müssen. Während ein Fanvertreter das nun unten auf dem Platz im Gespräch mit dem Stadionsprecher begründete, pfiffen einige Fans. Nicht alle waren der Ansicht, dass der Protest angemessen war, oder fühlten sich auch einfach nur um das Erlebnis einer furios anfeuernden Fankurve gebracht. Als das Gespräch vorbei war, lief »I Don't Like Mondays« von den Boomtown Rats über den Stadionlautsprecher.

Vielleicht gewann Union das Spiel auch deshalb mit 2:1, weil Eintracht Frankfurt nicht von den Rängen unterstützt wurde. Vielleicht lag es auch daran, dass wir, wie schon in Bremen, in einem Hotel wohnten, dass alle toll fanden. Sicherlich gewann Union aber, weil Christopher Lenz vor dem Führungstreffer ausnutzte, dass zwei Spieler von Eintracht Frankfurt dachten, dass jeweils der andere den Ball klären würde. Er war in den gegnerischen Strafraum durchgelaufen, nahm den Ball und passte ihn zu Sebastian Andersson, der nach acht Partien endlich mal wieder traf und sich hinterher so sehr bei Lenz bedankte, dass es dem fast zu viel wurde. Rafał Gikiewicz hatte kurz vor Schluss noch ein, zwei gute Paraden im Getümmel des Frankfurter Sturmlaufs gehabt. Von Robert Andrichs Leistung war ich wieder mal begeistert, was ich ihm unten am Spielfeldrand leicht enthusiastisch auch sagte. Er aber brummte das Kompliment nur weg.

In der Kabine herrschte ansonsten wieder einmal die wohlige Atmosphäre nach einer gewonnenen Schlacht. Florian Hübner lag selig lächelnd auf einer Behandlungsliege und schälte sich aus seinem Tape, während Marvin Friedrichs linker Fuß getaped wurde. »Ja, so was können wir«, sagte er. Lenz war mit dem Daumen umgeknickt, als er nach einem Zweikampf an der Mittelfeldlinie fast in die Fernsehkamera geknallt war. Aber all diese Schmerzen und Blessuren waren süß. Union Berlin hatte nun elf Spieltage vor Schluss bereits 29 Punkte, es sah gut aus.

Was wir an diesem letzten Montagabend im Februar nicht wussten, ja nicht einmal ahnen konnten: Wir hatten auf unterschiedliche Weise die Vorboten dessen erlebt, was auf uns zukommen würde. Langfristig, aber auch schon am nächsten Wochenende.

»Schon Wahnsinn, was da abgeht. Bin neugierig, ob da morgen bei uns auch was kommt«, schrieb mir Christopher Trimmel am Samstagabend vor dem Spiel gegen Wolfsburg. »Bin mir sicher«, schrieb ich ihm zurück, und als wir am Sonntagmorgen vom obligatorischen Kurzspaziergang am Spieltag zurückkamen, war klar, dass etwas passieren würde. Denn plötzlich stand der Präsident im Trainerzimmer.

Der Wahnsinn, der abging, war am Tag zuvor in Hoffenheim passiert und hatte eine lange und komplizierte Vorgeschichte. Bereits im September 2009 war bei einem Spiel von Borussia Dortmund in Hoffenheim in der Gästekurve ein Banner hochgehalten worden, in dem das Gesicht von Hoffenheims Mehrheitseigner Dietmar Hopp im Fadenkreuz zu sehen war, darunter der Schriftzug »Hasta la vista, Hopp«. Arnold Schwarzenegger hatte im Film »Terminator« stets »Hasta la vista, Baby« gesagt, wenn er jemanden erledigte. Die TSG Hoffenheim spielte damals ihre zweite Saison in der Bundesliga und galt den Anhängern vieler Klubs als Ärgernis, weil sich, so ihre Argumentation, der Klub mit den Finanzmitteln von Hopp, dem Gründer des milliardenschweren Softwarekonzerns SAP, in die höchste Spielklasse gekauft hätte. Hopp hatte einst selber in dem Dorfklub gespielt, der bis in die 1990er-Jahre hinein ein bescheidener Amateurverein gewesen war, bis Hopp 2005 massiv in den Klub zu investieren begann.

Kritisiert wurden der Klub und sein Gönner vielerorts und von vielen Gästefans, aber besonders zwischen den Anhängern des BVB und ihm entwickelte sich über die Jahre ein fast schon absurder Kleinkrieg. Im August 2011 etwa wurden Hochfrequenztöne eingesetzt, um Schmähgesänge der Dortmunder Fans gegen Hopp zu übertönen. 2017 ließ Hopp Gesänge von Fans mit Richtmikrofonen und Spezialkameras aufzeichnen, rund 50 Anhänger des BVB wurden anschließend wegen Beleidigung angeklagt. Sie hatten »Dietmar Hopp, du Sohn einer Hure« oder ähnliche Schmähungen angestimmt. Nachdem im September 2018 bei einem Spiel des BVB in Sinsheim erneut ein Banner mit Hopp im Fadenkreuz zu sehen war, verhängte der DFB einen Zuschauerausschluss für drei Jahre auf Bewährung für BVB-Fans. Nachdem es beim nächsten Spiel in Sinsheim im Dezember 2019 wieder zu Beleidigungen kam, schloss der DFB die Anhänger des BVB am 21. Februar 2019 bis zum Ende der Saison 2021/22 für Gastspiele in Hoffenheim aus. Zusätzlich musste der BVB 50 000 Euro Strafe zahlen und Hoffenheim die zu erwartenden Ausfälle von Ticketeinnahmen ersetzen.

Damit war die Sache aber zu einer grundsätzlichen Angelegenheit geworden. Zwei Jahre zuvor hatte der DFB nach langen Debatten mit Fans die sogenannten Kollektivstrafen ausgesetzt, es sollte keine Ausschlüsse von ganzen Fangruppen aufgrund der Vergehen Einzelner geben. Genau das aber passierte nun und hatte am Tag vor Unions Spiel gegen Wolfsburg für einen gewaltigen Eklat gesorgt. Anhänger des FC Bayern hielten im Stadion Transparente hoch, in denen sie Hopp massiv beleidigten – aber nicht nur ihn: »ALLES BEIM ALTEN: DER DFB BRICHT SEIN WORT. HOPP BLEIBT EIN HURENSOHN« war auf einem Spruchband zu lesen. Adressat der Kritik war also eigentlich der Fußballverband, der entgegen der Ankündigung eine Kollektivstrafe verhängt hatte, doch nun drohte der Spielabbruch einer Partie, in der Bayern nach einer großartigen Leistung mit 6:0 führte.

Zunächst unterbrach der Schiedsrichter das Spiel. Als die Transparente verschwanden, pfiff er wieder an. Dann tauchte ein weiteres Transparent auf (»Du Hurensohn«), und der Schiedsrichter schickte die Spieler erneut in die Kabine, während Trainer und Verantwortliche des FC Bayern vor der Kurve wütend deutlich machten, dass sie das alles nicht wollten. Als das Transparent endlich verschwunden war, spielten beide Teams nur noch unter Protest weiter. 13 Minuten lang schoben sie sich den Ball zu und ließen die Uhr herunterlaufen, während Hopp und Bayerns Vorstandsvorsitzender Karl-Heinz Rummenigge gemeinsam am Seitenrand im Regen standen. Nach Abpfiff überboten sich Rummenigge und viele andere Offizielle vor den Fernsehkameras in ihrer Kritik an den »Chaoten« und »Idioten« und dass das Folgen haben würde.

Ich hatte am nächsten Morgen mit Urs Fischer über die Vorfälle gesprochen. Wenig überraschend wusste er nicht viel über die Hintergründe, weil er sich wie viele Trainer und Spieler für Fragen der Fankultur und deren Probleme nur am Rande interessierte, schon gar in einem so unübersichtlichen Fall. Sie waren mit dem Spiel selber einfach zu sehr beschäftigt, um sich eine präzise Meinung zu bilden. Allerdings war ihm klar, dass er an diesem Tag dazu befragt werden würde, und als Zingler nun im Trainerzimmer saß, wollte er von diesem wissen, was er dazu sagen sollte.

Es folgte eine leicht verunglückte Kommunikation zwischen den beiden Männern, die sich sonst eigentlich gut verstanden. »Wir geben dazu von oben nichts vor. Es kann jeder selbst entscheiden, wie er das empfindet und wie er sich dazu äußern will«, sagte Zingler. Das mochte im Prinzip richtig sein, enthob Fischer aber nicht des Dilemmas, dass er sich zu einem Thema äußern sollte, mit dem er sich weder richtig beschäftigt hatte noch beschäftigen wollte. Zumal die Sache nicht besser wurde, als Christian Arbeit hereinkam und von seinem Gespräch mit den Vertretern der Ultras berichtete.

Es war inzwischen Viertel nach zwölf, bereits um halb zwei sollte das Spiel angepfiffen werden. Anstatt sich darauf vorzubereiten, ging es nun um die Proteste. In der 43. Minute des Spiels, also kurz vor der Pause, so berichtete Arbeit, würden die Fans ein Banner zeigen, auf dem Hopp als »Hurensohn« beleidigt würde, auch sein Konterfei im Fadenkreuz würden sie zeigen. Arbeit seufzte, er hatte es den Fans nicht ausreden können. »Die Menschen brauchen Symbole, das ist wohl so. Aber das ist eine Form von Symbolpolitik, die ich für falsch halte«, sagte Zingler. Und Manager Ruhnert ging los, um den Schiedsrichter zu informieren.

Fischer schaute nun noch unglücklicher drein und fragte noch einmal: »Wie sollen wir uns verhalten, wenn das gezeigt wird?«

»Das könnt ihr entscheiden, wie ihr meint. Authentische Reaktionen sind immer am besten«, sagte Zingler.

Fischer war damit nicht so richtig zufrieden: »Wir wissen jetzt, was kommt. Wie sollen wir uns verhalten? Es werden doch Fragen kommen, wenn wir nicht reagieren.«

Im Grunde waren wir jetzt bei einer Aufführung eines Stück aus dem Bauerntheater angekommen. Die vermeintlichen Schurken aus der Kurve würden etwas Böses machen, das sie nicht für Böse hielten, sondern für eine Form wirksamen Protestes. Spieler und Trainer würden sich empört geben, es aber nicht sein, sondern eher genervt von der Störung der Arbeit, die sie die ganze Woche gemacht hatten. Also wurde beschlossen, dass Kapitän Trimmel zur Kurve gehen sollte, um das Einbringen des Transparentes zu fordern. Es war nämlich die Anordnung ergangen, dass bei der ersten Beleidigung für Hopp das Spiel unterbrochen und bei der dritten abgebrochen würde.

Im Trainerzimmer waren alle aufgewühlt, diese Männer arbeiteten jeden Tag daran, alle Konflikte und Nebenschauplätze von der Mannschaft fernzuhalten, und nun hatten sie mit so einem Kram zu tun. Es war kaum auszuhalten! Fast rührend war es, dass Adrian Wittmann die ersten Artikel des Grundgesetzes aufrief, in denen es um die Menschenwürde und die Meinungsfreiheit ging. Er druckte sie aus, aber Fischer war über die staatsbürgerliche Unterrichtung nicht glücklich. Dann ging er in die Kabine, um die Mannschaft auf das vorzubereiten, was kommen würde.

Nach 32 Minuten wurden zum ersten Mal Banner hochgehalten, auf denen stand: »Gegen Kollektivstrafen. Fick Dich, DFB.« Völlig überraschend unterbrach der Schiedsrichter daraufhin das Spiel, obwohl diese Art von Protest gar nicht Gegenstand der Reglementierung war. Kurz nachdem Sebastian Andersson das 1:0 geschossen hatte, gingen Plakate hoch, auf denen Hopp beleidigt wurde und im Fadenkreuz zu sehen war. Nun holte der Schiedsrichter die Teams vom Platz, und zum ersten Mal erlebte ich ein wütend geteiltes Stadion. »Aufhören, aufhören«, riefen Union-Fans von allen Seiten denen auf der Waldseite zu. Und als einer der beiden Vorsänger über die Mikrofonanlage die Position der Protestler erklären wollte, gab es »Halt die Fresse«-Sprechchöre. Es dauerte fast eine Viertelstunde, bis die beiden Mannschaften wieder da waren, inzwischen waren die Verantwortlichen des VfL Wolfsburg ganz nervös. Ihre Fans hatten nämlich ebenfalls ein Anti-Hopp-Banner dabei. Würden sie es nun zeigen, würde der Schiedsrichter das Spiel abbrechen müssen.

Union schoss nach all dem Durcheinander kurz nach der Pause noch das 2:0, aber Wolfsburg gelang der Ausgleich, was angesichts der Leistungen in Ordnung war. Über das Spiel selber wurde relativ wenig geredet. Außer in der Kabine. Als ich mit Sebastian Andersson über die Banner und ihre Auswirkungen sprechen wollte, schaute er mich erstaunt an: »Who is Hopp?« Wer war dieser Hopp? Er hatte noch nie von diesem Mann gehört.

Das Publikum hatte im Mittelpunkt gestanden – zum letzten Mal in der Saison An der Alten Försterei. Zwei Tage später schafften es die »Union-Chaoten jetzt im Visier der Polizei« zwar noch auf die Titelseite einer Berliner Boulevardzeitung, der Aufmacher war aber ein anderer: »Corona-Virus: Berlins Patient null«.

Aufbauarbeit im Raum Markus

»Was glaubst du, wie viele Mannschaftsbesprechungen ich als Spieler erlebt habe«, fragte Urs Fischer. Das war eine rhetorische Frage, es dürften Hunderte gewesen sein, aber auf die Zahl kam es nicht an, sondern auf das, was sie bei Fischer hinterlassen hatten. Er verabscheute das, was er dabei erlebt hatte. »Wir haben anderthalb Stunden dagesessen und uns die Fehler um die Ohren hauen lassen. Aber über Fehler zu reden, das hilft nicht«, sagte er.

Nur wenige Minuten vorher war die morgendliche Besprechung nach der Niederlage in Leverkusen zu Ende gegangen, und noch nie hatte ich Fischer so überzeugend empfunden wie in der halben Stunde, in der es um das Aus im DFB-Pokal am Vorabend ging. Fischer hielt weder dramatische Ansprachen, noch erzählte er die Geschichten, die er für jedes Spiel entwickelte, auch als Geschichten. Er war selten emotional, seine Sprache war nicht bildreich, sondern immer konkret. Auf Schwyzerdütsch mochte das anders sein, aber ich bezweifelte selbst das. Seine Ansprachen waren also oft spröde, doch zugleich entstanden gerade dadurch manchmal Momente besonderer Intensität.

70 Minuten hatte seine Mannschaft in der BayArena gut gespielt, war nach einem schönen Angriff über die rechte Seite mit 1:0 in Führung gegangen. Sowohl die Flanke von Marius Bülter als auch der Kopfball von Marcus Ingvartsen waren »mustergültig« gewesen. Im dritten Spiel der Saison gegen Leverkusen schien es endlich zu klappen.

Auch die tragischen Umstände des Spiels schienen Union zu helfen. Nach einer Viertelstunde gab es einen Notarzteinsatz auf der Tribüne, und weil das nicht zu übersehen war, stellten die Zuschauer alle Anfeuerungen ein. Fast eine halbe Stunde lang war es so ein Geisterspiel. »Uns hat das geholfen, weil wir uns gegenseitig besser coachen konnten, weil wir einander gehört haben«, erzählte mir Keven Schlotterbeck hinterher.

Doch 20 Minuten vor Schluss war Christopher Lenz am gegnerischen Strafraum so in seinen Gegenspieler gerauscht, dass der Schiedsrichter ihm die Gelbe Karte zeigte, und da es die zweite war, die Rote Karte hinterher. Lenz war alles andere als ein bösartiger Spieler, dieses Foul 90 Meter vom eigenen Tor entfernt war eher ein Unfall gewesen. Wäre er den Bruchteil einer Sekunde früher da gewesen, hätte er den Zweikampf gewonnen. Doch es war der Fehler von Lenz, und schuldbewusst schlug er die Hände vors Gesicht, als er vom Platz ging.

Den Vorsprung gegen eine Spitzenmannschaft über die Zeit zu bringen, würde schwer werden, das war klar. Aber in die Aufregung und in die Neuordnung, die das plötzliche Fehlen des Linksverteidigers mit sich brachte, passierte das, was auf keinen Fall passieren durfte. 80 Sekunden nach dem Platzverweis glich Leverkusen aus, und das auch noch über die Seite, auf der Lenz fehlte. Bülter hatte sofort seine Position übernommen, aber die ganze Ordnung stimmte trotzdem nicht. Wieder einmal tat sich die Mannschaft schwer, mit einer ungewöhnlichen Situation gut umzugehen – wie schon beim Heimspiel gegen Bremen oder auf Schalke.

Anschließend kam Leverkusen in den Spielfluss, den Union vorher so erfolgreich verhindert hatte. Bayers Führungstreffer fünf Minuten vor Schluss fiel nach einem Eckball, also in einer Situation, in der die Unterzahl eigentlich keine Rolle spielte, und das auch noch durch ein Kopfballtor eines gerade mal 1,74 Meter großen Spielers. Christopher Trimmel hatte ihn aus dem Auge verloren, zum ersten Mal in der Saison war er eindeutig an einem Gegentreffer schuld. Dass Leverkusen in der Nachspielzeit noch ein drittes Tor schoss, spielte schon keine Rolle mehr. Das Halbfinale war verpasst.

Christopher Lenz saß nach Abpfiff auf seinem Platz in der Kabine, hatte sich in seine wattierte Jacke verkrochen, die Kapuze über den Kopf gezogen und starrte ins Nichts. Sein Platzverweis war der Wendepunkt im Spiel gewesen, daran bestand kein Zweifel. Wer weiß, ob Leverkusen sonst eine Lücke gefunden hätte. Einige Spieler klatschten ihn ab, andere ließen ihn einfach in Frieden, nur Rafał Gikiewicz redete auf ihn ein. Später würde der Pole twittern: »Wir gewinnen zusammen, wir verlieren zusammen.« Andererseits hatte er im Gespräch mit den Journalisten direkt nach dem Spiel davon gesprochen, dass es »eine Katastrophe« sei, welche individuellen Fehler sie gemacht hätten. Das bezog sich auf die Zimmergenossen Lenz und Trimmel, die sich später im Mannschaftshotel ein paar Bier aufs Zimmer mitnahmen, um ihren Frust zu bekämpfen. Schlafen konnten sie sowieso nicht.

Ich setzte mich in der Kabine in Leverkusen auf das Fahrrad neben Marius Bülter, dessen Auslaufen in Ausradeln bestand. »Wir bringen die Spiele einfach nicht über die Runden«, sagte er. Ich widersprach ihm, in Frankfurt war genau das in einer mächtigen Abwehrschlacht gelungen, in Bremen waren sie nicht einmal in echte Schwierigkeiten gekommen. Es war so, als ob sich da eine neue Geschichte entwickelte – die von der Unfähigkeit, ein Resultat zu verteidigen. »Wir stellen uns zu blöd an, wir machen einfach zu viele Fehler«, sagte Robert Andrich. Ich widersprach auch ihm, denn jede Mannschaft machte während der Spiele mal Fehler. Manche wurde bestraft, andere nicht. Selbstverständlich ging es darum, sie zu reduzieren und zu minimieren, aber diesbezüglich war die Bilanz von Union gar nicht so schlecht.

Ich wusste nicht, wie viel von diesen Selbstzweifeln bei Urs Fischer angekommen waren, aber als die Mannschaft sich am nächsten Morgen im Raum »Markus« traf, um die Niederlage des Vorabends aufzuarbeiten, wischte er sie einfach weg.

»Jungs, wie geht's?«, fragte er.

Alle schwiegen.

»Wir sind hier nicht in der Selbsthilfegruppe, sonst würden wir im Kreis sitzen.«

Fischer machte selten Gags, aber der war gut.

»70 Minuten haben wir gut gespielt«, sagte Gikiewicz.

»Ich fand die ersten 45 Minuten gut, dann haben wir zu wenig gemacht«, sagte Michael Parensen, »und die Gelb-Rote Karte hatte Folgen.«

»Finde ich interessant«, sagte Fischer, »ich empfand auch die zweite Halbzeit nicht schlecht. Sie sind nur gefährlich geworden, wenn wir sie eingeladen haben.«

»Es war brutal, dass sie eine Minute nach dem Platzverweis den Ausgleich gemacht haben«, sagte Robert Andrich.

»Ja, es war eine wichtige Phase nach der Gelb-Roten Karte. Es gibt einen Stockfehler von Schlotti, einen Stellungsfehler von Bülti, da ist Unordnung, Hektik, und wir verlieren den Fokus.« Fischer machte eine Pause und schaute Christopher Lenz an.

»Lenzi, hab nicht das Gefühl, dass du schuld bist. Hier macht dir niemand einen Vorwurf. Genau das wollen wir sein: eklig und aufsässig. In der Szene geht es um eine Fußspitze, und ich fand die Entscheidung des Schiedsrichters schon hart.« Aber er hatte noch ein anderes Thema, das er abräumen wollte. In Leverkusen hatten einige Spieler in der Startelf gestanden, die bislang weniger Spielzeit bekommen hatten. »Wir wechseln, weil die Spieler es verdienen. Es gibt hier keine Zweiklassengesellschaft, sondern nur eine Klasse.« Es gab nicht die Stammspieler und die Reservisten, Spieler erster und zweiter Klasse.

Danach zeigte er Szenen aus dem Leverkusen-Spiel, die richtig gut waren. Fischer sagte das mehrfach, und inzwischen merkte man, wie sich die Spannung im Raum legte. Auch die Szene, die zum Platzverweis führte, zeigte er noch mal. »Es wird irgendwann die nächste Rote Karte kommen. Was löst das aus?« Er machte eine kurze Pause. »Es sollte nichts auslösen.« Längst hatte sich bei mir der Eindruck verfestigt, den ich schon während des Spiels gehabt hatte, der aber unter dem Eindruck der Niederlage und dem Gerede verwischt worden war: Sie hatten das gut gemacht. Fischer sagte: »Wenn wir so weiterspielen, werden wir unser Ziel erreichen.«

Zum Abschluss kündigte er an, dass es in Freiburg »ein schönes Kampfspiel« geben werde, und dann wendete er sich ganz zum Schluss noch einmal an Christopher Lenz: »Lenzi, geht es dir besser?«

»Wenn ich aus dem Raum raus bin«, antwortete Lenz und grinste.

Das Virus kommt

In Freiburg stand ich in der Straßenbahn, die vom Hauptbahnhof zum Stadion fuhr, und fühlte mich nicht wohl in dieser Situation. Die Leute drängten sich im Waggon, und auf einmal schien das grundsätzlich falsch zu sein, weil plötzlich überall die Rede von einem Virus war, das SARS-CoV-2 hieß und sich angeblich schneller verbreitete als sonstige Grippeviren und viel gefährlicher war. Es löste eine Krankheit aus, die COVID-19 hieß und vor allem die Lunge befiel.

Knapp zwei Wochen zuvor, als ich mit Trimmel und Busk nach Köpenick gefahren war, hatte der Däne sein Smartphone hervorgeholt und Szenen einer Dokumentation aus dem dänischen Fernsehen gezeigt, die in Wuhan gefilmt worden waren, einer Millionenstadt in Zentralchina, von der wir zuvor noch nie gehört hatten. Inzwischen war die Stadt, in der fast elf Millionen Menschen lebten, wegen eines Virusausbruchs geschlossen worden. Niemand durfte mehr vor die Tür gehen, und Busk zeigte uns Bilder, wie Kranke aus ihren Häusern gezerrt und von Leuten mit Atemschutzmasken in Wagen geschafft und abtransportiert wurden. Es sah wie in einem dieser apokalyptischen Filme aus, in dem die Menschheit verzweifelt ums Überleben kämpft. Als wir uns das anschauten, hatte das sehr fern gewirkt. Aber dann gab es auch in Deutschland einige Fälle, erschreckend viele in Norditalien, aber teilweise auch im Elsass, nicht so weit von Freiburg entfernt.

Ich versuchte, mich in der Straßenbahn von den Mitfahrern abzuwenden, schaute angestrengt aus dem Fenster und war erleichtert, als wir endlich an der Haltestelle ankamen, von der es nur noch wenige Meter bis zum Stadion waren.

Noch waren Händeschütteln und Abklatschen nicht tabu, aber ein gewisses Unbehagen hatte sich schon eingeschlichen.

Für Union waren die Tage in Freiburg nicht so gut verlaufen, wie ich nach Fischers Mannschaftssitzung nach dem Pokalspiel in Leverkusen vermutet hatte. Wir waren erst nach Basel geflogen und von dort nach Freiburg gefahren, wo der Himmel grau war und es regnete. Die Spieler mochten das Hotel nicht, wo die Zimmer klein, die Betten zu hart und das Essen mittelmäßig war. Freitags trainierten sie auf dem Platz eines Amateurklubs vor den Toren der Stadt zwischen einer Bahnlinie, Containern und einer Anlage für Altpapierverarbeitung, es war bitterkalt und zog lausig.

So ganz war die Niederlage in Leverkusen nicht abgearbeitet, Trimmel war immer noch sauer auf Gikiewicz, der öffentlich die Fehler der Mitspieler beklagt hatte. »Jetzt habe ich mal einen Fehler gemacht, und man merkt gleich, wie Einzelne rausgepickt werden«, sagte er. Für seine Verhältnisse war er geradezu aufgebracht. Das Spiel beim Sportclub schließlich passte zur bedeckten Stimmung, die 1:3-Niederlage war verdient und eine der schlechtesten Leistungen der Saison. Es war von beiden Seiten kein sonderlich gutes Spiel gewesen, aber Freiburg war ekliger und entschlossener gewesen. Im dritten Anlauf hatten sie es endlich geschafft, Union mit den eigenen Waffen zu schlagen.

Ich fuhr nach dem Spiel mit Dirk Zingler und Marc Lettau, dem Assistenten von Oliver Ruhnert, zum Flughafen in Basel, wir checkten ein, was auch für gecharterte Flugzeuge nötig war. Doch an der Sicherheitskontrolle konnte das Personal mit unseren Bordkarten nichts anfangen, unser Flugzeug gab es angeblich nicht. Als es endlich doch im System auftauchte, gingen wir zum Gate und machten uns auf den Heimweg. Kurz vor der Landung in Berlin bat ich die Stewardess, ein Taxi vorzubestellen, wie uns das letztes Mal gesagt worden war. Aber sie schaute mich befremdet an und sagte, dass wäre nicht möglich. Ich kam mir wie ein Schnösel vor, der absurde Wünsche äußerte.

Vier Tage später war endlich wieder ein schöner Tag. Es regnete nicht, zwischendurch schien sogar die Sonne, und wenn der Wind eine Pause machte, fühlte es sich an, als ob der Frühling begonnen hätte. »Die Sonne macht schon mal vierzig Prozent bessere

Laune«, sagte Robert Andrich, als er im Stadion am Seitenrand stand, mit dem Ball jonglierte und darauf wartete, bei der nächsten Trainingsübung wieder auf den Platz zu kommen. Fischer ließ das Anlaufen gegen die Bayern üben, das Umschaltspiel, und auch sonst sollte dieses Training das Spiel gegen den größten Klub des Landes simulieren.

Am Tag zuvor hatte das Bezirksamt Köpenick verkündet, dass Zuschauer zu diesem Spiel zugelassen seien, obwohl wegen des Coronavirus nach und nach fast überall in der Bundesliga die Zuschauer ausgeschlossen worden waren. Zingler hatte zum ersten Mal in der Saison der Instinkt für die richtigen Worte verlassen, als er Journalisten sagte: »Herr Spahn hat ja auch nicht empfohlen, dass BMW die Produktion in Berlin einstellt. Dann kann er uns auch nicht empfehlen, dass wir unseren Betrieb einstellen.« Bundesgesundheitsminister Jens Spahn hatte empfohlen, Veranstaltungen mit mehr als 1000 Besuchern abzusagen. Auf Zinglers Äußerung hin war ein Shitsorm losgegangen, sogar ich hatte wütende Nachrichten bekommen, ob sie bei Union noch alle Tassen im Schrank hätten. Ich wollte gar nicht wissen, was Zingler selbst sich anhören musste.

Seit der Rückkehr aus Freiburg war ich nicht mehr bei der Mannschaft gewesen. Nicht am Sonntag, am Montag und Dienstag. Längst war die Welt eine andere geworden, in der es darum ging, die Verbreitung des Coronavirus zu verlangsamen. Vor allem aus Norditalien kamen schreckliche Nachrichten. Es hatte sich daher schon montags falsch angefühlt, dass in Stuttgart noch ein Zweitligaspiel in einem voll besetzten Stadion ausgetragen worden war und dienstags RB Leipzig gegen Tottenham Hotspur in der Champions League vor Zuschauern spielen durfte. Für den Mittwochabend waren erstmals Zuschauer ausgeschlossen worden, in der Bundesliga beim Nachholspiel zwischen Borussia Mönchengladbach und dem 1. FC Köln und in der Champions League zwischen Paris St. Germain und Borussia Dortmund.

Dieses Virus war auf dem Weg zu uns, und langsam rückten wir auseinander. Inzwischen war ich nicht mehr einer der wenigen, die das Desinfektionsmittel am Eingang der Tribüne benutzten. Wir klatschten morgens nicht mehr ab, sondern gaben uns nur noch Fistbumps mit unseren desinfizierten Händen.

Am Mittwochmorgen wurde für 9.20 Uhr kurzfristig eine Mannschaftsbesprechung in der Kabine angesetzt, nicht im Essraum. Wittmann fuhr sein Pult und sein Laptop hinein und schloss es an den Bildschirm an, auf dem Urs in der Halbzeitpause sonst seine taktischen Erklärungen machte. Er konnte dort auf dem Bildschirm Striche und Pfeile einzeichnen. Aber relativ schnell wurde klar, dass Fischer etwas anderes umtrieb als das richtige Anlaufen des Gegners, das Verschieben und Durchsichern. »Sind wir immer noch auf dem gleichen Weg?«, fragte er, nachdem er ein paar Szenen gezeigt hatte. »Sind wir immer noch der Meinung, es ist eine Sensation, wenn Union die Klasse hält? Oder ist es eine Katastrophe, wenn wir absteigen?«

Er schaute sich um. »Herr Andrich, was hast du im Kopf? Ist das eine Katastrophe?« Adrian sagte, dass er einen Abstieg angesichts der guten Tabellenposition und der 30 Punkte schon enttäuschend fände. Auch Neven Subotic meldete sich, dass wir eigentlich im grünen Bereich wären. So richtig zufrieden war Fischer nicht mit diesen Antworten. »Urteilen wir immer noch gleich? Akzeptieren wir, dass wir in jedem Spiel der Underdog sind? Ich glaube schon: Wir sind immer noch die Gleichen. Wenn wir gegen Freiburg spielen, ist Freiburg ein Highlight, nicht nur die Bayern. Wenn wir es packen, ist das eine Sensation. Mit unseren Mitteln, und die sind laufen, laufen, laufen. Und lange Bälle. Nicht Spielfortsetzung, sondern eklig zu sein.«

Ich verstand, worauf er hinauswollte, und fühlte mich selbst erwischt. Es war mittlerweile auch mein Gefühl gewesen, dass Union inzwischen eine ganz normale Bundesligamannschaft war, die mit fast jedem Gegner mithalten konnte, wenn auch mit ihren Mitteln. Als Sebastian Bönig die Kabine verließ, sagte er im Vorbeigehen zu mir: »Ich glaube, das hat jetzt nicht zur Stimmung der Mannschaft gepasst.« Das sagte er wohl auch Fischer, denn einige Minuten später rief er mich ins Trainerzimmer: »Christoph, komm mal!« In den vorangegangenen siebeneinhalb Monaten hatte Fischer mich nie nach meiner Meinung gefragt, aber jetzt tat er es: »Wie hast du das gerade empfunden?«

Ich hatte hinten gesessen und nicht die Gesichter aller Spieler gesehen. Ich hatte nicht genau verstanden, was Subotic gesagt hatte, aber Fischers Botschaft durchaus. In Freiburg war Union dem Gegner zum ersten Mal seit langer Zeit in dem unterlegen gewesen, was eigentlich die Stärke der Mannschaft war. Freiburg war mehr gelaufen, hatte mehr Zweikämpfe gewonnen, war ekliger gewesen. Fischer hatte es nicht gefallen, dass sich der Mannschaftsrat bei ihm über das Hotel in Freiburg beschwert hatte. »Das waren immer noch sechs Sterne im Vergleich zum Hotel am Müggelsee«, sagte er und zuckte mit den Achseln.

Ich verstand ihn, aber ich verstand auch die Spieler und sagte: »Du bist wie ein Lehrer, der einer Klasse, die glaubt, im Leistungskurs zu sein, wieder mit Inhalten des Grundkurses kommt.« Fischer nickte. »Aber es ist wahrscheinlich sogar richtig, denn sie haben immer dann gut gespielt, wenn sie über den Grundkurs gekommen sind, und nicht umgekehrt«, sagte ich.

Später auf dem Trainingsplatz sah man die aktuellen sportlichen Probleme. Gikiewicz brachte im Moment kaum einen der langen Abschläge zu Andersson, dem Zielspieler. Schon in Freiburg hatte er große Probleme mit diesen Bällen gehabt, die so wichtig für das Spiel der Mannschaft waren. Flogen sie ins Aus oder landeten sie bei einem Mitspieler, der im Kopfballduell nicht so gut war wie der Schwede, ging ein wichtiger Teil des Spielkonzepts nicht auf, und die Mannschaft musste viel Energie aufwenden, um ihn zurückzuerobern.

Bei der Sitzung nach dem Spiel in Freiburg war Gikiewicz von Fischer deutlich dafür kritisiert worden, was wohl auch eine erzieherische Maßnahme war, weil der Pole nach der Partie wieder einmal zu laut die Fehler seiner Mitspieler benannt hatte. Andererseits hatte der Trainer den Mannschaftsrat einbestellt, um zu besprechen, wie man Gikiewicz helfen konnte, wieder seinen Fokus zu finden. Inzwischen war im Prinzip klar, dass sein Vertrag nicht verlängert werden würde, trotzdem brauchten sich beide Seiten. Union benötigte den besten Gikiewicz, um die Saison erfolgreich zu Ende zu bringen, und ihm würde es helfen, anderswo einen so gut dotierten Vertrag zu bekommen, wie er sich das vorstellte.

Doch im Moment hatte ich den Eindruck, dass es zwischen Trainer und Keeper knirschte. Fischer stand am Seitenrand und fluchte halblaut vor sich hin, wenn Gikiewicz den Ball mal wieder nicht dahin schlug, wohin er hätte hinkommen sollen. Und der Keeper fragte mich, als ich bei einer Flankenübung hinter dem Tor stand: »Warum ist der Trainer so nervös?«

In einer normalen Woche wären das die Probleme gewesen, die man irgendwie zu lösen versucht hätte. Doch das, was normal war, änderte sich gerade fast stündlich. Morgens in der Trainerrunde hatte Fischer gesagt, dass er sich kaum vorstellen könne, dass samstags gegen die Bayern vor Publikum gespielt würde, und während des Trainings kam die Bestätigung. Das Bezirksamt Treptow-Köpenick teilte via Twitter mit: »Aufgrund einer Anordnung unseres Amtsarztes wird das Spiel @fcunion/@FCBayern unter Ausschluss der Öffentlichkeit stattfinden!« Fischer hatte das Training da schon ins Stadion verlegt, um die Spieler an die Atmosphäre zu gewöhnen, vor leeren Rängen zu spielen.

Keine zwei Stunden später, während der Mittagspause, wurde gemeldet, dass sich ein Spieler von Hannover 96 mit dem Coronavirus infiziert hatte. Florian Hübner skypte daraufhin in der Sofaecke mit einem ehemaligen Mannschaftskameraden in Hannover. Sie machten Witze darüber, in welchem Nachtklub der Spieler sich wohl angesteckt hatte. Zum Glück hatte der Hannoveraner Profi schnell genug reagiert und den Kontakt zum Rest der Mannschaft gemieden. Es war aber trotzdem nur eine Frage der Zeit, wann die erste Mannschaft in Quarantäne würde gehen müssen.

Abschlusstraining

Abends schaute ich mir das erste Bundesligaspiel in 57 Bundesligajahren, das ohne Zuschauer ausgetragen wurde, im Fernsehen an. Man sah leere Sitzschalen, hörte die Rufe der Spieler und Trainer, zwischendurch rief jemand »Come on, FC!«. Der 1. FC Köln verlor trotzdem, und die Spieler von Borussia Mönchengladbach verließen hinterher den Platz, gingen die leeren Ränge der Nordkurve hoch, um mit einigen Hundert Fans zu feiern, die draußen im Regen gewartet hatten, was nun nicht der Idee entsprach, dass Menschen voneinander Abstand halten sollten, um das Virus nicht zu verbreiten.

Am Donnerstagmorgen eröffnete Fischer die Besprechung mit der Frage: »Was meint ihr? Ist Corona ein Riesenthema?« Christian Gentner sagte, dass es schon möglich sei, sich auf das Spiel zu konzentrieren, »wenn es stattfindet«. Es waren noch zwei Tage bis zur Partie gegen Bayern, doch wirkte es jetzt schon absurd, dass sie stattfinden sollte. Es wirkte auch absurd, dass Fischer Videosequenzen der Bayern vorstellte und darüber sprach, sie zu stressen und ihren Rhythmus zu brechen. Wie nicht anders zu erwarten, tat er seine Pflicht, und pflichtschuldig hörten die Spieler zu, aber ich zweifelte daran, dass sich jemand in diesem Raum richtig darauf konzentrieren konnte. »Versucht, euch über das Spiel zu unterhalten und nicht über jede neue Nachricht«, sagte der Trainer am Ende der Besprechung. Es klang wie eine Beschwörung.

Als ich am Freitagmorgen mit Verspätung auf den Trainingsplatz kam, überholte mich Hannes Hahn. »Wird gespielt«, sagte er mir im Vorübergehen und steuerte auf Fischer zu. Die Spieler unterbrachen ihre Übung, schauten zu Hahn hinüber, und weil er weder etwas sagte noch eine erklärende Geste machte, blickten sie mich an. Neven Subotic bewegte seine ausgestreckten Hände übereinander hin und her und zog fragend die Schultern hoch. Ich schüttelte den Kopf. Dann rief Fischer die Spieler kurz zusammen und sagte ihnen, dass die DFL beschlossen hatte, dass gespielt werden würde.

Ich setzte mich auf die Bank, wo Martin Krüger wie üblich die Pulsrate der Spieler im Auge behielt. Adrian Wittmann schwenkte die Kamera oben auf dem Mast. Fischer stand auf unserer Seite des Spielfelds an der Mittellinie, Sebastian Bönig ein paar Meter weiter links auf Höhe des Strafraums. Markus Hoffmann schaute dem Spiel von der anderen Seite aus zu, und Michael Gspurning hatte sich neben eines der Tore gestellt. Es war also wie immer bei den fast 30 Abschlusstrainings, die es in dieser Saison gegeben hatte.

Nachdem die Nachricht gekommen war, dass nun definitiv gespielt würde, zog das Training an und wurde richtig gut. Es würden am nächsten Tag keine Zuschauer im Stadion sein, aber immerhin würde es gegen die beste deutsche Mannschaft gehen. Dann verließen die meisten Spieler den Platz und nahmen den Weg zurück in die Kabine. Wie üblich blieben nur jene, die an den Standardsituationen beteiligt waren. Mannschaftskapitän Christopher Trimmel schlug die Flanken wie immer, und die andere liefen so in diese Flanken hinein, wie es ihnen Bönig vorher gezeigt hatte. Dann war das Abschlusstraining vorbei, und das Wort sollte eine andere Bedeutung bekommen. Es würde nämlich fast zwei Monate dauern, bis wieder alle zusammen trainieren würden.

Dirk Zingler kam und diskutierte mit den Trainern und Oliver Ruhnert die Situation. Morgens hatte das Bundesland Bremen das Heimspiel von Werder abgesagt, zuvor waren der Zweitligist aus Hannover wegen des infizierten Spielers doch in Quarantäne geschickt worden und die Mannschaft des 1. FC Nürnberg auch. Während wir zusammensaßen, hieß es plötzlich, dass auch Steffen Baumgart, der Trainer des SC Paderborn, mit dem Virus infiziert sei oder einer seiner Spieler. Paderborn sollte abends bei Fortuna Düsseldorf spielen. Es wurde diskutiert, wie viele Tage sie der Mannschaft nach dem Bayern-Spiel freigeben sollten. Ruhnert plädierte für zwei freie Tage: »Die brauchen mal Abstand, weil sie seit Tagen über das immer Gleiche reden.«

Währenddessen passierte das, was ich schon häufiger beobachtet hatte. Zingler nutzte das Gespräch, seine Gedanken zu ordnen, quasi mit sich selbst zu debattieren, und kam schließlich zu einem Entschluss: »Ich rufe jetzt mal Seifert an.« Offensichtlich wollte er den Geschäftsführer der Deutschen Fußball Liga davon überzeugen, den Spieltag komplett abzusagen: »Er kämpft um jedes Spiel, aber es geht nicht nur um den wirtschaftlichen Schaden, sondern auch um den ideellen.« Es fühlte sich inzwischen ganz und gar falsch an, dass am nächsten Tag ein Fußballspiel stattfinden sollte. Die Spieler waren mit ihren Gedanken woanders, und auf der Austragung unbedingt beharren zu wollen, vermittelte in der Öffentlichkeit den Eindruck, als ginge es den Bundesligisten nur ums Geld, also darum, wenigstens die Einnahmen aus den Fernsehverträgen weiter kassieren zu können. Ich zeigte Zingler, was Thiago gerade getwittert hatte, der spanische Mittelfeldspieler des FC Bayern: »Das ist verrückt. Bitte hört auf, Witze zu machen, und stellt euch der Realität. Ehrlicherweise gibt es viel wichtigere Prioritäten als Sport.«

Die Spieler von Union empfanden es ähnlich. Trimmel rief nachmittags noch mal den Trainer an: »Nach dem Training war die Stimmung zu 100 Prozent, dass wir nicht spielen wollen.« Auch Michael Parensen hatte sich beim Präsidenten gemeldet, um seine Bedenken loszuwerden, und Rafał Gikiewicz ging wieder mal gleich in die Öffentlichkeit. »Fußballer werden in dieser Situation behandelt wie Affen im Zirkus«, twitterte er.

Als ich das Stadion verließ, zeigte mir Hannes Hahn noch eine Nachricht, die er von einem Bayern-Fan bekommen hatte, den er persönlich nicht kannte. Er schrieb: »Ich weiß, dass ich mir wahrscheinlich selbst ins Knie schieße ... aber anders kann ich dir nicht sagen, was mir das morgen bedeutet ... wenn ich morgen reinkommen würde, zahle ich dir 10 000 €.« Der Absender hatte erfahren, dass Hahn, der Bayern-Fan war, die Liste jener Journalisten betreute, die zum Bayern-Spiel ins Stadion kommen durften. Doch zwei Stunden später hätte auch ein noch wilderer Bestechungsversuch nichts mehr ausrichten können. Um 16.12 Uhr, zweieinviertel Stunden vor Beginn der Freitagsspiele in der Zweiten Bundesliga, wurde der Spieltag in den beiden Bundesligen komplett abgesagt und der fürs folgende Wochenende ebenfalls.

Präsident im Krisenmodus

Am Samstagmorgen, dem 14. März 2020, schien die Sonne in einer so sagenhaften Unverschämtheit vom Himmel, dass man ihr am liebsten eine reingehauen hätte. Was für ein wunderbares Frühlingslicht warf sie auf das Stadion An der Alten Försterei, und wie großartig wäre es gewesen mitzuerleben, wie die Sonne sich zum Abend langsam zurückgezogen hätte, um dem Gleißen der Flutlichtmasten Platz zu machen. Mit klopfenden Herzen, voller Vorfreude und Stolz wären die Menschen gekommen, um ihre Mannschaft gegen den FC Bayern spielen zu sehen, den größten und erfolgreichsten Klub des Landes. Und sie würden nicht zu einem Freundschaftsspiel kommen, sondern zum 26. Spieltag der Bundesligasaison 2019/20. Aber nun saßen wir morgens im fensterlosen Essraum, vampirhaft vor dem Sonnenlicht versteckt, damit wir nicht zu Staub zerfielen, weil man uns nicht mehr brauchte.

Der Fußball in Deutschland stand nun komplett still, alle Spiele von der Bundesliga bis zur untersten Spielklasse waren abgesagt worden. Der Raum war gerammelt voll mit Spielern, Trainern und Betreuern. Wir trugen an diesem Vormittag, an dem wir für lange Zeit zum letzten Mal zusammenkamen, eng beieinandersaßen und frühstückten, schon nicht mehr unsere Rudelkleidung, abgesehen von Susi, Svenni und der medizinischen Abteilung. Sebastian Andersson und Yunus Malli hatten, vielleicht aus einem Reflex, ihre Trainingshemden angezogen. Der Rest waren nun Privatleute in Sweatshirts, Hoodies oder sportlichen Pullovern, auf denen Balenciaga stand, Live Fast oder Maison Kitsune. Junge Männer, die nun in einen Urlaub geschickt werden sollten, der keiner war, nicht so verstanden werden sollte und von dem niemand wusste, wie lange er dauern würde. Vielleicht ging die Saison an diesem Tag sogar zu Ende. Aber wer wusste gerade überhaupt noch was, außer dass man besser noch

Toilettenpapier zu Hause hatte, weil es in den Supermärkten keines mehr gab.

Sicher war nur: Diese jungen Männer würden nach dem Frühstück nicht rausgehen, um anzuschwitzen, ins Hotel zu fahren, einen Mittagsschlaf zu machen oder was immer sie taten, um die Zeit bis zum Anpfiff totzuschlagen, dann mit Svenni ins Stadion zu fahren und schließlich die Bayern wegzuhauen. Oder zumindest vom Sensationssieg zu träumen.

Seltsamerweise überfiel mich Melancholie ausgerechnet angesichts der Schieferplatten, auf denen das immer gleiche Rauchfleisch lag, die Salami und Putenwurst, der Schnittkäse, der so schnell trocken wurde und sich dann wellte, die hart gekochten Eier, die ewige Beerenmischung, das Bircher Müsli, die kleinen Marmeladengläschen mit Schraubverschluss, die Dinkel- und alle anderen Brötchen. Sie hatten sieben Monate lang mit unerschütterlicher Sicherheit in der immer gleichen Anordnung dort gestanden und kamen mir schon jetzt wie die Symbole einer untergehenden Zeit vor.

Bevor wir uns zusammensetzten, hatte Urs Fischer im Trainerzimmer die Straßenroute für den Weg nach Hause in der Schweiz angeschaut, knapp acht Stunden von Berlin nach Zürich. Zum ersten Mal in 19 Monaten bei Union würde er die Strecke mit dem Auto fahren, denn niemand wusste, wie lange noch Flugzeuge fliegen würden. Es war Zeit, zu seinen Familien zurückzukehren.

Doch vorher sprach Zingler zum Team. Er stellte sich an die Wand, und es wurde leise. »Wir haben alle eine schwierige Woche hinter uns. Alle haben sich Sorgen gemacht um Freunde und Familie«, begann er. »Ich finde es nicht gut, wenn wir uns in der Union-Familie in sozialen Medien unter Druck setzen.« Das bezog sich auf den Tweet von Gikiewicz, dass die Spieler keine Affen seien. »Niemand sagt, Gesundheit ist uns weniger wichtig als Geld.« Dann sprach er über die Sorge der 250 Angestellten und freien Mitarbeiter des Klubs um ihre Jobs und wie schwierig es wirtschaftlich würde, wenn die Saison nicht zu Ende gespielt werden könnte. Er rechnete vor, dass fünf bis sieben Millionen Euro des Gesamtetats fehlen würden. »Wenn das Geld knapp wird, seid ihr zum Schluss dran. Wir kümmern uns erst um die, die es am nötigsten haben. Es ist nicht die Zeit, Ansprüche zu stellen, seid solidarisch, seid solidarisch mit der Kassiererin bei uns an der Stadionkasse oder im Fanshop.«

Ich schaute mich um, wie die Reaktion auf die kurze Rede des Präsidenten ausfiel, bekam aber kein Gefühl dafür. Vielleicht musste es zunächst einmal in die Spieler einsickern, dass Zingler sie darauf vorbereitete, dass die Coronakrise auch für sie wirtschaftliche Folgen haben würde. Es war nicht klar, was das genau bedeutete, aber in diesem Moment musste allen deutlich geworden sein, dass eine ganz andere Art von Abstiegskampf begonnen hatte.

Anschließend erklärte Manager Ruhnert, dass die Spieler keine größeren Reisen unternehmen sollten. »Wir sollten aber auch nicht den falschen Glauben haben, in fünf Tagen ist alles vorbei«, sagte er. Und Fischer sagte, dass man sich am kommenden Freitagnachmittag um halb drei wiedertreffen wolle. Bis dahin sollten die Spieler »den Motor nicht ganz runterfahren. Genießt ein bisschen die Zeit. Es ist wichtig, positiv zu bleiben.« Als Letzter erinnerte Christian Arbeit die Spieler daran, keine unabgesprochenen Interviews zu geben. Sie sollten die Situation auch bitte nicht in den sozialen Medien kommentieren und keine Urlaubsbilder posten, wenn sie wegfahren sollten. »Wir müssen die Ernsthaftigkeit der Situation beachten«, sagte er. Ich fuhr mit Busk und Trimmel zurück und sagte, dass ich mir kaum vorstellen könnte, dass die Saison noch zu Ende gebracht würde. Aber was wusste ich schon?

Zur Mythologie von Union Berlin gehört es, dass dem Verein besondere Momente der Weltgeschichte in die Quere kommen: 1968 gewann der Klub den FDGB-Pokal, den einzigen Titel der Vereinsgeschichte, an den das Denkmal vor der Haupttribüne erinnerte. Doch als im August dieses Jahres die Truppen des Warschauer Pakts in die ČSSR einmarschierten, um den Prager Frühling zu beenden, den Versuch, einen »Sozialismus mit menschlichem Antlitz« zu schaffen, war es mit der Aussicht auf Europapokalspiele vorbei. Der Fußballverband der DDR zog seine Mannschaften aus Protest zurück, nachdem der europäische Fußballverband UEFA die Teams aus West- und Osteuropa voneinander getrennt hatte, um politisch aufgeladene Begegnungen zu vermeiden. Am Ende der Saison stieg Union auch noch aus der DDR-Oberliga ab.

33 Jahre später gab es das europäische Debüt doch. Als unterlegener DFB-Pokalfinalist durfte Union Berlin im UEFA-Cup antreten. Doch weil am 11. September 2001 zwei Flugzeuge ins New Yorker World Trade Center geflogen worden waren, wurde die Erstrundenpartie Unions bei Haka Valkeakoski in Finnland verschoben, die für den Tag darauf angesetzt worden war. Die Coronakrise im Jahr der ersten Bundesligazugehörigkeit von Union passte also. »Irgendwas ist immer, wenn wir nach Höherem streben«, sagte Zingler.

Zwei Tage nach dem Treffen in der Kabine flog er nach Frankfurt, um an der Generalversammlung der 36 Profiklubs teilzunehmen. Wie sehr sich alles geändert hatte, merkte ich daran, wie verrückt es mir bereits vorkam, dass er eine Reise im Flugzeug unternahm. Bundesweit waren alle Schulen und Kindertagesstätten geschlossen worden, zunächst bis zum Ende der Osterferien. Viele Firmen schickten ihre Mitarbeiter ins Homeoffice, der Stillstand begann. Es musste verhindert werden, dass sich Hunderttausende Menschen mit einem Virus infizierten, von dem man noch nicht genau wusste, wie es funktionierte. Man wusste nur, dass das Virus weitergegeben wurde, bevor die Krankheit ausbrach, und dass sie für viele Menschen tödlich werden konnte.

Am Tag darauf trafen wir uns in jener Loge, in der ich mit Zingler das erste Bundesligaspiel erlebt hatte, und es fühlte sich bereits befremdlich an, mit einem Dutzend Menschen um einen großen Tisch zu sitzen, selbst wenn der Raum groß war und der Tisch auch. »Corona-Krise Kommunikations-Idee« stand auf dem Bildschirm.

Zunächst referierte Zingler den Vertretern der Abteilungen aber den Stand der Dinge aus seiner Sicht. »Wir befinden uns in einer dramatischen Situation, denn Unsicherheit ist das Gefährlichste im Geschäftsleben. Daher werden wir Maßnahmen ergreifen, die vom schlimmsten Fall ausgehen«, sagte er. Gemeint war damit der Abbruch der Saison und der Verlust aller ausstehenden Fernsehgelder, Zuschauer- und Sponsoreneinnahmen.

Dann verkündete er, dass die Mitarbeiter der Veranstaltungsgesellschaft in die Kurzarbeit gehen müssten, weil es bis auf Weiteres keine Veranstaltungen im Stadion mehr geben würde. Das Gleiche sollte für die Mitarbeiter im Fanshop und im Nachwuchsleistungszentrum gelten. Die anderen Abteilungen des Klubs müssten im Einzelfall entscheiden. Er ließ es offen, ob der Klub die Einkommensverluste später wieder ausgleichen könnte. Bei Mitarbeitern mit sehr niedrigen Einkommen sollte auf Kurzarbeit möglichst verzichtet werden.

»Was wir uns in den letzten 15 Jahren erarbeitet haben, darf nicht gefährdet werden.« Deshalb sollten ausstehende Rechnungen ab sofort nicht bezahlt werden. »Bist du nicht flüssig, bist du überflüssig. Wir zahlen erst mal gar nichts«, sagte er. »Schon passiert«, sagte Finanzvorstand Oskar Kosche knapp. Es war weniger ein Gespräch, dem ich hier beiwohnte, sondern eine Ansage, und vielen am Tisch wurde erst in diesem Moment richtig klar, wie ernst die Lage war.

Danach stellte Christian Arbeit die Ideen vor, wie der Klub in den kommenden Wochen mit seinen Fans in Verbindung bleiben wollte, zumindest digital. Es gab dazu den Slogan »Warten auf Union«, zu dem mir naheliegenderweise das Theaterstück »Warten auf Godot« einfiel, nach dem Union nie wiederkommen würde.

Zu der Zeit, als eigentlich das Spiel gegen die Bayern ausgetragen worden wäre, war auf der Website des Klubs noch einmal der Aufstiegsfilm »Die Zeit ist nun gekommen« gezeigt worden. Man konnte zu dieser Gelegenheit virtuelles Bier kaufen und virtuelle Bratwürstchen (»Ich habe einen Kesselgulasch gekauft«, sagte Zingler). 4300 Fans hatten zugeschaut und 28 000 Euro ausgegeben, also faktisch gespendet. Aber Arbeit war noch etwas wichtiger als die beeindruckenden Einnahmen: »Es war eine reale Gemeinschaft, obwohl wir uns nicht treffen konnten.« Am kommenden Wochenende, an dem das Berliner Derby stattgefunden hätte, wollten sie noch einmal den Derbysieg von 2001 zeigen, wieder mit virtuellem Catering. Es hatten sich auch schon die ersten Fans gemeldet, die helfen wollten, Union zu retten, wenn das notwendig werden sollte. Einige hatten angeregt, eine Corona-Aktie aufzulegen, um durch die Krise zu kommen.

Zingler sagte abschließend noch, dass er fest davon ausgehe, dass die Saison zu Ende gebracht würde, zunächst ohne Zuschauer. »Es gibt eine positive Fortführungsprognose«, sagte er. Damit löste sich die Runde auf, um genaue Pläne für die Kurzarbeit zu machen und den Mitarbeitern nach und nach die schlechten Nachrichten zu überbringen.

Ich fragte mich, was Zingler wohl gesagt hätte, wenn er bei dieser Besprechung als Gewerkschafter mit am Tisch gesessen hätte. Die Frage war nicht absurd, denn zu DDR-Zeiten war Zingler Gewerkschafter gewesen. Er hatte als junger Mann seinem Großvater nachgeeifert, dessen Bild er beim ersten Bundesligaspiel nicht nur hochgehalten hatte, weil der ihn als kleiner Junge zu Union mitgenommen hatte. »Ich hatte von ihm immer ein Idealbild und habe ihn zeitlebens auf einen Sockel gehoben.«

Willi Zingler war Bauarbeiter gewesen und in der Weimarer Republik Gewerkschafter geworden. 1934, er war damals 30 Jahre alt, hatten ihn die Nazis verhaftet und für elf Jahre im Zuchthaus Brandenburg inhaftiert. Im letzten Kriegsjahr hatte er noch in einem Strafbataillon in Griechenland kämpfen müssen und war dort in russische Kriegsgefangenschaft geraten. In der DDR wurde Willi Zingler führender Funktionär in der IG Bau und durfte als Mitglied der Vereinigung der Verfolgten des Naziregimes auch ins Ausland reisen. Er hielt Vorträge in Schulen und traf regelmäßig Erich Honecker.

»Opa hatte immer harte Diskussionen mit Honecker«, sagte Zingler. Als ich ihn fragte, ob sein Großvater nicht letztlich trotzdem zur Elite des Systems gehört hätte, schüttelte er den Kopf: »Dazu hätte er Karriere in der Partei und nicht in der Revisionsabteilung der Gewerkschaft machen müssen. Opa war Humanist und kein Kommunist, er wollte sich für die Leute einsetzen, und da war er immer mein Vorbild.«

Zingler war in Eichwalde aufgewachsen, einer Gemeinde hinter der südöstlichen Stadtgrenze von Berlin, seine Mutter war Steuerberaterin für Staatsbetriebe, sein Vater Betriebsleiter in einem Unternehmen, das Kraftwerke baute. Sie hatten sich aber früh getrennt. Mit 16 Jahren zog Dirk Zingler zu seinem älteren Bruder in eine Wohnung in Berlin-Friedrichshain und machte eine Ausbildung zum Instandhaltungsmechaniker im Reichsbahnausbesserungswerk. Nach dem Ende der Ausbildung absolvierte er seinen Wehrdienst beim »Wachregiment Felix Dzierżyński«, das zum Ministerium für Staatssicherheit gehörte.

Als das 2011 durch einen Journalisten der »Berliner Zeitung« publik wurde, folgte eine heftige öffentliche Diskussion. De facto hatte Zingler lediglich während seines regulären Wehrdienstes vor einem Krankenhaus in Berlin-Buch Wache geschoben. Er war weder offizieller noch inoffizieller Mitarbeiter der Stasi gewesen. Aber seine Kritiker warfen ihm vor, dass man absolut linientreu gewesen sein musste, um in dieses Regiment aufgenommen zu werden, benannt nach dem Gründer der russischen Geheimpolizei Tscheka. »Ausgewählt wurde nur eine Elite, absolut regimetreue Bürger«, erklärte damals der Politologe Peter Joachim Lapp, der über das Wachregiment geforscht hatte. Außerdem passte das Reizwort »Stasi« nicht ins Umfeld eines Klubs, dessen großer Rivale der BFC Dynamo war, der von Stasichef Erich Mielke unterstützte Fußballklub.

Es ging damals hoch her, und als unappetitlich hatte ich eine Ansprache von Christian Arbeit in Erinnerung, der jenen Journalisten, der das damals veröffentlicht hatte, vor einem Spiel über den Stadionlautsprecher kritisierte. Sie würden sich doch nicht von einem aus dem Westen die eigene Geschichte erklären lassen. Es gab auch eine Veranstaltung mit Zingler, zu der fast 500 Unioner kamen, in deren Folge sich die ganze Aufregung weitgehend legte.

Ich hatte schon früher mit Zingler über das Thema gesprochen, und er hatte nie den Eindruck zu erwecken versucht, zu DDR-Zeiten ein Dissident gewesen zu sein. Er war als junger Mann zweifellos linientreu: »Aber mir ging es darum, die DDR zu verbessern, wie schon meinem Großvater.« So arbeitete Zingler bei der Organisation des »Festivals des politischen Liedes« mit, das zwar auch von der SED gelenkt wurde, an das sich viele in der DDR aber auch als ein Fenster zur Welt erinnern, weil dort viele Musiker aus dem Ausland auftraten.

Nach seiner Armeezeit wurde Zingler 1986 Schlosser beim Berliner Wohnungsbaukombinat, das damals jedes Wohnhaus in Ostberlin baute, und legte sich bald mit der Betriebsleitung an. »Es herrschte in der Werkshalle ohrenbetäubender Lärm, und ich bin zum Betriebsdirektor und habe gefordert: Hier muss Schallschutz rein.« Er war damals 22 Jahre alt, wurde abgewiesen, ließ sich aber nicht beeindrucken und wandte sich an die IG Bau. Dort wurde er gefragt, ob er mit Willi Zingler verwandt wäre, und gemeinsam mit der Gewerkschaft setzte er den Schallschutz im Betrieb durch. Bald wurde er auch in die Betriebsgewerkschaftsleitung gewählt, in einer Zeit, als die DDR zu wanken begann. »1988 verließen immer mehr Leute das Land, aber ich habe gesagt: Wer verlässt, der verrät.« Noch war sein Glaube daran, dass die DDR reformiert und verbessert werden konnte, nicht erschüttert, obwohl Zingler in seinem Betrieb beobachten konnte, dass die Arbeitsmoral sank, viel getrunken und kritisch debattiert wurde.

Einige Monate nach dem Mauerfall, im Dezember 1989, wurde er bei den ersten freien Betriebsratswahlen zum Vorsitzenden und sechs Monate später sogar zum Konzernbetriebsratsvorsitzenden gewählt. Er war Mitte 20, für Tausende von Mitarbeitern verantwortlich und musste aus der ersten Reihe miterleben, wie die DDR-Wirtschaft abgewickelt wurde. »Seit dieser Zeit hasse ich Beratungsfirmen wie Roland Berger und McKinsey«, sagte Zingler. Die kamen nämlich, schauten sich an, was man noch gebrauchen konnte, und schlossen die Unternehmen. Für das Schicksal der Angestellten und Arbeiter interessierten sie sich nicht. Das Ende der DDR-Wirtschaft ist noch heute ein Trauma, selbst drei Jahrzehnte später sind im Osten Deutschlands nicht alle Wunden aus dieser Zeit geheilt.

1990 lernte Zingler ein bayrisches Brüderpaar kennen, das in Berlin ein Betonwerk errichten wollte, sie überzeugten Zingler, bei ihnen einzusteigen. »Sie haben zu mir gesagt: Wenn du was für die Leute tun willst, schaffe Arbeitsplätze, versuche nicht, welche zu retten, die nicht zu retten sind.« Am 1. März 1991 gab Zingler seinen Gewerkschaftsjob auf und wurde Betriebsleiter und Teilhaber des neu gegründeten Betonwerks, aus dem später ein Unternehmen für Transport und Logistik wurde, in dem inzwischen 200 Menschen arbeiteten. Der Mann, der den Sozialismus verbessern wollte, war Kapitalist geworden. Doch ich hatte den Eindruck, dass Zingler in jedem Gesellschaftssystem zu denen gehören würde, die etwas bewegen wollen. In der DDR hätte er vermutlich eine große Karriere als Gewerkschafter gemacht, nach der Wende wurde er Unternehmer.

Union führte Zingler wie ein Unternehmen und formulierte es auch so: »Union ist genauso eine Firma wie meine Firma.« Die anderen Mitglieder im Präsidium und die führenden Köpfe des Aufsichtsrats waren mittelständische Unternehmer wie er und ebenfalls in der DDR groß geworden. Als führende Köpfe im Union-Wirtschaftsrat, der als Verein außerhalb des Klubs organisiert war, hatten sie Mitte der Nullerjahre die Führung beim 1. FC Union übernommen.

Ich fragte Zingler, was sie von ihren Kollegen aus dem Westen unterschied. »Wir sind keine Erben, wir sind die erste Generation. Wir mussten uns das alles selbst erarbeiten, deshalb gehen wir auch sorgsamer damit um«, antwortete er. Das erklärte die Entschlossenheit, mit der Union geführt wurde und mit der Zingler bereit war, das Erreichte in der Krise gnadenlos zu verteidigen.

Union verdunstet

Wie lange war inzwischen eigentlich das Spiel in Freiburg her? Die Niederlage dort schien aus einer plötzlich untergegangenen Zeit zu stammen. Nur elf Tage waren vergangen, aber es hätten auch elf Monate sein können. Bundeskanzlerin Angela Merkel hielt eine Fernsehansprache, in der sie über die Corona-Pandemie sagte: »Es ist ernst. Nehmen Sie es auch ernst. Seit der Deutschen Einheit, nein, seit dem Zweiten Weltkrieg gab es keine Herausforderung an unser Land mehr, bei der es so sehr auf unser gemeinsames solidarisches Handeln ankommt.« Am Tag zuvor, während wir uns in der Loge zum Krisengespräch getroffen hatten, war verkündet worden, dass Bars, Klubs, Diskotheken, Kneipen geschlossen werden sollten. In Theatern, Kinos, Opern- und Konzerthäusern wurde der Spielbetrieb eingestellt, Museen, Messen, Freizeit- und Tierparks schlossen genauso wie Spielbanken, Spielhallen, Bordelle, Wettannahmestellen, Spielplätze, Sportanlagen, Schwimmbäder und Fitnessstudios. Sogar Gottesdienste durften nicht mehr stattfinden.

Unser solidarisches Handeln bestand ab sofort darin, genau das Gegenteil von dem zu tun, was man sonst tat, um Solidarität zu zeigen. Wir schlossen uns nicht zusammen, sondern vereinzelten uns. Wir zogen uns in unsere Wohnungen zurück und verließen sie nur noch für Einkäufe und gelegentliche Spaziergänge. Unsere Welt schrumpfte auf unser Zuhause zusammen, ein öffentliches Leben wie zuvor gab es nicht mehr.

Am 19. März, dem Tag nach der Ansprache der Bundeskanzlerin, schrieb Oliver Ruhnert per WhatsApp an Unions Profis, dass bis zum 30. des Monats kein Training stattfände. »Ich weise darauf hin, dass sich alle Spieler in Deutschland aufhalten sollen, um angesichts der Grenzsituation einer Zwangsquarantäne bei der Wiedereinreise zu entgehen.« Einige Grenzen waren noch offen, aber es war nicht klar, ob und für wie lange man nach der Rückkehr aus dem Ausland in Quarantäne musste. So fuhren die Frau und der kleine Sohn von Jakob Busk nach Dänemark zurück, er blieb allein in Berlin.

Einige Spieler, die in der Nähe des Stadions lebten, kamen weiterhin regelmäßig, um im Kraftraum ein paar Gewichte zu stemmen oder sich auf die Spinnningräder zu setzen. Es durften aber nicht mehr als drei gleichzeitig sein, weshalb sie sich bei Martin Krüger anmelden mussten, der als einziger Trainer täglich kam. Fischer und Hoffmann waren daheim in der Schweiz und in Österreich. Krüger schrieb auch Pläne fürs Hometraining der Spieler. Christopher Lenz war in Quarantäne und durfte nicht vor die Tür, weil er sich bei einem Zahnarztbesuch mit dem Virus infiziert hatte. Er zeigte keine Symptome, es war ihm nur furchtbar langweilig.

Auf Instagram nahmen einige Spieler an einer Challenge teil, bei der sie Videos darüber posteten, wie oft sie eine Rolle Toilettenpapier mit dem Fuß hochhalten konnten. Das war lustig, weil das Horten von Toilettenpapier ein großes Thema geworden war. Rafał Gikiewicz stellte komische Videos ins Netz, die eine Art Zimmerolympiade zeigten. Am besten gefiel mir der Clip, auf dem er in Badehose, mit Badmütze und Schwimmbrille auf dem Sofahocker liegend einen imaginären Schwimmwettkampf bestritt. Christopher Trimmel hingegen malte, man konnte ihm auf Instagram live dabei zusehen. Er benutzte als Vorlage das Foto einer jungen Frau, die in die Luft sprang, malte sie zunächst naturalistisch, um das Motiv dann mehrfach zu übermalen. Was seine Zuseher nicht wissen konnten: Es war jene schwer kranke Freundin, der er den Elefanten tätowiert hatte. Sie war inzwischen gestorben, das Bild war auch ein Stück Trauerarbeit.

Als ich in der ersten Woche nach dem Krisentreffen mit Zingler telefonierte, sagte er: »Mir ist langweilig.« Das war ein erstaunlicher Satz von einem Mann, den es erfüllte, neue Projekte anzuschieben oder Debatten anzuzetteln. Aber Union war inzwischen in einen Winterschlaf versetzt, der Klub lief im Notbetrieb. Seinem Unternehmen hingegen ging es gut, weil auf den Baustellen weitergearbeitet werden durfte. »Wir profitieren von der Krise«, sagte er, ohne glücklich zu klingen. Die Straßen waren leer, und seine Lastwagen schafften mehr Fuhren als sonst. Was ihn aber eigentlich belebte, Aufregung und Spaß in sein Leben brachte, der Fußballklub, den gab es nicht mehr.

Dieser Satz klingt seltsam. Es gab Spieler, die nicht spielten, und Trainer, die nicht trainierten. Es gab einen Manager, der keine Vertragsverhandlungen führte oder Transfers vorantrieb. Und es gab einen Präsidenten, der sich langweilte. Die meisten Büros am Stadion waren leer, die Mitarbeiter in Kurzarbeit oder im Homeoffice. Es gab Fans, die nicht mehr über Fußball reden konnten. Das letzte Spiel, das nächste Spiel und welcher Transfer möglich wäre, der Treibstoff aller Fußballgespräche, war verdunstet. Und eigentlich, so kam es mir vor, war der ganze Fußball verdunstet.

Inzwischen wurde fast auf der ganzen Welt nicht mehr gespielt. Und es interessierte mich auch nicht mehr, weil ich wie alle anderen zu begreifen versuchte: Was hatte es mit diesem Virus auf sich? War es richtig, dass wir alle zu Hause saßen? Würde es helfen, und welche Folgen würde es haben. Wie so viele Menschen räumte ich zu Hause auf, sortierte Bücher und Schallplatten, Töpfe und Teller, um zumindest auf diese Weise Ordnung in diese gewaltige Unordnung zu bringen.

Ab und zu telefonierte ich mit Christian Arbeit und Hannes Hahn, die am Stadion weitgehend einsam wachten, aber wir hatten uns nichts Neues zu erzählen, weil wir alle nur warteten. Auf Union, auf Godot. So kreisten wir um uns selbst, auf unterschiedliche Weise beeindruckt von dem, was unsichtbar vor unserer Tür passierte.

Nur Christopher Trimmel sah ich gelegentlich. Wir trafen uns an einer Bäckerei auf halbem Weg zwischen unseren Wohnungen, holten uns Kaffee und setzten uns auf eine Bank. Einmal gingen wir durch Mitte spazieren, was sich bizarr anfühlte, als wir da auf Halbdistanz mit unseren Kaffeebechern durch die leeren Straßen schlenderten und über das redeten, was ihn gerade besonders beschäftigte. Am Freitag nach dem abgesagten Spiel gegen Bayern hatte sich der Mannschaftsrat zum ersten Mal mit Zingler getroffen, um darüber zu reden, wie die Profis dem Verein finanziell entgegenkommen könnten. Auch Neven Subotic, der enge Beziehungen zur europäischen Spielergewerkschaft hatte, war dabei gewesen.

Die erste Gesprächsrunde mit dem Präsidenten hatte drei Stunden gedauert. »Ich bin vom Schlimmsten ausgegangen, aber das war topp. Ich war begeistert«, erzählte Trimmel. Zingler hatte ihnen die wirtschaftliche Situation erklärt und den Mannschaftsrat gebeten, einen Vorschlag zu erarbeiten. »Wie wir mit dieser Krise jetzt umgehen, das wird sich später auch sportlich ausdrücken«, sagte Trimmel. Es machte ihm sichtbar Spaß, sich auch in solchen Krisengesprächen zu erproben.

Wie immer war Gikiewicz einen eigenen Weg gegangen und hatte öffentlich mitgeteilt, dass er bereit sei, auf mehrere Monatsgehälter zu verzichten. Seine Kollegen hingegen hielten sich öffentlich zurück, und in den folgenden Wochen wurde das Thema immer komplizierter. Bald zog der Spielerrat eine Dortmunder Rechtsanwaltskanzlei hinzu, die ihn juristisch beriet. In der Mannschaft gab es ganz unterschiedliche Ausgangspositionen. Spieler, deren Verträge ausliefen, stellten sich die Frage, warum sie einem Verein helfen sollten, bei dem sie nur noch einige Wochen arbeiten würden. Auch sonst war die Verbindung zum Klub unterschiedlich stark und das Interesse am Verhandlungsprozess.

Immer wieder versuchten der Mannschaftsrat und Subotic, ihre Mannschaftskameraden auf dem Laufenden zu halten und in die Entscheidungen einzubinden. Doch einige hörten nicht richtig zu, lasen Benachrichtigungen nicht oder verstanden sie nicht richtig. Es mussten Übersetzungen ins Englische angefertigt werden, dann schalteten sich Spielerberater ein, es gab neue Diskussionen und weitere Klärungsversuche. Je länger das ging, desto schmallippiger wurde Trimmel, sein anfänglicher Enthusiasmus war weitgehend verflogen.

Letztlich einigten sich Spieler und Verein auf ein Modell, das man behelfsweise sowohl »potenziellen Verzicht« als auch »potenzielle Stundung« nennen könnte. Es bestand darin, dass der Klub für die Monate April, Mai und Juni gestaffelt nach Höhe der Bezüge bis zu 30 Prozent einbehielt und dies zum Ende Juni 2021, 2022 und 2023 wieder zurückbezahlen würde. Diese Rückzahlung war allerdings an die Bedingung geknüpft, dass Union zu dem Zeitpunkt auch jeweils in der Bundesliga spielte. Die Lösung war ein Sonderweg, denn die Profis bei anderen Klubs hatten in der Regel direkt auf Gehalt verzichtet, meist zwischen zehn und 15 Prozent. Unions Spieler hingegen hatten zwar die Aussicht auf volle Rückzahlung, gingen aber ein hohes Risiko ein: Im Abstiegsfall würden sie besonders viel Geld verlieren.

Dafür bekamen die normalen Angestellten des Klubs letztlich doch ihre vollen Bezüge. Nach der Ankündigung der DFL, dass die ausstehenden Fernsehgelder fließen würden, stockte Union das Kurzarbeitergeld auf, sodass sie keinen wirtschaftlichen Nachteil hatten.

Fußball ohne Fußball

Am Dienstagmittag hielt ich es nicht mehr aus. Ich schrieb Mannschaftsarzt Clemens Gwinner eine Nachricht, wann und auf welchem Weg ich das Ergebnis meines Corona-Tests bekommen würde. Ein paar Minuten später rief er an: »Ich hätte mich schon längst bei dir gemeldet, wenn der Test positiv ausgefallen wäre.« Es sei aber alles in Ordnung, auch meine Blutwerte seien gut, ich solle mir keine Sorgen machen. Zwei Leute seien positiv getestet worden, wer, das dürfe er mir nicht sagen, aber es seien keine Spieler dabei. »Ich hatte auf drei positive Fälle getippt«, sagte er.

Am Tag zuvor, dem 30. März, inzwischen waren über drei Wochen seit dem abgesagten Spiel gegen die Bayern vergangen, hatte es einen großen Corona-Test im Stadion gegeben. Im Abstand von fünf Minuten waren die Spieler und Trainer, die Mitglieder des Staff, die Wäscherin und die Putzfrau, die Mitarbeiter der Medienabteilung, der Präsident und auch ich, fast 60 Leute insgesamt, zur Anmeldung gegangen, die im Arztzimmer im Kabinentrakt aufgebaut war. Vor der Tür waren Streifen als Markierung auf dem Boden geklebt worden, damit wir Abstand hielten. Eine Mitarbeiterin der Universitätsklinik Charité nahm unsere Namen auf und gab uns eine dünne, durchsichtige Plastiktüte, die man mit einem Faden zuziehen konnte. Darin war ein Glasröhrchen mit dem Corona-Test, zwei weitere Röhrchen zur Blutabnahme sowie Zettel mit unseren Namen und ein Fragebogen zur Anamnese. Durch die Hintertür des Zimmers ging es ins Treppenhaus der Tribüne, hinauf in die dritte Etage. An den Betonwänden hingen Zettel, die den Weg wiesen. Auf dem Geländer klebten weitere Zettel: »Bitte nicht berühren«. Oben hatten Gwinner und ein Kollege in zwei Logen zwei provisorische Behandlungsräume aufgebaut.

Da ich als einer der Letzten dran war, lag hinter ihm schon ein Berg von Tüten mit den Tests. Ich musste den Fragebogen ausfüllen, der nach für eine Corona-Infektion typischen Symptomen fragte: Fieber, Husten, Durchfall usw. Gwinner erzählte mir lachend, dass einer der Spieler ihm nach dem Abstrich mit einem Wattestäbchen im Rachen gesagt hatte: »Das kenne ich vom Vaterschaftstest.«

Es stellte sich die Frage, wie sinnvoll es war, diese Tests zu machen, konnte doch schon eine unglückliche Begegnung zwei Stunden später dafür sorgen, dass das Ergebnis hinfällig war. Andererseits war es gut, sich vor der Rückkehr ins Training, und sei es zunächst auch in Kleinstgruppen unterteilt, einen Überblick zu verschaffen. Es fehlte nur Yunus Malli, der daheim in Kassel noch in Quarantäne war, weil er Kontakt mit einem infizierten Mitglied seiner Familie gehabt hatte. Später würde er sich selbst infizieren, noch einmal in Quarantäne müssen, um dabei eine rätselhafte Abfolge positiver und negativer Tests zu haben, sodass er letztlich erst fünf Wochen später wieder zur Mannschaft stieß.

Kurz nachdem mir Gwinner das Ergebnis mitgeteilt hatte, schrieb Sebastian Bönig in die WhatsApp-Gruppe der Lizenzmannschaft: »Liebe Susi und Kollegen, sehr überraschend wurde ich positiv getestet und muss nun in Zwangsquarantäne. Ich zeige keine Symptome und fühle mich gut. Passt auf euch auf ...« Ich schrieb ihm eine kleine Ermutigung und merkte an der Reaktion, wie frustriert er war. »Wahnsinn, ich habe extrem aufgepasst.« Weil er mit Fischer und Hoffmann zusammen in einem Raum gesessen hatte, mussten die beiden am folgenden Tag noch einmal getestet werden. Wie sollte hier wieder normal Fußball gespielt werden können?

Fischer war bei seiner Familie in Zürich gewesen, und Hoffmann hatte sich in Salzburg die Zeit damit vertrieben, in einem kleinen Stück Wald hinter seinem Haus Holz zu machen. Gerührt erzählte er mir, wie traurig seine Frau gewesen sei, dass er wieder wegfuhr. Zwei Wochen am Stück sahen sie sich sonst nur in den Saisonpausen.

So schön es war, dass nun wieder trainiert werden konnte, so zersplittert war es auch. Nur vier Spieler – in zwei Zweiergruppen – durften mit den Trainern auf den Platz gehen. Je zwei Spieler waren in der bisherigen Kabine untergebracht, die beiden anderen in der Kabine, die an Spieltagen für die Gastmannschaften vorgesehen waren. An der Tür klebte noch das Vereinsemblem des FC Bayern. Mitten im Raum hatte Sebastian Polter auf eine Flipchart geschrieben: »Fühlt euch umarmt. LG – Polti.« Ein schöner Gruß in einer Zeit, in der Umarmungen zu einer Gefahr geworden waren.

Vor den Spinden lagen blaue Matten als Markierungen auf dem Boden, nur dorthin durften sich die Spieler setzen. Nach dem Training sollten sie ungeduscht nach Hause fahren, mussten vorher aber noch Svenni sagen, wo sie gesessen hatten, damit er die Plätze für das nächste Duo desinfizierte.

An den beiden ersten Tagen absolvierten alle Spieler einen Yo-Yo-Test, um zu wissen, wie fit sie waren. Als ich Martin Krüger nach dem Ergebnis fragte, rollte er mit den Augen. »Wir haben schon was aufzuholen«, sagte er. Er hatte keine Zweifel daran, dass sich die Spieler weitgehend an seine Trainingspläne gehalten hatten. »Aber selbst wenn du eine Stunde trainierst, hängst du die restlichen 23 Stunden des Tages trotzdem ab.«

Am letzten Tag der ersten Trainingswoche stand jene Lautsprecherbox, die ich bei meinem ersten Spiel in Halberstadt aus dem Bus in die Kabine geholt hatte, auf dem Platz. Krüger hatte sie mit einer App verbunden, und nun kamen aus der Box Befehle. »Work«, sagte eine Computerstimme, und die Spieler mussten in zehn Sekunden rund 50 Meter zwischen zwei Stangen laufen. Dann sagte die Stimme »Rest«, und 20 Sekunden Pause waren angesagt. Das wurde mehrfach wiederholt, wobei Krüger den Abstand zwischen den Stangen vergrößerte. Danach wurde mit dem Ball trainiert.

Als ich der Trainingsgruppe, die aus Florian Hübner und Neven Subotic bestand, zuschaute, musste ich über Subotic lachen. Die beiden Spieler sollten sich Flugbälle über 40 Meter zuspielen, seine flogen gerade mal einen halben Meter hoch durch die Luft und kamen meist auch schon vorher wieder auf. Das sah erbarmungswürdig aus. Markus Hoffman kam kopfschüttelnd auf mich zu und sagte leise: »Neven hat mir gerade erklärt, dass er noch nicht wieder so weit schießen kann.« In der anderen Hälfte des Spielfelds bei Urs Fischer arbeiteten Michael Parensen und Marius Bülter, dessen Bälle wild in der Gegend herumflogen. Es würde wohl einige Zeit dauern, diese Spieler wieder in konkurrenzfähige Berufsfußballer zu verwandeln.

In der Woche darauf erlaubte das Gesundheitsamt, in größeren Gruppen zu trainieren, nun durften immerhin acht Spieler zur selben Zeit auf den Platz. Noch immer war nicht klar, wohin die Planungen zur Wiederaufnahme der Bundesliga führen würden, aber die Trainingspläne waren so ausgerichtet, dass die Mannschaft fünf Wochen später, am 9. Mai, wieder fit sein würde. »Wenn wir eine oder zwei Wochen später spielen sollten, ist das kein Problem«, erklärte mir Krüger.

Weiterhin standen Fitnessdrills im Vordergrund, und mir taten die Spieler leid, Krüger führte sie an den Rand der Erschöpfung. Selbst am Freitagmittag, dem letzten Training vor dem Wochenende, mussten sie noch ein hochintensives Intervalltraining absolvieren, das aus einer endlos erscheinenden Folge von Sprints bestand, unterbrochen von Pausen, die so lang dauerten wie diese Sprints. »Wer kritisiert, wie wenig Fußballspieler leisten, der sollte so was einfach mal selber versuchen«, sagte Markus Hoffmann, als er an der Spielfeldumfassung lehnte und die Spieler durch die Hitze japsten, für einen Apriltag war es sehr heiß.

Krüger trieb die Spieler immer wieder an: »Los, beißt euch durch!« – »Ich weiß, ihr liebt mich nicht dafür.« – »Ihr habt jetzt Ziegelsteine an den Beinen, aber pusht euch noch mal.« – »Schön auf die Zähne beißen.« – »Wenn ihr vorne den Kopfball nicht versenkt habt, müsst ihr sofort wieder zurück, und dafür lauft ihr jetzt.« Es war eine Schinderei, aber sie erfüllte die Spieler auch mit einer vagen Zufriedenheit. Das merkte man, als wir vom Platz zurück in die Kabine gingen. Sie hatten ihren Job gemacht, und jetzt ging es ins Wochenende. Auch Fischer hatte gute Laune. Er trug die Box vom Trainingsplatz in die Kabine, und unterwegs ließ Krüger darüber Dance-Musik laufen. »Hey, den Grill an, eine Wurst und ein Bier, etwas Musik«, sagte Fischer und lachte.

Mir war bei Fischer eine erstaunliche Veränderung aufgefallen, er benutzte das Wort nicht mehr, das man am meisten mit ihm verband: »schlussendlich«. Erst fiel es mir nur zufällig auf, dann begann ich darauf zu achten, dann war es unabweislich, er hatte es schlussendlich aus seinem Vokabular gestrichen. Ich fragte ihn danach, und er bestätigte gewohnt trocken, dass es eine bewusste Entscheidung war: »Es war einfach zu viel.« Dann wandte er sich mir zu und sagte lachend: »Ich glaube nur, dass ›ich glaube‹ das neue ›schlussendlich‹ ist.«

Als ich mich umzog, merkte ich, wie gut es auch mir tat, unter Menschen zu sein, jenseits von Buchregalen und Küchenschränken. Auch ich vermisste die Mannschaft, aber als ich mich anschließend noch ein wenig mit Florian Hübner unterhielt, wurde klar, dass selbst die kleine Fußballblase von einer Normalität weit entfernt war. »Im Moment sind wir keine Mannschaft«, sagte er, und das war kein lapidarer Hinweis. Sie waren jetzt Einzel- oder Kleingruppensportler, die körperlich fit gemacht wurden. Es konnte sein, dass man Mitspieler tagelang nicht sah oder selbst dann nichts mit ihnen zu tun hatte, wenn man in derselben Trainingsgruppe, aber in einer anderen Kabine untergebracht war. Das Zusammenspiel auf dem Platz war nur reduziert möglich, Zweikämpfe waren verboten. Sie waren keine Mannschaft, es war kein Fußball.

Die Welt von und nach Rafał Gikiewicz

Am 30. April meldete der 1. FC Union Berlin, dass der Vertrag mit Rafał Gikiewicz nicht verlängert würde. Zur gleichen Zeit postete der Torwart auf Instagram und Twitter einen Brief an die Fans des Klubs: »Nach zwei wunderschönen Jahren, mit viel Herz und vielen, vielen Emotionen, muss ich leider Tschüss sagen. Das ist hart, aber so ist das Leben eines Profifußballers. Ich werde dahin gehen, wo man mit Gikiewicz spielen möchte, wo man mir eine neue Chance geben will. Ich werde immer einer von euch bleiben, ein Unioner!«

Seinen Vertrag bei Union zu verlängern, war für Gikiewicz zur Obsession geworden. Zwei Jahre zuvor war er aus Freiburg, wo er fast nur auf der Bank gesessen hatte, nach Berlin gewechselt. »Ich bin als kleine Nummer zwei aus Freiburg gekommen und habe alles akzeptiert, was mir Oliver Ruhnert damals angeboten hat. Ich war dankbar für die Chance und wollte nicht feilschen.« In der Aufstiegssaison war er zum »Unioner des Jahres« gewählt worden, und nun war er unumstrittener Stammtorhüter in der Bundesliga. Er hatte aber das Gefühl, zu schlecht bezahlt zu werden. In der Gehaltsrangliste bei Union, so vermutete er, lag er im Mittelfeld.

Das Problem bei der Bezahlung im Fußball ist, dass im Prinzip vergangene Leistungen honoriert werden. Insofern war es richtig, dass Gikiewicz als »kleine Nummer zwei« einen entsprechenden Vertrag unterschrieben hatte. Es gab darin zwar noch Erfolgsklauseln und die Siegprämie, wenn er gespielt hatte, aber vermutlich standen Leistung und Ertrag für ihn nicht in einem passenden Verhältnis. Außerdem ging es absehbar um den letzten Vertrag seiner Karriere, der nun opulenter dotiert sein und am besten über mehrere Jahre gehen sollte. »Ich bin 32 und will noch von zwei brutal guten Jahren profitieren«, sagte er. Es war aber nicht zwangsläufig im Interesse des Klubs, Gikiewicz über mehrere Jahre zu einem Spitzenverdiener zu machen.

An seiner Professionalität bestand kein Zweifel. In der Aufstiegssaison hatte er zwei Stunden vor einem äußerst wichtigen Spiel in Fürth erfahren, dass seine Oma gestorben war. Fischer hatte ihm angeboten, nicht spielen zu müssen. Aber Gikiewicz hatte abgelehnt, hatte nach fünf Minuten den Ball voll ins Gesicht bekommen und war kurz ohnmächtig geworden. Trotzdem machte er weiter und rettete seiner Mannschaft ein Unentschieden, ohne das sie nicht aufgestiegen wäre. Hatte Michael Gspurning zu Beginn der Saison noch vermutet, dass es im Laufe der Spielzeit durchaus zu einem Torwartwechsel kommen könnte, hatte Gikiewicz bislang jede Minute im Tor gestanden. »Meine besondere Stärke ist der Kopf«, sagte er, »aber ich bin nicht so ein Top-Torwart.« Er war außergewöhnlich gut im Eins gegen Eins und hatte Fortschritte mit dem rechten und linken Fuß gemacht. »Ich bin schnell, aber ich muss jeden Tag arbeiten. Und ich will lernen.«

Gikiewicz stammte aus Olsztyn, 200 Kilometer nördlich von Warschau in den Masuren. Sein Zwillingsbruder Ukas war ebenfalls Fußballprofi, er war Stürmer bei einem Klub in Jordanien. Auch sein Bruder Mariusz war Fußballspieler gewesen, arbeitet aber inzwischen bei einer Technikfirma in Warschau. Sein Vater war Busfahrer und Teambetreuer beim lokalen Fußballverein, nebenbei verdiente er Geld als Taxifahrer. Seine Mutter war Basketballspielerin gewesen und hatte als Putzfrau gearbeitet. »Ich putze meine Fußballschuhe auch heute noch immer selbst, weil mein Vater früher drei Tage Taxi fahren musste, um mir Schuhe zu kaufen. Wir haben sie immer eine Nummer größer genommen, damit sie länger halten.«

Sein Vater hatte die Fußballkarriere seiner Söhne immer gefördert. Er hatte sie mit einer Lunchbox im Gepäck von der Schule abgeholt, sie eine Stunde zum Training gefahren und wieder abgeholt. Er hatte darauf geachtet, dass sie keinen Alkohol tranken, und bis auf den heutigen Tag hatte Gikiewicz noch nie getrunken. Er kontrollierte, dass sie abends um 22 Uhr zu Hause waren, und kam dazu in seinem Taxi vorbeigefahren.

Mit 21 Jahren bekam er als Ersatztorwart in der ersten polnischen Liga 500 Euro brutto im Monat und gab seinen Eltern die Hälfte ab. Mit 22 Jahren lernte er seine Frau kennen, eine Zahntechnikerin, die mehr Geld verdiente als er und sich nicht für Fußball interessierte. »Nach drei Tagen habe ich zu ihr gesagt: Du wohnst alleine, ich wohne alleine, lass uns zusammenziehen. Entweder passt es oder nicht, so wie Lego. Aber ich wusste am ersten Tag, das ist die richtige Frau.« Inzwischen waren sie zehn Jahre lang zusammen, verheiratet und hatten zwei Söhne. Den größeren nannte Gikiewicz »der alte Sohn«.

Auch solche lustigen Fehler trugen dazu bei, dass ich ihn, der mich anfangs genervt hatte, inzwischen in mein Herz geschlossen hatte. Seine Sprache war immer dramatisch, er redete ohne Unterlass und musste manchmal selber darüber lachen. »Mein Vater ist auch so laut, mein Zwillingsbruder und mein Sohn ebenfalls. Wenn wir uns an Weihnachten treffen, denken die Nachbarn: Bei Gikiewicz ist Krieg.«

Gikiewicz war emotional und spontan. Als er in einer Spielpause nach Hause fahren wollte, stellte er fest, dass er in Warschau ein paar Stunden auf den Zug nach Olsztyn hätte warten müssen. Also suchte er via Twitter eine Mitfahrgelegenheit. »Das war eine spontane Idee: Komm, schreibst du, warum nicht? Ich habe 50 Nachrichten bekommen, und mit den beiden, die mich gefahren haben, stehe ich heute noch in Kontakt, sie waren schon zweimal in Berlin.«

Wie Polter war auch Gikiewicz dem Publikum auf eine besondere Weise verbunden, wenn auch mit einer leicht anderen Motivation: »Du musst zeigen, dass du ein normaler Mensch bist. Spieler bin ich drei oder vier Stunden am Tag und am Wochenende. Ansonsten haben wir aber die gleichen Probleme wie jeder Fan. Wir fahren unsere Kinder in die Schule und zum Sport, haben manchmal Probleme mit unseren Frauen und müssen Kompromisse suchen. Wenn du offen bist zu den Zuschauern, haben sie mehr Respekt.« In seinem lustigen Radebrechen sagte er: »Ein Mann ohne Bein fährt 700 Kilometer auswärts. Was kostet Trikot für mich? Ich geb es ihm, und er weinen wie kleines Kind.«

Als wir mal auf einen der Corona-Tests warteten, oben auf der Logenebene, wo Fotos von vergangenen Spielen hingen, sagte er zu Polter: »Hier wird unser Bild hängen, und die Fans von Union Berlin werden unsere Namen noch in 100 Jahren kennen.« Er wollte eine Legende des Vereins sein, aber er wollte auch Geld verdienen. »Wie die Verhandlungen zwischen Olli und mir gelaufen sind, bleibt ein Geheimnis zwischen uns. Ich will nicht mit meinem Verein kämpfen«, sagte er. Schon längst lief die Suche nach einem neuen Klub. Er hatte vom Interesse aus der Türkei berichtet und wohl auch aus anderen Ländern. Aber drei Tage später fuhr er nach Augsburg, um einen Drei-Jahres-Vertrag beim FC Augsburg zu unterschreiben, der so dotiert war, wie er sich das erhofft hatte. Und er schaffte es tatsächlich, das nicht auszuposaunen, so schwer es ihm vermutlich auch fiel.

Als publik wurde, dass er nicht bleiben würde, hatte Gikiewicz viele Nachrichten von Mitspielern bekommen, erzählte er. »Sie haben geschrieben: ›Schade, Giki, dass du nicht bleibst.‹ Aber sie wollten das nicht in unsere WhatsApp-Gruppe schreiben, sodass es alle sehen. Das ist Sieg für mich.« Doch nun hatte er bei Union keine Kriege mehr zu führen, weder mit dem Manager noch mit dem Trainer. Ich war überrascht, dass er unbedingt noch ein Lob auf Fischer loswerden wollte. »Ohne ihn ist diese Mannschaft null. Wenn du ihm ins Gesicht schaust, ist er im ersten Moment nicht so sympathisch. Aber er ist super Mensch, der trotzdem immer Druck macht. Ich bin manchmal total sauer, wenn er sagt, dass ich den oder den Ball spielen muss. Aber ohne ihn hätte ich keinen Schritt nach vorne gemacht, ich mag diesen Druck.« Ihn nervte es auch, dass Union immer noch das Etikett anheftet, simplen Fußball zu spielen. »Er ist unser Architekt, im Spiel ohne Ball ist er so gut wie Guardiola oder Mourinho. Jeder weiß, was er machen muss, und wir werden auf dem Platz nie überrascht.«

Es geht los!

Am ersten Montag im Mai öffneten in Berlin wieder die Friseure. Endlich, denn die Unions-Profis sahen vergleichsweise verwildert aus, da sie sonst alle paar Tage zum Friseur gingen. Besonders Grischa Prömel war ein Stefan-Kuntz-Gedächtnis-Haarschopf gewachsen, den Hinweis darauf fand er aber nicht komisch. Akaki Gogia hatte sich als talentierter Hilfsfriseur erwiesen und mit einer Maschine sowohl Keven Schlotterbeck geschoren als auch Hannes Hahn. Rafał Gikiewicz war mit seiner Familie nach Wolfsburg gefahren, um sich dort von einem polnischen Friseur, der angeblich Weltmeistertitel gewonnen hatte, die Haare schneiden zu lassen. Begeistert erzählte er, dass der heimische Schnittplatz des Friseur-Weltmeisters einen Glasboden hatte, unter dem seine gewonnenen Medaillen lagen.

Das Leben normalisierte sich langsam wieder ein wenig, nicht nur die frisch geschnittenen Profiköpfe waren ein Ausweis dafür. Mittwochs trug Adrian Wittmann Ausdrucke mit der Aufschrift »Mögliche Aufstellung FC Bayern« aus dem Kabinentrakt in den dritten Stock der Tribüne. Inzwischen war sein Arbeitsplatz in die Loge eines Autohändlers verlegt worden, damit im Trainerbüro die Abstandsregeln besser eingehalten werden konnten. Er hatte dort oben viel Platz, einen riesengroßen Bildschirm und schaute durch die Glasfront ins Stadion. In den vorangegangenen Wochen hatte er eine WhatsApp-Gruppe »Videoanalyse FCU« eingerichtet und den Spielern Videos zu unterschiedlichen Themen aus der laufenden Saison geschickt. Sie waren jeweils ein paar Minuten lang und hießen etwa »Wie erzeugen wir Balldruck?«, »Organisation« oder »Verhalten Zone 3«. Die Spieler mussten die Spielszenen kommentieren, die Datei aufnehmen und ihm schicken. Wittmann schnitt die Kommentare der Spieler zusammen und schickte sie an die Gruppe zurück. Der Theorieunterricht sollte an die Prinzipien des Spiels erinnern, das man auf dem Platz nicht üben durfte.

Nun gab es in Achtergruppen noch einmal vertiefenden Unterricht auf Basis dieser Videos bei Wittmann. Alle Besprechungen waren inzwischen in die zweite Etage der Haupttribüne verlegt worden, wo sich an Spieltagen sonst Sponsoren trafen. Dort war Platz genug, um mit Abstand voneinander sitzen zu können, was ein Fortschritt zum klaustrophobischen Essraum war, wo wir sonst zusammengesessen hatten. Wittmanns Taktikschulung war ein Erfolg, selbst wenn der ein oder andere Spieler sie bescheuert finden mochte. Und wenn sie schon nicht richtig zusammen trainieren konnten – von Spielen ganz zu schweigen –, erinnerten die Videos sie zumindest daran, dass sie eine Fußballmannschaft waren, die mehr als zwei Drittel der Saison erfolgreich bestritten hatte.

Dass sich Wittmann bereits mit der möglichen Aufstellung des FC Bayern beschäftigte, kam mir dennoch verwegen vor. Noch immer war nicht klar, ob der Spielbetrieb überhaupt wieder aufgenommen würde. Seit Wochen bereits betrieb die Deutsche Fußball Liga engagierte Lobbyarbeit in dieser Frage. Sie hatte ein »Hygienekonzept« vorbereitet, das die Durchführung der Spiele ermöglichen sollte. Einige Politiker hatten die Bemühungen unterstützt, andere waren streng dagegen gewesen. Außerdem regte viele Menschen die Aussicht auf, dass die Bundesliga spielen könnte, während die Kitas und Schulen noch geschlossen waren, Millionen Menschen im Homeoffice oder in Kurzarbeit waren. Es war noch nicht einmal erlaubt, Besuche zu machen.

Andererseits gab es an diesem ersten Mittwoch im Mai bereits Gerüchte, dass heute zum letzten Mal in Kleingruppen trainiert würde. Der Morgen war herrlich, nach ein paar kühleren Tagen schien die Sonne, und die zwei mal acht Spieler pendelten zwischen einer läuferisch fordernden Torschussübung und Fußballtennis. Dort war die Stimmung bestens. Florian Hübner spielte seinem Credo »Nur das machen, was man gut beherrscht« folgend saubere Grundlinienbälle, während Christopher Lenz mit einem Fallrückzieher punktete. Nur Suleiman Abdullahi war so erschöpft, dass man ihm am liebsten einen Stuhl angeboten hätte. »Hoffentlich geht es bald wieder los«, sagte Christopher Trimmel, denn alle warteten darauf, dass es mittags das Startzeichen für die Rückkehr ins Mannschaftstraining geben würde. Manager Ruhnert hatte für 13 Uhr eine Versammlung auf der Haupttribüne einberufen.

Nun saßen dort Spieler, Trainer und Staff brav mit Abstand und Schutzmasken vor Nase und Mund auf den roten Sitzschalen, während unten Ruhnert wie ein Professor vor Studenten in einem Hörsaal stand, neben ihm Mannschaftsarzt Gwinner. Ruhnert kündigte an, dass es für den nächsten Tag die Erlaubnis zum Mannschaftstraining gäbe und im Laufe des Nachmittags die DFL den Neustart der Bundesliga beschließen würde. Er ging vom 21. Mai aus, es wären also zweieinhalb Wochen Zeit, um sich darauf vorzubereiten. Allerdings, so erklärte Gwinner, würde die Mannschaft vorher noch in ein siebentägiges Quarantäne-Trainingslager gehen müssen.

Als ich am nächsten Morgen in den Kabinentrakt kam, stürmte Ruhnert an mir vorbei und rief: »Die spinnen total.« Die DFL hatte sich nämlich nicht für den 21. Mai als Termin für die Wiederaufnahme der Spiele geeinigt, es sollte schon eine Woche früher losgehen – also in zehn Tagen. Deshalb würden wir schon übermorgen in Quarantäne gehen müssen.

Der Dornröschenschlaf, in dem alles gut sieben Wochen lang gelegen hatte, war schlagartig vorbei.

Kurz darauf kam Zingler vor Beginn des ersten echten Mannschaftstrainings auf den Platz und bedankte sich bei den Spielern und Trainern für ihre Professionalität in den zurückliegenden Wochen. »Es liegt jetzt eine Lupe auf uns, aber ich gehe davon aus, dass ihr entsprechend mit der Situation umgeht.« Dann ging's los, und man spürte sofort, wie glücklich die Spieler darüber waren. Anthony Ujah rauschte schon bei der ersten Übung mit solcher Lust in Trimmel, dass es rauchte. Jeder Zweikampf wurde krachend geführt, es war eine gewaltige Energieentladung. »Ich hätte nicht gedacht, dass es sich so gut anfühlt, sie alle wieder auf dem Platz zu haben«, sagte Sebastian Bönig.

Für das Trainerteam und die Betreuer waren die vorangegangenen Wochen eine große Belastung gewesen. Anfangs hatten sie täglich bis zu sieben Stunden auf dem Platz gestanden, um die Kleinstgruppen zu betreuen, danach vier bis fünf Stunden in den größeren Gruppen. Nun gab es endlich wieder normales Training, und auch ich war ganz begeistert. Seit fast zwei Monaten hatte ich kein Fußballspiel mehr gesehen, hatte Fußball fast vergessen, doch als ich die Jungs mit Lust dem Ball nachjagen sah, spürte auch ich, dass mir etwas gefehlt hatte.

Allerdings war das Hochgefühl zwischendurch fast wieder vorbei, als Hannes Hahn aufgeregt über den Platz zu Fischer lief und ihm sagte, das Ordnungsamt sei im Stadion. In den Wochen zuvor hatte es immer wieder Kontrolleure vorbeigeschickt, die überprüft hatten, ob bei Union alle Regeln eingehalten wurden. Kurz zuvor hatte zudem ein Spieler des Lokalrivalen Hertha BSC für weltweites Aufsehen gesorgt: Salomon Kalou war mit seinem Smartphone in der Hand in die Kabine von Hertha gegangen und hatte live gestreamt, wie er Mitspielern und einem Assistenztrainer die Hand schüttelte, ein Corona-Abstrich gemacht wurde, und wie er mit Mannschaftskameraden über Gehaltsabzüge spottete. Das alles war nicht nur wahnsinnig peinlich, sondern bestätigte viele Skeptiker, dass die Bundesliga es nicht verdiente, wieder zu spielen.

Insofern war der Besuch des Ordnungsamtes ein sensibles Thema, und auf einmal hieß es, dass doch keine Erlaubnis für ein Mannschaftstraining vorliegen würde. Ich sah Fischers Reaktion nur aus der Ferne, weil ich auf die Außenseite des Zauns geschickt worden war, damit nicht zu viele Leute auf dem Trainingsplatz waren, was wohl auch eine Hygiene-Regel war. Fischer ließ angesichts der Nachricht die Arme sacken und den Kopf nach vorne fallen, er war genervt.

Danach änderte sich am Training aber nichts, jedenfalls nicht für mich erkennbar. Als dann Ruhnert ein Quartett von Kontrolleuren auf den Platz führte, die bereits den Kabinentrakt überprüft hatten, interessierten sie sich vor allem für den Abstand der Trinkflaschen auf dem Rasen und dass sie Nummern hatten, damit kein Spieler aus der eines Kollegen trank. Offensichtlich waren sie einverstanden mit dem, was sie sahen, jedenfalls gingen sie zügig wieder. Im Vorbeigehen hörte ich, dass sich einer der Kontrolleure nach einem Mannschaftsposter von Union erkundigte.

In Quarantäne

Am Samstagmorgen um kurz nach acht kam die Nachricht von Clemens Gwinner, dass auch mein zweiter Corona-Test innerhalb von zwei Tagen negativ ausgefallen war. Ich musste also meine Tasche nicht wieder auspacken und mich in Heimquarantäne begeben, sondern durfte mit der Mannschaft in die Sportschule des Norddeutschen Fußballverbandes nach Barsinghausen reisen, dort würde sie die einwöchige Quarantäne verbringen, die für alle Bundesligisten vorgeschrieben war. Als ich meine Tasche am Vorabend gepackt hatte, hing daran noch ein Gepäckanhänger vom Flughafen Basel, von wo aus wir am 7. März nach Berlin zurückgeflogen waren. Seitdem hatte ich die Stadt nicht mehr verlassen, und so fühlte es sich wie ein Abenteuer an, bis nach Niedersachsen zu fahren.

Der Verein hatte entschieden, mich ins Testprogramm aufzunehmen, weil es anders kaum möglich gewesen wäre, sich weiterhin unangestrengt zu begegnen. Eine Headline wie »Corona-Schock wegen Buchautor, Union muss in Quarantäne« wollte ich auf keinen Fall über mich lesen und beim Klub auch niemand. Also würde ich wie alle Mitglieder der Mannschaft, der Trainer- und Betreuerteams fortan zweimal in der Woche getestet werden, wenn es wochentags ein Spiel gab, noch häufiger.

Nach dem Vormittagstraining würden wir uns aufmachen, allerdings mussten ein paar Spieler zurückbleiben, die verletzt oder in der Reha waren. Dazu gehörte auch der Holländer Sheraldo Becker, der sich am Vortag im Training eine Muskelverletzung zugezogen hatte. Es wurde in der Öffentlichkeit viel darüber diskutiert, ob man die Profis mit der Rückkehr zum Mannschaftstraining und vor allem in den Bundesligaspielen nicht einem unverantwortlichen Risiko aussetzen würde, sich mit dem Virus zu infizieren. Die meisten Spieler beschäftigten indes mögliche Verletzungen viel mehr. Sie fühlten sich nach dem intensiven Training der vorangegangenen vier Wochen fit, waren aber mehr oder weniger nur geradeaus gelaufen. Ihre Körper mussten sich erst wieder an die speziellen Fußballbewegungen erinnern: die kurzen Antritte und abrupten Stopps, die plötzlichen Richtungswechsel, die Koordination im Zweikampf. Beckers Verletzung war die Bestätigung dafür, wie gefährdet sie waren.

Mittags vor der Abfahrt hingen einige Spieler auf dem Parkplatz herum oder saßen in ihren Autos und aßen. Noch gab es für sie im Stadion kein Essen, also hatten sie einen Lieferservice bestellt. Weil sie das Essen auch nicht in die Kabine mitnehmen durften, aßen sie es nun hier. Warum das so war, war mir so wenig klar wie ihnen, aber es sollten nicht die letzten Regeln sein, über die sich alle wunderten.

Die Fahrt in die Nähe von Hannover dauerte gut dreieinhalb Stunden, und es waren zwei Busse im Einsatz, um während der Fahrt Abstand wahren zu können. Alle mussten Schutzmasken tragen, obwohl jeder im Bus negativ getestet worden war. In Barsinghausen bekamen die Spieler anders als sonst Einzelzimmer. Wir stellten bald fest, dass wir nicht auf einer Insel der Seligen gelandet waren, wo wir abstandsfrei miteinander leben und uns ohne Restriktionen bewegen konnten. Das lag auch daran, dass die Mitarbeiter im Hotel nicht getestet worden waren. Selbst wenn sie es gewesen wären, hätte das nicht viel geändert, weil sie nicht in Quarantäne blieben, sondern abends nach Hause gingen. Wir waren die ersten Hotelgäste unter den neuen Bedingungen, und alle gaben sich unheimlich viel Mühe mit uns, aber mühselig war es schon.

Nach der Ankunft war für den Abend gemeinsames Grillen angesetzt, aber wo ich mir eine gemütliche Geselligkeit vorgestellt hatte, gab es eine komplizierte Choreografie der Essensbeschaffung. Jeder hatte an seinem Platz, anderthalb Meter vom Nebenmann entfernt, einen Teller stehen, mit dem man sich in der Warteschlange anstellte, die nur wenige Leute umfassen durfte und in der der Abstand untereinander gewahrt werden musste. Mit dem

Teller trat man an die Ausgabestellen für Gegrilltes und Beilagen, gab ihn vorbei an einer Plexiglaswand, die unschön als »Spuckschutz« bezeichnet wurde, auf einen silbernen Teller, den einem die Köche entgegenhielten. Er wurde entsprechend den Wünschen beladen, und man nahm ihn anschließend wieder an sich. Auf einem vorgegebenen Weg ging es so zum Platz zurück, dass man nicht an der Schlange der Wartenden vorbeikam. Dabei mussten wir unsere Schutzmasken tragen. Der Tisch mit dem Trainerteam und den Betreuern musste eine halbe Stunde warten, bis er an der Reihe war.

So umständlich das war, freuten sich alle, hier zu sein. Die Mannschaft trainierte endlich wieder auf ein Ziel hin, und dass es im ersten Spiel gleich gegen den Rekordmeister aus München gehen würde, half auch. Außerdem erwies es sich schnell als richtige Entscheidung, nicht in Berlin zu bleiben. Ich stellte es mir auch seltsam vor, nur ein paar Minuten von zu Hause entfernt im Hotel zu wohnen, beim Klub zu trainieren und wieder ins Hotel zurückzukehren. Unterkunft und Essen hier waren gut, der Trainingsplatz lag direkt vor der Tür, es konnte losgehen.

Mit dem Spiel gegen die Bayern würden sechs Wochen mit neun Spielen beginnen, in denen ein Vorsprung von acht Punkten auf den drittletzten Platz verteidigt werden musste. Das klang komfortabel, aber nach dem Start gegen die Bayern würde es eine Woche später das Derby bei Hertha BSC geben, die mit Bruno Labbadia in der Saisonpause einen erfahrenen Trainer verpflichtet hatten. Mit Borussia Mönchengladbach, Schalke und Hoffenheim gab es noch drei weitere namhafte Gegner. Aus der Gewichtsklasse von Union warteten Mainz, Köln, Paderborn und Düsseldorf. Das war zu schaffen, aber niemand konnte wissen, welche Auswirkungen es haben würde, wenn bei den Spielen keine Zuschauer im Stadion waren und wie gut die Mannschaft mit den veränderten Umständen umgehen würde.

Am Sonntagmorgen, gleich zu Beginn des ersten Trainings in Barsinghausen, drang plötzlich das Vereinslied von Union durch die an einem Hang dicht am Trainingsplatz stehenden Bäume. Es war eher zu ahnen als zu hören, doch als ich ins Unterholz ging, sah ich oben an einem Spazierweg, 40 Meter entfernt, vier Leute in Union-Trikots an einem Jägerzaun stehen. Sie waren die ersten Fans, die ich seit vielen Wochen gesehen hatte. Ich winkte ihnen zu, sie winkten zurück.

Am Montagabend kam jener Motivationstrainer in unser Hotel, der schon anfangs der Saison vor dem Spiel gegen Freiburg zur Mannschaft gesprochen hatte und damals bei den Spielern gut angekommen war. Steffen Kirchner war mit dem Zug aus Landshut angereist und wirkte nicht nur von der Reise erschöpft. Sein Geschäft war in den letzten Wochen komplett eingebrochen, weil er keine Vorträge mehr hatte halten können.

»Ihr seid megageil, aber jetzt sind wir in einer anderen Situation als beim letzten Mal, uns allen wurde der Stecker gezogen«, sagte er zu Beginn seines Vortrags. »Die Frage ist, wer sich auf die Situation am besten einstellen kann.« In der folgenden Stunde versuchte Kirchner, mit den Spielern eine positive Perspektive auf die unsichere Situation zu entwickeln. Er bat sie zunächst, auf Zetteln für sich zu notieren, wofür sie im Leben dankbar waren, und schrieb anschließend ein paar Punkte auf, die sie ihm nannten. »Familie, Gesundheit, Erlebnisse, finanzielle Sicherheit« gehörten dazu. Er versuchte seinem Publikum klarzumachen, dass sie sich nicht auf das konzentrieren sollten, was sie nicht beeinflussen konnten: »Dadurch verliert man Energie und wird zum Opfer.«

Von da aus kam Kirchner zu der interessanten Frage, die man sich in Krisen immer stellen kann: »Was ist gut daran, dass …?« Sie sollten aufschreiben, was an den Geisterspielen gut sein könnte, die auf die Mannschaft zukamen. Wieder ließ er sich einiges zurufen und schrieb es an die Flipchart: »Neue Erfahrung« – »Erkennen, wie privilegiert man ist« – »Dass trotzdem noch Geld kommt« – »Besseres Coaching auf dem Platz, weil es nicht so laut ist« – »Wertschätzung für den Nebenmann« – »Auswärtsspiele können zu Heimspielen werden« – »Man kann einen Unterschied für die Leute machen, die im Moment viele Sorgen haben«.

Während des Vortrags war Urs Fischer immer wieder zum Telefonieren vor die Tür gegangen. Als Kirchner fertig war, sagte er den anderen im Trainerteam leise: »Der Schwiegervater will nicht mehr.« Er lag in der Schweiz im Sterben, und Fischer hatte beschlossen, noch am selben Abend mit dem Auto zu ihm zu fahren. Ruhnert hatte bei der Deutschen Fußball Liga eine Ausnahmegenehmigung erwirkt, dass der Trainer die Quarantäne verlassen durfte. Vorher würde er bei Hannover 96 vorbeifahren und dort noch einen weiteren Corona-Test machen. Fischer sprach mit Trimmel, damit er die Mannschaft informierte. Spätestens zum Spiel am Sonntag würde er wieder da sein, bis dahin würden Hoffmann und Bönig das Training leiten.

Am nächsten Morgen stand ein Spaziergänger mit zwei Kindern am Trainingsplatz und schaute zu. Eigentlich war die Sportschule abgeschlossen, aber nicht hermetisch abgeriegelt. Es machte den Eindruck, als käme der Mann aus der Nachbarschaft, angelockt vom Klang der Bälle. Hannes Hahn ging zu ihm und sagte: »Sie wollen sich bestimmt nicht das ganze Training anschauen.« Der Mann sagte, dass er gleich wieder gehen würde, doch kurz danach fand Hahn ihn hinter einem Baum versteckt, mit einem Notizzettel in der Hand. »Bayern oder Bild«, fragte Hahn scharf. Der Mann gab sich sofort als Mitarbeiter der Bild-Zeitung aus Hannover zu erkennen, am nächsten Tag meldete die Zeitung: »Fischer reist aus Quarantäne-Lager ab. Verein spricht von privaten Gründen. Trainer verpasst internes Testspiel.« Das sollte noch Folgen haben.

Das interne Testspiel zwischen dem A-Team und der Mannschaft, die den FC Bayern simulieren wollte, gewannen die Bayern-Darsteller mit 2:1. Wittmann, der seinen Plastiksarg mit dem Mast für die Videokamera auch nach Barsinghausen mitgebracht hatte, war dennoch begeistert: »Dadurch haben wir jetzt gute Themen.« Mir leuchtete das ein, weil das Trainerteam gezielt an Schwächen arbeiten konnte. Die Spieler würden ihnen genauer zuhören, als wenn auf dem Platz alles leidlich gut gelungen wäre. Andererseits war die Leistung sehr weit weg von dem gewesen, wozu sie in der Lage waren.

Abends holte Ruhnert alle zusammen, um einige Bestimmungen des »Sonderspielbetriebs« zu erklären, wie der Rest der Saison offiziell hieß. Es würde stets in zwei Bussen zum Stadion gehen, jeder in einer Sitzreihe für sich und mit einer Schutzmaske auf. Am Eingang des Stadions würde Fieber gemessen, bevor sie die Kabine betreten durften. Bei über 38 Grad Körpertemperatur würde der Zutritt verwehrt. Spieler, die in der Startelf standen, und Reservisten durften sich nicht gemeinsam umziehen. In der Kabine mussten sie Masken tragen, auf der Bank auch. Die Reservisten würden hinter der Bank auf der Tribüne sitzen, mit Abstand voneinander. Balljungen würden die Bälle während des Spiels ständig desinfizieren. Susi würde den Spielern nichts anreichen dürfen, kein Trikot und keine Wasserflasche. Und sie würden sich beim Torjubel nicht um den Hals fallen dürfen, sondern nur mit den Unterarmen, Ellbogen oder Beinen »abklatschen«.

Ich sah, wie einige Spieler den Kopf schüttelten und andere ihn sinken ließen.

»Rudelbildung wird zwingend mit einem Platzverweis bestraft«, erklärte Ruhnert weiter. »Gibt es für Mauerbildung auch eine Rote Karte?«, fragte Gikiewicz dazwischen. Einige Spieler lachten, aber ich war mir nicht sicher, ob der Pole das als Witz gemeint hatte. Einen Gegenspieler anzuspucken, erklärte Ruhnert, konnte als Körperverletzung bewertet werden und strafrechtliche Folgen haben, wenn sich dadurch ein Spieler mit dem Corona-Virus infizierte. »Eben habe ich noch eine Mail bekommen, dass wir uns im Stadion nicht duschen dürfen. Das war mir neu, und wir werden das morgen unter den Sportdirektoren noch mal besprechen«, sagte Ruhnert und wirkte alles andere als glücklich darüber. Es gab noch ein paar Nachfragen, aber die meisten Spieler mussten das erst einmal sacken lassen. Unter diesen Bedingungen war Fußball zu einer Verrichtung geworden. »Das ist wie früher, als der Geschlechtsverkehr in der Ehe eingeklagt werden konnte«, sagte Svenni auf dem Weg nach draußen.

So war es vielleicht ganz gut, dass sich die Mannschaft auf Anregung des Mannschaftsrats anschließend intern zusammensetzte, wie das sowieso geplant gewesen war. Das Treffen dauerte über zwei Stunden, es war in den letzten Wochen einiges aufgelaufen. »Es war uns wichtig, dass wir uns die Mannschaft noch mal packen«, sagte Trimmel hinterher. Sie hatten beschlossen, sich nicht an dem freudlosen Regelwerk abzuarbeiten. Sie wollten, das war eine der Lehren aus Kirchners Vortrag, keine Energie an Dinge verschwenden, die nicht zu ändern waren. Es ging auch noch einmal ausführlich darum, wie der Prozess zu den Gehaltsabschlägen abgelaufen war. Außerdem hatten sie gemeinsam überlegt, was ihnen in den kommenden sechs Wochen helfen könnte. Sie wollten Ruhnert darum bitten, die Physios und Masseure durch Kollegen aus der Nachwuchsabteilung zu entlasten. Außerdem sollten die Reisen und Hotels so komfortabel wie möglich sein, die kommenden Wochen würden viel Kraft kosten.

Leitwolf und Hütehund

Auch im Trainingslager musste ich manchmal schmunzeln, wenn Christopher Trimmel an mir vorbeisprintete, oder soll ich sagen: -wetzte? Er hatte erstaunlich dünne Beine, und beim Laufen vermittelte er weit vorgebeugt und laut schnaufend den Eindruck, als würde er richtig schuften. Es war schon zutreffend, dass ihn der Fan als »Rennschwein« bezeichnet hatte. Bereits in der Aufstiegssaison war Trimmel Stammspieler und Mannschaftskapitän gewesen, doch in der Vorbereitung zu seinem ersten Jahr in der Bundesliga hatte Urs Fischer ihm gegenüber Zweifel daran geäußert, dass es so bleiben würde. Im Sommer-Trainingslager hatte erst der Trainer ihm gesagt, woran er arbeiten müsste, anschließend auch Ruhnert. Daraufhin hatte sich Trimmel am 14. Juli 2019 in sein Smartphone notiert:

»Trainer
Entschlossenheit offensiv wie defensiv
Nicht schwimmen sondern aktiv sein
Linie rauf und runter laufen!!!
Oli
Erster Kontakt
Standards
Stellungsspiel
Abstand 4er Kette«

Es war eine To-do-Liste dessen, was er besser machen sollte. »Ich liebe solche Herausforderungen«, sagte er. Die Notiz speicherte er ab und schaute in den folgenden Monaten immer mal nach, wie weit er die Punkte abgearbeitet hatte. Fischer hatte sich am Ende der Vorbereitung doch dazu entschieden, Trimmel wieder zum Kapitän zu machen. Trimmel hatte das gefreut, denn er war gerne Kapitän. Aber wie führte er die Mannschaft eigentlich?

Seine Autorität kam nicht über seine sportlichen Leistungen, auch wenn er sich im Laufe der Saison als einer der besten Vorlagengeber des europäischen Fußballs erwies. Seine Freistöße und Eckbälle waren inzwischen spektakulär gut. Als ich im Trainingslager in Barsinghausen ein Video in Slow Motion davon machte, konnte man sehen, wie sein ganzer Körper durch den Ball schwang und wie präzise er dabei zugleich war. Er war im Laufe der Saison auch in die österreichische Nationalmannschaft zurückgekehrt, aber er überragte seine Mannschaftskameraden sportlich nicht, wie das kein Spieler tat.

Trimmel war bei den Fans beliebt, auch weil es sie faszinierte, dass er nebenbei noch tätowierte, manchmal auch Fans. Aber er war kein Star wie Polter oder Gikiewicz, deren Extrovertiertheit die Leute mochten. Innerhalb des Teams gehörte er nicht zu den Spielern, die als Musterprofi auffielen. Er ging fast nie in den Kraftraum und selten zu den Physios, um sich pflegen zu lassen. Er vermied es sogar, weil er das Gefühl hatte, von Massagen müde zu werden. Trimmel gehörte auch nicht zur Fraktion der Optimierer und Ernährungsfreaks. Er machte sich relativ wenig Gedanken darum, was er aß, schmecken sollte es halt. Ab und zu ging er mit Freunden ein Bier trinken, keine große Sauferei, aber eben auch keine Askese. Trimmel war nicht sonderlich laut, weder auf dem Platz noch jenseits davon. Und er gehörte nicht zu den Spielern, die nach einer Niederlage demonstrativ den Eindruck vermittelten, das Ende der Welt sei gekommen.

Aber wenn ihm Lautstärke, Dramatik und Dringlichkeit so sehr abgingen, wie führte er die Mannschaft?

Mein Bild davon setzte sich erst im Laufe der Zeit zusammen. Wenn wir gemeinsam zum Training fuhren, erzählte er dann und wann beiläufig, dass er sich mit diesem oder jenem Spieler unterhalten müsse, weil der gerade einen frustrierten Eindruck machte. Regelmäßig sprachen er und sein Vertreter Marvin Friedrich mit Fischer, wenn es irgendwo knirschte, weil eine Reise nicht gut verlaufen war, die Mannschaft sich müde fühlte oder aus anderen Gründen kein gutes Gefühl entwickelte. Manchmal entschied Trimmel auch, es Fischer nicht zu sagen, weil er ahnte, dass es den Trainer nerven würde.

Er kümmerte sich darum, dass die Geselligkeit im Team nicht zu kurz kam. Mit zehn anderen Spielern war er zum Oktoberfest nach München gefahren, wo sie fleißig Bier getrunken hatten. »Da passieren Dinge, von denen eine Mannschaft wochenlang zehrt«, erzählte mir Christian Gentner hinterher. Keven Schlotterbeck hatte sich wohl relativ spektakulär betrunken, wobei mir das niemand ganz genau erzählen wollte. Zuletzt hatten Trimmel die Verhandlungen mit Zingler über die Gehaltsabschläge massiv beschäftigt. Doch den meisten Raum, so war mein Eindruck, nahmen Kleinigkeiten und alltägliche Konflikte ein.

Trimmel war kein Leitwolf, sondern ein Hütehund. Er umkreiste seine Mannschaft, um sie wie eine Herde zusammenzuhalten. Er tat das nicht laut bellend, sondern einfühlsam und leise. In den US-Sportarten, vor allem im Basketball, hat sich der Begriff des »Glue Guy« etabliert, desjenigen, der für den Kleber zwischen den einzelnen Spielern sorgt. Bei Union war das Trimmel. Er tat das bewusst nicht allein, sondern bezog die Mitglieder des Mannschaftsrats so oft mit ein wie möglich. Dazu gehörten Friedrich und Felix Kroos, der selber mal Kapitän gewesen war, Sebastian Polter, Manuel Schmiedebach, Michael Parensen und der Neuzugang Christian Gentner. Jeder von ihnen hatte einen besonderen Zugang zu einer anderen Gruppe im Team, und alle wollten, dass daraus keine Grüppchen wurden. Vor allem sollte keine Allianz der Frustrierten entstehen, die den Rest mit ihrer Enttäuschung runterzogen. Trimmel registrierte aufmerksam Kleinigkeiten wie den morgendlichen Gruß, wie viel jemand noch redete oder wie schnell er nach dem Training ging. »Man sieht sofort, wenn Spieler, die gerade keine Chance haben, sich mit anderen zusammenschließen, die in einer ähnlichen Situation sind«, sagte er. Dann war es Zeit zu reden, für eine Aufmunterung oder vielleicht auch ein kritisches Wort. Trimmel selbst kümmerte sich oft um die

Jungprofis, die hintendran waren und enttäuscht, weil sie kaum einmal in den Kader kamen.

Der Mannschaftsrat bildete eine interne Selbstverwaltung, die von Fischer gefördert wurde, weil er sich etwa nicht damit verschleißen wollte, Strafen auszusprechen. Es war in seinem Interesse, dass die Spieler vieles untereinander klärten. »In der Aufstiegssaison ist die Kabine unsere Stärke gewesen«, hatte Fischer mal gesagt. Ich hatte den Eindruck, dass es immer noch so war.

Als ich Trimmel sagte, dass ich ihn als Hütehund sah, legte er den Kopf zur Seite, wie er das meist tat, wenn ihn was besonders interessierte. Dann nickte er und sagte: »Aber der Leitwolf muss der Trainer sein. Wenn er das nicht ist, hat selbst der beste Kapitän keine Chance, eine Mannschaft zusammenzuhalten.«

Am Freitagmorgen, dem Tag unserer Rückreise nach Berlin, kam Trimmel zu mir und fragte: »Hast du schon gehört, mit Urs?« Ich nickte. Er winkte ab und schüttelte den Kopf. Er sagte nichts, aber ich verstand. Die ganze Situation war sowieso schon bizarr und wurde nun noch absurder dadurch, dass die Mannschaft gegen den FC Bayern auf ihren Leitwolf würde verzichten müssen. Am Vorabend hatte Markus Hoffmann noch angekündigt, dass Fischer in Berlin wieder zur Mannschaft stoßen würde. Am Donnerstagmittag hatte ein Kollege von Fischer diesen Plan durchkreuzt. Augsburgs Trainer Heiko Herrlich, der erst kurz vor Beginn der Saisonunterbrechung den Job übernommen hatte, erzählte in einer Videopressekonferenz des Klubs ausführlich und mit launigen Details darüber, wie er das Quarantänehotel seines Klubs verlassen hatte, um Zahnpasta und Hautcreme zu kaufen. Das war sehr komisch, aber auch ein klarer Verstoß gegen die Bestimmungen. Noch am selben Tag musste er das Trainingslager verlassen und durfte auch beim Spiel nicht bei seiner Mannschaft sein.

Fischer wurde aufgrund dieses Vorfalls nun genauso behandelt wie Herrlich, obwohl er eine Sondergenehmigung hatte, die Quarantäne zu verlassen. Die DFL stand nämlich unter gewaltigem Druck, weil quasi die ganze Welt darauf schaute, wie die Bundesliga als erste Liga in Europa überhaupt wieder zu spielen begann. Hätte sich der Reporter nicht eingeschlichen und von Fischers Fehlen berichtet, hätte das keine Rolle gespielt. So aber galten nach dem Auftritt von Augsburgs Trainer die gemachten Zusagen nicht mehr, weil es nach Ungleichbehandlung ausgesehen hätte.

Als ich mit Christian Arbeit telefonierte, der in Berlin mithalf, das erste Geisterspiel im Stadion An der Alten Försterei unter dem neuen Regelwerk vorzubereiten, klang er fürchterlich, wie ein Mann tief drunten in einem dunklen Schacht. Dabei war er sonst inmitten seiner Unioner, die mitunter zur Skepsis neigten, für den Optimismus zuständig. Doch im Laufe der Woche waren die Bundesligisten mit immer neuen Mails aus der DFL-Zentrale bombardiert worden, in denen die Einhaltung immer neuer Bestimmungen, deren Korrektur oder schlichtweg ihr Gegenteil gefordert wurde. Dazu bekam er auch den Unwillen jener Journalisten und Fotografen ab, deren Akkreditierungswünsche er nicht erfüllen konnte, weil nur zehn Presseplätze und drei für Fotografen zu vergeben waren.

Er hätte mit seiner Frustration gut zu der Stimmung gepasst, die sich abends im Mannschaftshotel in Berlin, in das wir inzwischen wieder umgezogen waren, explosionsartig breitmachte. Bislang waren die Spieler reichlich geduldig mit allen Zumutungen umgegangen, das änderte sich aber, als Ruhnert sie um 20 Uhr zusammenholte, um zu verkünden, was sich schon herumgesprochen hatte. Eigentlich hätten sie am nächsten Morgen nach dem Abschlusstraining nach Hause gehen dürfen, auch das war mit der DFL so abgesprochen gewesen, um sich am Sonntagmorgen zum Spiel wieder zu treffen. Damit wäre Union die einzige Mannschaft gewesen, die nicht direkt aus der Quarantäne auf den Platz gegangen wäre. Also war auch diese Zusage am Freitagmittag wieder zurückgezogen worden, weshalb Ruhnert nun in der unerfreulichen Situation war, ihnen sagen zu müssen, dass sie auch am Samstag zusammenbleiben müssten. Und das nervte gewaltig.

Grischa Prömel und Rafał Gikiewicz waren die Ausnahme, sie freuten sich. Beim einen war die Freundin nicht da, beim anderen die ganze Familie, und bei beiden war der Kühlschrank leer. »Hier bekommen wir gutes Essen, für mich ist das besser«, sagte Prömel leise, aber die meisten seiner Kollegen sahen das anders. Selbst Christopher Trimmel, sonst in allen Krisenmomenten ein Mann des Ausgleichs, war so sauer, wie ich ihn noch nie erlebt hatte. »Wir sind im Moment nur Marionetten«, sagte er.

Ruhnert kündigte an, der Klub würde sich noch in aller Form beschweren. Er erzählte, dass er noch eine Stunde zuvor die letzte von fünf Mails von der DFL zum Ablauf des Spieltags bekommen hatte. Es war völlig klar, dass in der Zentrale des Verbandes helle Aufregung herrschte, dass beim Restart etwas schiefging oder sich auch nur der kleinste Angriffspunkt bot, denn noch immer stand die Öffentlichkeit der Wiederaufnahme der Bundesliga mehrheitlich ablehnend gegenüber. Es musste also alles klappen, in diesem Fall auf Kosten der Spieler von Union Berlin.

Nachdem Ruhnert gegangen war, besprach sich die Mannschaft noch einmal untereinander, nun schon zum zweiten Mal in dieser Woche. Neven Subotic forderte dabei seine Kollegen auf, das Hotel aus Protest zu verlassen. Dieser Protest richtete sich nicht gegen den Klub, sondern gegen die DFL. Ein paar Tage zuvor hatte Subotic bereits mit einem Interview für Aufsehen gesorgt, in dem er beklagte, dass bei der Entwicklung des Konzepts für die Wiederaufnahme der Bundesligaspiele keine Vertreter der Spieler am Tisch gesessen hatten. Inzwischen hatte er auch begonnen, eine neue Spielervereinigung zu gründen, weil er die deutsche Spielergewerkschaft zu zahnlos fand. Auch innerhalb der Mannschaft warb Subotic dafür. Die Resonanz darauf war übersichtlich, wie ich überhaupt den Eindruck hatte, dass Subotic und Union sich etwas entfremdet hatten. Ich war bei der Diskussion nicht dabei, hörte aber, dass darüber abgestimmt wurde, ob die Spieler bleiben oder gehen wollten. Der Mannschaftsrat sprach sich dagegen aus, und letztlich neigte die Stimmung nicht zur Rebellion, nur zwei oder drei Spieler schlossen sich Subotic an. Damit war die Entscheidung gefallen: Sie blieben.

Aber den Eindruck, es ginge bei der Wiederaufnahme der

Bundesliga um die Spieler am wenigsten, hatten nun alle. »Ich bin während der Corona-Pause in einem Interview zu einem möglichen Neustart der Bundesliga gefragt worden, ob wir uns da nicht wie Laborraten vorkommen«, erzählte mir Michael Parensen spät am Abend. »Damals habe ich das nicht so empfunden, aber jetzt schon.« Die Frage war nun, ob der Leitwolf und der Hütehund die Mannschaft unter diesem Eindruck zusammenhalten konnten.

Wie ich einmal Christian Gentner zum Warmmachen schickte

Als ich am Sonntagnachmittag zum Stadion fuhr, war ich erstaunt, draußen Menschen im Café sitzen zu sehen. Ich hatte in der Quarantänewelt von Barsinghausen nicht mitbekommen, dass das nun wieder möglich war. Auch am Samstag hatte ich es nicht bemerkt, nachdem ich das Mannschaftshotel in Berlin verlassen hatte, weil ich nicht zu den 30 Personen gehörte, die in den Kabinentrakt durften. Als ich An der Alten Försterei ankam, standen vor dem Stadiontor mehr Menschen, als ich erwartet hätte, vielleicht 100. Sie schienen aber eher Schaulustige in Erwartung der Busse zu sein, in denen die Stars des FC Bayern vorfahren würden.

Aufs Stadiongelände kam nur, dessen Name auf der Zugangsliste am Eingang stand. Von dort musste ich weiter an die Kartenausgabestelle, wo Fieber gemessen wurde und ich eine Erklärung unterschrieb, dass ich keine Corona-Infektion und keinen Kontakt zu Corona-Infizierten hatte. Anschließend bekam ich meine Karte für die Zone 2. Rund 300 Menschen durften einem Spiel im Rahmen der neuen Regularien beiwohnen, das Stadion war dazu in drei Zonen aufgeteilt worden, und in jeder dieser drei Zonen durften sich nicht mehr als 100 Leute aufhalten. Die Zone 1 umfasste das Spielfeld, den Spielertunnel und die Kabinen. Hier hatten nur Spieler, Trainer, Betreuer und die Schiedsrichter Zutritt, dazu Balljungen, Sanitäter und Mitarbeiter des Fernsehens sowie die drei Fotografen. Die zweite Zone umfasste alle Tribünenbereiche und die dritte den Außenbereich des Stadions und den TV-Compound, wo die Übertragungswagen des Fernsehens standen.

Als ich meine Karte abgeholt hatte und mit einer Maske über Mund und Nase, auf der »Warten auf Union« zu lesen war, so dastand, war ich ratlos. Es war warm, ich schwitzte – und niemand war da. Die Mannschaft war auf dem Weg vom Hotel zum Stadion, in die Kabine konnte ich nicht. Christian Arbeit und Hannes Hahn waren damit beschäftigt, noch einen Haufen praktischer Probleme zu lösen. Ich war zu früh zu einer Party gekommen, um festzustellen, dass es keine geben würde.

Es war ein Privileg, zur kleinen Schar der Stadiongänger zu gehören, doch eines, das den elementaren Mangel nur noch stärker spüren ließ, der mit den Geisterspielen verbunden war. Ich setzte mich auf die Tribüne und schaute mich um. Jede Sitzschale, auf der sonst jemand gesessen hatte, jeder Wellenbrecher, an dem Menschen gelehnt, Bierbuden und Würstchenstände, wo sie angestanden haben, waren nun Mahnmale für die Abwesenden. Man ahnte ihre Anwesenheit noch, im eigenen Kopf steckte die Erinnerung an sie, und so saßen ihre Geister auf der Sitzschale, lehnten am Wellenbrecher oder standen an, um Bier oder eine Wurst zu holen. Man glaubte, sie rufen und singen zu hören und Schals in der Luft wirbeln zu sehen. Aber da war nichts, und das war herzzerreißend. Nirgendwo spürte man den Phantomschmerz wegen des fehlenden Publikums stärker als im Stadion selbst.

Joshua Mees erzählte mir nach dem Spiel, wie erschrocken er gewesen war, als er zum Warmmachen auf den Rasen kam: »Das war absurd, da stehen die Bayern, und niemand ist da.« Es fühlte sich an, als wäre etwas Schreckliches im Gange, eine dystopische Situation aus einem Science-Fiction-Film. Wenigstens die beiden Männer, die von einem Baum aus ins Stadion schauten, gaben dem Ganzen eine leichtere Note, auch wenn die Polizei sie bald aus ihrem Ausguck holte.

Um zumindest ein wenig Normalität zu haben, setzte ich mich wie immer zu Adrian Wittmann und Steven Pälchen. Nun gingen Wittmanns Beschwerden über die Spieler auch nicht mehr im Stadionkrach unter. »Fickt euch doch«, rief er, als unten auf dem Platz ein grober taktischer Fehler gemacht wurde. Ansonsten hielten die Jungs gegen einen Gegner ordentlich mit, der in jeder Hinsicht aus einer anderen Welt kam. Sie ließen wenige Chancen zu, Rafał Gikiewicz musste ein Elfmetertor von seinem Landsmann Robert Lewandowski hinnehmen, mit dem er in den Tagen vor dem Spiel in eifrigem Austausch gestanden hatte. Das zweite Gegentor kassierte die Mannschaft dummerweise nach einer Ecke.

Wittmann telefonierte zwischendurch mit Urs Fischer, der morgens im Hotel noch zur Mannschaft gesprochen hatte, aber nun zu Hause saß – ein paar Minuten vom Stadion entfernt. Der Trainer legte im Laufe der zweiten Halbzeit nahe, Robert Andrich auszuwechseln, weil ihm eine Gelb-Sperre drohte. Wittmann sprach also Sebastian Bönig über das Funkgerät an, doch der reagierte nicht. Bönig hatte für das Spiel die Kommunikation mit Wittmann übernommen, weil Hoffmann der offizielle Vertreter von Fischer an der Linie war. Zu Beginn der zweiten Halbzeit hatte er aber vergessen, den Ohrhörer wieder einzusetzen. Also rief ich Christian Arbeit an. Er saß unten auf der Tribüne neben den Ersatzspielern und machte Bönig darauf aufmerksam, sich den Ohrhörer wieder einzustecken. Daraufhin schickte er Gentner zum Warmmachen. So direkt hatte ich noch nie ein Bundesligaspiel beeinflusst.

Letztlich ging es mit 0:2 verloren, ein im Grunde erfreuliches Resultat, zumal die Leistung in Ordnung gewesen war. Mit den 90 Minuten war auch wieder ein Stück Normalität eingezogen. Als Sebastian Andersson eine Stunde nach Abpfiff aus der Kabine kam, blieb er nicht stehen, um meine Frage zu beantworten, wie er das Spiel empfunden hatte. Dunkel grummelnd sagte er im Vorbeigehen auf Englisch: »Sie haben mir 20 Minuten gegeben.« Es schloss sich was mit »Fuck« oder »Fucking coaches« an, und ich musste lachen. Es war tröstlich, dass Seb Andersson auch im ersten Geisterspiel seines Lebens Seb Andersson blieb. Der Stürmer also, der immer spielen wollte und verdammt schlechte Laune bekam, wenn ihm das jemand verweigerte oder ihn eben erst in der 70. Minute einwechselte. Er hatte in der Spielpause zwar Knieprobleme gehabt, aber schon am Freitagnachmittag in einer SMS an Martin Krüger geschrieben, dass er fit sei, die Trainer also eine andere Erklärung brauchten, wenn sie ihn nicht spielen ließen. »Wir brauchen überhaupt keine Erklärung«, hatte Hoffmann genervt gesagt. Aber es gab eine, denn natürlich wollten sie ihren besten Stürmer nicht in einem Spiel verheizen, in dem es voraussichtlich nicht viel zu gewinnen gab. Aber das würde der Schwede zumindest an diesem Tag nicht mehr einsehen.

Der stets grundpositive Keven Schlotterbeck fand die Umstände hingegen nicht sonderlich gewöhnungsbedürftig, er musste dazu gar nicht so weit zurückliegende Erinnerungen abrufen. »Vor zweieinhalb Jahren habe ich noch in der Verbandsliga gespielt, da war's auch nicht anders.« Neven Subotic schätzte die Atmosphäre als »nicht gut, nicht pervers« ein und verschwand in den Sonntagabend.

Während ich draußen auf dem Parkplatz herumhing, um noch ein wenig mit dem ein oder anderen Spieler zu reden, sah ich Hoffmann 30 Meter entfernt telefonieren. Er trug noch seine Sportsachen und wirkte wie ein Mann, der am Telefon ein dringendes Beziehungsproblem zu klären versuchte. Er war aber nur damit beschäftigt, Urs Fischer von seiner Entscheidung abzubringen, den trainingsfreien Montag zu streichen. Hoffmann und Bönig hatten der Mannschaft in Barsinghausen versprochen, ihr bei einer guten Leistung gegen die Bayern für den nächsten Tag freizugeben. Die Leistung war gut gewesen, aber Fischer glaubte, dass er diesen Trainingstag brauchte. Nicht nur Hoffmann, auch Bönig, Ruhnert und Trimmel hatten ihn am Telefon umzustimmen versucht, nicht zuletzt wegen der zusätzlichen Nacht im Hotel und dem Streit darum. Aber Fischer ließ sich nicht umstimmen.

Schmerz sei mein Meister

Berufsfußballer führen ein Leben mit dem Schmerz. Dieser Umstand war mir zuvor nicht klar gewesen. Aber wenn man in anderthalb Stunden neun oder zehn Kilometer zumeist ziemlich schnell läuft, tut das Knie weh. Wenn der Gegenspieler einen tritt oder mit dem Fuß auf die Zehen steigt, hat man Schmerzen. »Es gibt keinen Tag, an dem du als Profi morgens aus dem Bett aufstehst und sagst: Mir geht es perfekt. Und selbst wenn nur die Hornhaut unterm Zeh drückt, der Fußnagel angeschlagen oder ein Muskel fest ist«, erklärte mir Max Perschk. Und der Physiotherapeut sagte auch, wer das nicht akzeptieren könne, wäre nicht in der Lage, den Beruf lange auszuüben.

Wenn aber das gute Gefühl generell so wichtig ist, dass beharrlich alles Störende weggehobelt wird, muss jeder Spieler einen Umgang mit Schmerzen finden, denn der ist das Gegenteil eines guten Gefühls. So kam Christopher Trimmel am Spieltag zu den Physios und holte sich eine Schmerztablette. Er hatte sich mal eine Sprengung des Eckgelenks in der rechten Schulter zugezogen, die eigentlich operiert hätte werden müssen. Weil das aber mit einer längeren Reha verbunden gewesen wäre, hatte er bislang darauf verzichtet und wollte bis nach dem Ende seiner Karriere mit dem Eingriff warten. Weil er in den Spielen häufiger Einwürfe machen musste, nahm er die Schmerzmittel, ansonsten hielt er das aus.

Trimmel war überhaupt gut darin, Schmerzen auszuhalten, weil er sie nicht so stark empfand. »Für ihn ist eine Prellung wie für andere ein Schnupfen«, sagte Perschk. Es gab in der Mannschaft noch mehr Spieler, die hart im Nehmen waren. »Wenn Seb zu mir kommt, haben wir wirklich ein Problem«, meinte Mannschaftsarzt Clemens Gwinner. Sebastian Andersson hatte ein paar Wochen lang mit einem gebrochenen Nasenbein gespielt, bevor er sich meldete. Auch über einen ausgerenkten Ellbogen war er lange kommentarlos hinweggegangen. Florian Hübner galt als ein weiterer Spieler mit hoher Schmerztoleranz – wobei es auch auf die Umstände ankam. »Wenn er nicht spielt, empfindet er Schmerzen deutlich intensiver, als wenn er im Flow ist. Dann lebt er sein Leiden auch aus«, sagte Perschk. Es gab also nicht die Harten und die Weichen, sondern es kam auch immer darauf an, in welcher Situation ein Spieler gerade steckte. Jakob Busk etwa hatte sein Probetraining bei Union Berlin im Januar 2015 nicht abgebrochen, obwohl die Nägel seiner großen Zehen entzündet und die Füße wegen der Kälte durchgefroren waren. Danach waren die Fußballschuhe voller Blut gewesen, aber er hatte durchgehalten, weil er seine Verpflichtung nicht gefährden wollte. Auch er hatte vorher eine Schmerztablette genommen.

In der Woche nach dem Spiel gegen Bayern lief im Fernsehen eine Reportage über den problematischen Umgang mit Schmerzmitteln im Fußball, und Neven Subotic war einer der Zeugen dafür gewesen. »Im Fußball kommen immer wieder auch diese Machosätze, um den Spielern ein schlechtes Gewissen zu geben, wenn sie sich nicht überwinden, mit Verletzung oder mit Schmerzmitteln zu spielen«, sagte Subotic dort. »Es heißt dann immer, wenn du spielen willst, kannst du das nehmen, dann fühlst du dich gut und dann spielst du. Und das war's.« So jedenfalls sähe seine Erfahrung in 14 Jahren als Profi aus.

Union hatte er nicht erwähnt, und Perschk reagierte gelassen, als ich ihn danach fragte. »So etwas habe ich weder bei uns im Nachwuchs noch jetzt bei den Profis erlebt. Eine Schmerzmedikation gehört zwar dazu, doch ein Großteil unserer Spieler überlegt wirklich drei Mal, ob sie eine Tablette nehmen wollen, und sie wollen das immer begründet haben«, sagte er. Bei der Abwägung ging es darum, dass der Schmerz nicht einfach ausgeschaltet wurde und die Verletzung sich dadurch verschlimmerte, und es durfte der Schmerzmittel nicht zu viel werden. »Ich glaube, dass es eine Riesenwende mit dem Fall Klasnic gab«, erklärte mir Perschk. Der Bremer Stürmer Ivan Klasnic hatte im Laufe seiner Karriere so viele Schmerzmittel bekommen, dass er vermutlich deshalb eine Niereninsuffizienz erlitten hatte und mit 31 Jahren eine Nierentransplantation bekommen musste. Mit den Mannschaftsärzten von Werder stritt er sich deshalb noch immer vor Gericht um eine millionenschwere Entschädigung.

Ein besonders langes Leben mit dem Schmerz hatte Sebastian Bönig hinter sich. Der Co-Trainer hatte seine Karriere in der Jugendmannschaft des FC Bayern begonnen, Spieler wie Philipp Lahm, Bastian Schweinsteiger oder Thomas Hitzlsperger gehörten damals zu seinen Mannschaftskameraden. Er gewann mit den Bayern die Deutsche Meisterschaft, spielte in der Jugendnationalmannschaft und kam anschließend in die zweite Mannschaft der Bayern. Auch bei den Profis trainierte er gelegentlich mit. »Aber Ottmar Hitzfeld hat sich letztlich für den Richtigen entschieden – für Owen Hargreaves«, erklärte er lachend.

Bönig wechselte dann zum damals aufstrebenden Zweitligisten LR Ahlen, wo er als 21-Jähriger im ersten Jahr sofort Stammspieler wurde. Zu Beginn der zweiten Saison verletzte er sich beim Spiel in der ersten Pokalrunde bei den Sportfreunden Siegen am Knöchel, durch einen Tritt splitterte ein Stück des Knochens ab. »Damals habe ich mich überreden lassen, mich ein paar Wochen lang fit spritzen zu lassen. Mein Ehrgeiz war leider wahnsinnig groß, und danach war ich eigentlich kaputt«, erzählte er mir. Der Knochensplitter sorgte nämlich dafür, dass noch weitere Teile des Knochens in Mitleidenschaft gezogen wurden. Im Herbst musste er sich doch operieren lassen, es war die erste von insgesamt drei Operationen, die Schmerzen im Sprunggelenk gingen nicht weg.

Sein Vertrag in Ahlen wurde daraufhin nicht verlängert, und er musste ein halbes Jahr eine Reha bei Klaus Eder im bayrischen Donaustauf absolvieren, einem bekannten Spezialisten. »Das hat mich gebrochen.« Aus dem Spieler, der mit den Besten des Landes trainiert und am großen Fußball geschnuppert hatte, war ein arbeitsloser Profi geworden, der alleingelassen versuchte, wieder gesund zu werden. In Bayerns zweiter Mannschaft durfte er anschließend als Gast mittrainieren, deren legendärer Trainer Hermann Gerland vermittelte ihm den Kontakt zu Union Berlin.

Ähnlich wie Michael Parensen konnte Bönig sich mit den Anfang 2005 noch spartanischen Umständen und der Umkleidekabine im Container An der Alten Försterei anfangs kaum anfreunden. »Ich dachte, wo bin ich hier? Es war richtig schlimm.« Doch er blieb die verabredete Woche, an deren Ende es ein Testspiel in Dessau gab, wohin den damaligen Drittligisten über 100 Union-Fans begleiteten. Das signalisierte Bönig, dass es möglicherweise etwas Besonderes auf sich hatte mit diesem Klub. »Die Fans waren gleich sehr freundlich zu mir. Und ich hatte immer noch diesen Traum von der Bundesliga, also brauchte ich Spielpraxis.« Zunächst ging es mit Union zwar herunter in die Vierte Liga, aber dann direkt wieder zurück. Er gehörte auch zu der Mannschaft, die den Aufstieg in die Zweite Liga schaffte, danach aber wurde sein Vertrag nicht verlängert – und er beendete seine Karriere. Mit 27 Jahren.

Sebastian Bönig hatte die ganze Zeit über Schmerzmittel genommen. Es waren mehr an kalt-feuchten Trainingstagen und weniger an sonnig-warmen gewesen, aber an Spielen ohne Schmerzmittel war nicht zu denken. Manchmal versuchte er auch Pausen einzulegen, in denen er weniger Tabletten nahm. »Mir war schließlich schon klar, dass das nicht gut sein konnte, aber damals fehlte die Aufklärung«, erzählte er mir. Es hatte den Fall Klasnic noch nicht gegeben. Den Schmerz einfach auszuschalten, gehörte zur Fußballkultur noch dazu.

Als Union nicht mit ihm weitermachte, verließ Bönig Berlin. »Ich musste weg, um dem Traum, dem ich die ganze Zeit hinterhergehechelt hatte, endlich Tschüss zu sagen. Es hätte mich zerstört, wenn ich geblieben wäre.« Daheim in Erding betrieb er anderthalb Jahre erfolgreich eine Fußballhalle, bis er im Winter 2011 zurückkehrte und als Assistent der U19 bei Union seine Trainerkarriere begann. »Ich bin heute dort, wohin ich immer wollte, in der Bundesliga. Deshalb bin ich dem Verein unheimlich dankbar«, sagte er. Aber vielleicht wäre er in der Bundesliga viel früher angekommen, wenn er einst in Ahlen den Schmerz nicht weggespritzt hätte. Und weil es viele solcher Geschichten gab, die erzählt wurden, war es kein Wunder, dass Spieler inzwischen dreimal fragten, ob sie eine Tablette wirklich nehmen sollten.

Schwarze Wolke

Die zusätzliche Nacht im Hotel und die Debatten darüber, das Fehlen des Trainers beim ersten Spiel und der gestrichene freie Tag ließen das nervöse System wieder nervöser werden, obwohl zumindest das Spiel gegen die Bayern dazu keinen Anlass geliefert hatte. Es waren auch noch acht Spiele, um die fehlenden fünf oder sechs Punkte zu holen, die Ausgangsposition war weiterhin gut. Aber die Perspektive darauf begann sich zu ändern.

Es ist ausführlich erforscht worden, dass sich Menschen über einen Verlust stärker ärgern, als sie sich über einen Gewinn freuen. Wir ärgern uns mehr, wenn wir 50 Euro verlieren, als wir uns darüber freuen, wenn wir 50 Euro finden. Einen ähnlichen Effekt kann man im Fußball beobachten. Wenn eine Mannschaft einen Zwei-Tore-Vorsprung verspielt und eine Partie 2:2 ausgeht, wird das in aller Regel als äußerst frustrierend empfunden. Umgedreht ist es zwar schön, nach zwei Toren Rückstand noch den Ausgleich zu schaffen, aber der Gefühlsausschlag ist meist nicht so stark wie im umgekehrten Fall. Nicht selten wird eine Mannschaft gerade nach einer Führung nervös, weil sie plötzlich etwas zu verlieren hat. Oder ein Team an der Tabellenspitze stellt plötzlich fest, dass es nun nichts mehr zu gewinnen hat, weil es ja oben steht, aber zu verlieren.

Deshalb hatte Fischer seinen Spielern immer wieder gesagt, dass sie nichts zu verlieren und alles zu gewinnen hätten, ganz vehement vor und nach dem Spiel in Freiburg. Auch in Barsinghausen hatte er darüber gesprochen. Aber in der langen Pause, die Union mit einem komfortablen Abstand zu den Abstiegsplätzen verbracht hatte, war vielleicht in die Köpfe gekrochen, dass sie nicht mehr der struppige Außenseiter waren, der nichts zu verlieren hatte. »Sie hatten viel Zeit zum Nachdenken«, sagte Markus Hoffmann. Zeit zum Nachdenken darüber, was passierte, wenn man den Vorsprung noch verspielte. Doch zunächst einmal verloren sie die viel besungene Position als Berlins Nummer eins.

Als Dirk Zingler am Samstagmorgen nach der Klatsche im Derbyrückspiel bei Hertha BSC mit seinem E-Bike zum Stadion kam, grinste er. »Ich finde, wir sollten das abhaken und vergessen«, sagte er und wischte sich mit den Fingerspitzen über die Schulter, als wolle er eine imaginäre Fluse loswerden. »Hertha ist doch nur Geister-Stadtmeister.« 0:4 hatten Union am Vorabend im Olympiastadion verloren, alle Tore waren nach der Pause gefallen, die ersten beiden innerhalb von nicht einmal zwei Minuten. Adrian Wittmann konnte daraufhin seiner Beispielsammlung für falsches Verhalten nach ungewöhnlichen Momenten ein weiteres hinzufügen. Nach dem 1:0 für Hertha hatte Florian Hübner bei einem Zweikampf spekuliert. Er war ins Mittelfeld vorgerückt, um dort ein Kopfballduell zu gewinnen, anstatt nach hinten abzusichern, und hatte es prompt verloren. Spekulieren war im Regelwerk von Fischer streng verboten. Er hatte dadurch eine Fehlerkette ausgelöst, die zum 2:0 führte. Schwach spielten in der zweiten Halbzeit jedoch fast alle, und das war nicht das einzige Problem.

Akaki Gogia hatte mich eingeladen, das Spiel bei ihm zu Hause gemeinsam zu schauen, der gesperrte Keven Schlotterbeck und Florian Flecker waren auch da gewesen. Noch waren die Regeln für die Geisterspiele so streng, dass nicht einmal die Spieler ins Stadion durften, die nicht im Kader waren. Also hatten wir bei Gogia im Wohnzimmer gesessen, wo die Stimmung in der zweiten Halbzeit in den Keller gegangen war, zum Ende des Spiels wurde fast durchgeschwiegen.

Auch Markus Hoffmann und Sebastian Bönig saßen am Samstagmorgen schweigend an ihren Schreibtischen. Als ich sie fragte, ob sie schon sprechen würden oder ob ich lieber gehen solle, schwieg Bönig weiter. Hoffmann sagte: »Das ist eine Niederlage, und damit müssen wir umgehen.« Das war eine gute, weil professionelle Antwort. Sie wurden nicht dafür bezahlt, besonders sauer oder besonders frustriert zu sein, weil der Lokalrivale sie vorgeführt hatte. Ihre Aufgabe war es nicht, die heftigsten Emotionen von allen zu zeigen, sondern die offensichtlichen Probleme zu lösen. Und die zweite Halbzeit im leeren Berliner Olympiastadion war die schlechteste der Saison seit dem aufgeregten Durcheinander am ersten Spieltag gegen Leipzig gewesen.

So war ich nicht überrascht, dass Oliver Ruhnert vor der üblichen Analyse am Tag nach dem Spiel zur Mannschaft sprach. Solche Auftritte von ihm waren selten, und dieser geriet zu einer fast halbstündigen Ansprache, die zwischendurch überraschend emotional ausfiel. »Die Nacht war sehr kurz«, sagte er, »du versuchst Dinge zu erklären, die du selber nicht verstehst.« Er fand, dass der Trend in der Saison nicht mehr stimmte. »Freiburg war schon scheiße, Bayern war okay, aber gestern haben wir etwas getan, was diese Mannschaft nie tut: Nach den Gegentoren habt ihr euch nicht mehr gegenseitig gepusht, unterstützt und geholfen.« Ruhnert erinnerte die Spieler an ihr Saisonziel, mehr als 40 Punkte holen zu wollen, und auf welche Weise sie bislang zu 30 Punkten gekommen waren. Er erinnert sie auch daran, dass alle gut verdienen würden, wenn die Mannschaft in der Klasse bliebe. »Jetzt geht es darum, den letzten Schritt zu machen.« Nur, so wie sie in der zweiten Halbzeit gegen Hertha gespielt hatten, würde das schwer werden.

Und es gab da noch etwas. Bevor Fischer in seine Analyse einstieg, sagte er: »Jetzt verlierst du mit 0:4, die Art und Weise ist eine Katastrophe. Und worüber wird nach diesem Spiel als Erstes geredet? Dass einer die Verzichtserklärung nicht unterschrieben hat.« Er nannte keinen Namen, aber Zingler erzählte mir, dass Sebastian Polter sich geweigert hatte. Er überlegte, ihn für die restlichen Spiele der Saison zu suspendieren.

Am Dienstag gab es bereits das nächste Abschlusstraining, denn am Mittwochabend würde es gegen Mainz 05 gehen. Ich schaute zu, wie die Spieler in Serie aufs Tor ballerten. Zwei Tore standen auf einem Platz, der so groß war wie zwei Strafräume, und in den verschiedensten Varianten schlossen sie ab, danach liefen sie an mir vorbei, und ich klatschte, wenn sie ein gutes Tor erzielt hatten. Urs Fischer stand am anderen Ende des Spielfelds, ich hörte nicht, was er rief. Aber als Robert Andrich an mir vorbeilief, polterte er vor sich hin: »Immer nur negativ! Das kotzt mich an!« Wenn Andrich, der Mittelfeldspieler mit dem kantigen Schädel, genervt war, hielt er es nicht zurück. Er hatte eine mitunter rotzige Art, die mir gefiel, sowohl auf dem Platz als auch jenseits davon. Andrich war authentisch, und gerade schien ihm ganz authentisch sein Trainer auf die Nerven zu gehen, weil er die Spieler zu wenig lobte.

Ich war verblüfft über die Vehemenz seiner Reaktion. Fischer war unübersehbar frustriert von der Art und Weise gewesen, wie die Derbyniederlage zustande gekommen war, mehr noch aber von dem ganzen Gerede, den Krisensitzungen und der immer noch nicht beendeten Debatte ums Gehalt. Nachmittags würde es noch eine Sitzung mit Zingler und Ruhnert geben, um zu beschließen, wie es mit Polter weiterging. Aber eigentlich teilte ich den Eindruck von Andrich nicht. Als Trainer war Fischer unverändert, wenn auf dem Trainingsplatz etwas nicht funktionierte. Und wenn er zufrieden war, sagte er das auch. Doch nun schien sich die Mannschaft mehr Lob von ihm zu wünschen.

Beim Spiel gegen Mainz gab es die andere Seite von Andrichs Aggressivität zu sehen, noch vor der Pause flog er vom Platz, nachdem er die zweite Gelbe Karte gesehen hatte. Die erste Verwarnung war zu hart gewesen, die zweite war es nicht und hätte ihm nicht passieren dürfen. Zu diesem Zeitpunkt hatte Union den frühen Führungstreffer von Mainz zwar ausgeglichen, in Unterzahl ging es nun aber vor allem darum, nicht das vierte Spiel hintereinander zu verlieren. Das gelang auch mit viel Engagement und Kampf, es gab sogar kurz vor Schluss noch die Chance aufs Siegtor, aber die Gelegenheit, mit einem Sieg gegen einen Konkurrenten im Abstiegskampf einen großen Schritt weiterzukommen, war verpasst.

Während des Spiels hatten sich außerhalb des Stadions, hinter der Tribüne an der Waldseite, zwei Dutzend Fans versammelt. Da sie die Abstandsregeln einhielten, hatte die Polizei sie nicht vertrieben, und man konnte ihre Gesänge bis ins Stadion hören. Wie dankbar die Spieler für ihre Unterstützung waren, war nach dem Schlusspfiff zu sehen. Geschlossen verließ die Mannschaft den Platz, um sich bei ihnen zu bedanken. Sie kletterten auf jene Holztische, an denen sonst Fans saßen, um Würstchen zu essen und Bier zu trinken, um sich den Fans auf der anderen Seite des Stadionzauns zu zeigen, der inzwischen mit einer Sichtblende versehen worden war. Der Dank war echt, das Publikum fehlte ihnen wirklich.

Am 28. Mai um 11.44 Uhr, am Tag nach dem Spiel gegen Mainz und drei Tage vor dem Auswärtsspiel bei Borussia Mönchengladbach, stellte der 1. FC Union Berlin eine Stellungnahme von Zingler auf seine Website. Dort hieß es: »Es gehört zu den elementaren Werten des 1. FC Union Berlin, dass wir Unioner eine solidarische Gemeinschaft bilden, in der wir füreinander und für unseren Verein einstehen. Sebastian tut das als einziger Spieler der gesamten Lizenzspielerabteilung mit Mannschaft, Trainer- und Betreuerteam leider nicht. Das ist für uns nicht nachvollziehbar und sehr enttäuschend. Es ist meine dringlichste Aufgabe, gerade in schwierigen Zeiten, den Zusammenhalt aller Klubmitarbeiter und Spieler zu schützen, um unsere sportlichen Ziele nicht zu gefährden. Wir haben deshalb entschieden, dass Sebastian ab sofort nicht mehr Teil unseres Spieltagskaders sein wird.«

Als ich mit Zingler über Polters Weigerung gesprochen hatte, die ausgehandelte Gehaltsvereinbarung zu unterschreiben, sagte ich ihm, dass ich es seltsam fände, Polter für etwas zu sanktionieren, das als freiwillig etikettiert worden war. Ich verstand aber auch seinen Wunsch, das Thema zu beenden, weil es innerhalb der Mannschaft noch für Unruhe sorgte. Dass einer ausscherte, gab anderen vielleicht doch das Gefühl, es sei blöd gewesen, die Einigung zu unterschreiben. Es war also kompliziert.

Seltsam an Polters Weigerung wiederum war, dass er als Mitglied des Mannschaftsrates von Beginn an zu den Profis gehörte, die die Vereinbarung mit ausgehandelt hatten. Als ich mich mit ihm darüber unterhielt, sagte er: »Ich finde es lobenswert, wie wir uns darum gekümmert haben, und glaube, wir haben das Bestmögliche für die Mannschaft rausgeholt. Ich bin Teil der Mannschaft, aber insofern auch nicht Teil, weil ich etwas von dem ganzen Entwurf hinterfrage. Ich war nämlich von Anfang an dagegen, dass wir die Stundung über drei Jahre ziehen.« Letzteres leuchtete mir ein, aber wie er zugleich Teil der Mannschaft und kein Teil der Mannschaft sein konnte, überstieg meine Vorstellungskraft.

Auf jeden Fall hatte Polters Rechtsanwalt ihm dringend geraten, die Vereinbarung nicht zu unterschreiben und das ausstehende Gehalt nur über einen kurzen Zeitraum zu stunden, bis zum Ende der Saison etwa oder vielleicht auch bis zum Ende des Jahres. Das aber hatte der Verein nicht akzeptiert. Ihn bis zum Ende der Saison nicht mehr spielen zu lassen, hätte Polter aber gerne nicht mit seinem Verhalten in dieser Frage begründet gesehen. »Wenn du willst, dass ein Spieler dem Kader nicht mehr angehört, findest du andere Wege, das zu begründen. Ich hätte es nicht öffentlich gemacht.«

Seine Argumentation machte mich ähnlich ratlos wie schon die Diskussion über den fehlenden Vertrauensvorschuss durch den Trainer. Besonders irritierend hier aber war, dass Polter mir auch noch eröffnete, dass er das Geld, um das er so vehement stritt, nicht einmal für sich selbst haben wollte. »Ich werde das spenden, was ich wiederbekomme. Dann habe ich sogar verzichtet und nicht nur gestundet. Na ja, ich bekomme eine Spendenquittung und die Hälfte über die Steuer wieder, aber trotzdem.« Sebastian Polter, dieser freundliche Riese, ich verstand ihn nicht. Aber wie hatte Sebastian Bönig über den Stürmer gesagt, für den er sich im Trainerteam immer wieder starkgemacht hatte: »Der Polti ist der Polti.« Und vielleicht ging es Polti letztlich darum, das noch einmal klargemacht zu haben. Aber klar war auch, das nervöse System war durch ihn noch einmal nervöser geworden, und helfen würde er im aufziehenden Abstiegskampf auch nicht mehr.

Dünne Haut

Es gab Momente, in denen man merkte, dass der Präsident und sein Trainer auf unterschiedlichen Seiten des Planeten Fußball lebten. Wie etwa, als der Flughafenbus in Düsseldorf uns vom Gate zu unserem Charterflugzeug brachte. 1:4 hatte die Mannschaft nachmittags bei Borussia Mönchengladbach verloren, und danach hatte Zingler von einem Freund eine SMS bekommen, in der auf rotem Grund in weißen Buchstaben zu lesen stand: »Wer seit 10 Jahren zu Union geht, leidet momentan. Wer seit 25 Jahren zu Union geht, hat Schlimmeres erlebt. Wer 40 Jahre und länger zu Union geht, lebt immer noch seinen Traum. EISERN!«

Das war klassische Fußballfan-Lyrik, die man sich zur Erbauung schickte, wenn die eigene Mannschaft sportlich verprügelt worden war oder es in der Tabelle trostlos aussah. Zingler hatte sie erst mir gezeigt und dann Fischer, der seinen Präsidenten daraufhin ratlos anschaute, weil das gerade überhaupt nicht die Botschaft war, die ihm half. Er war nun mal kein Fan, sondern der Mann, der dafür sorgen musste, dass sich Fans solche Sprüche nicht schicken mussten.

Ihn beschäftigte etwas anderes. »Ich frage mich, was wir die ganze Woche gemacht haben«, hatte er beim Warten am Gate zu Adrian Wittmann gesagt, und dann hatten sie angefangen, sich die Szenen des Spiels anzuschauen. Wobei es auch in der Nachschau unübersehbare individuelle Fehler vor jedem der vier Gegentore gegeben hatte. Nach einer ratlosen ersten Halbzeit hatte Fischer zur zweiten Halbzeit zum ersten Mal seit Monaten wieder auf eine Viererkette in der Abwehr umgestellt, und das hatte dem Spiel zunächst gutgetan. Sebastian Andersson hatte den Anschlusstreffer zum 1:2 erzielt, aber Grischa Prömel verlor vor dem dritten Gegentor den Ball in der eigenen Hälfte, und Marvin Friedrich stand beim vierten falsch.

Die Niederlage und die vier Gegentore, zum zweiten Mal innerhalb von acht Tagen, waren aber nicht der einzige Schaden des Tages. Christopher Lenz hatte verletzt ausgewechselt werden müssen oder hätte vermutlich gar nicht spielen dürfen. In der Woche nach dem Spiel gegen die Bayern hatte er sich verletzt, gegen Hertha und Mainz gefehlt, zwischendurch halb trainiert und halb nicht, sich aber für Mönchengladbach spielfähig gemeldet, wohin er einst als Jugendspieler gewechselt war, sich aber nicht hatte durchsetzen können. Mir war nicht ganz klar, ob Lenz sich für fit erklärt hatte, weil er den Wunsch seines Trainers spürte, oder ob er in Mönchengladbach unbedingt zeigen wollte, dass aus ihm ein richtiger Bundesligaspieler geworden war. Richtig schlimm wurde es, als sein Ersatz Julian Ryerson keine zwei Minuten nach seiner Einwechselung gefoult wurde, die Rückreise auf Krücken antrat und so für den Rest der Saison ausfiel.

Als wir in Mönchengladbach auf die Abfahrt der Busse zum Flughafen warteten, war Rafał Gikiewicz auf mich zugekommen. Entgegen seiner Gewohnheit rief er weder »Skandal« noch »Katastrophe«, sondern sprach beängstigend leise. »Schwierige Phase, du hast eigentlich ein gutes Gefühl und bekommst vier Gegentore«, sagte er. »Wir haben eine junge Mannschaft, und die Trainer müssten positiver sein.« Nun war die Mannschaft alles andere als jung, es gab auch wenig Gründe, um positiv zu sein, aber interessant war schon, was gerade so geredet wurde.

Auch der sehr beflissene Marius Bülter tutete in das Horn, als ich im Flugzeug mit ihm sprach. Vor allem beim Spiel gegen Mainz 05 war er immer wieder von Fischer ermahnt worden. »Büülllttiii«, hörte man es durch das leere Stadion hallen. Dass Union 50 Minuten lang in Unterzahl spielte, bedeutete vor allem für Bülter und Ingvartsen (»Maarrrccusss!«), dass sie zusätzliche Wege gehen mussten, um das gegnerische Spiel zu unterbinden. Als ich Bülter fragte, ob ihm das auf die Nerven gegangen wäre, schüttelte er den Kopf, sagte aber: »Ab und zu eine Ermutigung wäre aber auch ganz schön gewesen.«

Begann der Trainer gerade, seine Mannschaft oder zumindest

einige Spieler zu verlieren? Oder begann das Team, sich Erklärungen für die sportlichen Probleme zu suchen und sie ihrem Trainer in die Schuhe zu schieben? Aus den ersten vier Spielen seit der Wiederaufnahme der Bundesliga hatten sie nur einen Punkt geholt, der Abstand auf Platz 16 betrug nur noch vier Punkte. Der letzte Sieg lag über vier Monate zurück. Kein Zweifel: Nun begann die Crunchtime! Die Zeit der Entscheidung, in der es knirscht und kracht.

Fischer hatte mich vor dem Saisonbeginn gewarnt, dass es Momente geben könnte, in denen er »dünnhäutiger« würde. Nun war es so weit, wobei ich Fischer und auch Hoffmann eigentlich nicht als übermäßig empfindlich empfand. Ich nahm sie, als es auf das Heimspiel gegen Schalke zuging, eher als ungewöhnlich aggressiv wahr. Sie waren nicht laut, tobten nicht, eher schien eine dunkle Kraft in ihnen zu wirken, die vorher nicht da gewesen war, die ich übersehen hatte oder die sie vor mir verborgen hatten.

Zum ersten Mal fühlte ich mich unwohl und ging ihnen aus dem Weg. Ich war nicht der Einzige. Svenni stöhnte: »Hoffentlich ist die Saison bald vorbei, ich halte diese Anspannung nicht mehr aus.« Am Donnerstag und am Freitag führte Fischer mit allen Spielern noch mal Einzelgespräche. Donnerstags gab es auch ein gemeinsames Grillen, und davor setzte sich die Mannschaft noch mal zum Gespräch zusammen, weil wieder interne Themen aufgelaufen waren. Die Hotelzimmer in Mönchengladbach waren zu warm gewesen, und einer der Reservisten hatte angeblich keine Lust gehabt, nach Mönchengladbach mitzufahren. Puh!

Beim Abschlusstraining vor dem Spiel gegen Schalke kam Michael Gspurning zu mir und sagte: »Christoph, ich gebe dir den Rat: Halte dich ein wenig zurück.« Ich schaute ihn erstaunt an und fragte, ob ich mich falsch verhalten hätte, aber der Torwarttrainer schüttelte den Kopf. Er meinte das eher prophylaktisch, außerdem hatte er ein schlechtes Gewissen. »Vielleicht hätte ich dich nicht in die Übung einbauen sollen.« Ein paar Tage zuvor hatte er mich gebeten, bei der Arbeit mit seinen Keepern als menschliche Sichtblende zu fungieren. Ich hatte mich daraufhin neben einen der Torhüter knien müssen, und gemeinsam verstellten wir dem jeweiligen Kollegen im Tor den Blick, wenn Gspurning aufs Tor schoss. Das war kein Unfug gewesen, aber vielleicht hatte sich jemand beschwert.

Als die Taktikübung im Abschlusstraining vorbei war, die reines Stückwerk gewesen war, drosch Adrian Wittmann wütend einen Ball aufs Feld. Ihm hatte nicht gefallen, was er gesehen hatte, aber das ging allen so. »Adi muss noch lernen, das nicht so persönlich zu nehmen«, kommentierte Martin Krüger aus dem Hintergrund. Und ich fragte mich, welche Geschichte in dieser Woche eigentlich Gestalt annahm. Ich fragte mich, was aus Fischers Strategie geworden war, in guten Phasen die Intensität zu steigern und in schweren demonstrative Gelassenheit zu signalisieren. Vor allem aber begann ich mich vor dem Spiel gegen Schalke zu fürchten.

Warten auf ...?

Dem Rat von Gspurning folgend hielt ich mich zurück, ging am Sonntag nicht ins Mannschaftshotel und fuhr mit der S-Bahn nach Köpenick. Wie absurd es war, dass ich dort der einzige Mensch auf dem Weg zum Spiel ins Stadion war! Überall entlang des Weges vom Bahnhof, auf Stromkästen, an Straßenlaternen und Schildern waren Fußballaufkleber und Graffiti diverser Fangruppen zu sehen. Ich kam auch an dem Nest vorbei, in dem schon seit einigen Wochen ein Schwanenpaar nistete, das heute nun nicht von Fußballfans gestört wurde, die aufgeregt dem Stadion zustrebten.

Dieser Spaziergang machte mir noch einmal klar, wie sehr die Mannschaft auf sich zurückgeworfen war und dass sie seit dem Re-Start ins Leere hineinspielte. Es fehlten nicht nur die Zuschauer im Stadion. Zum Fußballerleben gehörte es auch, dass ihnen Vereinsmitarbeiter über den Weg liefen, mit denen sie ein kurzes Wort wechselten. Besonders traurig war es, Achim außerhalb des Zauns zu sehen. Zingler nannte ihn »eine unserer Spezialkräfte«, man hätte ihn auch als Faktotum bezeichnen können. Achim war steinalt und dem Klub viele Jahre zuvor quasi zugelaufen, nachdem seine Frau gestorben war. Seither kam er jeden Tag, fegte den Platz vor der Kabine und machte andere kleine Arbeiten. Doch inzwischen durfte auch er nicht mehr aufs Gelände, und so stand er nicht nur am Spieltag, sondern auch sonst außen vor dem Zaun.

Es fehlten aber auch die Autogrammjäger, die nach dem Training mit ihren Mappen und Heften vor der Tür standen. Die Fans, die nach dem Spiel ein kurzes Wort mit den Spielern wechseln wollten. Selbst die kleine Presserunde unter der Woche gab es nicht mehr und die Gespräche mit Journalisten nach Abpfiff in der Mixed Zone auch nicht. Kontakt fand nur noch digital statt. Susi hatte mir erzählt, wie schlimm sie es fand, dass im Tageshotel jeder an einem Einzeltisch saß. »Ich komme aus einer Familie mit sieben Geschwistern, und wir haben immer alle zusammen an einem Ecktisch gesessen, und jetzt sitzt hier jeder für sich.«

Einerseits führten die Unioner nun ein gleichsam entkerntes Dasein. Andererseits wurde trotzdem Fußball gespielt, weshalb es seltsam war, den Slogan »Warten auf Union« aufrechtzuerhalten. Er leuchtete auf der digitalen Werbebande im Stadion auf, dazu der kleine Reim: »Kein Virus kriegt uns klein, was zählt, ist der Verein.« In einem stillen Protest dagegen hatte Adrian Wittmann für das Trainerteam T-Shirts gemacht, auf denen »Warten auf Martin« stand. Warum gerade Martin, wollte er mir nicht erklären. Es nervte ihn aber, dass weiter auf Union gewartet wurde, obwohl der Sport längst wieder auf Hochtouren arbeitete.

Zingler hatte es gesagt und Ruhnert und Fischer und der Motivationscoach im Trainingslager und die Spieler selbst auch: Sie durften sich nicht mit dem beschäftigen, was nicht zu ändern war. Es waren halt keine Zuschauer da, daran würde auch die bitterlichste Klage nichts ändern. Aber ein Problem war es doch. Dass gerade diese Mannschaft bislang so gut durch die Saison gekommen war, lag auch daran, dass die Unioner im Stadion eine besondere Energie herstellen konnten, die einige Spieler dorthin trug, wo sie noch nicht gewesen waren. Diesen Ort aber ohne Hilfe von außen wiederzufinden, war unglaublich schwer.

Als ich in die Kabine kam, fiel mir das Atmen schwer. Man hätte die Atmosphäre in Blöcke schneiden und nach draußen tragen können. Ich ging herum, wünschte allen Glück, aber sie waren irgendwo, wo ich sie noch nicht gesehen hatte. Ja, sie verwandelten sich gerade wieder in Krieger, wie sie das vor jedem Spiel taten. Aber vor dieser Schlacht spürte ich zum ersten Mal ihre Angst. Sebastian Bönig sprach mit Anthony Ujah und Sebastian Andersson, die gemeinsam im Sturm spielen würden, und sie nickten ergeben wie kleine Kinder. Marvin Friedrich war so fern, wie ich ihn noch nie erlebt hatte. Und Rafał Gikiewicz, der im Kraftraum auf dem Fahrrad saß und sich warm radelte, schaute gequält zu mir herüber. Ich sagte nichts, schlug mir aber mit beiden Händen vor die Brust, streckte sie vor und reckte das Kinn nach vorne. Gikiewicz richtete sich auf dem Fahrrad auf, straffte sich demonstrativ und lächelte kurz.

Schon die Mannschaftssitzung im Hotel war seltsam ins Leere gelaufen, wurde mir hinterher erzählt. Der Spannungsbogen von Fischer hatte sich angeblich nicht geschlossen, und als er zum Abschluss gefragt hatte, ob sich alle bereit fühlten, war das Schweigen bleiern gewesen. Auch beim Aufwärmen vor dem Spiel war auf dem Platz von einem guten Gefühl weit und breit nichts zu bemerken. »Es war grausam, die waren so in ihrem Kopf unterwegs«, sagte Bönig und schüttelte den Kopf.

Und dann spielten sie vom Anpfiff weg Schalke 04 in Grund und Boden, gingen nach elf Minuten durch Andrich in Führung, und eigentlich hätte es zur Halbzeit 3:0 stehen müssen gegen einen ersatzgeschwächten Gegner, der noch länger als Union nicht gewonnen hatte. Was im Training überhaupt nicht funktioniert hatte, ging nun auf. Zum ersten Mal seit dem Pokalspiel in Verl stellte Fischer von Beginn an zwei Mittelstürmer auf, wieder Andersson und Ujah, und diesmal funktionierte das Duo. Dennoch stand es am Ende nur 1:1, weil Schalke glücklich ausgeglichen hatte und Union Pech vorm gegnerischen Tor hatte. Das Warten auf einen Sieg ging weiter, aber ich fuhr trotzdem mit dem Gefühl nach Hause, dass die schwarze Wolke langsam verschwand.

Philosophisches Dilemma

Ich hatte Karin und Mathias Kleinmann auf der Fanfeier im Trainingslager kennengelernt, wo sie Urs Fischer ein zweifelhaftes Kompliment gemacht hatten, als wir unten vor der Tür zufällig zusammenstanden. Es hatte damit begonnen, dass sich die beiden darüber beschwerten, dass es in der Bundesliga An der Alten Försterei dichter gedrängt zuginge als früher und die Leute rücksichtsloser geworden seien und einfach den Platz übernahmen, wenn man mal ein Bier holen ginge. »Aber das ist ja auch gar nicht mehr so nötig, weil man sich den Fußball schon anschauen kann«, hatte Karin Kleinmann gesagt, ich hatte laut losgelacht, und Fischer hatte auch schmunzeln müssen. Die Vorstellung, dass Tausende seit Jahren ins Stadion gegangen waren und sich den Fußball schön trinken mussten, nun zum Glück aber nicht mehr ganz so viel, das war schon komisch, und auch die beiden selbst mussten darüber lachen.

Karin und Mathias waren Schwaben und 1996 aus Konstanz nach Berlin gekommen, wo sie zunächst an den Prenzlauer Berg gezogen waren. Der Schwabe am Prenzlauer Berg ist in Berlin fast eine Karikatur, er gilt als die Speerspitze der Gentrifizierung, es gibt sogar einen Wikipedia-Eintrag zum Stichwort »Schwabenhass«. Dort wird daran erinnert, dass um 2010 Graffiti an den Wänden am Prenzlauer Berg gefordert hatten: »Schwaben töten«. Oder es hieß: »Wir sind ein Volk. Und ihr seid ein anderes« oder »Ostberlin wünscht dir eine gute Heimfahrt«. Doch zu der Zeit waren die Kleinmanns schon weiter nach Friedrichshagen gezogen, eine S-Bahn-Station von Köpenick entfernt.

Sie waren also Zugezogene, was in Berlin nicht weiter erwähnenswert ist, weil Berlin eine Stadt der Zugezogenen ist. Es gab die Zugezogenen auch in Köpenick und bei Union im Publikum, aber eigentlich hatte ich den Eindruck, dass hier fast alle schon immer gelebt und Spiele angeschaut hatten. Die Kleinmanns waren ursprünglich Anhänger der Stuttgarter Kickers, deren Schicksal Mathias aus der Ferne weiterhin aufmerksam verfolgte. Aber als sie nach Berlin kamen, wollten sie am Wochenende weiterhin zum Fußball gehen. Sie probierten es mal mit Hertha oder Tennis Borussia, mit dem BFC Dynamo oder dem Berliner AK, sie waren auf der Suche nach einer neuen Fußballheimat. Union, damals ein Drittligist draußen in Köpenick, hatten sie zunächst nicht so richtig auf dem Schirm. Doch als sie dort zum ersten Mal ein Spiel sahen, klickte es gleich. »Ich war noch gar nicht richtig da, da hatte ich schon fünf Bier in der Hand«, erzählte Karin. Es wurde Liebe auf den ersten Blick.

Ich traf sie einige Wochen nach dem Trainingslager vor einem Heimspiel von Union in der »Abseitsfalle«, der großen Fankneipe in der Nähe des Stadions. Die Kleinmanns passten nicht in die typische Erzählung vom Union-Fan, weil sie keine Berliner oder Brandenburger waren. Außerdem waren sie Juristen, Karin niedergelassene Rechtsanwältin, Mathias arbeitete bei der Landesbank Hessen-Thüringen und pendelte zwischen Berlin und Frankfurt. Sie entsprachen also nicht dem Bild des Unioners, der Handwerker oder Facharbeiter ist und direkt von der Arbeit im Blaumann ins Stadion kommt. Ich wollte daher von ihnen wissen, ob es für sie schwer gewesen war, akzeptiert zu werden. »Nein, wir sind als Wessis gut aufgenommen worden. Union ist zwar ein Ostklub, aber ich empfinde das als nicht penetrant«, sagte Mathias. Vielleicht waren sie inzwischen auch zu lange dabei, um sich noch an etwaige Integrationsschwierigkeiten zu erinnern. Union war zu einem selbstverständlichen Teil ihres Lebens geworden und nahm darin nicht wenig Raum ein. Sie waren auch Mitglied in einem Fanklub, der »Ecke Nord« hieß, mit 65 eher gesetzten Mitgliedern. »Wir sind die Lieben«, sagte Karin.

Die Kleinmanns schauten alle Heimspiele an, aber reisten auch zu etlichen Auswärtsspielen. »Meine Lehre aus vielen Jahren mit Union unterwegs ist: Sportlicher Erfolg steht an fünfter Stelle«, sagte Mathias. Natürlich fiel in unserem Gespräch bald auch der

Satz, den alle Unioner sofort zur Hand haben, um das Besondere an ihrem Klub zu beschreiben: »Wir gehen nicht zum Fußball, wir gehen zu Union.« In der laufenden Saison hatten sie vor allem ihre Reise nach Bremen als großartig empfunden, weil die Bremer trotz der Niederlage so nett gewesen waren. In einer Kneipe waren sie mit Apfelkorn abgefüllt worden, und das war mindestens so schön gewesen wie der 2:0-Auswärtssieg.

Karin gab zu, dass der Fußball in ihren frühen Jahren mit Union mitunter richtig schlecht gewesen sei. Auf der anderen Seite war halt was anderes entscheidend. »Das blöde Wort von der Familie, hier trifft es wirklich zu«, sagte sie und erzählte von ihrem Cousin, der Anhänger von Borussia Dortmund war. Wenn sie sich trafen, schüttelte er immer den Kopf über das, was die Kleinmanns von Union erzählten, und sagte: »Ihr seht das so romantisch.«

Alle Fußballfans eint ja der letztlich rätselhafte Umstand, dass sie unbedingt wollen, dass die Roten gewinnen, die Blauen oder die Grünen und sie deshalb unerklärlich gute Laune bekommen (oder schlechte, wenn es nicht klappt) und dass diese Roten, Blauen oder Grünen in ihr Leben hineinwachsen, bis sie ein unauflöslicher Bestandteil dessen geworden sind. Darüber hinaus gibt es aber noch die reale Gemeinschaft derer, die das alles zusammen erleben, wenn sie ins Stadion gehen oder sich vorher zum Bier in einer Kneipe wie der »Abseitsfalle« treffen.

Geisterspiele bedeuteten also gerade für Unioner ein philosophisches Dilemma. Für den Verein, für seine Fans, für Spieler und Trainer. War es noch Union, oder war es nur noch Fußball? Eine sportliche Darbietung ohne weiter gehende Bedeutung? Und stimmte mein Eindruck, dass Union verdunstet war?

Mathias Kleinmann stimmte mir zu, als ich die beiden anrief. »Es war ein totaler Kulturschock«, sagte er. Die Spiele gegen Bayern und das Lokalderby wären zwei absolute Höhepunkte der Saison gewesen, und nun saßen sie zu Hause und starrten im Fernseher auf leere Ränge. »Das ist furchtbar«, sagte Mathias, und das galt auch für das, was aus ihrem Spieltag geworden war. Aus der Fahrt zum Stadion, dem Treffen vor dem Spiel in der Kneipe, dem geduldigen Warten auf den Stehplätzen der Gegengeraden war ein Gang ins Wohnzimmer geworden. »Vorher überlegst du noch, ob du einen Tee, Kaffee oder ein Bier mitnimmst, und wenn das Spiel vorbei ist, schaltest du ab. Das war's«, sagte er.

Wenn sportlicher Erfolg sonst an fünfter Stelle stand, rutschte er unter den neuen Bedingungen jetzt weiter nach vorne. »Ich habe mich über die Niederlage gegen Hertha viel mehr geärgert, als ich das wahrscheinlich sonst getan hätte«, sagte Mathias, denn es gab hinterher kaum noch die Gelegenheit, sie unter Freunden abzuarbeiten. Ein Bier in der Hand und das Spiel zerquatschen, bis die Niederlage nicht mehr so wehtut.

Ganz hatte sich die Gemeinschaft, in der sie sich sonst am Spieltage bewegten, aber doch nicht aufgelöst. »Es gibt ja WhatsApp und das Telefon«, sagte Karin. Also schickte man sich gegenseitig Fotos, wie man gerade das Spiel schaute, und Kommentare, während es lief. Aber eigentlich war es nicht auszuhalten.

»Du musst überzogen sein!«

Noch eine Busfahrt vom Stadion zum Flughafen Schönefeld, wieder zum Abfertigungsgebäude für Charterflugzeuge im DDR-Style. Wieder unser Flugzeug mit unserer Crew. Wieder Zingler in der ersten Reihe am Fenster. Wieder Gikiewicz am Notausgang und wieder die Ermahnung, nichts auf dem Boden oder Sitz liegen zu lassen, in diesem Fall seine Trainingsjacke. Wieder ein schweigsamer Flug ohne Gespräche, auf dem einige Spieler schliefen und die anderen Filme und Serien auf ihren Tablets schauten. Landung in Köln zum Bundesliga-Auswärtsspiel 16. Wieder eine Fahrt zum Hotel, diesmal im Zentrum der Stadt, zwei Steinwürfe von der Wohnung entfernt, in der ich in Köln zehn Jahre lang gewohnt hatte. Auf den letzten Metern hingen die Jungs hinten im Bus an den Scheiben, als sie die Mädchen in den Cafés am Ring sahen – wie Soldaten, die lange im Einsatz waren und nun zum ersten Mal wieder ins Leben entlassen wurden.

Aber ins Leben entlassen würde an diesem Abend niemand, alle mussten im Hotel bleiben. Dort waren nun auch wieder andere Gäste, aber auf die Sofas im Foyer durfte man sich nicht setzen. »Warum nicht?«, fragte ich an der Rezeption. »Wir haben Corona«, sagte man mir. Ah ja. In den Aufzug durften nur jeweils zwei Leute oder eine Familie. Wir fuhren zu viert und zu sechst, wir waren eine Familie. Eine dauergetestete Fußballfamilie, ich hatte schon aus den Augen verloren, wie oft wir getestet worden waren, morgens erneut. Später am Abend kam die WhatsApp-Nachricht, dass wieder alle Tests negativ ausgefallen waren. Nach dem ersten Test hatte es keinen einzigen Corona-Fall mehr gegeben.

Noch mal Abendessen, wieder um halb sieben. Noch ein Essraum, dieser hell und großzügig, die Stühle mit großem Abstand voneinander. Noch mal Nudeln, Bolognesesoße, Fischfilet, Steak und Hühnerfilet. Noch mal Süßkartoffeln und Quinoa. Noch mal

Blattsalat, Mais, Paprikastreifen, Tomatenstücke. Noch mal Vinaigrette und Joghurtsoße zum Anmachen des Salats. Noch mal eine Flasche stilles Wasser und eine mit Sprudel für jeden. Dazu kleine Fläschchen Apfelsaft und Rhabarberschorle. Noch einmal die Zweite Liga auf dem großen Bildschirm im Essraum.

Es wurde Zeit, dass es vorbei war, aber ich hatte ein gutes Gefühl, dass das Happy End ganz nah ist. »Ihr gewinnt morgen«, sagte ich zu Sebastian Bönig. »Lass mich mit dem Scheiß in Frieden«, sagte er zu mir. Ich hatte mich bislang zurückgehalten mit Prophezeiungen und Voraussagen. Ich hatte auch keinem der Spieler reinzuquatschen versucht, dass er ein Tor schießt. Ich fragte Hoffmann, was er für ein Gefühl für das Spiel hatte, obwohl ich die Antwort schon kannte. »Ich habe vor Spielen kein Gefühl«, sagte er. Das sagte er immer, denn zu viel konnte passieren: Momente, in denen das Spiel in die eine oder andere Richtung kippte, ungewöhnliche Situationen für Wittmanns Video, seltsame Entscheidungen des Schiedsrichters, die Macht des Zufalls.

Aber nach zehn Monaten wusste ich, wann die Dinge grundsätzlich stimmten und wann nicht. In der zurückliegenden Woche hatten sie gestimmt. Alle Spieler wirkten frisch, und was sich das Trainerteam taktisch ausgedacht hatte, funktionierte auf dem Trainingsplatz. Das hob auch ihre Stimmung deutlich. Von der grauenhaften Atmosphäre der Vorwoche war nichts mehr übrig. Es war, als hätte es sie gar nicht gegeben.

Mittwochs nach dem Training hatten die Trainer noch einmal Videos von Kölner Spielszenen angeschaut, und sie kamen schnell zu der Überzeugung, dass es ein 4-1-4-1-System werden sollte, wie in der zweiten Halbzeit in Mönchengladbach. Die Diskussion dazu führten sie wie in Kurzschrift. Wittmann zeigte Szenen auf dem Fernseher, dann sagte Fischer: »Adi, zeig noch mal. Seht ihr?« – Hoffmann brummte Zustimmung, und Wittmann zeigte auf den Bildschirm: »Das geht auf.« Bönig sagte: »Ja, ja.« Fischer sagte schließlich: »Hm, haben wir ein gutes Gefühl?« Alle nickten. Damit war es beschlossen: Zum ersten Mal seit fast acht Monaten würde der 1. FC Union in ein Bundesligaspiel wieder mit einer Viererkette in der Abwehr starten. Fischer und Hoffmann packten zusammen, sie fuhren zum Fliegenfischen. Ich konnte es kaum fassen, aber das gute Gefühl war zurück, das nervöse System hatte sich beruhigt.

Auch am Freitagmorgen bei der Mannschaftsbesprechung war das zu spüren. »Jungs, wie geht es euch?«, fragte Fischer, während draußen eine Putzfrau mit einer Reinigungsmaschine an der Fensterfront vorbeifuhr und den Boden sauber machte. Dann feudelte sie die Fensterrahmen mit einem Staubwedel ab, und Hoffmann schüttelte den Kopf. »Jungs, bitte sprecht! Seid ihr fit und spritzig oder sollen wir im Abschlusstraining was weglassen?«, fragte Fischer. Die Jungs schwiegen weiter. »Nicht alle auf einmal«, sagte Fischer und bekam doch noch eine positive Antwort. »Okay, prima!«, sagte Fischer und erklärte noch, warum nicht alle Spieler hier saßen, wie das sonst üblich war. Es fehlten die Rekonvaleszenten, die Youngster ohne Chance und der aussortierte Sebastian Polter. »Ich möchte nur die Spieler hierhaben, die in den letzten vier Spielen helfen.« Damit solle niemand ausgeschlossen sein und sich überflüssig fühlen, ausdrücklich erwähnte er den jungen Maurice Opfermann. Die Gruppe zu verkleinern, hatte Fischer in der ganzen Saison vermieden, aber auf den letzten Metern wollte er noch einmal Konzentration und Verdichtung.

Er fragte auch nach der Viererkette: »Jungs, 4-1-4-1, gutes Gefühl?« Das war im Grunde eine rhetorische Frage, denn im Training hatte das bereits gut funktioniert. Einerseits waren dadurch die Außenbahnen doppelt besetzt und zugleich das zentrale Mittelfeld mit drei Spielern, einer von ihnen Yunus Malli mit seiner Ballsicherheit. Fischer sagte zu den Spielern: »Du musst davon überzogen sein.« Das war wieder eine seiner hübschen Kreationen, die auf dem Weg vom Schwyzerdütsch zum Hochdeutsch entstanden. Er meinte »überzeugt«, und als er zum fünften Mal »überzogen« sagte, beugte sich Gspurning zu mir herüber und flüsterte mir hinter vorgehaltener Hand breit grinsend zu: »Das wäre doch ein schöner Buchtitel für dich: Du musst überzogen sein!«

Während vorne die Überzogenheiten beim Anlaufen des Gegners, bei Standards, beim Positionsspiel und bei der Arbeit des

Schwimmers besprochen wurden, hatte Zingler den Raum betreten. Der Präsident sah müde aus, die letzten Wochen hatten ihn viel Kraft gekostet. Als Fischer fertig war, trat er vor die Mannschaft, zum ersten Mal seit seinem kurzen Auftritt auf dem Trainingsplatz vor dem Spiel gegen die Bayern. Er hielt keine donnernde Rede, eigentlich war sie fast ein Downer. Zunächst sagte er, dass die zurückliegende Zeit nicht einfach gewesen sei, weil für alle im Verein die Belohnung fehlte, nämlich das Erlebnis des Spieltags. Er richtete noch aus, dass alle im Forsthaus hundertprozentig hinter der Mannschaft ständen. Die Spieler klatschten.

Am nächsten Morgen in Köln saß Zingler hinten, als Fischer die Mannschaftsaufstellung zeigte, die niemanden mehr überraschte.

»Dieses Spiel heute, was ist das für uns?«, fragte er.

»Eine große Chance«, sagte Felix Kroos.

»Für mich ist dieses Spiel ein Finale, du kannst etwas gewinnen. Und wenn ich mir die Wochen anschaue, bin ich überzeugt, dass ihr überzeugt seid«, sagte Fischer. Dann machte er eine Kunstpause: »Und nicht überzogen.« Seine Kollegen hatten ihn am Vortag mit dem falschen »überzogen« aufgezogen. Er lobte die Spieler, zeigte ihnen, wie gut sie im Training die taktischen Vorgaben umgesetzt hatten, und das gute Gefühl begann den Raum zu erfüllen. Anschließend gingen wir spazieren.

Inzwischen war es richtig warm, wie zu Anfang dieser langen Saison vor fast zwölf Monaten. Wir gingen die Aachener Straße entlang, Richtung Aachener Weiher, angeführt von Neven Subotic, der in der Nähe gewohnt hatte, als er beim 1. FC Köln unter Vertrag gestanden hatte. Ich sagte zu Fischer: »Das war heute Urs on Fire.« Er schien sich darüber zu freuen. Ein Mann in einem Café sagte: »Ich kann euch heute kein Glück wünschen.« Fischer lachte, und ich erzählte ihm und Hoffmann über Köln und über den 1. FC Köln, sie hörten interessiert zu.

Das gute Gefühl wuchs im Müngersdorfer Stadion zu einem monumentalen, als Marvin Friedrich sechs Minuten vor der Pause einen Eckball von Christopher Trimmel ins Tor köpfte und Christian Gentner nach einer guten Stunde das 2:0 schoss. Ich saß auf der Tribüne hinter den Reservisten, klatschte und feuerte mit an, die Erlösung, die ich vorausgeahnt hatte, war ganz nah. Und ich ließ mich nicht einmal davon ablenken, dass irgendwo im Stadion leise ein Aggregat brummte. Zum ersten Mal bei einem Bundesligaspiel hörte ich so was, gerade noch hörbar am Rande der Wahrnehmungsschwelle: brummender Geisterfußball. In das Brummen hinein verlor Felix Kroos in der zweiten Minute der Nachspielzeit den Ball in der eigenen Hälfte, und im nächsten Moment lag er im Tor. Es schlossen sich zwei chaotisch aufregende Minuten an, aber es reichte. Zum ersten Mal seit 110 Tagen hatte der 1. FC Union Berlin wieder ein Bundesligaspiel gewonnen.

Unten im Stadion, wo die Busse parkten, telefonierte Keven Schlotterbeck mit seinem Vater, wie er das nach Spielen immer tat. »Er war zufrieden mit mir, außer mit den ersten zehn Minuten«, sagte er strahlend. Aus dem Kofferraum eines Lieferwagens gab es Lunchpakete mit warmem Essen. Gikiewicz und Ujah saßen auf einer Bordsteinkante, aßen und scrollten durch ihre Handys. Kroos hatte sein Fehlpass den Appetit verdorben. »Danach hatte ich Puls 1000«, sagte er. Die Kölner Spieler hatten den Unionern erzählt, dass sie sich überhaupt nicht fit fühlten. Sie waren zehn Kilometer weniger gelaufen als ihre Gegner aus Berlin.

Zingler saß im Mannschaftsbus und schaute auf sein Handy. Er war dorthin geflohen, als Köln den Anschlusstreffer geschossen hatte, weil er die Spannung nicht ausgehalten hatte. Später im Flughafenbus vom Gate zum Flugzeug sagte Christian Arbeit zu ihm: »Ich habe übrigens geschaut, wie viel Punkte es zu Hertha sind.«

»Drei«, sagte Zingler, und wir lachten.

Innerhalb von 90 Minuten war die Welt eine andere geworden. Statt in den gähnenden Abgrund zu schauen, ging der Blick schon wieder nach oben.

Kurzer Versuch über den Wettkämpfer

Mit dem Sieg in Köln war die schwarze Wolke endgültig verschwunden. Die Stimmung war unversehens wieder so gut, dass ich mir fast die Frage stellte: Hatte es die Wolke überhaupt jemals gegeben? Drei Spieltage vor Schluss betrug der Vorsprung auf Platz 16 wieder sieben Punkte, und der Abstieg war nur noch eine theoretische Möglichkeit. Vielleicht konnte ich nun erfahren, was eigentlich los gewesen war, als die allgegenwärtige Anspannung mir die Luft abgeschnürt hatte. Ich kam am Dienstag ins Mannschaftshotel, abends würde das Spiel gegen Paderborn stattfinden, in dem ein Sieg den Klassenerhalt auch formal sichern würde. Ich wollte mit Markus Hoffmann darüber sprechen, und als wir uns nach dem Mittagessen zusammensetzten, erzählte ich ihm, wie unangenehm ich die Tage vor dem Spiel gegen Schalke empfunden hatte und dass ich auch bei ihm etwas Dunkles gespürt hatte, das ich behelfsmäßig »Wut« nannte.

Hoffmann wehrte nicht ab, fragte nicht nach, sondern nickte einfach. »In der Beziehung habe ich mich aber extrem weiterentwickelt. Als Spieler ist das ausgeartet. Ich habe Gegner beschimpft, getreten, geschlagen. Was ich an Strafen bezahlt und Rote Karten bekommen habe ... Ich war untragbar! Ich hatte immer den Gedanken, gewinnen zu wollen – mit allen Mitteln. Aber was ich damit ausgelöst habe, war für meine Mannschaft positiv und für den Gegner katastrophal.« Er erzählte das nüchtern, es war ihm weder peinlich, noch war er stolz darauf. Es war, wie es war.

In der Deutlichkeit überraschte mich das Geständnis. Hoffmann war freundlich, mitunter nachgerade liebenswürdig. Er war zumeist demonstrativ gelassen, selbst wenn ihm während des Spiels Leuchtraketen um die Ohren flogen, wie beim Derby gegen Hertha An der Alten Försterei. Er war oft lakonisch, hatte Witz, und ich verdankte ihm einen tieferen Einblick in die Welt des österreichischen Kabaretts, von Josef Hader bis zu Michael Niavarani, deren Humor, darauf wies Hoffmann gerne hin, abgründig war und eine dunkle Seite hat.

»Und heute brodelt immer noch was?«, fragte ich.

»Ja, das ist so.«

»Bei Urs auch, oder?«

»Ja, das gibt es bei ihm auch. Als Spieler konnte er böse werden und richtig wehtun.«

»Liegt es daran, dass ihr als Wettkämpfer bis heute keine Niederlagen ertragen könnt?«

»Das ist der Grundantrieb. Wie willst du den Job machen, wenn du den nicht hast?«

»Also war in dieser dunklen Phase der Instinkt geweckt: Da will mir jemand die Bundesliga wegnehmen?«

»Ich widerspreche dir nicht: Das lassen wir uns nicht wegnehmen.«

Fast alle Berufsfußballer sind fanatische Wettkämpfer. Natürlich gibt es bei ihnen auch ein Vergnügen an der Bewegung, sie haben eine archaische Lust am Umgang mit dem Ball und Spaß daran, sich körperlich auszupowern. Aber sie wollen sich auch miteinander messen und gewinnen, und wer im Profifußball ankommt, kann Niederlagen nicht ertragen. Sonst würden sie zu den Millionen gehören, die Fußball aus Spaß spielen, und nicht zu den Hunderten, die einen Beruf daraus gemacht haben. Inzwischen war ich sogar zu der Ansicht gekommen, dass es genauso ein Talent ist, Wettkämpfer zu sein, wie über Schnelligkeit zu verfügen oder ein hoch entwickeltes Gefühl für Raum auf dem Platz. Insofern gab es selbst unter diesen außergewöhnlichen Wettkämpfern noch Abstufungen. Es gab nämlich ebenjene, die Niederlagen abgrundtief hassten. Hoffmann gehörte dazu und Fischer auch.

Verlieren machte sie wütend. Als Trainer konnten sie diese Wut, ihren Hass auf Niederlagen, nicht ausleben, wenn sie am Seitenrand saßen. Außerdem wussten beide von vornherein, dass sie mit einer Mannschaft arbeiteten, die in der Bundesliga mehr Spiele verlieren als gewinnen würde. Aber sie wollten in jedem Spiel alles versuchen, es trotzdem zu schaffen. »Den Anspruch, den ich an mich habe, stelle ich auch an andere. Sonst gefährdet er meinen Erfolg und dass ich meine Familie nicht ernähren kann. Das kann ich nicht zulassen, und dafür haben sie uns geholt«, sagte Hoffmann. Deshalb konnte er schneidend unangenehm werden, wenn ein Spieler unkonzentriert trainierte, wenn der Rasen auf dem Trainingsplatz nicht richtig geschnitten war, wenn eine Reise zum Auswärtsspiel holprig verlief, das Essen zu spät kam oder zu früh. Wenn irgendetwas oder irgendwer den Erfolg gefährdete, entwickelte er eine bedrohliche Intensität.

Zum Anfang der Saison hatte Frank Placzek, der beim Training meistens mit auf dem Platz stand, um die Spieler im Notfall gleich behandeln zu können, Hoffmann darauf hingewiesen, dass Sheraldo Becker erkältet war. Es war ein regnerischer, unangenehm kühler Tag, und der Holländer tat sich sichtlich schwer. Placzi wollte wohl nahelegen, ihn zu schonen. Hoffmann funkelte ihn nur kurz an und sagte: »Er muss lernen, dass es Krieg ist.« Placzi sagte danach nichts mehr, und Becker kämpfte sich weiter durchs Training.

Hoffmann war von einem Spieler, der in Österreichs dritter Liga kickte und nebenbei für eine Versicherung arbeitete, zu einem Co-Trainer geworden, der mit dem FC Basel fünf Schweizer Meistertitel gewonnen hatte, zweimal den Pokal und bei über 50 Europapokalspielen auf der Bank gesessen hatte. Er hatte auf dem Weg dahin größte Anstrengungen auf sich genommen. In einem Sommer war er, noch als junger Trainer in Österreich, mit dem Wohnmobil zum Trainingslager des FC Basel gefahren und hatte zugeschaut, wie man eine Mannschaft auf eine Saison vorbereitet. Er hatte immer hart gearbeitet und mit Urs Fischer einen Partner gefunden, der das auch tat. Auch darüber waren sie Freunde geworden.

Hoffmann war sich über ihre Rollenverteilung absolut im Klaren, er wollte Co-Trainer sein: »Das Wichtigste ist, dass du deinem Cheftrainer gegenüber loyal bist.« Er mochte mit aller Kraft versucht haben, Fischer zu überzeugen, den Spielern nach dem Spiel gegen die Bayern freizugeben. Er war auch sonst nicht selten anderer Ansicht als Fischer und hielt damit auch nicht zurück. Aber wenn die Entscheidung gefallen war, war es auch seine. »Wenn du Co-Trainer bist und immer den Gedanken hast, dass du Cheftrainer werden möchtest, mache es heute und nicht erst morgen. Es geht nicht gut, denn Co-Trainer ist ein eigener Beruf. Die Denkweise ist eine andere. Du entscheidest vieles mit, bist aber nicht der Entscheidungsträger. Du bist der Berater des Cheftrainers in allen Belangen und sein Unterstützer.« Und sein Bodyguard. Wer sich mit Fischer anlegte, würde es auch mit ihm zu tun bekommen.

Vielleicht hatte es in der Woche vor dem Spiel gegen Schalke wirklich dieses alttestamentarischen Grollens bedurft, um den Weg aus der schwarzen Wolke herauszufinden. Nach all den Diskussionen hatten sie den Fokus unbedingt wieder auf den Fußball lenken wollen. So erklärte es mir Hoffmann jedenfalls. In der Medizin heißt es immer: Wer heilt, hat recht. Im Fußball hat recht, wer gewinnt. Ich konnte gerne der Ansicht sein, dass es der negativen Intensität zu viel gewesen war und vielleicht besser gewesen wäre, die Schraubzwinge nicht so weit anzuziehen. Aber sie hatten es auf ihre Weise geschafft, und das war entscheidend. Dabei hatten sie die letzten Kräfte mobilisiert. »Das war in diesem Jahr eine Gratwanderung, mehr geht nimmer«, sagte Hoffmann. Nicht nur die Spieler hatte diese Saison ausgewrungen und erschöpft, für das Trainerteam und insbesondere den Cheftrainer galt das genauso.

»Was ist eigentlich die größte Stärke von Urs?«, fragte ich ihn.

»Sein Umgang mit Menschen ist außergewöhnlich, weil er jedem in seinem Bereich den vollen Einfluss gibt.« Hoffmann bestätigte, was Bönig und Gspurning, Wittmann und Krüger gesagt hatten. Fischer übertrug ihnen Verantwortung und gab ihnen Gestaltungsraum. »Urs sagt straight seine Meinung, auch wenn immer mal ein Spieler nicht gut damit umgehen kann. Und er hat einen ganz klaren Plan, was er auf dem Platz haben will«, sagte Hoffmann. Er machte eine Pause und schaute mich an: »Aber fragst du mich auch nach der größten Schwäche?«

Ich war erstaunt und nickte.

»Er will und kann sich nicht verkaufen. Er will so bleiben, wie er ist. Er will niemanden erzählen, was er kann oder nicht kann.«

Hoffmann respektierte das, aber es frustrierte ihn manchmal auch. Ab und zu ahnte man, dass Hoffmann fand, dass der Mann, mit dem er nun schon seit vier Jahren zusammenarbeitete und mit dem er mehr Zeit verbrachte als mit irgendeinem anderen Menschen auf der Welt, unterschätzt wurde. Weil Fischer nicht eloquent über sich und seine Arbeit Auskunft gab, wurde seine Leistung unterbewertet.

»Weißt du, wir sind einfache Leute. Wir haben die Volksschule absolviert, eine Ausbildung gemacht und arbeiten seit vielen Jahren im Fußball«, sagte Hoffmann. Mir war klar, was er damit sagen wollte: Sie waren Arbeiter des Fußballs und keine Magier. Aber vielleicht lag die Magie ja gerade in der Arbeit.

Besser als Sex und Drogen

Stand ich wirklich mit dem Kapitän eines Bundesligisten, der am Vorabend sensationellerweise den Klassenerhalt in der Bundesliga geschafft hat, in einer minus zehn Grad kalten Kältekammer? Gingen wir nach 30 Sekunden durch eine Tür in eine zweite Kammer, in der es minus 70 Grad kalt war, und nach weiteren zwei Minuten in eine dritte Kammer, in der es sage und schreibe minus 110 Grad kalt war? Gingen wir, in kurzer Hose und Turnschuhen, mit Handschuhen und Wollmütze bekleidet, aber freiem Oberkörper in dieser dritten Kammer langsam im Kreis wie die Insassen einer Haftanstalt im Innenhof eines Gefängnisses? Machte Trimmel das wirklich, um sich nach dem Spiel am Vorabend zu regenerieren? Half der Kälteschock auch gegen meinen Kater? Und stimmten die Bilder aus der letzten Nacht, die dabei in meinem immer noch nicht wieder ganz frischen Kopf aufschienen?

Was ich noch genau wusste: Die meiste Zeit des Spiels gegen den SC Paderborn hatte ich wie immer ganz oben bei Adrian Wittmann und Steven Pälchen gesessen, hatte es aber in den letzten zehn Minuten nicht mehr ausgehalten und war eine Etage tiefer gegangen. Dorthin, wo Dirk Zingler stöhnend auf und ab ging und rief: »Ist die zweite Hälfte quälend!« Immer noch stand es 1:0 durch das Tor von Trimmel, sein erstes in der Bundesliga, das ihm aber nicht zugeschrieben wurde, weil seine Freistoßflanke ein Paderborner ein ganz klein wenig mit dem Kopf berührt hatte, bevor sie im Tor landete.

Stark bedroht war diese Führung in den letzten Minuten nicht, weil die Unioner den Gegner mit dem für sie typischen Fleiß vom Tor weghielten. Gemeinsam liefen sie fast 126 Kilometer, so viel wie in keinem Saisonspiel zuvor, und das, nachdem sie drei Tage zuvor in Köln schon zehn Kilometer mehr gelaufen waren als der Gegner. Aber man weiß halt, wie Fußball ist. Plötzlich rutscht noch ein Ball ins Tor, und auch gegen den Tabellenletzten SC Paderborn musste sich die Mannschaft wieder mühen, wie sie sich die ganze Saison gemüht hatte. Dann war das Spiel endlich vorbei, und der 1. FC Union Berlin hatte es geschafft, die Bundesliga zu halten. Unglaublich!

Ich stand inzwischen mit den Spielern, die nicht im Kader gewesen waren, und den Mitarbeitern aus dem Staff, die auf der Tribüne zugeschaut hatten, unten am Spielfeldrand hinter der Bande, bis Mannschaftsarzt Clemens Gwinner uns in seiner Rolle als Hygienebeauftragter auf den Platz bat. Dort bekamen wir von Susi T-Shirts in die Hand gedrückt, auf denen stand:

SCHLUSS
ENDLICH
SAISON 2019/20
KLASSE GEHALTEN

Das ignorierte den Umstand, dass Urs Fischer sich schlussendlich »schlussendlich« abgewöhnt hatte, war aber trotzdem eine schöne Hommage an ihn. Es sagte aber auch, dass nun endlich Schluss war mit dieser vermaledeiten Saison. Ich zog das T-Shirt an, wie alle es taten, und ging auf dem Platz herum, um allen zu gratulieren, aber es war der maximale Antiklimax, weil drum herum nicht 20 000 Verrückte feierten und jubelten und sangen, sondern wir nur dumm auf dem Rasen herumstanden und ein paar versprengte Paderborner, die gerade abgestiegen waren. Also gingen alle in die Kabine, wo Robert Andrich empört feststellte, dass kein Bier da war. In diese Beschwerde hinein kam Susi mit einem Rollwagen um die Ecke, beladen mit drei Kästen astrein eiskaltem Bier.

Im Trainerzimmer standen zwei Flaschen Rum aus dem Supermarkt auf dem Tisch, die nur von Zingler kommen konnten: Don Papa. Ruck, zuck waren die Gläser gefüllt, und wir stießen an. Von da an ging es aufwärts oder abwärts, je nachdem wie man den Grad zunehmender Trunkenheit bewerten will.

Wenn ich mich richtig erinnerte, zerrte mich ziemlich bald Andrich, in dem sehr schnell ein gewaltiges Feierbiest Gestalt angenommen hatte, in die Kabine. Er schnappte sich einen leeren Bierkasten, drehte ihn um und sagte: »So!« Mir war schon klar, dass jetzt der Moment gekommen war, in dem ich mein Versprechen aus dem Trainingslager im Winter einlösen musste. Seit dem Spiel in Köln waren der ein oder andere Spieler zu mir gekommen, hatte gezwinkert und unauffällig geflüstert, ob ich, wenn es so weit sei … Ich hatte genickt und »Klar!« gesagt.

Jetzt stand die Rettung fest, und ich musste liefern – offensichtlich auf einem Bierkasten als Bühne. Besser als der wackelige Stuhl im Trainingslager und zum Glück war ich durch Bier und Don Papa auch bereits gelockert, denn die Kabine war rappelvoll. Also legte ich los: »Eisgekühlter Bommerlunder, Bommerlunder, eisgekühlt«. Sofort stimmten alle ein, aber worauf ich in meiner Unerfahrenheit mit Nichtabstiegsfeiern nicht vorbereitet war: Sie nutzten die Chance, mich mit Bier zu überschütten. Mit Bier aus Flaschen und Bier aus Krügen, auf jeden Fall mit so viel Bier, dass ich in höchster Not Hannes Hahn noch mein Telefon zusteckte, damit es nicht im Bier erstarb. Fortan ging ich als klammfeuchter, nach Bier stinkender Typ in Rudelkleidung durch den Abend. Aber da war ich nicht allein, Fischer war es beim Verlassen der Pressekonferenz nicht besser gegangen, und bei Zingler war ich mir auch nicht sicher, ob er durchgeschwitzt war oder auch etwas abbekommen hatte.

Inzwischen waren auch die Zigarren angezündet worden, die ich mitgebracht hatte, weil Rafał Gikiewicz unbedingt eine haben wollte. So wie er sie mir am Tag zuvor imaginär vorgepafft hatte, sollten sie lang und dick sein. Also hatte ich eine Handvoll lange und dicke Zigarren gekauft, die rumgingen wie Joints. Marvin Friedrich und Grischa Prömel hingegen zogen an Zigaretten, und das sogar im Trainerzimmer. Bei diesen Musterprofis und Körperfreaks sah das so aus, als würde man 14-Jährige beim Rauchversuch im Zimmer des Direktors erleben. Daneben massakrierte Gspurning einen der Weihnachtsmänner auf Fischers Schreibtisch, er biss ihm den Kopf ab, obwohl die Schokolade schon versteinert sein musste. »Ich hab Hunger«, rief er begeistert.

Die Bierdusche bei meiner Singerei hatte die Kabine in eine glitschige Höhle verwandelt, und wo sich vorher elf Monate lang Fußballarbeiter zur Arbeit umgezogen hatten, wurde nun getanzt. Von Anthony Ujah mit freiem Oberkörper, der auch dafür sorgte, dass der »Skeleton Move« der Südafrikaners Master KG zum Hit der Nacht wurde. Ich hatte das Gefühl, ihn 20-mal zu hören. Auch Fischer tanzte, und es war schön zu sehen, wie viel Spaß an der Geselligkeit und am Feiern in diesem Mann steckte. Er pendelte zwischen der Tanzfläche und dem Trainerzimmer, und wenn er hin- und herging, wackelte er beseelt im Rhythmus der Musik mit.

Andrich und Florian Hübner fuhren derweil mit dem Rollwagen durch die Gänge, auf dem das Bier in die Kabine gekommen war, wobei Andrich zwischendurch eine Mannschaftssitzung parodierte, in der es ausführlich um den Zielspieler ging. In der Kabinendisco wurde Christian Arbeit, wie auch bei der Aufstiegsfeier im Jahr zuvor, was abrasiert. Diesmal waren es aber nicht die Haare, sondern der Bart. Was konnte im nächsten Jahr folgen?

Gegen Mitternacht hieß es, dass alle nach draußen gehen sollten, weil am Stadiontor noch Fans warteten. Also gingen wir über den Parkplatz dorthin, wo Trimmel zuvor schon für einen Eklat gesorgt hatte. Nur, dass es niemand als Eklat empfand, dass er sich mit freiem Oberkörper unter die Fans gemischt hatte, im Gegenteil. Da es aber ein Verstoß gegen die Hygieneregeln der DFL war und weil nicht nur Fans am Tor standen, sondern auch Reporter und Fotografen, die das belegten, wurden der Klub und er zu einer Geldstrafe verurteilt.

Als die Mannschaft und der Trainer zum Tor kamen, wurde mit Abstand gejubelt und gesungen, und Dirk Zingler hielt noch eine Rede. Er hatte schon leichte Schlagseite und sah derangiert aus, als er seine Arme in die Luft warf wie ein Volkstribun. Wild winkend sprach er zu dem allerdings sehr kleinen Volk von vielleicht 50 Wartenden: »Unioner, diese Saison haben wir für euch gespielt, und diese Saison ist uns weggenommen worden. Deshalb werden wir noch eine Saison in der Bundesliga spielen. Für euch. Und ihr könnt mir glauben, die Jungs, die heute auf dem Rasen standen, haben genau daran gedacht, für euch noch eine Bundesligasaison zu spielen. Jetzt machen wir Pause, wir gehen zwei Monate in die Pause. Und wir werden uns dafür einsetzen, dass Fußball wieder mit Menschen stattfindet.«

Dafür gab es so tosenden Jubel, wie es ein Kleinvolk von 50 Menschen eben vermochte. Gegen vier Uhr nachts setzte der sehr nüchterne Oskar Kosche seinen Präsidenten, über den man das wahrlich nicht mehr sagen konnte, zu Hause ab. Dort stellte Zingler fest, dass er seinen Haustürschlüssel am Stadion vergessen hatte. Seine verständnisvolle Ehefrau rollte nicht mit den Augen, als er sie aus dem Bett klingelte. Die Augenbrauen zog sie erst am kommenden Morgen hoch, als sie das Video vom Auftritt ihres Mannes sah, der reumütig sagte: »Am liebsten würde ich das bei Google sperren lassen.«

Die Dinge waren halt aus dem Ruder gelaufen, und super daran war, dass es sich in Nullkommanichts von irgendeiner Kabinenparty in der Bezirksliga unterschied. Hannes Hahn hatte von Robert Andrich sogar noch eine reingehauen bekommen, als er sich zu einem Slapping-Contest gesellte, bei dem der Mittelfeldspieler und Physio Robert Kemma sich gegenseitig geohrfeigt hatten. Und wer weiß, was noch passiert war. »War schöner als die Aufstiegsfeier, weeßte«, sagte Susi am nächsten Tag.

Als ich jetzt mit Trimmel in der Kältekammer stand, die ihm bei der Erholung nach zwölf gelaufenen Kilometern, etlichen Bieren und der Aufregung durch die drohende Sperre helfen sollte, wurde mir plötzlich alles klar. Ich verstand, warum sie das alles machten, die Spieler und Trainer, die Betreuer, Zingler und der Verein. Warum sie so viel Energie in all das steckten. Klar, sie verdienten viel Geld damit, genossen es, in der Öffentlichkeit zu stehen, oder liebten die Gemeinschaft. Aber der wahre Thrill war ein anderer. Dieses ganze Fußballding war besser als Sex und Drogen. Sie waren süchtig nach dem Gefühl des Sieges und den gewaltigen Glücksausschüttungen, die damit verbunden waren. Dafür quälten sie sich, dafür schufteten sie, und dafür lebten die Spieler ein Leben in Langeweile. Weil sie im Gegenzug etwas erlebten, das niemand sonst erleben konnte.

Ihr Fußballleben verschaffte ihnen Momente maximaler Intensität, auch wenn diese mal aus grauenhaften Enttäuschungen bestanden, wie bei den Paderbornern, die als Absteiger das Stadion verlassen hatten. Aber das gehörte eben auch dazu: Der Blick ins Nichts des Misserfolgs und die Gefahr, dort hineinzustürzen, machten das Glück erst möglich. Oliver Ruhnert war nach Abpfiff des Spiels gegen Paderborn kalkweiß gewesen, als ich ihm gratulierte. »Ich muss mich erst mal hinsetzen«, sagte er, und ich machte mir Sorgen, dass er ohnmächtig werden könnte. »Das war der schönste Moment der Saison«, sagte er später.

Wir Fans haben diese Adrenalin-Räusche auch, wenn wir uns mit unseren Mannschaften auf die Achterbahn begeben, die eine Saison ist, wenn wir mitleiden und mitfeiern. Aber wir haben es nicht selbst in der Hand, wir können nicht aus 20 Metern einen Schuss in den Winkel hauen oder mit einem fantastischen Reflex das Gegentor verhindern. Wir sind nicht verantwortlich, wir stellen die Spieler nicht auf, wir verpflichten sie nicht, wir haben keinen Einfluss und keine Verantwortung. Doch die in der Kabine hatten das, sie machten das Spiel. Deshalb waren sie so glücklich gewesen, wie man nur glücklich sein kann.

Dadurch gehörten sie einer Kaste an, zu der nur diejenigen gehörten, die diese Erfahrung teilten. Sie erkannten sich darin, und das unterschied sie von allen anderen. Gehörte ich jetzt auch dazu, fragte ich mich, als die Muskeln hart und kalt wurden, bei minus 110 Grad? Nein, aber so nah war ich dem noch nie gekommen.

Wir Steckdosen

In der Kabine hing ein Zettel mit dem Motto der Saison: »Was wir machen, machen wir zusammen.« Darunter stand es auf Englisch. Ich hatte diesen Aushang anfangs übersehen oder nicht ernst genommen, weil ich ihn für das übliche Motivationsgerede hielt, mit dem die Spieler ihre ganze Karriere lang traktiert werden. Aber im Laufe der Monate war dieser Satz immer mehr in mich eingesickert, und als die Saison sich ihrem Ende näherte, fiel mir ein Gespräch wieder ein, das ich an ihrem Beginn geführt hatte. An einem schönen Spätsommerabend im September, vor dem Spiel in Leverkusen, hatte ich mit Akaki Gogia vom Mannschaftshotel aus einen Spaziergang durch den Kölner Grüngürtel gemacht. »Das ist die beste Mannschaft, die ich je erlebt habe, sonst wären wir auch nicht aufgestiegen«, sagte er damals und klang enthusiastisch, obwohl er keine sonderlich guten Wochen hinter sich hatte. Kurz vor Ende der Transferperiode hatte ihm der Manager nahegelegt, den Klub zu verlassen, weil er kaum Chancen hätte zu spielen. In den ersten beiden Spielen war er nicht einmal im Kader gewesen, anschließend hatte er zweimal auf der Bank gesessen, war aber nur einmal kurz eingewechselt worden.

Doch selbst das bremste seine Begeisterung nicht. »Stell dir eine Wand vor mit Steckdosen aus aller Welt, und jeder von uns hat in eine dieser Steckdosen gepasst«, sagte er.

»Aber was ist mit den Spielern, die neu dazugekommen sind?«, fragte ich.

»Es gibt doch Adapter.«

»Und wo bekommt man die her.«

»Das sind wir«, sagte er. »Und weißt du, was der schönste Ort für einen Spieler ist?«

»Nein.«

»Die Kabine. Das ist wie eine Familie, ich bin da lieber als zu Hause.«

Eine Familie der passenden Steckdosen, Stecker und Adapter, Gogias Enthusiasmus war ansteckend. Diese Spieler waren offensichtlich bereit, sich als Team gut zu finden. Sie mochten nicht alle miteinander befreundet sein und ständig miteinander abhängen. Es gab beste Freunde wie Florian Hübner und Robert Andrich oder Grischa Prömel und Marvin Friedrich. Und es gab Freundeskreise, die mal zusammen essen gingen. Aber sie waren keine elf oder schon gar keine 32 Freunde, und doch hatte sich der Schaltkreis geschlossen, auch wenn manchmal Adapter dazu nötig waren. Es ging bei alldem aber nicht um eine Form von Magie. All das entstand nur, weil Leute bereit waren, sich darum zu kümmern, die Trainer und das Team, der Kapitän und der Mannschaftsrat.

»Wir sind ziemlich pflegeleicht«, hatte Hübner mir mal erklärt und wirkte dabei, als ob er gerne sagen würde, dass sie wilder und weniger ausrechenbar wären. Zugleich steckte darin ein gewisser Stolz. »Wir sind schon eine gute Gruppe«, sagte er. Auch Christian Gentner hatte sich bei Union vom Beginn an wohlgefühlt. »Ich weiß nicht, ob es am Verein oder an der Mannschaft liegt. Aber der Umgang miteinander ist super, keiner ist immer der Idiot.« Vermutlich hatte er das vorher in Stuttgart anders erlebt.

Dabei hatte es diese Mannschaft nie leicht gehabt. Die Bundesligasaison dauerte inzwischen fast 3000 Spielminuten, aber wie viele davon waren leicht gewesen, weil die Spieler eine klare Führung gemütlich nach Hause spielen konnten? 15 Minuten vielleicht, bestenfalls eine halbe Stunde. Die restlichen 2970 Minuten waren anstrengend gewesen, weil das Spiel auf der Kippe stand oder klar war, dass die Mühen nicht belohnt würden. Die Mannschaft hatte frustrierende Wochen ohne Sieg aushalten müssen und am Ende sogar noch die Unterstützung des Publikums verloren, auf die sie eigentlich dringend angewiesen war.

Ich hatte im Laufe der elf Monate keine heile Welt erlebt. Sie waren sich zwischendurch auf die Nerven gegangen und einmal fast an die Gurgel. Es gab Einzelgänger und Frustrierte, die wenig gespielt hatten oder nie. Es gab Verletzte wie Gogia, die monatelang außen vor waren. Auch im Leben einer Fußballmannschaft gibt es bessere und schlechtere Tage, doch die schlechteren hatten den Zusammenhalt nie zersetzt. Sie waren es zwischendurch leid gewesen, wenn ihr Trainer schon wieder forderte, dass der Ball zum Zielspieler sollte, obwohl sie einfach nur gerne eine Ermutigung oder ein Lob von ihm gehört hätten. Aber sie bewunderten ihn auch wieder dafür, dass er nie die Nerven verlor und sich immer darum bemühte, klar und gerecht zu sein. Dass er sie nie ohne Plan ins Spiel schickte und dass er sie besser machte.

Im ersten Geisterspiel, dem gegen die Bayern, das Hoffmann in Vertretung von Fischer gecoacht hatte, hatte ich immer wieder seinen Ruf bis unters Tribünendach gehört: »Zusammen!« Das war eine taktische Anweisung gewesen, weil alle der gleichen Idee folgen sollten und nicht einer denken, es würde von hinten heraus aufgebaut, während der andere einen langen Ball des Torwarts erwartete. Aber man konnte es auch als das verstehen, was diese Mannschaft in dieser Saison ausmachte: Es ging nur zusammen, als ein Wir.

Fußball hat dieses utopische Moment, indem das Gesamte größer wird als die Summe der Einzelteile und die Gemeinschaft den Einzelnen größer macht. Alle reden im Fußball ständig davon, alle wollen das, aber man bekommt es nicht so leicht. Wenn das passiert, entsteht auch bei den Profis ein besonderer Zauber, weil sie die gleiche Sehnsucht danach haben wie jeder Amateurkicker, und deshalb war Gogia so enthusiastisch.

Am Morgen vor dem Spiel gegen Paderborn ging die Mannschaft zum Anschwitzen vom Hotel auf einen Kunstrasenplatz hinüber. Irgendwann kam eine Gruppe junger Fußballspieler, die anschließend dort spielen würde. Die Kinder fragten ihren Betreuer: »Gegen wen spielen die?«

»Gegen Paderborn.«

»Wie spielen die?«

»Mit schnellen Spielern.«

»Und Union?«

»So als Mannschaft«, sagte der Betreuer.

Last Dance

Keven Schlotterbeck drückte sich im Trainerzimmer herum, als wollte er gar nicht wieder gehen. Er hatte den Trainern einen Geschenkkorb voller Weinflaschen mitgebracht. »Und ist der Wein gut?«, fragte Hoffmann. Schlotterbeck hob eine heraus, schaute ratlos das Etikett an und sagte: »Bestimmt, hat meine Mutter ausgesucht.« Es war sein letzter Tag, nicht nur der Saison, sondern auch bei Union. Er würde zum SC Freiburg zurückkehren, von wo er ausgeliehen war. Aber in diesem Moment fiel ihm das schwer.

»Er ist bei uns zu einem Bundesligaspieler geworden«, sagte Hoffmann, als Schlotterbeck das Zimmer verlassen hatte. Anfang der Saison hatte er ihn mal gefragt: »Schlotti, liebst du deinen Körper?« Er hatte zwar genickt, aber nicht verstanden, was Hoffmann von ihm wollte. Dann erklärte der Co-Trainer ihm, dass sein Körper sein Gut war, dass er pflegen müsste. Also hatte Schlotterbeck mehr Zeit im Kraftraum verbracht, hatte sich mehr pflegen lassen und war fitter geworden. Er ließ sich auf dem Platz nicht davon irritieren, wenn ihm ein Fehler unterlief. Er machte einfach weiter, auch das hatte er lernen müssen. Zugleich hatte er sich seine jungenhafte Leichtigkeit bewahrt, die ihn so sympathisch machte. Sie würden ihn in jeder Hinsicht vermissen.

Auch Christopher Lenz, Marius Bülter, Grischa Prömel, Marvin Friedrich, Marcus Ingvartsen und Robert Andrich waren richtige Bundesligaspieler geworden. Jeder hatte dem Portfolio seiner Fähigkeiten neue hinzufügen können. Lenz hatte gelernt, einen Pass oder eine Flanke nicht mehr gerade hinter die Abwehr zu spielen, sondern mit Schnitt, weil das viel schlechter zu verteidigen ist. Bülter griff nun schon mit dem ersten Kontakt den Raum an, was ihn viel dynamischer machte. Andrich fand besser die Balance zwischen Offensive und Defensive, er hatte auch gelernt, seine Aggressivität zu kanalisieren. Friedrich traute sich inzwischen häufiger, aus der Abwehr mit dem Ball den Gegner anzudribbeln, um im Spielaufbau neue Möglichkeiten zu schaffen.

Auch die Älteren hatten sich in der höchsten Spielklasse bewiesen, Christopher Trimmel, Rafał Gikiewicz und Sebastian Andersson konnten nun auf eine komplette Bundesligasaison zurückschauen. Aber nun war sie vorbei.

Nebenan hatte Adrian Wittmann bereits die Tafel abgewischt, auf der er die Saison über eigenartige Wörter und komische Formulierungen gesammelt hatte. Erwartungsgemäß war auch Urs-Deutsch dabei, seltsame Ableitungen aus dem Schwyzerdütsch wie »Schluckweh« für Halsschmerzen oder Seltsamkeiten, die nur die Bewohner dieses Büros verstanden, weil sie die zugehörigen Momente erlebt hatten. »Der Schweizer Mourinho« stand da auch, wie Fischer ein Fan auf der Rückfahrt aus Paderborn genannt hatte. Doch nun war die Tafel wieder leer, und das passte zur Kehraus-Stimmung.

Das erste Spiel nach dem Sieg über Paderborn mit der anschließenden Party in der Kabine war fast etwas peinlich gewesen, ein 0:4 in Hoffenheim, gegen eine allerdings sehr gute Mannschaft, für die es auch noch darum ging, sich für die Europa League zu qualifizieren. Bei Union hingegen war die Luft raus, und besonders für Ersatzkeeper Moritz Nicolas war es der frustrierendste Tag der Saison. Endlich hatte er mal spielen dürfen und kassierte nicht nur vier Gegentore, sondern verletzte sich auch noch. Ich schaute mir das aus einer Loge hoch über dem Spielfeld an, als Mitglied der Delegation des 1. FC Union Berlin, die zunächst nur aus mir bestand und dann auch noch aus einem Scout, der für den Klub arbeitete. Zingler war schon in den Urlaub gefahren, und die anderen Präsidiumsmitglieder wollten am Wochenende wohl auch nicht mehr quer durchs Land fahren, um sich ein aus Sicht von Union bedeutungsloses Spiel anzuschauen. Also schauten nur der Scout und ich zu und aßen dabei Nüsse und Kekse, die uns netterweise gebracht wurden. Dann fuhr ich mit der Mannschaft zum Flughafen nach Baden-Baden. Im Bus vom Gate zum Flugzeug lag

Marius Bülter schlaff dort, wo man sonst Koffer abstellte. Im Flugzeug stöhnte er: »Hoffentlich bekommen wir morgen frei, ich hab keine Lust, schon wieder zum Stadion zu kommen.« Es gab aber keinen freien Tag.

Union galt danach als Mannschaft, die mit der Saison abgeschlossen hatte, und die letzte Trainingswoche war frei von aller Anspannung. Dienstagmorgen saß ich im Gras und bewunderte die Schönheit einer konzentriert ausgeführten Technikübung. Ein Spieler warf dem anderen den Ball zu, zwischen ihnen zwei Stangen in den Boden gesteckt. Der andere musste den Ball um die linke Stange mit dem Vollspann und um die rechte mit der Innenseite des Fußes zurückspielen. Dann passten sie sich den Ball an den Außenseiten der Stangen vorbei zu, und ich hätte hier ewig sitzen und ihnen zuschauen können. Mir fiel dabei ein, dass die Tennisspielerin Andrea Petkovic mal gesagt hatte, Spieler würden auf »Jahrzehnte gelebter Werte« zurückgreifen. Konzentrierte Trainingsarbeit gehört dazu, im Fußball wie im Tennis: ein sauberer Spannstoß, ein Pass mit der Innenseite oder den Körper beim Kopfball richtig anzuspannen und nach vorne schnellen zu lassen.

Freitag stand ich am Ausgang des Trainingsplatzes, als Ken Reichel ihn mit einem demonstrativen Schritt verließ. »Das letzte Mal hier«, sagte er und ging. Sein Vertrag war ausgelaufen und nicht verlängert worden. Ich nannte Ken Reichel »den Klempner«, aber nur für mich, weil ich wusste, dass es als respektlos missverstanden werden könnte. Aber für mich verkörperte Reichel prototypisch eine oft übersehene Untergruppe in der Welt der Fußballprofis, die ihrer Tätigkeit mit der Haltung eines Facharbeiters nachgeht. Nichts an Reichel war sonderlich spektakulär, weder auf dem Platz noch in der Kabine. In der Gruppe fiel er kaum auf, ohne ein Mauerblümchen zu sein. Sein Schicksal, vom Stammspieler der Vorsaison zum Reservist geworden zu sein, nagte an ihm, aber er ließ es sich kaum anmerken. Allenfalls dadurch, dass er im Winter deutlich mehr Krafttraining machte als zuvor. Nur im Frühjahr hatte es einen Moment gegeben, als Trimmel mit ihm reden wollte, weil er sich seinen Frust wohl doch zu sehr anmerken ließ.

Als sich Christopher Lenz dann verletzte, hatte Reichel ihn so vertreten, dass das Fehlen von Lenz kein Thema wurde. Man merkte Reichel an, wie gut es ihm tat, in dieser Saison noch einen Beitrag geleistet zu haben. Bei der Niederlage gegen Hertha im Olympiastadion hatte er, wie so viele andere, nicht sonderlich gut ausgesehen, doch danach hatte er einen solide-verlässlichen Job gemacht. Mit inzwischen 33 Jahren ging er seltener nach vorne als Lenz, schlug aber gute Flanken. Außerdem hatte Reichel einen sehr guten Schuss mit links, und alle warteten darauf, dass er doch noch ein Tor für Union schießen würde, so wie in den Jahren zuvor, als er für Eintracht Braunschweig gerade gegen Union einige Male getroffen hatte. Reichel ging dem Job auf dem Platz mit der Haltung eines Spielers nach, der sachkundig und unaufgeregt seine Aufgaben erledigte, wo das nötig ist, und der zufrieden nach Hause geht, ohne tosende Ovationen dafür zu erwarten, dass der Wasserhahn nicht mehr tropft oder die rechte Angriffsseite des Gegners trockengelegt wurde.

Reichel war nicht der Einzige, der an diesem Freitag den Trainingsplatz zum letzten Mal verließ, Rafał Gikiewicz hatte sogar Tränen in den Augen, als er in die Kabine ging. Nachmittags kam das Trainerteam zusammen, zur »Auslegeordnung«, wie Fischer das nannte. Mit diesem Wort landete er noch auf Wittmanns Tafel. Sie trafen sich, um zu besprechen, was gut gelaufen war, was nicht und was sie in der kommenden Saison besser machen wollten.

Am Samstagmorgen fand im Hotel dann die letzte Mannschaftsbesprechung der Saison statt. Wittmann zeigte die Aufstellung und die Aspekte, die im letzten Spiel wichtig sein würden.

»Jungs, was ist der wichtigste Punkt auf dem Zettel?«, fragte Fischer.

»Die 41«, sagte einer der Spieler, ich konnte nicht ausmachen, wer es war. Die ganze Saison über war die Mannschaft an dem Aushang in der Kabine vorbeigelaufen, wo als oberstes Saisonziel die »40+« ausgewiesen war. Nun hatten sie 38 Punkte, mit einem Sieg über Düsseldorf könnten sie es erreichen.

»41, das ist mein wichtigster Punkt. Das ist Mentalität. Ich erwarte von uns, dass wir noch mal unser Gesicht zeigen. Und da schaue ich genau hin«, sagte Fischer. Es war heiß, auch schwül, und der Gegner würde alles versuchen, um nicht abzusteigen. Es würde noch mal einer besonderen Anstrengung bedürfen.

Als wir zum Stadion fuhren, wartete knapp einen Kilometer vor der Alten Försterei eine große Gruppe Fans am Straßenrand. Sie hielten Leuchtfackeln in der Hand und standen in einer roten Rauchwolke, sangen und klatschten. Sie hielten ein Transparent hoch, auf dem sie sich bei der Mannschaft bedankten. Ich sah Vossi im Vorbeifahren und fand es unendlich traurig, dass er und Unions Ultras ihren Spielern nur in der Unwirtlichkeit einer Durchgangsstraße für einen kurzen Moment zujubeln konnten. Die Spieler bekamen das kaum mit, weil wir so schnell vorbeifuhren, dass die Situation irreal wurde, wie eine Traumsequenz.

»Last Dance«, sagte Keven Schlotterbeck in der Kabine. Fast alle Spieler hatten die monumentale Dokumentation über Michael Jordan gesehen, den größten Basketballspieler aller Zeiten, die in der Corona-Pause bei Netflix gestartet war. Aber hier ging es nur um den letzten Tanz am Ende der Saison und für Schlotterbeck um das Ende seiner Zeit bei Union. Sie tanzten ihn, wie ich es nicht mehr von ihnen erwartet hätte. Sie schlugen Fortuna Düsseldorf mit 3:0, was der höchste Sieg der Saison war. Fischer konnte hinschauen, wohin er wollte, er sah nur Mentalität und Willen und Bereitschaft. Als wenn es eines endgültigen Beweises bedurft hätte, lief Christian Gentner in der letzten Minute des Spiels noch einmal mit nach vorne. Ich sah, wie er mit sich rang, mit 34 Jahren, in seinem 408. Bundesligaspiel, diesen Weg noch zu machen an diesem heißen Nachmittag, in einem Spiel, das entschieden war. Dann machte er ihn doch, kam auch noch mal an den Ball und legte ihn zu Manni Abdullahi hinüber, der das letzte Tor der Saison schoss. Gentner sank auf den Rasen, und mein Respekt hätte nicht größer sein können.

In der Kabine zeigte mir Anthony Ujah, der mal in Bremen gespielt hatte, wie viele Dankesnachrichten er bekommen hatte.

Hätte Union verloren, wäre Werder Bremen abgestiegen, trotz eines hohen Sieges über Köln, nun musste Fortuna Düsseldorf in die Zweite Liga. Felix Kroos, der noch länger als Ujah in Bremen gespielt hatte, vermeldete am nächsten Tag via Twitter: »Habe jetzt mal alle Nachrichten von den Werder-Fans gelesen. Aktueller Stand: 1678 Kisten Bier und 5467 Liebesbekundungen (meistens männlich!). Danke dafür«.

Sie waren alle unheimlich stolz auf sich, und das durften sie auch sein. Entsprechend guter Dinge ging es ins Strandbad am Müggelsee, wo eine Saisonabschlussfeier stattfand, diesmal gesittet und geordnet. Die Spieler, deren Zeit bei Union vorbei war, wurden verabschiedet und stellten sich noch zu einem Gruppenfoto auf. Auch Michael Parensen war dabei, es war schlimm für ihn. Nicht nur seine Saison war vorbei, sondern seine Karriere. Als er sich verabschiedete, kämpfte er erfolglos mit den Tränen. Dann bedankte er sich bei den Menschen, »auf die ich mich immer verlassen konnte«.

Ich schaute übers Wasser und dachte daran, wie vehement Dirk Zingler zu Saisonbeginn behauptet hatte: »Wir wollen uns nicht verändern.« Doch seitdem war die ganze Welt nicht mehr die, die sie vor elf Monaten gewesen war. Und auch Union, diese Versammlung der Eigensinnigen, die sich gerne von der Welt abschotteten, um ihr Ding zu machen, hatte dem nicht entgehen können. Natürlich hatten sie sich verändert, aber das hieß ja nichts. Sie waren sich nicht verloren gegangen.

Sonntag war der allerletzte Tag. Die Spieler räumten ihre Spinde aus, und Susi machte im Lager schon Platz für die neuen Trikots, die bald kommen würden. Markus Hoffmann heftete seine Unterlagen zum letzten Spiel ab und stellte den Saisonordner in den Büroschrank. Urs Fischer schloss seine Schubladen zu. Dann gingen wir frühstücken, Ruhnert hielt eine letzte Ansprache und Fischer auch. Ich bedankte mich bei allen, und das tat zum Schluss auch Akaki Gogia, weil die Jungs dafür gesorgt hatten, dass er in der kommenden Saison in der Bundesliga würde spielen können, wenn er wieder gesund war. Schließlich nahmen wir uns alle gegenseitig in den Arm, was nicht den Vorschriften entsprach, aber trotzdem richtig war. Denn nun war alles, was wir erlebt hatten, bereits Geschichte. Wir würden unserer Wege gehen und in dieser Zusammensetzung nie mehr zusammenkommen.

»In vier Wochen ist alles vergessen, dann geht es wieder von vorne los«, sagte Fischer, als er sich im Trainerzimmer seine Tasche nahm, um nach Hause zu fahren. Ich widersprach ihm ungern, aber diese Saison würde niemand vergessen.

Die Spiele der Saison 2019/20

06.07.2019, 15.30 Uhr
Freundschaftsspiel
Union–Brøndby IF
2:1 (0:0)

12.07.2019, 18.00 Uhr
Freundschaftsspiel
SV Ried–Union
3:0 (3:0)

13.07.2019, 15.00 Uhr
Freundschaftsspiel
FC Blau-Weiß Linz–Union
0:3 (0:3)

17.07.2019, 19.00 Uhr
Freundschaftsspiel
First Vienna FC–Union
1:4 (0:3)

20.07.2019, 16.00 Uhr
Freundschaftsspiel
Erzgebirge Aue–Union
1:1 (0:1)
Erzgebirgsstadion

27.07.2019, 15.00 Uhr
Freundschaftsspiel in Anif
(Österreich)
Union–VfL Wolfsburg
1:1 (0:1)

03.08.2019, 16.00 Uhr
Freundschaftsspiel
Union–Celta de Vigo
0:3 (0:1)
Stadion An der Alten Försterei

11.08.2019, 15.30 Uhr
DFB-Pokal 1. Runde
Germania Halberstadt–Union
0:6 (0:1)

12.08.2019, 17.30 Uhr
Freundschaftsspiel
Lichtenberg 47–Union
1:4 (0:2)

18.08.2019, 18.00 Uhr
Bundesliga 1. Spieltag
Union–RB Leipzig
0:4 (0:3)

24.08.2019, 15.30 Uhr
Bundesliga 2. Spieltag
FC Augsburg–Union
1:1 (0:0)

31.08.2019, 18.30 Uhr
Bundesliga 3. Spieltag
Union–Borussia Dortmund
3:1 (1:1)

05.09.2019, 17.30 Uhr
Freundschaftsspiel in Hoyerswerda
Chemnitzer FC–Union
1:3 (0:0)

14.09.2019, 15.30 Uhr
Bundesliga 4. Spieltag
Union–Werder Bremen
1:2 (1:1)

21.09.2019, 15.30 Uhr
Bundesliga 5. Spieltag
Bayer Leverkusen–Union
2:0 (2:0)

27.09.2019, 20.30 Uhr
Bundesliga 6. Spieltag
Union–Eintracht Frankfurt
1:2 (0:0)

05.10.2019, 15.30 Uhr
Bundesliga 7. Spieltag
VfL Wolfsburg–Union
1:0 (0:0)

10.10.2019, 14.00 Uhr
Freundschaftsspiel
Union–Dynamo Dresden
0:0

19.10.2019, 15.30 Uhr
Bundesliga 8. Spieltag
Union–SC Freiburg
2:0 (1:0)

26.10.2019, 15.30 Uhr
Bundesliga 9. Spieltag
FC Bayern München–Union
2:1 (1:0)

29.10.2019, 18.30 Uhr
DFB-Pokal 2. Runde
SC Freiburg–Union
1:3 (1:1)

02.11.2019, 15.30 Uhr
Bundesliga 10. Spieltag
Union–Hertha BSC
1:0 (0:0)

09.11.2019, 15.30 Uhr
Bundesliga 11. Spieltag
FSV Mainz 05–Union
2:3 (0:2)

13.11.2019, 17.30 Uhr
Freundschaftsspiel
Union–Holstein Kiel
3:0 (1:0)

23.11.2019, 15.30 Uhr
Bundesliga 12. Spieltag
Union–Borussia Mönchengladbach
2:0 (1:0)

29.11.2019, 20.30 Uhr
Bundesliga 13. Spieltag
FC Schalke 04–Union
2:1 (1:1)

08.12.2019, 15.30 Uhr
Bundesliga 14. Spieltag
Union–1. FC Köln
2:0 (1:0)

14.12.2019, 15.30 Uhr
Bundesliga 15. Spieltag
SC Paderborn 07–Union
1:1 (1:1)

17.12.2019, 20.30 Uhr
Bundesliga 16. Spieltag
Union–TSG 1899 Hoffenheim
0:2 (0:0)

22.12.2019, 15.30 Uhr
Bundesliga 17. Spieltag
Fortuna Düsseldorf–Union
2:1 (1:0)

06.01.2020, 11.00 Uhr
Freundschaftsspiel
(in Campoamor, Spanien)
Union–OH Leuven
2:1 (0:0)

06.01.2020, 16.00 Uhr
Freundschaftsspiel
(in Campoamor, Spanien)
Union–Union Saint-Gilloise
2:2 (2:0)

11.01.2020, 15.00 Uhr
Freundschaftsspiel
(in Campoamor, Spanien)
Union–Ferencvaros Budapest
3:2 (3:2)

18.01.2020, 15.30 Uhr
Bundesliga 18. Spieltag
RB Leipzig–Union
3:1 (0:1)

19.01.2020, 14.00 Uhr
Freundschaftsspiel
Union–FC St. Gallen
1:2 (1:1)

25.01.2020, 15.30 Uhr
Bundesliga 19. Spieltag
Union–FC Augsburg
2:0 (0:0)

01.02.2020, 15.30 Uhr
Bundesliga 20. Spieltag
Borussia Dortmund–Union
5:0 (2:0)

05.02.2020, 18.30 Uhr
DFB-Pokal 3. Runde
SC Verl–Union
0:1 (0:0)

08.02.2020, 15.30 Uhr
Bundesliga 21. Spieltag
Werder Bremen–Union
0:2 (0:0)

15.02.2020, 15.30 Uhr
Bundesliga 22. Spieltag
Union–Bayer Leverkusen
2:3 (1:1)

24.02.2020, 20.30 Uhr
Bundesliga 23. Spieltag
Eintracht Frankfurt–Union
1:2 (0:0)

29.02.2020, 13.30 Uhr
Bundesliga 24. Spieltag
Union–VfL Wolfsburg
2:2 (1:0)

04.03.2020, 18.30 Uhr
DFB-Pokal Viertelfinale
Bayer 04 Leverkusen–Union
3:1 (0:1)

07.03.2020, 15.30 Uhr
Bundesliga 25. Spieltag
SC Freiburg–Union
3:1 (1:0)

17.05.2020, 18.30 Uhr
Bundesliga 26. Spieltag
Union–FC Bayern München
0:2 (0:1)

22.05.2020, 20.30 Uhr
Bundesliga 27. Spieltag
Hertha BSC–Union
4:0 (0:0)

27.05.2020, 20.30 Uhr
Bundesliga 28. Spieltag
Union–1. FSV Mainz 05
1:1 (1:1)

31.05.2020, 15.30 Uhr
Bundesliga 29. Spieltag
Borussia Mönchengladbach–Union
4:1 (2:0)

07.06.2020, 15.30 Uhr
Bundesliga 30. Spieltag
Union–FC Schalke 04
1:1 (1:1)

13.06.2020, 15.30 Uhr
Bundesliga 31. Spieltag
1. FC Köln–Union
1:2 (0:1)

16.06.2020, 20.30 Uhr
Bundesliga 32. Spieltag
Union–SC Paderborn 07
1:0 (1:0)

20.06.2020, 15.30 Uhr
Bundesliga 33. Spieltag
TSG 1899 Hoffenheim–Union
4:0 (3:0)

27.06.2020, 15.30 Uhr
Bundesliga 34. Spieltag
Union–Fortuna Düsseldorf
3:0 (1:0)

Danke!

»Ein Porträt nimmt man nicht auf, es wird einem geschenkt«, sagt der große Fotograf Sebastião Salgado. Auch für dieses Buch gilt das, denn bei der Arbeit daran bin ich mit einem großen Maß an Vertrauen, Offenheit und Freundlichkeit beschenkt worden. Das gilt zuerst und besonders für Dirk Zingler, den Präsidenten des 1. FC Union, für den Cheftrainer Urs Fischer und die anderen Bewohner des Maschinenraums: Sebastian Bönig, Christopher Busse, Michael Gspurning, Markus Hoffmann, Martin Krüger, Adrian Wittmann. So wie für Sportdirektor Oliver Ruhnert.

Christian Arbeit ist vom ersten Tag an der Pate dieses Projekts gewesen, das es ohne ihn nie gegeben hätte.

Dafür, dass ich mich so aufgenommen gefühlt habe, danke ich Mannschaftskapitän Christopher Trimmel und dem gesamten Bundesligateam des 1. FC Union Berlin in der Saison 2019/20: Suleiman Abdullahi, Sebastian Andersson, Robert Andrich, Sheraldo Becker, Marius Bülter, Jakob Busk, Laurenz Dehl, Florian Fleckcr, Marvin Friedrich, Christian Gentner, Rafał Gikiewicz, Akaki Gogia, Florian Hübner, Marcus Ingvartsen, Julius Kade, Felix Kroos, Christopher Lenz, Yunus Malli, Lennard Maloney, Joshua Mees, Moritz Nicolas, Maurice Opfermann Arcones, Leo Oppermann, Michael Parensen, Sebastian Polter, Grischa Prömel, Nicolai Rapp, Ken Reichel, Julian Ryerson, Keven Schlotterbeck, Manuel Schmiedebach, Neven Subotic, Anthony Ujah.

Immer willkommen gefühlt habe ich mich auch beim Team um das Team, wofür ich mich nur bedanken kann bei Dr. Clemens Gwinner, Suchung Kim, Robert Kemna, Susanne Kopplin, Carolin Neumüller, Max Perschk, Dr. Fabian Plachel, Frank Placzek, Thomas Riedel, Sven Weinel. Außerdem Frank-Peter Raasch.

Herzlichen Dank an Marc Lettau für die andauernde Hilfe in allen logistischen Fragen. Und an Steven Pälchen.

Ohne Hannes Hahn wäre ich oft genug verloren gewesen. Ein herzlicher Dank auch den anderen Kollegen aus der Medienabteilung: Benjamin Blumeier, Katharina Brendel, Robert Dost, Ross Dunbar, Natalie Grohmann, Petra Mattuscheck, Nadia Saini, Laura Tiedeken, Steffi Vogler.

Herzlichen Dank an Daniel Blauschmidt, Gerald Karpa, Karin und Mathias Kleinmann, Hans-Joachim Lesching und Fabian Voss dafür, dass sie sich Zeit für mich genommen haben. Und an die Mitglieder des Präsidiums, des Aufsichts- und Ehrenrats des 1. FC Union Berlin. Außerdem: René Andresen, Imran Ayata, Daniel Becht, Björn Schmadtke, Nadine Schulz und Kurt Thielen.

Danke an Sebastian Wells für das Titelfoto des Buches, das »Sportfoto des Jahres 2019«, sowie Matthias Koch für das Foto auf der Umschlagrückseite.

Für generellen Support und Goodwill danke ich meinen Kollegen bei 11FREUNDE, insbesondere Philipp Köster.

Dieses Buch markiert eine 25-jährige Zusammenarbeit mit dem Verlag Kiepenheuer & Witsch, vor allem mit Helge Malchow. Danke für alles Vertrauen in dieser Zeit, vor allem aber in die Idee, dass es wirklich klappen könnte, eine Bundesligamannschaft eine komplette Saison zu begleiten.

Danke Birgit, für die Engelsgeduld mit einem Autor, der plötzlich eine Fußballmannschaft ins Leben angeschleppt hat, und für die Hilfe, den Ball bis zum Schluss im Spiel zu halten.

Aus Verantwortung für die Umwelt hat sich der *Verlag Kiepenheuer & Witsch* zu einer nachhaltigen Buchproduktion verpflichtet. Der bewusste Umgang mit unseren Ressourcen, der Schutz unseres Klimas und der Natur gehören zu unseren obersten Unternehmenszielen.

Gemeinsam mit unseren Partnern und Lieferanten setzen wir uns für eine klimaneutrale Buchproduktion ein, die den Erwerb von Klimazertifikaten zur Kompensation des CO_2-Ausstoßes einschließt.

Weitere Informationen finden Sie unter: *www.klimaneutralerverlag.de*

Verlag Kiepenheuer & Witsch, FSC® N001512

1. Auflage 2020

© 2020, Verlag Kiepenheuer & Witsch, Köln
Alle Rechte vorbehalten
Covergestaltung: Barbara Thoben, Köln
Covermotiv: Vorderseite: © Sebastian Wells / OSTKREUZ;
Rückseite: © Matthias Koch
Gesetzt aus der Minion Pro und Brandon Grotesque
Satz: Buch-Werkstatt GmbH, Bad Aibling
Druck und Bindung: GGP Media GmbH, Pößneck
ISBN 978-3-462-00111-2

Weitere Titel von Christoph Biermann bei Kiepenheuer & Witsch

Leseproben und mehr unter www.kiwi-verlag.de

Fußball ist überall groß und bedeutsam geworden. Aber warum ist das eigentlich so? Christoph Biermann reist auf der Suche nach einer Antwort nach Hause ins Ruhrgebiet, das Herzland des Fußballs.

Kiepenheuer & Witsch

Leseproben und mehr unter www.kiwi-verlag.de